本书为陕西省社会科学基金项目：建设项目社会风险评价与管理机制研究（立项号：2015G016）的成果。

本书受到长安大学中央高校基本科研业务费专项资金资助（项目编号：310829170547、310829160672）。

建设项目风险评价与管理

董小林 著

中国社会科学出版社

图书在版编目(CIP)数据

建设项目风险评价与管理 / 董小林著. —北京：中国社会科学出版社，2019.2
ISBN 978-7-5203-4196-7

Ⅰ.①建…　Ⅱ.①董…　Ⅲ.①基本建设项目—风险评价 ②基本建设项目—风险管理　Ⅳ.①F284

中国版本图书馆 CIP 数据核字（2019）第 048168 号

出 版 人	赵剑英
特约编辑	李　倩
责任编辑	冯春凤
责任校对	张爱华
责任印制	郝美娜

出　　版	中国社会科学出版社
社　　址	北京鼓楼西大街甲 158 号
邮　　编	100720
网　　址	http://www.csspw.cn
发 行 部	010-84083685
门 市 部	010-84029450
经　　销	新华书店及其他书店
印　　刷	北京君升印刷有限公司
装　　订	廊坊市广阳区广增装订厂
版　　次	2019 年 2 月第 1 版
印　　次	2019 年 2 月第 1 次印刷
开　　本	710×1000　1/16
印　　张	22.75
插　　页	2
字　　数	373 千字
定　　价	98.00 元

凡购买中国社会科学出版社图书，如有质量问题请与本社营销中心联系调换
电话：010-84083683
版权所有　侵权必究

前　言

2012年中共中央办公厅、国务院办公厅印发的《关于建立健全重大决策社会稳定风险评估机制的指导意见（试行）》（中办发〔2012〕2号）指出："开展重大决策社会稳定风险评估，对于促进科学决策、民主决策、依法决策，预防和化解社会矛盾，构建社会主义和谐社会，具有重要意义。"2012年国家发展改革委为建立和规范重大固定资产投资项目社会稳定风险评估机制，制定印发了《重大固定资产投资项目社会稳定风险评估暂行办法》。

党的十八大以来，党和政府不断完善和加强重大决策社会稳定风险评估机制，畅通和规范群众诉求表达、利益协调、权益保障的渠道和机制。党的十九大报告指出：有效应对重大挑战、抵御重大风险、克服重大阻力、解决重大矛盾。自觉地防范各种风险，坚决战胜一切在政治、经济、文化、社会等领域和自然界出现的困难和挑战。

建设项目的科学决策、安全建设、稳定运营是建设项目实施的根本要求，也是保障社会稳定的重要任务和目标要求。但是一些建设项目由于在工作决策和实施过程等方面的不当和失误，各种风险事故多发，由此造成人员伤亡、财产损失，同时也引起项目所在区域的社会问题，导致区域不同程度的社会不稳定，产生不良影响和后果。2013年国家发展改革委制定了《重大固定资产投资项目社会稳定风险分析篇章编制大纲及说明（试行）》，通过几年的实践，建设项目社会稳定风险评估工作得到了重视，重大项目社会稳定风险评估工作在预防和化解社会矛盾方面发挥了一定的作用。但也存在不少问题，例如：建设项目社会稳定风险评估工作如何有效规范开展，仍存在相关规定操作性、针对性和有效性不强的问题；对建设项目风险的管理偏重于项目建设前期的社会稳定风险评估，而对于项目实施中的建设期和运营期的风险管理薄弱，没有形成建设项目全过程风险管理体系；建设项目风险的预测、评估、决策等实用有效的方法，以及实际工作中的具体有效的做法和工作程序等缺乏研究和应用探索等。

加强建设项目风险评估与管理，是管控建设项目风险，防范因建设项目而导致社会稳定风险的基础。建设项目风险评估与管理工作要以党的方针政策为指导，贯彻执行国家、行业和地方与之相关的法规、政策。针对建设项目风险评估与管理方面存在的问题，我们课题组承担了陕西省社会科学基金项目"建设项目社会风险评价与管理机制研究（2015G016）"的研究工作，并得到了长安大学中央高校基本科研业务费专项资金资助（310829170547、310829160672）。

本研究按照建设项目全过程风险管理的要求，针对建设项目风险管理动态性、全面性和层次性特点，加强建设项目风险管理体系的集成化管理，实施项目风险管理体系的动态运行，开展建设项目风险评估与管理的研究。本研究努力使建设项目风险评估与管理更具科学性和可行性，从而使建设项目风险评估与管理更具规范性，有效推进建设项目风险管控相关工作，科学有效地防范项目风险，维护社会稳定安全，实现建设项目风险管理目标。

加强建设项目风险评估与管理，是管控建设项目风险和防范因建设项目而导致的社会稳定风险的基础。特别是建立重大建设项目和环境敏感性建设项目风险评估和管理机制，规范项目社会稳定风险评估工作，对于促进建设项目科学决策与实施、依法决策与实施、民主决策与实施，防止和减少建设项目风险事故，预防和化解社会矛盾具有重要的意义和作用。本文结合存在的问题，就做好和加强建设项目风险评估与管理工作的主要问题进行了研究。

本书在分析建设项目类别与项目所在区域社会经济与自然生态特征的基础上，运用风险管理、项目管理、系统工程、社会学等理论和方法，以建设项目内部风险因素分析为起点，提出了建设项目自身存在的六种风险因素，即项目的工程风险、经济风险、生态风险、环境风险、安全风险和社会风险，分析了这六种内部风险因素互相影响，以及在外部环境作用下，其对项目所在区域可能产生的社会稳定风险的要因、路径及相互间的关系。

本书对建设项目风险管理的一些基础性理论问题、基础概念和应用风险进行了解析论述。在此基础上较详细地分析了建设项目全过程风险因素，构建了基于项目内因指标与项目外因指标的建设项目风险评估指标体系，提出了基于系统分析的建设项目风险评估相关方法。对建设项目风险管理的相关内容进行了较系统的分析论述，重点介绍了建设项目风险管理机制体系构建和运行保障、建设项目风险管理手段体系和有效性分析，以及建设项目风险后评估等。

本书较详细地提出了建设项目风险评估和建设项目社会稳定评估基础工作的内容，包括：论述和提出了建设项目风险评估工作目的和作用、风险评估工作原则、风险评估工作所需资料、风险评估内容与要求、风险评估工作等级和范围的确定、风险评估调查工作基本要求、建设项目风险等级确定、风险评估工作流程等。通过具体的公路建设项目社会稳定风险评估实例，介绍了本研究提出的建设项目风险评估与管理方法。

本书的特点在于理论分析与实际应用相结合，相关工作指导的规范化与有效性和针对性相结合。具体体现在明晰建设项目风险评估与管理的相关基本概念、基本内涵、基本要求等，如明晰了建设项目风险类别与社会风险内涵，分析了项目风险与社会稳定风险关系，论述了项目与项目所在区域的关系，强调了建设项目风险评估与管理应贯穿项目全过程。期望本研究建构的项目风险评估与管理的技术方法体系、建设项目社会稳定风险评估体系等成果，对于广泛开展的建设项目社会稳定风险评估工作具有应用指导作用，对于建设项目全过程风险管理的研究与工作有参考价值。

参加本课题和撰写的有：董小林、宋桢、董治、刘珊、吴阳、赵佳红、王欢、赵丽娟、陈美玲、刘丰旋、冯文昕、周晶、马瑾等。感谢袁卫宁、陈爱侠、陈怀平、裴建中、关卫省、程高等专家学者的指导协助。

我们的知识和经验有局限性，使得我们的研究与书中内容难免有不足之处，恳请指正。

2018 年 7 月 23 日

目 录

第一章 绪论 ……………………………………………………（1）
　第一节 建设项目风险评估与管理概论 ………………………（1）
　　一 风险与风险管理 …………………………………………（1）
　　二 社会（稳定）风险 ………………………………………（8）
　　三 建设项目风险 ……………………………………………（9）
　　四 建设项目社会稳定风险 …………………………………（12）
　　五 建设项目社会稳定风险评估 ……………………………（13）
　第二节 建设项目风险研究综述 ………………………………（14）
　　一 期刊等文献 ………………………………………………（14）
　　二 专著文献 …………………………………………………（32）
　　三 相关工作指导与实践应用研究 …………………………（33）
　第三节 相关理论基础 …………………………………………（36）
　　一 社会学理论 ………………………………………………（36）
　　二 风险管理理论 ……………………………………………（38）
　　三 项目管理理论 ……………………………………………（39）
　　四 其他交叉理论 ……………………………………………（42）
第二章 建设项目及所在区域类别分析 …………………………（46）
　第一节 建设项目概述 …………………………………………（46）
　　一 建设项目特征 ……………………………………………（46）
　　二 建设项目特点 ……………………………………………（47）
　　三 建设项目作用 ……………………………………………（48）
　　四 重点建设项目 ……………………………………………（49）
　第二节 建设项目类别分析 ……………………………………（51）

一　建设项目分类概念 …………………………………………（52）
　　二　建设项目分类作用 …………………………………………（52）
　　三　建设项目主要类别 …………………………………………（53）
　　四　建设项目其他类别 …………………………………………（58）
第三节　项目所在区域类别分析 ……………………………………（61）
　　一　项目所在区域地理区划 ……………………………………（61）
　　二　项目所在区域温度带区划 …………………………………（62）
　　三　项目所在区域气候区划 ……………………………………（63）
　　四　项目所在区域生态区划 ……………………………………（64）
　　五　项目所在区域人口区划 ……………………………………（65）
　　六　项目所在区域经济区划 ……………………………………（65）
　　七　项目所在区域行政区划 ……………………………………（66）
第四节　建设项目所在区域特征分析 ………………………………（66）
　　一　项目所在区域社会结构特征分析 …………………………（67）
　　二　项目所在区域经济结构特征分析 …………………………（68）
　　三　项目所在区域其他结构特征分析 …………………………（69）

第三章　建设项目社会稳定风险分析 ……………………………（70）

第一节　建设项目风险分析 …………………………………………（70）
　　一　建设项目风险 ………………………………………………（70）
　　二　建设项目风险组成 …………………………………………（71）
　　三　建设项目六种风险因素关系分析 …………………………（73）
第二节　建设项目社会风险分析 ……………………………………（74）
　　一　建设项目内部社会风险与外部社会风险 …………………（74）
　　二　建设项目狭义社会风险与广义社会风险 …………………（75）
第三节　建设项目社会稳定风险分析 ………………………………（77）
　　一　社会稳定风险分析 …………………………………………（77）
　　二　建设项目社会稳定风险分析 ………………………………（78）
　　三　建设项目各种风险导致产生社会稳定风险分析 …………（79）
　　四　建设项目社会稳定风险的两个主要因素 …………………（82）
　　五　建设项目社会稳定风险发生环节 …………………………（83）
第四节　建设项目全过程社会稳定风险评估分析 …………………（84）

一　建设项目社会稳定风险管理存在的问题 …………（84）
　　二　建设项目全过程社会稳定风险管理的提出 ………（85）
　　三　建设项目全过程社会稳定风险管理的落实 ………（87）
第四章　建设项目社会稳定风险评估要求与基础工作 ………（89）
　第一节　建设项目社会稳定风险评估要求 …………………（89）
　　一　建设项目社会稳定风险评估目的 …………………（89）
　　二　建设项目社会稳定风险评估作用 …………………（90）
　　三　建设项目社会稳定风险评估原则 …………………（91）
　　四　建设项目社会稳定风险评估规则 …………………（92）
　第二节　建设项目社会稳定风险评估工作所需资料 ………（93）
　　一　建设项目社会稳定风险评估遵循的主要法规与政策 …（93）
　　二　建设项目社会稳定风险评估依据的主要资料 ……（98）
　第三节　建设项目社会稳定风险评估内容与要求 …………（100）
　　一　建设项目社会稳定风险评估环节 …………………（101）
　　二　建设项目社会稳定风险评估内容 …………………（101）
　　三　建设项目社会稳定风险评估内容分析 ……………（103）
　第四节　建设项目社会稳定风险评估工作等级和范围 ……（104）
　　一　建设项目社会稳定风险评估工作等级确定 ………（104）
　　二　建设项目社会稳定风险评估范围确定 ……………（105）
　　三　建设项目社会稳定风险评估范围确定的把握 ……（108）
　第五节　建设项目社会稳定风险调查工作 …………………（108）
　　一　项目社会稳定风险调查工作基本要求 ……………（109）
　　二　公路建设项目社会稳定风险调查工作 ……………（110）
　　三　重视项目全过程社会稳定风险调查工作 …………（112）
　第六节　建设项目社会稳定风险等级确定 …………………（113）
　　一　项目低风险 …………………………………………（113）
　　二　项目中风险 …………………………………………（114）
　　三　项目高风险 …………………………………………（114）
　第七节　建设项目社会稳定风险评估工作程序 ……………（114）
　　一　项目社会稳定风险评估工作程序 …………………（115）
　　二　项目社会稳定风险评估工作流程 …………………（116）

第八节　建设项目社会稳定风险评估编制篇章 …………… (117)
　　一　项目概述 ………………………………………………… (118)
　　二　编制依据 ………………………………………………… (118)
　　三　风险调查 ………………………………………………… (118)
　　四　风险识别 ………………………………………………… (118)
　　五　风险评估 ………………………………………………… (118)
　　六　风险防范和化解措施 …………………………………… (119)
　　七　落实措施后的预期风险等级 …………………………… (119)
　　八　风险分析结论 …………………………………………… (119)

第五章　建设项目社会稳定风险因素识别分析 ……………… (120)
　第一节　建设项目风险因素识别方法 ……………………… (120)
　　一　现场调查法 ……………………………………………… (121)
　　二　流程图分析法 …………………………………………… (122)
　　三　事故树分析法 …………………………………………… (123)
　　四　专家评估法 ……………………………………………… (124)
　第二节　建设项目风险因素识别分析 ……………………… (127)
　　一　建设项目风险因素 ……………………………………… (127)
　　二　建设项目内部风险因素识别 …………………………… (128)
　第三节　公路建设项目风险因素识别分析 ………………… (135)
　　一　公路建设项目特点 ……………………………………… (135)
　　二　公路项目内部风险因素识别分析 ……………………… (136)
　第四节　建设项目所在区域社会因素与自然因素识别 …… (142)
　　一　项目所在区域社会因素 ………………………………… (143)
　　二　项目所在区域自然因素 ………………………………… (151)

第六章　建设项目风险评估方法 ……………………………… (155)
　第一节　建设项目风险评估指标体系构建 ………………… (155)
　　一　项目风险评估指标的选取和确定 ……………………… (155)
　　二　项目风险评估指标体系的构建 ………………………… (156)
　第二节　建设项目风险分析评估基本方法 ………………… (157)
　　一　专家打分法 ……………………………………………… (159)
　　二　层次分析法 ……………………………………………… (161)

三　熵权法 …………………………………………………… (161)
　　四　主成分分析法 ……………………………………………… (163)
　　五　模糊综合评估法 …………………………………………… (163)
 第三节　建设项目风险评估方法应用 ………………………………… (168)
　　一　风险评估方法选择分析 …………………………………… (168)
　　二　建设项目风险评估流程 …………………………………… (169)
　　三　项目风险评估方法应用的其他说明 ……………………… (171)
　　四　建设项目社会稳定风险评估调查与分析工作 …………… (172)

第七章　公路建设项目社会稳定风险评估 ………………………… (180)
 第一节　公路建设项目社会稳定风险评估指标选取及分析 ……… (180)
　　一　公路建设项目社会稳定风险评估指标的选取 …………… (181)
　　二　公路项目风险内因指标分级及影响程度分析 …………… (183)
　　三　公路项目风险外因指标分级及影响程度分析 …………… (198)
 第二节　公路项目社会稳定风险评估应用分析 …………………… (205)
　　一　项目概况 …………………………………………………… (205)
　　二　评估依据 …………………………………………………… (206)
　　三　风险调查 …………………………………………………… (208)
　　四　风险因素识别 ……………………………………………… (212)
　　五　风险因素影响程度划分 …………………………………… (212)
　　六　风险评估 …………………………………………………… (219)
　　七　风险防范和风险化解措施与评估 ………………………… (225)
　　八　落实风险措施后风险级别再评估 ………………………… (228)
　　九　评估结论 …………………………………………………… (238)

第八章　建设项目风险管理系统分析 ……………………………… (241)
 第一节　建设项目风险管理系统 SCL 检查与 FTA 分析 ………… (241)
　　一　建设项目风险管理的 SCL 分析 ………………………… (241)
　　二　建设项目风险管理的 FTA－SCL 分析 ………………… (245)
　　三　建设项目风险管理的模糊 FTA 评价 …………………… (252)
 第二节　建设项目风险管理系统水平测度 ………………………… (259)
　　一　建设项目风险管理参与方的逻辑关系 …………………… (259)
　　二　建设项目风险管理水平测度模型 ………………………… (260)

三　应用分析 …………………………………………… (264)
　第三节　建设项目风险管理系统的熵权物元评价 ………… (267)
　　一　建设项目风险管理指标熵权计算 ………………… (267)
　　二　建设项目风险管理可拓物元综合评价 …………… (268)
　　三　应用分析 …………………………………………… (270)

第九章　建设项目风险管理机制研究 …………………… (283)
　第一节　建设项目风险管理机制概述 …………………… (283)
　　一　机制与管理机制 …………………………………… (283)
　　二　建设项目风险管理机制 …………………………… (284)
　第二节　建设项目风险管理机制体系构建 ……………… (285)
　　一　项目风险管理机制体系构成 ……………………… (285)
　　二　项目风险管理机制体系分析 ……………………… (289)
　　三　项目风险管理机制体系构建意义 ………………… (291)
　第三节　建设项目风险管理机制分析 …………………… (292)
　　一　项目风险管理机制体系内部组成 ………………… (293)
　　二　项目风险管理机制分析 …………………………… (295)
　　三　基于多木桶模型的项目风险管理机制关系分析 … (306)
　第四节　建设项目风险管理机制体系运行与保障集成管理 …… (308)
　　一　项目风险管理机制体系集成化管理 ……………… (308)
　　二　项目风险管理机制体系运行 ……………………… (310)
　　三　项目风险管理机制体系保障 ……………………… (314)

第十章　建设项目风险管理手段体系 …………………… (318)
　第一节　建设项目风险管理手段分析 …………………… (318)
　　一　管理手段与风险管理手段 ………………………… (318)
　　二　建设项目风险管理手段及其有效性分析 ………… (319)
　第二节　建设项目风险管理手段体系 …………………… (323)
　　一　建设项目风险管理手段体系框架 ………………… (323)
　　二　建设项目风险管理手段体系的层次分析 ………… (325)
　第三节　建设项目风险管理手段体系应用分析 ………… (329)
　　一　建设项目风险管理手段体系应用原则 …………… (329)
　　二　建设项目风险管理手段体系应用 ………………… (330)

第十一章　建设项目风险后评价 …………………………（333）

第一节　建设项目风险后评价概述 ……………………（333）
一　项目风险后评价 …………………………………（333）
二　项目风险后评价作用 ……………………………（334）
三　项目风险后评价特点 ……………………………（337）

第二节　建设项目风险后评价工作实施 ………………（338）
一　项目风险后评价工作原则 ………………………（338）
二　项目风险后评价要素确定 ………………………（340）
三　项目风险后评价工作内容 ………………………（341）
四　项目风险后评价工作程序 ………………………（343）
五　项目风险后评价基本方法 ………………………（345）

第三节　建设项目社会稳定风险后评价与公众参与 …（348）
一　项目社会稳定风险评估中公众参与的后评价 …（348）
二　公众参与项目风险后评价的工作 ………………（349）

第一章　绪　　论

建设项目风险评估是建设项目前期决策工作的一项重要内容，建设项目风险管理是贯穿项目全过程的一项重要工作。做好建设项目风险评估与管理对科学、民主地决策建设项目，促进建设项目健康有序的发展，发挥好建设项目在社会经济可持续发展中的作用具有重要意义。加强建设项目风险评估与管理的研究是做好项目风险评估与管理的基础与保证，开展建设项目风险评估与管理需要相关理论做指导，本书在明晰相关基本概念和已有研究成果的基础上，以期将建设项目风险评估与管理的研究与实践不断推向深入。

第一节　建设项目风险评估与管理概论

对建设项目风险及社会稳定风险进行评估与管理的一个重要基础，是明确风险、风险事故、风险评估与风险管理等的概念与内涵，明确建设项目风险、社会稳定风险的概念与内涵，从而明确建设项目风险、建设项目社会稳定风险概念与内涵，进行建设项目风险特征分析、建设项目风险管理特征分析，从而为开展建设项目风险因素识别、风险评估、风险防范、风险管理，以及建设项目社会稳定风险评估工作打下基础。

一　风险与风险管理

（一）风险与风险事故

1. 风险概念

风险是指产生损失的不确定性，这里的损失是指某项活动、工作、政策等的决策与实施对一定区域的个人、企业、社会团体及政府等主体的各种权益产生严重的不利的影响。对风险的研究角度不同，使风险的概念有着不同的解释，主要可以归纳为以下几种代表性观点。

(1) 风险是损失发生的可能性

可能性是指客观事物存在或者发生的机会，这种可能性可以用概率来衡量。如损失风险事件发生的概率为0时，表明没有损失的机会，风险不存在是一种确定性的事件；当概率为1时，表明风险的存在是一种确定性的事件；而风险损失可能性则意味着损失事故发生的概率区间为0—1。

(2) 风险是损失的不确定性

这种不确定性又可以分为主观不确定性与客观不确定性。主观不确定性是指个人对客观风险的评估，当不同的人面对相同的客观风险时，会产生不同的评估结果，主观不确定性与个人的知识、经验、心理状态等方面因素有关。客观不确定性是指对某事物实际结果与预期结果的偏离，这种偏离量可以使用数学、统计学等方法予以度量。

(3) 风险是实际结果与预测结果的偏差

预测多是以过去实际的数据对未来变化情况进行估计，然而未来实际情况不可能完全与预测相吻合，往往会偏离预期的结果。实际结果与预期结果较大的负偏差可能为风险，这种偏差可以用数理统计的方法进行分析。

(4) 风险是实际结果偏离预期结果的概率

风险是一个实际结果偏离预期结果的客观概率事件，这种实际结果与预期结果偏离的概率即风险，这一偏离的客观概率可以用数理统计的方法进行计算。

以上几种对风险概念的解释，其内涵本质是一致的，都说明了风险的存在是客观的、必然的，风险事故的发生是不确定的，这种不确定性可以运用数理统计等方法进行分析估计。[①]

2. 风险特征[②]

风险的产生和风险事故的发生具有其自身的特点，反映出风险的特

---

① 刘钧：《环境风险概论（第二版）》，清华大学出版社2008年版。
② 马瑾：《公路建设项目环境风险评估与管理研究》，硕士学位论文，长安大学，2012年，第15页。

征，主要表现在：

（1）风险存在的客观性。风险是由客观存在的自然现象和社会现象所引起的，而自然现象和社会现象都有自身的发展规律，所以风险是客观存在的。不论风险因素的存在是否被意识到，只要风险的诱因存在，当条件成熟时，风险事故就会发生，风险事故发生就会导致损失。

（2）风险发生的随机性。风险是客观存在的，但并不是所有风险因素最终都会演变成风险事故。风险事故的发生需要一定的诱因和时间，风险事故是否发生、风险事故产生什么影响、影响后果多大，都是不确定的。但有一点是确定的，即风险因素的存在是必然的，只是具体风险事故的发生是具有随机性、偶然性的。

（3）风险因素的可变性。无论是风险因素的性质还是风险事故的影响都会随着活动的进程而发生变化。风险因素的可变性包括风险性质的变化与风险量的变化。风险性质的变化与风险量的变化是指某些风险随着活动时间的进展、风险管理技术水平的提高或降低等，原有风险因素的性质、种类和量会发生变化，一些风险因素可能减弱或消失，也可能产生新的风险因素。

（4）风险的可预见性。风险的产生，甚至风险事故的发生不是偶然的，它是活动中各种不利因素堆积的结果，而活动中的这些不利因素一般是可以预见的。对于有些难以预测的风险，可应用风险识别和评估的技术手段方法对风险存在与发生的概率进行分析，对风险事故产生的影响进行评估，从而预防风险事件的发生，减少风险事故发生造成的损失。

（5）风险的行为相关性。风险行为相关性是指决策者所面临的风险状态与其决策行为的紧密联系性。任何一种风险实质上都是由风险状态与决策行为结合而成的，是风险状态和决策行为的统一。不同的决策者针对同一风险事件会产生不同的决策，具体反映在不同风险管理方法和不同的策略上，因此就会面临不同的风险结果。风险的行为相关性分析是指对两个或多个具备相关性的风险变量元素进行分析，从而衡量风险因素间的相关程度和影响程度。

（6）风险主体的相对性。风险是相对于某一活动主体而言的，不同主体对同类风险的承受能力不同，同样的风险对于不同主体的影响也不同。风险主体对风险的承受能力受该主体的管理水平、风险意识、拥有资源、投入大小等多种因素的制约，所以风险、风险主体都是具有相对性的。

3. 风险分类

不同的风险因素的性质、种类，风险事故的成因、形态及损失状况等方面都表现出不同的特点，所以对风险进行分类是风险管理的基本要求。风险可按风险性质、风险属性、风险形态、风险损害对象及风险管理内容进行分类。

（1）按风险性质分类

按风险性质进行分类，风险可以分为纯粹风险和投机风险。纯粹风险也称为静态风险，是指只有损失机会而无获利可能的风险。比如建筑物基础施工，面临的基坑坍塌风险，当这种风险事故发生时，只会造成人财物等方面的损失；投机风险也称为动态风险，是相对于纯粹风险而言的，是指既有损失机会又有获利可能的风险。投机风险的后果一般有三种：一是没有损失；二是有损失；三是盈利。比如投资买卖股票就属于投机风险。

（2）按风险属性分类

按风险产生的属性进行分类，风险可以分为自然风险和人为风险。自然风险是指由于自然界各因素的变化产生的风险，其风险事故如地震、洪水等自然因素引起的事故。自然风险事故一旦发生，其涉及的范围往往很广；人为风险是指由于人们的各种活动行为所导致的风险。人为风险又可分为社会风险、经济风险、技术风险和政治风险等。

（3）按风险形态分类

按风险形态进行分类，风险可以分为潜在风险和意外风险。潜在风险是指在风险事故发生之前的相当长时间内不显露或未被发现的风险，而最终会逐渐发展扩大产生的风险事故；意外风险是指在完全没有防备的情况下突然发生的风险事故。

（4）按风险损害对象分类

按风险的损害对象进行分类，风险可以分为人身风险、财产风险和责任风险等。人身风险是指导致人疾病、残疾、早逝、失业等风险；财产风险是指发生财产贬值、毁损和灭失的风险；责任风险是指由于个人或团体行为违背法律、合同或道义上的规定，给他人或其他单位造成财产损失或人身伤害的风险。

(5) 按风险管理的内容分类

按风险管理的内容进行分类，风险可分为决策风险、组织风险、实施风险、人力资源风险等；也可分为经济风险、社会风险、安全风险、环境风险等。

4. 风险事故

风险事故又称风险事件，是指造成了人身伤亡或财产损害的事件。风险事故意味着存在的风险因素转化成了现实。只有风险事故的发生才能导致损失，风险事故是造成损害的直接原因。风险一般是一种潜在的危险，而风险事故的发生使潜在的危险转化成为现实的损失。所以风险事故发生的基础是潜在的风险因素。要防止风险事故的发生，首要的工作是对风险因素识别分析。

(二) 风险因素识别

风险因素是指促使某一特定风险事故发生或使其发生的可能性增大，或使其损失程度的原因或条件扩大的因素。它是风险事故发生的潜在原因，是造成损失的直接原因。一个活动的风险因素具有内部和外部的原因，也就是说有活动的内部风险因素和活动的外部风险因素。例如：对于建设项目建设阶段而言，风险因素是指面临的工程风险因素、环境风险因素、社会风险因素等内外部因素。

风险因素识别是风险评估与管理的基础。风险因素识别是指对活动和事物面临的各种潜在风险加以判断、分析、归类的过程。对于建设项目而言，建设项目内部与项目所在区域的外部，以及与项目建设使用有密切关联的社会要素等，均是产生风险因素的载体，因此需要认真分析识别。判断风险因素是项目内部的、还是与项目相关联的外部的，是什么类别、什么性质的风险因素，这些风险因素在什么时期、什么条件下存在，以及这些风险因素演变成风险事故的可能性、风险事故可能产生损害的程度等，都是在风险识别阶段应调查、分析、论证的问题。识别风险主要包括感知风险和分析风险两方面的内容。识别风险有助于风险管理者及时发现风险因素、风险源，为风险防范与管控预案的制定、风险措施的实施提供保障，使建设项目风险管理更加科学有效。针对不同类别的建设项目，科学、高效地对项目自身所面临的风险以及项目可能产生的各类风险和发生的风险事故进行及时、准确的识别，是项目风险管理工作必不可少的重要环节。

建设项目风险因素识别的主要工作有：一是全面分析建设项目性质、规模等；二是全面分析项目所在区域的社会经济和自然生态状况；三是分析企业的人员构成、财产分布、经济状况以及生产活动范围等；四是分析项目活动中存在的风险因素，分析风险的性质，判断发生风险事故的可能性；五是分析建设项目所面临的风险可能造成的损失及其形态等。

（三）风险评估

风险评估是指在风险因素识别的基础上，对风险发生的概率、损失程度等，结合其他因素进行的综合评估。风险评估通过针对评估对象所收集的大量数据、信息，运用数理统计及其他科学方法进行数量分析，估计和预测风险发生的概率、风险损失概率和损失期望的预测值等。产生风险因素和发生风险事故的可能性及危害程度，与经验指标和其他定性分析结果进行比较，以衡量风险的等级程度，并决定采取相应的措施。

风险评估使风险管理建立在科学的基础上，为风险管理者进行风险决策、选择最佳管理方案、制定技术措施提供可靠的科学依据。风险评估的作用主要有以下三点：

1. 更准确地认识风险。通过定量与定性方法进行风险评估，可以较准确地确定建设项目各种风险因素产生和风险事故发生的状况与程度。使决策者和管理者更准确地认识风险，区分主要风险和次要风险，确定各种风险可能造成的损失后果及其绝对严重程度。

2. 合理选择风险对策。不同风险对策的适用对象各不相同，风险对策的适用性需从效果和代价两个方面考虑。风险对策的效果表现在降低风险发生概率和降低风险事故损失的程度。风险对策一般都要付出一定的代价，应将不同风险对策的适用性与不同风险的后果结合起来考虑，对不同的风险选择最适宜的风险对策，从而形成最佳的风险对策组合。

3. 保证目标的科学性。风险评估能反映各种风险对活动目标的不同影响，使目标规划的结果更合理、更可靠，在此基础上制定的目标规划更合理，计划更具可行性。

（四）风险处理

风险处理是指经过风险识别和风险评估之后，为实现风险管理目标而采取的行动。风险处理是风险管理过程中的重要环节。根据风险评估结果，选择最佳的风险管理技术是实施风险处理和风险管理的关键。风险处理方法的选择是一种综合性的科学决策行为。在决策时，既要针对实际存在的风险因素，又要考虑风险主体的资源配置情况，还应注意各种风险处理方法的效用与可行性。一般来说，风险处理方法的选用不是选择一种处理方法去处理一种风险，而是需要将几种方法组合起来加以运用。风险处理的效益大小取决于能否以最小风险成本换取最大安全保障，风险处理还要考虑风险管理目标与整体管理目标是否一致，风险处理具体措施的可行性、可操作性以及有效性。风险处理的措施是否为最佳，处理效果如何，这也需要采用科学的方法进行评估。

(五) 风险管理

1. 风险管理概念

风险管理是指在风险识别、风险分析和风险评估的基础上，以多种方式与形式对风险管理对象采取防范和处理风险措施等一系列工作的过程。建设项目风险管理是指项目风险管理主体通过风险识别、分析和评估，采取多项措施防范、管控项目各种风险因素，妥善地处理风险事故造成的不利后果，保证项目安全、可靠、稳定地实现预定的目标。

2. 风险管理目标

风险管理目标是实现风险管理所要达到的预期成果。风险管理目标由两个部分组成：即风险事故发生前的风险管理目标和风险事故发生后的风险管理目标。前者目标是避免或减少风险因素形成的机会，是基础性的重要目标；后者目标是改进和加强风险管理预案，努力使风险事故产生的损失恢复到损失前的状态。

风险管理目标是企业整体目标的组成部分，改善和加强项目建设与使用的正常发展，后者的目标实际上是风险管理预案。所以要严格风险目标管理，以风险目标为导向，把责任制落实到方方面面。

建设项目风险管理目标应根据建设项目总体目标与项目全过程风险因素制定项目风险管理目标，同时在项目风险管理目标实施过程中，不断跟踪、修订、完善风险管理目标。建设项目的工程风险管理目标、环境风险管理目标、生态风险管理目标、经济风险管理目标、安全风险管理目标和社会风险管理目标等的有机结合，从而构成建设项目完整而系统的风险管理目标[①]。

3. 风险管理手段

风险管理手段是指风险管理主体为实现风险管理目标，对活动方所采取的必要的、有效的风险管理措施。风险管理手段适用于建设项目各个阶段的风险管理。风险管理法律手段、行政手段、经济手段、技术手段、激励手段、教育手段、参与手段是建设项目风险管理的基本手段。风险管理手段为建设项目风险管理目标的实现提供有力保障。

4. 风险管理机制

风险管理机制是指在对活动全过程的风险因素进行识别、分析、评估的基础上，在风险管理系统中分析风险管理环节和组成部分，以及相互间的内在联系，发挥风险管理系统的功能，科学、有效地应对各种项目风险，使系统的整体及部分之间产生相互良性作用，对风险实施有效控制的过程和方式，并在运行中不断自我调节、自我完善的管理机制。建设项目风险管理机制是在项目全过程中形成项目风险管理系统，分析风险管理系统的内在联系、功能及运行原理与风险管理系统的规律性，有预见地、有效地应对各种风险，并且在运行中不断自我调节、自我完善的风险管理机制。建设项目风险管理机制体系由若干相关的、发挥不同作用的子机制组成。风险管理机制体系的构建是建设项目风险管理的重要内容。

二 社会（稳定）风险

任何一种风险都具有其基本属性。风险的基本属性包括自然属性和社会属性。人类活动与自然环境的不和谐就可能直接或间接地产生风险，人类活动与社会环境的不和谐，也可能直接或间接地产生风险。社会环境是人类在利用和改造自然环境中创造出来的人工环境和人类在生活和生产活动中所形成的人与人之间关系的总体，是人类活动的必然产物。人类活动不断地与已形成的社会环境相互影响，所以风险的社会属性是由社会环境所决定的。

"社会风险"一词的内涵为某种活动导致社会冲突，危及社会稳定和

---

① 董小林、赵佳红、赵丽娟等：《基于多木桶模型的建设项目风险管理目标体系构建及应用》，《建筑科学与工程学报》2017年第1期，第121—126页。

社会秩序的可能性。而"社会稳定风险"一词起源于我国的社会管理实践，社会风险的产生、社会风险事件的发生必然导致社会不稳定。所以"社会风险"与"社会稳定风险"表达的内涵是相同的。①

社会（稳定）风险是风险的组成部分。社会（稳定）风险是导致社会产生不稳定的原因，进而影响、危及社会秩序和社会稳定的可能性。社会（稳定）风险一旦发生，必然对一定区域社会的各个方面产生不同程度的社会影响，造成社会损失。

产生社会（稳定）风险的要因主要是人。不论是个人、群体、单位、政府部门，其从事活动的行为不当，均可对受活动影响人群的生产与生活造成影响和损失。特别是与人民群众利益密切相关的重要政策、重大决策、重大措施、重大建设项目以及一些重大活动等，一旦在工作中出现不科学、不规范、不客观等情况，极易产生社会（稳定）风险。产生社会（稳定）风险的另一个要因是自然现象，是自然激发的、主要受自然力的作用，而且人类对其缺乏控制能力，并使人类遭受一定的损害。对这类自然问题产生的社会不稳定状况的应对是人类的一个重要课题和任务。

三　建设项目风险

（一）建设项目风险分析

建设项目风险是风险的组成部分。建设项目风险是指项目在建设及使用的全过程中存在的可能导致项目损失的各种不确定性因素。建设项目的风险因素是多样的，不确定性因素也不会单独存在，而常以多个因素同时存在的形式对建设项目进行一定程度的作用。存在的风险不确定性因素越多，项目造成损失的可能性越大。对于重大建设项目，由于其具有的特征和作用，它所面临的不确定性风险因素更多，如果风险因素导致风险事故发生，对重大建设项目及其所在区域所产生的不利影响较其他一般建设项目更严重。

（二）建设项目风险特征分析

建设项目风险特征主要表现在风险的客观性和普遍性、必然性和偶然

---

① 吴阳、董小林、赵佳红等：《近十年中国社会稳定风险研究进路分析——基于2006—2015年》，《学理论》2017年第1期，第68—71页。

性、多样性和多层次性。

1. 风险的客观性和普遍性

建设项目风险的产生具有不确定性，风险事故发生及其所造成的损失同样也具有不确定性，这种风险的不确定性是客观性和普遍性的体现。风险由客观存在的自然现象和社会现象所引起，认识和利用这种规律是事物客观性和普遍性的要求。建设项目从决策、建设到使用，任何一个阶段，任何一个过程均与各种风险相伴，风险渗入到建设项目全过程各阶段各环节中，在项目的全寿命周期内，风险无处不在、无时不有。而风险的有效规避只能是在有限的空间和时间内改变风险的存在和发生的条件，降低其发生的频率，减少损失的程度，完全消除风险是不可能的。

2. 风险的必然性和偶然性

建设项目某些风险的存在和风险事故发生是偶然的、无规律的，某些风险存在和发生又是必然的、可预测的。一些项目风险是可以通过一些科学分析方法计算其发生的概率和损失程度的，并可以评估其可能发生的影响，从而利用分析、评估的结果为项目风险管理工作的开展提供有效帮助。同时，由于不同类、不同规模的建设项目具有其独特性，可能会存在其特有的风险，如采用新技术、新工艺的建设项目可能会存在传统技术不存在的特殊风险因素，甚至导致之前从未发生的风险事故的发生，这类风险的存在和风险事故的发生往往难以预测，具有偶然性。

3. 风险的潜在性和突发性

建设项目风险存在与风险事故发生具有不确定性，所以风险与风险事故的存在具有潜在性，而风险事故的发生具有突发性。由于风险具有潜在性的特点，使人类可以利用科学的方法，正确识别项目存在的各种风险，改变风险发生的内外部环境条件，从而达到减小风险、控制风险的目的。同时，人们对风险的认知是存在局限性的，不可能完全掌握与风险相关的全部信息，导致风险事故发生具有突发性，人们可以主动地多采取一些措施对其进行预测和防范，使风险事故的破坏性减小。

4. 风险的多样性和多层次性

建设项目，特别是重大建设项目的建设和使用涉及的风险因素多且种类复杂，各种风险因素之间的内在关系复杂且多变，使项目风险呈现多样性。同时，项目内部各风险因素与项目外部各种因素的交错影响，使项目内部风险与其导致的项目外部风险显示出多样性和多层次性。

(三) 建设项目风险管理特征分析

分析建设项目存在的风险和风险事故发生的特点是做好项目风险管理的基础。针对建设项目风险的特点，项目风险管理也具有其管理的特点，主要表现在动态性、全面性和层次性三个方面。①

1. 动态性

建设项目自身的建设和使用涉及的风险因素，以及建设项目内外部风险因素间的内在关系复杂且多变，使项目风险管理工作在不同时期、不同阶段的管理目标、管理内容、管理措施、管理方案等存在差异性和变化性，这就需要针对性地制定风险管理方案，合理选择风险运行管理机制，进行风险动态管理，及时调整风险管理方案和风险管理资源，科学地进行风险管控工作，以适应不同的项目、项目不同阶段的风险管理要求，加强项目全过程风险管理。

2. 全面性

建设项目的任一领域、任一阶段、任一工作，都有存在风险或发生风险事故的可能性，项目自身对周边环境、所在区域的影响程度也是全方位的。项目风险管理涉及技术、环境、社会、经济、管理等多个方面，所以项目风险管理不能只专注于某一个领域、某一个方面、某一个阶段的风险防范与管控，而要求科学、全面地进行项目风险管理工作。对整个项目各时期各阶段全部的工作任务，以及涉及项目所在的区域的状况进行风险的关注与分析，全面协调统筹进行风险管理工作。

3. 层次性

建设项目内外部各领域出现风险的概率以及各种风险对项目的影响程度有所不同，项目各种风险对所在区域的影响程度也有所不同，所以项目风险管理对各种风险管控的侧重度是不同的，建设项目内部风险因素之间，以及建设项目内部风险可能导致的项目外部区域产生的社会稳定风险等，均因建设项目的特点与项目所在区域特点的不同，而显示出不同程度的多层次性。项目风险的多层次性要求项目风险管理具有层次性。这就要

---

① 赵佳红、董小林、宋赪：《重大建设项目风险管理机制体系构建及应用》，《武汉理工大学学报》（信息与管理工程版）2017年第6期，第689—694页。

求认真分析项目风险，项目风险管理要抓住主要矛盾，有针对性地对项目全过程各阶段的重点风险进行严格管控。对不同领域的风险进行侧重度不同的关注与管控是项目风险管理层次性特点的体现。

四　建设项目社会稳定风险

建设项目社会稳定风险是建设项目风险的组成部分，也是社会稳定风险的组成部分。

建设项目社会稳定风险是指，由于建设项目的规划、建设和使用过程中出现的各种缺陷，导致在一定范围的时空对社会产生损失的可能性。建设项目社会稳定风险的产生背离了建设项目的建设目标，对项目所在区域将产生一定的危害。建设项目社会稳定风险可分为建设项目内部社会稳定风险和建设项目外部社会稳定风险。项目内部社会稳定风险是由项目本身直接产生的社会稳定风险，即项目直接社会稳定风险；项目外部社会稳定风险是指由项目内部的其他风险因素的发生而波及产生的社会稳定风险，即项目间接社会稳定风险。例如：工程项目的建设首先要进行的一项重要工作是征地拆迁，征地拆迁与公众的利益紧密相关，处理不好就极易产生社会不稳定。项目征地拆迁是由于建设该项目而进行的征地拆迁，由此所产生的社会稳定风险就是项目的内部社会稳定风险，即项目的直接社会稳定风险。

建设项目本身产生的内部风险有工程风险、环境风险、生态风险、经济风险、安全风险等。项目本身产生的各种风险如果发生，不但对项目本身产生损失，而且还会对项目所在区域一定范围内的社会环境造成不同程度的影响，进而产生波及的社会稳定风险。例如：项目的建设和使用可能对环境产生影响，较大的环境影响（如水污染、大气污染）可能形成环境风险。项目的环境风险是项目本身产生的直接风险，它对项目内部必然带来直接的损失。同时，项目的环境风险对项目所在地及一定区域也必然带来环境风险，这时的风险就是外部风险。这种风险作用于一定的社会区域，则形成项目的外部社会稳定风险，即间接社会稳定风险。

建设项目社会稳定风险的概念分为狭义社会稳定风险和广义社会稳定风险。建设项目内部社会稳定风险是建设项目狭义概念的社会稳定风险，建设项目内部社会稳定风险和外部社会稳定风险是建设项目广义概念的社会稳定风险。对建设项目社会稳定风险概念内涵做如上分析和界定，是对建设项目风险、建设项目社会稳定风险进行客观、科学分析的基础，也是进行建设项目社会稳定评估所要分析评估的影响区域、形式、内容、程度等的依据。要说明的是，建设项目产生的有些风险，对项目外的社会的影响程度、范围和危害要大于对项目本身的影响。也就是说，建设项目产生的有些风险给社会带来的间接损失要大于对项目本身带来的直接损失。

五　建设项目社会稳定风险评估

开展重大事项社会稳定风险评估，对于促进科学决策、民主决策、依法决策，预防和化解社会矛盾，构建和谐社会，具有重要意义。社会稳定风险评估，是指与人民群众利益密切相关的重大决策、重要政策、重大改革措施、重大工程建设项目、与社会公共秩序相关的重大活动等重大事项在决策过程、制定出台、组织实施或审批审核前，对可能影响社会稳定的各种因素开展系统的调查，科学的预测、分析和评估，制定风险应对策略和预案，以有效规避、预防、控制重大事项实施过程中可能产生的社会稳定风险，更好地保证重大事项顺利实施。

因建设项目引发的突发性事件和群体性事件，成为影响社会稳定的重要因素。建设项目社会稳定风险评估是社会稳定风险评估内容的一个重要方面，也是建设项目风险管理中的重要内容之一。建设项目社会稳定风险评估是指对建设项目建设实施使用过程中可能产生对社会不稳定的风险因素进行识别、评估，进行风险防控，减少建设项目建设使用产生的社会不稳定风险。

建设项目社会稳定风险评估工作，主要围绕建设项目可能存在的社会稳定风险，由风险评估主体进行合法性、合理性、可行性、可控性的评估，确定可能产生社会不稳定因素的风险范围和可控程度。近年来，国家对建设项目社会稳定风险评估重视程度在加强，社会稳定风险评估已在全国各地逐步推行，随着《国家发展改革委重大固定资产投资项目社会稳定风险评估暂行办法的通知》（发改投资〔2012〕2492号文）、《国家发展改革委办公厅关于印发重大固定资产投资项目社会稳定风险分析篇章和评估报告编制大纲（试行）的通知》（发改办投资〔2013〕428号文）等一系列文件的出台，社会稳定评估工作也在不断地完善，主要表现在评估方法的规范化、评估内容的明确化、评估结果的准确化等方面。

建设项目社会稳定风险评估主要内容包括，应用风险评估的科学方法，全面评估建设项目可能引发的社会稳定风险，评估项目相关方对社会稳定风险的内部控制和外部合作能力，预测项目相关利益方的损益状况和产生的社会负面影响，评定建设项目在不同阶段所处风险与社会稳定风险等级，做好风险防范、管控预案和矛盾化解的措施，编制社会稳定风险评估报告。同时在项目实施中形成跟踪风险评估，开展建设项目风险后评估。

第二节　建设项目风险研究综述

关于"风险"的研究已有较长的时间，关于建设项目风险及其相关方面的研究时间较短，针对建设项目社会（稳定）风险的研究时间更短。本研究以建设项目风险为主要研究对象，突出对建设项目社会稳定风险的分析，在研究综述中，注重对与本研究重点有关的研究成果进行论述分析。以下主要从国内期刊等文献、专著文献和工作指导与应用实践研究三个方面展开国内在这个领域里的研究综述。在期刊等文献的综述中，主要是以"社会（稳定）风险""建设项目风险""某类项目社会稳定风险"等为关键词，从中国知网（CNKI）查阅篇名中含关键词的相关文献，着重对"建设项目社会（稳定）风险""建设项目风险（因素）识别""建设项目风险评估（评估）指标（体系）""建设项目风险评估（评估）方法""建设项目风险管理"等进行综述。由于建设项目风险方面的相关研究与实际工作的开展是相辅相成、融合发展的，在工作指导与应用实践研究中，主要对国家、行业及地方在该领域的工作中，颁布、出台的一些法规、政策、技术文件等，以及一些建设项目开展风险管理的相关工作进行概况分析。

一　期刊等文献

（一）关于社会（稳定）风险的分析

从中国知网（CNKI）中国期刊全文数据库中检索到2016年底前篇名中有"社会风险"和"社会稳定风险"的全部文献，并采用手动剔除的方式，去掉重复及不符合主题的文献后，分析文献共计1869篇，其中期刊论文 1206 篇（核心 + CSSCI 共 440 篇）；硕博士论文 138 篇（含硕士论文和博士论文）；会议 41 次；报纸 484 份。具体数据分布如表 1-1 所示，趋势变化如图 1-1 所示。

表 1-1　2016 年底前篇名中有"社会（稳定）风险"的文献篇数分布

文献类型＼年份数量	2006 年及以前	2007	2008	2009	2010	2011	2012	2013	2014	2015	2016	合计
期刊	83	43	47	57	66	95	125	174	201	161	154	1206
硕博士论文	4	6	2	3	3	11	10	15	34	23	27	138
会议	4	2	3	2	1	8	7	4	5	2	3	41
报纸	14	14	18	39	75	96	39	52	71	38	28	484
合计	105	65	70	101	145	210	181	245	311	224	212	1869

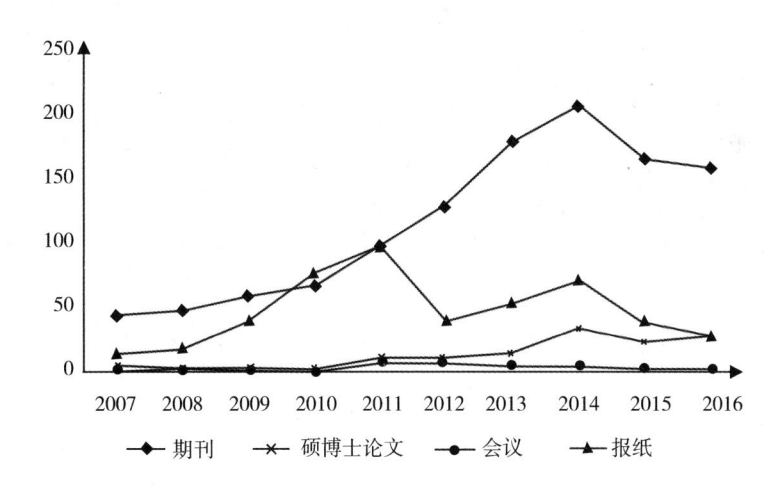

图 1-1　2007—2016 年篇名中有"社会（稳定）风险"的文献篇数趋势变化

由图 1-1 可知，以期刊为例，关于"社会（稳定）风险"的研究在近十年的总体研究呈现趋势为：2007—2009 年间相关研究成果数量增幅平缓，2010—2014 年间相关研究增幅出现明显增幅变化，增幅在 2012 年达到最大，2014 年之后出现较小幅度下降趋势。分析该趋势变化出现的原因是，2012年8月，国家发展改革委制定了《国家发展改革委重大固定资产投资项目社会稳定风险评估暂行办法》，推动了我国建设领域社会稳定风险的研究，社会稳定风险研究领域更加广泛，也得到了更加广泛的重视，2014年之后变化趋势呈现下降状态的原因是相关研究的创新点减少，研究突破较小，研究成果数量下降。我国关于"社会风险""社会稳定风险"的研究起源于我国的社会管理实践，关于社会（稳定）风险的有关研究见表1-2。

表1-2　　社会（稳定）风险的有关研究

文献	研究内容	文献类别
文献一	孙立平提出社会风险主要来自社会底层民众对于社会上层的决策和行动不满，进而导致对其排斥和极端不认同。(1989)	CSSCI
文献二	牛文元运用社会燃烧理论，通过自然系统、经济系统、社会系统、管理决策系统和民主法治系统来构建社会稳定与安全预警系统。(2001)	CSCD
文献三	郑杭生提出社会的结构性断裂导致社会各阶层和群体之间难以达成共识，无法进行广泛的社会动员和有效的社会控制，不利于社会风险的治理。(2004)	CSSCI
文献四	陈静等认为社会稳定风险是指广义的社会风险，任何一个领域内的风险都会影响和波及整个社会，造成社会动荡和不安，成为社会风险。(2010)	CSSCI
文献五	童星认为在重大政策决策出台或重大建设项目审批之前，应对其所带来的社会稳定风险进行评估。(2010)	CSSCI
文献六	刘靖华认为重大事项社会稳定风险评估不应当是政治层面或政策层面的行为，而是执法层面的行为，是政府行为链条上的一个环节。(2011)	CSSCI
文献七	潘斌指出社会风险是社会发展到一定时期的必然产物，属于现代性范畴，具有不可避免性。(2012)	CSSCI
文献八	化涛认为社会稳定风险的主要因素包括：经济风险、政治风险、文化风险、生态能源风险和社会风险。(2014)	CSSCI
文献九	洪宇翔、李从东基于ICT技术，提出面向社会稳定风险治理的社会情绪共同体的"线上"实现形式，并分析其面向社会稳定风险治理的内涵。(2015)	CSSCI

由以上文献可以看出，对社会（稳定）风险内涵及其相关内容的研究，时间不长，但研究成果较多。随着我国国民经济的发展，社会不稳定因素导致的风险事故时有发生，受到了各方的高度关注，说明了社会稳定风险的研究已成为这个领域的一个重要课题。

（二）关于建设项目风险的分析

从 CNKI 中检索到 2016 年底前篇名中有"建设项目风险"的全部文献，并采用手动剔除的方式，去掉重复及不符合主题的文献，分析文献共计 525 篇，其中期刊论文 271 篇（核心 + CSSCI 共 46 篇）；硕博士论文 244 篇（硕士论文）；会议 8 次；报纸 2 份。具体数据分布如表 1 - 3 所示，趋势变化如图 1 - 2 所示。

表 1 - 3　2016 年底前篇名中有"建设项目风险"的文献篇数分布

年份数量 文献类型	2006 年及以前	2007	2008	2009	2010	2011	2012	2013	2014	2015	2016	合计
期刊	47	15	24	16	15	29	21	25	25	24	30	271
硕博士论文	12	5	7	8	12	19	20	34	36	60	31	244
会议	1	0	0	0	1	3	0	0	2	1	0	8
报纸	0	0	0	0	0	1	0	0	0	1	0	2
合计	60	20	31	24	28	52	41	59	63	86	61	525

由图 1 - 2 可知，关于建设项目风险的研究在近十年的总体研究呈现趋势为：2007—2011 年间相关研究成果相对很少，2012—2016 年间相关研究成果数量增幅较大，在此期间内的 2015 年数量最多。在 2012 年国家发展改革委重大项目社会稳定风险评估暂行办法发布之前，关于建设项目风险的有关研究已有一定数量，2012 年之后相关研究进一步得到了加强，研究成果数量出现增长。关于建设项目风险的有关研究见表 1 - 4。

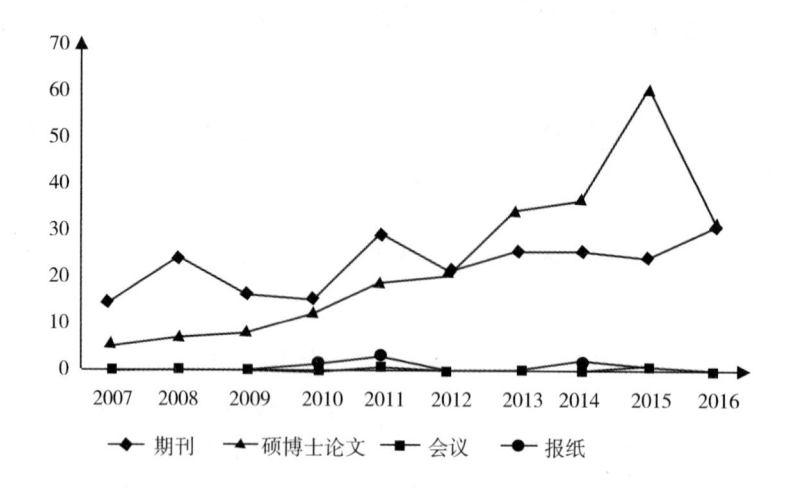

图 1-2　2007—2016 年篇名中有"建设项目风险"的文献篇数趋势变化

表 1-4　　　　　　　　　建设项目风险的有关研究

文献	研究内容	文献类别
文献一	张青晖、沙基昌将工程项目的风险定义为所有影响工程项目目标实现的不确定因素的集合。(1995)	CSCD
文献二	刘金兰等提出根据时间序列构造风险分析影响图模型的方法，并将影响图与动态经济评估相结合，提出了大型工程项目动态风险分析方法。(1996)	CSSCI CSCD
文献三	阎长俊对国外建设工程风险分类与项目风险管理的研究现状及建设工程风险发展趋势进行分析论述。(2002)	CSCD
文献四	孙成双、顾国昌给出了基于多 Agent 技术的建设项目风险管理系统（MACPRMS）的整体构架。(2006)	CSCD
文献五	姚水洪、朱立波对相似项目全过程的风险样本进行分析，采用正态分布拟合，对项目风险进行分级。(2007)	CSSCI
文献六	章慧蓉等论述了工程项目建设中评估风险程度的风险因子，分析了项目全过程风险控制。(2013)	CSCD
文献七	孙建军等总结和阐释了智慧城市建设项目面临的多维风险因素，从数据治理角度提出了推进数据源头、数据管理和数据应用的风险应对路径。(2016)	CSSCI

1. 建设项目社会（稳定）风险

从 CNKI 中检索到 2016 年底前篇名中有"建设项目社会（稳定）风险"的全部文献，并采用手动剔除的方式，去掉重复及不符合主题的文献，分析文献共计 50 篇，其中期刊论文 43 篇（核心＋CSSCI 共 3 篇）；硕博士论文 5 篇（硕士论文）；报纸 2 份。具体数据分布如表 1－5 所示，关于建设项目社会（稳定）风险的有关研究见表 1－6。

表 1－5　2016 年底前篇名中有"建设项目社会（稳定）风险"的文献篇数分布

年份 数量 文献类型	2006 年及以前	2007	2008	2009	2010	2011	2012	2013	2014	2015	2016	合计
期刊	3	0	0	1	1	1	4	5	13	9	6	43
硕博士论文	0	0	0	0	0	0	0	1	2	2	0	5
会议	0	0	0	0	0	0	0	0	0	0	0	0
报纸	0	0	0	0	0	1	0	0	1	0	0	2
合计	3	0	0	1	1	2	4	6	16	11	6	50

表 1－6　　建设项目社会（稳定）风险的有关研究

文献	研究内容	文献类别
文献一	王朝纲、李开孟认为，建设项目社会风险是群体之间的社会紧张或社会冲突可能损害项目目标的可能性。(2004)	普刊
文献二	谢圣远认为工程建设项目社会风险的形成机理是主客观因素相互交叉、相互作用，潜在社会风险被激发后，没能通过正常渠道释放而引起的。(2009)	CSSCI
文献三	杨琳等以重大工程项目的涵义为基础，对项目在经济、生态环境、社会和制度等方面的社会风险因素等进行了识别。(2010)	普刊
文献四	张辉等从对象维、时间维和过程维三个维度对重点建设项目社会稳定风险评估有关内容进行了分析。(2012)	CSCD

续表

文献	研究内容	文献类别
文献五	余晓钟等认为以征地拆迁补偿、移民安置与补偿、环境破坏以及基层劳动者的工资与待遇等为主的利益纠纷是导致工程建设项目社会风险的直接原因，其后果可能是导致社会混乱和项目失败。(2013)	CSSCI
文献六	胡智强认为科学、合理的社会稳定风险评估制度，应作为重大工程项目社会稳定风险治理制度的重要内容。(2013)	CSSCI
文献七	徐成彬等针对我国现行的重大项目社会稳定风险评估框架存在的缺陷，提出以"发现问题—分析问题—解决问题"为主线的投资项目社会稳定风险评估框架。(2014)	CSSCI
文献八	朱正威等从公众"风险—收益"感知视角，对工程项目的稳评进行因子分析，提出在评估风险的同时应重视公众对风险和利益感知的评估，提高工程项目稳评的有效性。(2016)	CSSCI

由以上文献可以看出，一些研究者在这个领域进行了探索。但建设项目社会稳定风险的概念内涵还没有完整规范的表述，相关研究亟待加强。

2. 建设项目风险（因素）识别

从 CNKI 中检索到 2016 年底前篇名中有"建设项目风险识别"的全部文献，并采用手动剔除的方式，去掉重复及不符合主题的文献，分析文献共计 190 篇，其中期刊论文 117 篇（核心 + CSSCI 共 21 篇）；硕博士论文 68 篇（含硕士论文和博士论文）；会议 5 次。具体数据分布如表 1 – 7 所示，关于建设项目风险（因素）识别的相关研究见表 1 – 8。

表 1 – 7 2016 年底前篇名中有"建设项目风险（因素）识别"的文献篇数分布

年份 数量 文献类型	2006 年及以前	2007	2008	2009	2010	2011	2012	2013	2014	2015	2016	合计
期刊	14	5	7	10	9	9	12	13	12	13	13	117
硕博士论文	5	7	6	3	1	4	6	9	9	6	12	68

续表

年份 数量 文献类型	2006年及以前	2007	2008	2009	2010	2011	2012	2013	2014	2015	2016	合计
会议	2	1	0	0	0	2	0	0	0	0	0	5
报纸	0	0	0	0	0	0	0	0	0	0	0	0
合计	21	13	13	13	10	15	18	22	21	19	25	190

表1-8　　　　建设项目风险（因素）识别的相关研究

文献	研究内容	文献类别
文献一	翁亮探讨了投资项目的风险识别、风险评估以及风险管理三大部分内容。(2002)	CSCD
文献二	郑建华认为投资项目所面临的风险可分为系统和非系统风险，定性分析与定量计算有机结合的AHP模型可对投资项目的风险进行有效识别和测度。(2005)	CSSCI
文献三	冯利军、李书全提出了一种风险识别方法——支持向量机，利用该方法对项目风险识别进行了研究，并取得了较好的识别效果。(2005)	CSSCI CSCD
文献四	熊华等提出了工程项目风险识别中检查表的基本形式。介绍了设计、施工和监理单位检查表的内容和编制的步骤。(2005)	CSCD
文献五	黄健柏针对建设项目动态联盟面临的风险进行了风险识别设计，构建了包含六元素（目标、文化、方法、组织、信息、过程）的建设项目动态联盟风险预警模式。(2008)	CSSCI
文献六	刘仁辉等为实现提高工程项目风险识别的可靠性，引入了三角模糊数的方法进行量化研究。(2008)	CSCD
文献七	王家远等通过问卷调查的方式，对20余名具有丰富建设管理经验的专家进行了访问，识别出项目存在涉及整个项目生命周期的主要20种风险。(2010)	CSSCI

续表

文献	研究内容	文献类别
文献八	刘卫军以桥梁工程项目建设为例,就工程项目风险如何识别及分析提出了具体思路。(2012)	CSSCI
文献九	乌云娜等将 PPP 项目的风险因素分为 10 大类,利用 ISM – HHM 混合方法识别子系统风险及子系统风险中各风险因素间关系,构建了风险间的层次关系框图。(2013)	CSCD
文献十	余晓钟等认为工程建设项目中的土地征用、拆迁、移民安置与补偿、环境影响、基层劳动者工钱与待遇问题是引发工程项目建设社会风险的直接原因。(2013)	CSSCI

由以上文献可以看出,对建设项目风险识别的研究内容较多,但以近几年的研究为主,研究起步较晚,研究存在局限性,在实践操作方面的研究成果体现有所欠缺,因此,需要加强这方面的研究。

3. 建设项目风险评估(评估)指标(体系)

从 CNKI 中检索到 2016 年底前篇名中有"风险评价(评估)指标(体系)"的文献共计 422 篇,采用手动剔除的方式,去掉重复及不符合主题的文献,其中"建设项目风险评价(评估)指标(体系)"相关的文献共计 27 篇,其中期刊论文 23 篇(核心 + CSSCI 共 3 篇);硕博士论文 4 篇(硕士论文)。具体数据分布如表 1 – 9 所示,关于建设项目风险评价(评估)指标(体系)的有关研究见表 1 – 10。

表 1 – 9 2016 年底前篇名中有"建设项目风险评价(评估)指标(体系)"的文献篇数分布

年份 数量 文献类型	2006 年及以前	2007	2008	2009	2010	2011	2012	2013	2014	2015	2016	合计
期刊	2	3	4	2	1	4	1	2	1	2	1	23
硕博士论文	1	0	0	0	0	0	0	1	0	0	2	4
会议	0	0	0	0	0	0	0	0	0	0	0	0
报纸	0	0	0	0	0	0	0	0	0	0	0	0
合计	3	3	3	2	1	4	1	3	1	1	3	27

表 1-10　建设项目风险评价（评估）指标（体系）的有关研究

文献	研究内容	文献类别
文献一	赵树、宽马力根据大型房地产项目的建设特点及经济、社会、环境的要求，从资源风险、工程风险、市场风险、政策法律风险等角度分别建立了大型房地产项目风险综合评估指标体系，并运用 Fuzzy 与 AHP 结合的思路，提出了大型房地产项目风险模糊综合评估模型。（2002）	CSCD
文献二	侍克斌等将工程项目风险进行分类，并依此建立工程项目风险指标体系。采用人工神经网络的方法，对建立的工程项目风险指标体系进行整体风险水平评估。（2005）	CSCD
文献三	郭鹏等提出了固定资产投资项目全寿命周期（FAIP-TLC）风险评估指标体系。运用灰色关联分析法对一级指标进行了重要度分析及优化，运用群 AHP 法对二级指标进行了优化，建立了风险评估指标体系。（2007）	CSSCI
文献四	李冬梅把熵风险观念应用于铁路隧道工程风险评估系统中，建立了铁路隧道风险指标体系，在指标体系所建立的层次模型的基础上，总结出一套适合于铁路隧道风险评估及管理的流程。（2008）	硕士论文
文献五	吴贤国等提出城市大型交通工程建设项目社会风险评估指标体系包括社会环境、生活环境和区域发展水平 3 个一级指标与 15 个二级指标。（2009）	CSCD
文献六	邹树梁等结合核电项目的特点构建了一个包括政策法律风险、安全风险、经济风险、管理风险、技术风险、财务风险和人员风险 7 个一级指标和 17 个二级指标的核电项目投资风险评估指标体系。（2013）	普刊
文献七	张洪大等基于 150 份有效的调查问卷数据，对大庆海外石油钻探项目的风险预警管理进行了研究，构建了海外石油钻探项目的风险评估指标体系。（2014）	CSCD
文献八	吕宁华等利用系统功能分析方法提炼建筑企业风险控制能力要素，结合工作分解结构方法，确定建筑企业施工风险控制能力评估指标体系，以评估建筑企业对施工风险的控制能力。（2014）	CSCD
文献九	刘广平等建立了包括 5 个维度和 23 个评估指标的高速公路建设项目投资风险评估指标体系。（2015）	普刊

由以上文献可以看出，对建设项目风险评价（评估）指标（体系）的研究在近十年相对较少，发展平稳。在国家发改委印发重大项目社会稳定风险评估暂行办法后，项目风险评价（评估）指标（体系）作为重要研究课题，相关研究成果较少，需要加强该方面的研究。

4. 建设项目风险评价（评估）方法

从中国知网（CNKI）中国期刊全文数据库中检索到2016年底前篇名中有"风险评价（评估）方法"的文献共计1700余篇，采用手动剔除的方式，去掉重复及不符合主题的文献，其中"建设项目风险评价（评估）方法"相关的文献共计57篇，其中期刊论文44篇（核心+CSSCI共18篇）；硕博士论文13篇（含硕士论文和博士论文）。具体数据分布如表1-11所示，关于建设项目风险评价（评估）方法的有关研究见表1-12。

表1-11 2016年底前篇名中有"建设项目风险评价（评估）方法"的文献篇数分布

年份 数量 文献类型	2006年及以前	2007	2008	2009	2010	2011	2012	2013	2014	2015	2016	合计
期刊	12	3	5	2	4	2	4	2	2	6	2	44
硕博士论文	3	2	3	0	0	1	1	1	1	1	0	13
会议	0	0	0	0	0	0	0	0	0	0	0	0
报纸	0	0	0	0	0	0	0	0	0	0	0	0
合计	15	5	8	2	4	3	5	3	3	7	2	57

表1-12 建设项目风险评价（评估）方法的有关研究

文献	研究内容	文献类别
文献一	许登超运用德尔菲专家评定法来筛选项目的主要风险因素，运用模糊数学的方法将风险指标转化为具有不同风险隶属度的模糊数，通过模糊综合评估的方法来确定项目的综合风险值。（2000）	CSSCI CSCD

续表

文献	研究内容	文献类别
文献二	钟登华采用AHP法分析了工程项目风险排序问题，并就项目的风险度评估及应对方法提出了建议。（2002）	CSCD
文献三	赵振宇将故障树法引入工程风险可靠性管理中，探讨了风险识别模式及风险量化问题。（2002）	CSCD
文献四	刘晓君结合模糊数学理论与PERT技术对项目工期风险等级进行了评估研究。（2007）	CSCD
文献五	吴贤国等利用熵权系数法和层次分析法对城市大型交通工程项目的社会风险进行了评估。（2009）	CSCD
文献六	汪涛等采用贝叶斯网络方法建立风险事件、风险因素之间的关系模型，引入"安全风险抵抗能力"概念，根据施工现场所具备的安全管理能力，评估风险事件的发生概率。（2010）	CSCD
文献七	李津京使用敏感性分析和蒙特卡洛模拟，对客运专线投资项目的风险因素进行定量分析，得出了某铁路客运专线项目投资的可行性。（2010）	CSCD
文献八	周念清采用模糊数学理论对地铁工程的地下水风险管理展开了探讨。（2011）	CSCD
文献九	王波运用模糊综合评估法，对国有土地上房屋征收与补偿的社会稳定风险等级进行了评估。（2011）	硕士论文
文献十	张辉等人从对象、时间和过程三个维度对重点建设项目社会稳定风险进行了分析和评估，提出了评估管理工作的组织架构。（2012）	CSCD
文献十一	杨芳勇、沈克慧运用模糊综合评估法对房屋拆迁社会稳定风险等级进行了评估。（2012）	CSCD
文献十二	阮欣等针对风险评估结果准确性问题，提出了"不稳定性"的评估指标；探究了风险矩阵构建过程、风险结构和矩阵评估形式等不稳定性的来源。（2013）	CSCD

续表

文献	研究内容	文献类别
文献十三	吴贤国运用云模型分析了地铁施工地表变形风险的具体过程，并采用贝叶斯网络法对地铁施工综合风险管理进行了研究。（2013）	CSCD
文献十四	陶振认为社会稳定风险评估流程包括风险识别、风险分析、风险等级确定、风险化解措施、评估报告编制等方面。（2015）	CSCD
文献十五	王波等认为水利工程社会稳定风险评估流程包括：数据来源与处理、社会风险等级计算以及社会系统脆弱性与稳定风险等级确定。（2015）	CSSCI CSCD
文献十六	刘穷志、庞泓基于保险和未定权益估值方法，对项目现金流的风险进行量化估值，认为改进的"物有所值"法能够确定项目潜在的风险来源并进行风险定价。（2016）	CSSCI

由以上文献可以看出，对建设项目风险评价（评估）方法的研究在近十年比较稳定，但研究成果多是理论方面的论述，对于实践应用的方法研究相对较少，因此需要加强社会风险评估方法方面的研究。

5. 建设项目风险管理

从 CNKI 中检索到 2016 年底前篇名中有"建设项目风险管理"的文献共计 294 篇，其中期刊论文 93 篇（核心＋CSSCI 共 8 篇）；硕博士论文 197 篇（含硕士论文和博士论文）；会议 3 次；报纸 1 份。具体数据分布如表 1－13 所示，关于建设项目风险管理的有关研究见表 1－14。

表 1－13 2016 年底前篇名中有"建设项目风险管理"的文献篇数分布

文献类型＼年份数量	2006年及以前	2007	2008	2009	2010	2011	2012	2013	2014	2015	2016	合计
期刊	12	2	12	3	3	10	10	8	10	10	13	93
硕博士论文	7	3	5	7	10	14	15	27	28	54	27	197
会议	1	0	0	0	1	0	0	1	0	0	0	3
报纸	0	0	0	0	0	0	0	0	1	0	0	1
合计	20	5	17	10	13	25	25	35	39	65	40	294

表 1-14　　　　　　　　建设项目风险管理的有关研究

文献	研究内容	文献类别
文献一	周直以三峡枢纽工程为研究对象，对风险管理应用方面进行了探索性研究。（1994）	硕士论文
文献二	杨建平和杜端甫提出以综合集成方法指导对重大工程项目进行全寿命动态风险管理，分析制订了项目风险管理计划。（1996）	CSSCI CSCD
文献三	高军、刘先涛对工程项目风险管理对策进行了规划研究，制定了工程项目风险管理流程图，分析了工程项目风险管理规划决策的全过程及风险管理对策之间的选择关系。（2003）	CSSCI
文献四	唐坤、卢玲玲提出项目全面风险管理有四个方面的涵义：一是项目全过程的风险管理；二是对全部风险的管理；三是全方位的管理；四是全面的组织措施。（2004）	普刊
文献五	李曙光、李建云分析了四种常见的风险排序矩阵方法在实际应用领域中可能存在的某些不足，并探讨了风险发生概率和影响程度在风险管理活动中的作用。（2005）	CSSCI
文献六	项志芬等在分析工程项目风险管理研究现状的基础上，从全过程管理角度，提出了工程项目全过程风险管理模式。（2005）	CSSCI CSCD
文献七	王宏伟等将全面风险管理引入工程项目管理中，提出以全过程、全部风险、全方位、全面组织措施为特征，以风险管理环境体系、目标制度体系、流程体系、方法体系为四大支柱的全面风险管理体系。（2006）	CSCD
文献八	张国宗、陈立文建立了一个全寿命周期的项目风险管理三维框架模型，时间维——大型公益建设项目全寿命周期；逻辑维——风险管理过程；知识维——风险管理工具和技术。（2010）	CSCD
文献九	李艳梅构建了 EPC-EPP 项目风险管理体系和决策支持系统，来开展能效电厂项目风险的识别、评估与控制。（2015）	博士论文
文献十	仝宝石大型工程的特征，提出了委员会式与矩阵式相结合的风险管理模式，阐述了动态风险管理流程和方法。（2015）	硕士论文

由以上文献可以看出，对于项目风险管理的研究视角较多，研究成果类别也较多，一些研究成果应用到了项目风险管理中，为该领域的研究打下了基础。加强有针对性和实用性的建设项目风险管理研究是项目风险管理的主要内容。

6. 建设项目风险相关文献篇数趋势变化分析

上述关于建设项目风险的文献分析具体是从五个方面进行的。即文献篇名中有：建设项目社会（稳定）风险、建设项目风险（因素）识别、建设项目风险评估（评估）指标（体系）、建设项目风险评估（评估）方法、建设项目风险管理。由表1-5、表1-7、表1-9、表1-11、表1-13绘制的2007—2016年间相关主题文献研究数量趋势变化如图1-3所示。

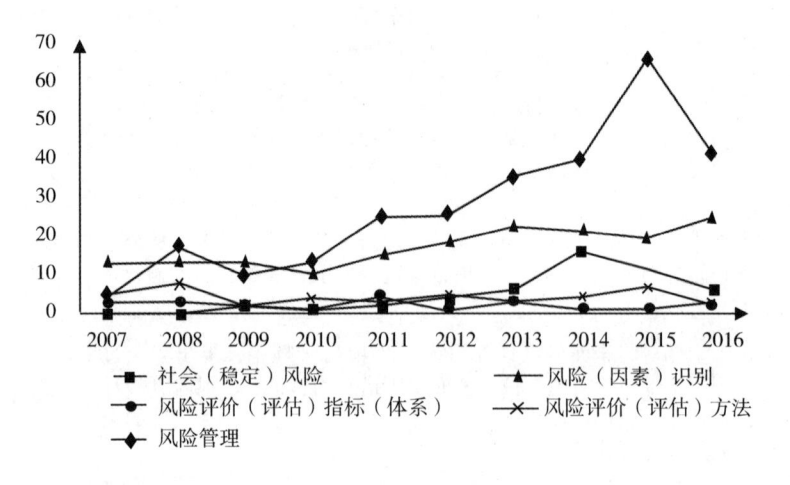

图1-3 2007—2016年篇名中有建设项目风险相关词的文献篇数趋势变化

由图1-3可知，关于建设项目社会（稳定）风险的研究在近十年的总体研究呈现趋势为：2007—2011年间相关研究成果较少，2012—2016年间相关研究成果数量增幅较明显，其中2014年、2015年数量较多。出现以上趋势变化的原因是：2012年8月，国家发展改革委印发了重大固定资产投资项目社会稳定风险评估暂行办法，重大建设项目按要求开展项目社会稳定风险评估工作，但如何按要求开展好这项工作有许多方面需要研究探索。一些研究者将更多的研究关注点放在了建设项目风险分析和评估的相关内容上。但总体来看，关于建设项目社会（稳定）风险的研究成果的数量较少，研究内容存在局限性，研究成果应用性不够，缺乏对实际工作的指导。所以在加大该领域研究数量的同时，应加强研究的多维度质量和应用性。

（三）关于分类建设项目社会稳定风险的分析

从 CNKI 中检索到 2016 年底前篇名中有"某类项目社会稳定风险"的文献共计 157 篇，其中工业项目社会稳定风险文献 24 篇，交通项目社会稳定风险文献 33 篇，水利项目社会稳定风险文献 12 篇，其他项目社会稳定风险文献 88 篇。具体数据分布如表 1-15 所示，趋势变化如图 1-4 所示。

表 1-15　2016 年底前篇名中有"某类项目社会稳定风险"的文献篇数分布

年份数量＼项目类别	2006 年及以前	2007	2008	2009	2010	2011	2012	2013	2014	2015	2016	合计
工业项目	0	0	0	0	0	0	1	5	6	7	5	24
交通项目	0	0	0	0	0	1	1	8	10	9	4	33
水利项目	0	0	0	0	0	0	0	3	7	1	1	12
其他项目	0	0	0	0	5	5	7	18	17	12	24	88
合计	0	0	0	0	5	6	9	34	40	29	34	157

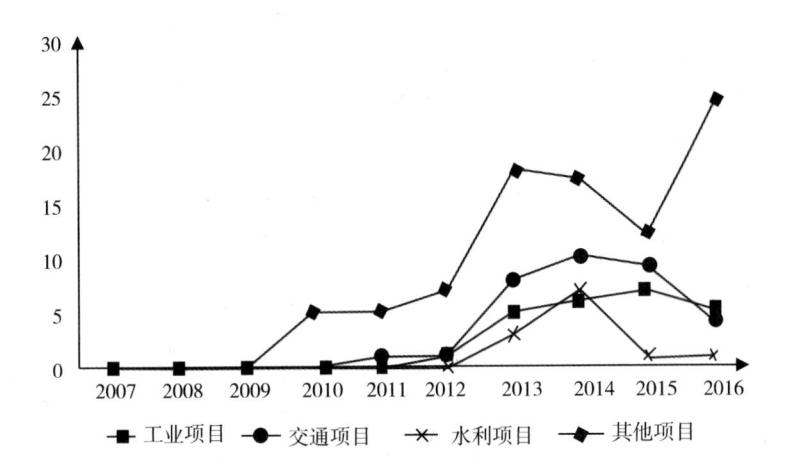

图 1-4　2007—2016 年篇名中有"××项目社会稳定风险"的文献篇数趋势变化

由图 1-4 可知，关于不同类别建设项目社会稳定风险的研究在近十年研究总体呈现趋势为：2007—2011 年间相关研究成果相对很少，2012—2016 年间相关研究成果趋势变化虽有波动，但总体呈现上升趋势，增幅较大。其原因与 2012 年国家加大了相关方面的要求密切相关。关于不同类建设项目社会稳定风险的有关研究见表 1-16。

表 1-16　　　　不同类建设项目社会稳定风险的有关研究

类别	文献	研究内容	文献类别
工业项目	文献一	李晓晖以石化项目为研究对象，建立了石化项目社会稳定风险评估体系和石化项目自然环境风险承载力评估体系。（2013）	硕士论文
	文献二	王和德对煤矿风险因素的调查与识别、初始风险等级判断、风险防范与化解措施、措施落实后的最终风险等级的评定的要点进行了针对性的分析。（2015）	CSCD
	文献三	何新春针对当前大型有色金属矿山项目社会稳定风险的实际情况，提出实践中存在的问题，并提出了原则性的改进建议。（2016）	普刊
	文献四	邓渠成等针对核电项目的特点，结合社会稳定风险评估理论研究和专家咨询，构建了广西核电项目社会稳定风险评估的指标体系，并对其综合风险等级进行了评估。（2016）	普刊
交通项目	文献五	何孝贵对铁路工程项目前期及实施阶段的社会风险因素进行了分析。（2005）	普刊
	文献六	胡亮、洪吉云提出公路项目社会稳定风险评估指标体系包括：政策规划和审批程序、征地拆迁及补偿和生态环境影响等 6 个一级指标和 31 个二级指标。（2014）	CSCD
	文献七	彭振武等提出"以问题解决为导向"的项目稳定风险评估新方法框架，以及与该框架相对应的稳定风险评估准则，并将其应用到大型港口码头工程等项目的社会稳定风险评估实践中。（2014）	CSCD

续表

类别	文献	研究内容	文献类别
交通项目	文献八	杜哲等对轨道交通社会稳定风险评估中的重点内容，包括风险因素的识别、风险调查的重要性及方法、风险评估的归类以及评估的方法等进行了分析。(2015)	CSCD
	文献九	张燕等基于社会系统脆弱性角度分析了重大铁路工程建设的稳定风险成因及风险因素，并提出了建议。(2016)	普刊
	文献十	郭霁月等将交通类PPP项目的社会风险影响因素分为经济与民生、环境与人文、管理与运维三大类，并在各分类下提出更细的影响因素，同时明确了各影响因素的重要性排序。(2016)	CSCD
水利项目	文献十一	周恒勇等运用安全工程管理中的故障树系统安全分析方法，就三峡农村移民安置的社会风险问题进行了研究。(2002)	CSSCI
	文献十二	李丹、白月竹就凉山州水库移民安置中社会风险识别与评估进行了研究。(2007)	CSCD
	文献十三	张捷等人以南水北调工程为对象，探讨了项目运行期社会风险管理政策制定、执行及评估模式。(2009)	普刊
	文献十四	王波等基于系统脆弱性视角，从四个维度构建水利工程建设社会系统脆弱性评估体系和模型，并对G水利工程建设社会稳定风险评估进行了实证研究。(2015)	CSSCI CSCD
其他项目	文献十五	河海大学的徐颖馨以省城市环保二期项目为例对城市环保项目的社会风险进行了分析并提出了管理措施。(2006)	硕士论文
	文献十六	曹祖耀等从选址决策前做充分的内部论证、强化公众参与、细化对利益受损者实施补偿和回馈的机制和措施以及充分的信息沟通等四个方面讨论了如何防范邻避项目风险的发生。(2013)	普刊
	文献十七	童怡对上海市重大市政项目社会稳定风险评估概况做了简要梳理，并结合实际工作经验，就稳评工作的风险识别方法和风险等级判定方法进行了分析探究。(2013)	普刊
	文献十八	谭爽分析了邻避项目的社会稳定风险从滋生、蔓延到扩散的生成机理，并提出了对应防范措施。(2013)	普刊
	文献十九	张建国结合具体的城市燃气项目，介绍社会稳定风险的内涵及调查内容，明确社会稳定风险等级划分、评估标准和评估方法，提出了社会稳定风险的防范化解措施。(2015)	普刊

由以上文献可以看出，对工业项目、交通项目、水利项目等不同类别的建设项目均有涉及项目社会（稳定）风险的研究，但单就各类建设项目而言，对涉及项目社会（稳定）风险的研究内容较单一，存在局限性，仍需加强各类建设项目社会（稳定）风险相关方面的研究。

二　专著文献

专著是对某一研究对象进行专门研究所取得成果的系统完整的体现，更具学术价值。专著对其研究的全面论述能够表达出更多更细的研究路线、研究内容、研究方法及研究成果，可使人们对其研究有一个较全面的、较准确的了解和掌握。

关于"建设项目风险"研究，国内已取得了一些著作研究成果，研究内容在不断扩展。但在"建设项目社会稳定风险"方面的研究，取得的著作研究成果还较少，参见表 1 – 17。由于国家的要求、社会的责任、实际工作的需要，加强建设项目风险，特别是建设项目社会稳定风险方面的研究，取得较好的研究成果，完成较高质量的研究著作，需要学者们不断发掘相关研究的创新点，充实该研究方向的专著研究成果。

表 1 – 17　　　　　　　与建设项目风险相关的部分专著

文献	研究内容
文献一	王巍的专著《国家风险——开放时代的不测风云》一书对社会风险进行了论述。(1986)
文献二	赵曙明等的专著对国际企业风险进行了较系统的论述。(1998)
文献三	雷胜强的专著较系统地论述了国际工程项目的风险识别、分析、防范的方法与措施。(2001)
文献四	卢有杰等的专著，重点研究了建设项目风险识别、评估和控制的过程和方法。(2003)
文献五	王家远等的专著将建设工程项目的风险定义为影响建设项目目标实现的那些消极的不确定性。(2004)
文献六	付翠莲等的专著着重就浙江省舟山市定海区的重大事项社会稳定风险评估机制的基本框架进行了阐述，对完善重大事项民主参与机制、落实重大事项民主参与的保障措施，提出了对策建议。(2011)

续表

文献	研究内容
文献七	胡建一等的专著结合从事社会稳定风险分析评估工作的实际,对公共项目社会稳定风险分析与评估开展了研究。(2011)
文献八	《管道工程建设项目风险管理》编委会依据项目风险管理的基本理论,结合近年来长输管道工程项目的建设实践,阐述了风险管理的主要概念和运作过程,内容涵盖长输管道工程建设全过程,具有一定的实用性和指导性。(2012)
文献九	齐国生等的专著从加强风险防控的视角,分析梳理了房地产项目主要环节中常见的44类风险,并提出了风险应对措施。(2013)
文献十	张长征等的专著将系统理论应用于重大水利工程项目建设的社会系统稳定中,对其社会系统失稳成因、机理和社会稳定风险评估机制进行了研究。(2013)
文献十一	胡智强的专著对重大工程项目建设社会稳定风险评估内涵、手段和责任机制进行了研究,强调项目社会稳定风险管理从事后救济性规制,转变为面向过程的预警性防范。(2015)
文献十二	赵金煜等的专著较深入地研究了矿建工程项目风险管理的效益及动因、关键风险因素的识别方法、评估方法、应对策略、监测预警机制和保障机制。(2016)
文献十三	郝福庆的专著对重大建设项目社会稳定风险评估框架研究、流动人口稳定、政府购买服务等的政策与重大项目社会风险管理进行了研究。(2016)

三 相关工作指导与实践应用研究

党的十八大报告指出:加强和创新社会管理,提高社会管理科学化水平,必须加强社会管理法律、体制机制、能力、人才队伍和信息化建设。改进政府提供公共服务方式,充分发挥群众参与社会管理的基础作用。建立健全党和政府主导的维护群众权益机制,畅通和规范群众诉求表达、利益协调、权益保障渠道。建立健全重大决策社会稳定风险评估机制。

十八届三中全会提出：创新社会治理，必须着眼于维护最广大人民根本利益，提高社会治理水平，维护国家安全，确保人民安居乐业、社会安定有序。创新有效预防和化解社会矛盾体制，健全公共安全体系。

党的十九大报告指出：有效应对重大挑战、抵御重大风险、克服重大阻力、解决重大矛盾。自觉地防范各种风险，坚决战胜一切在政治、经济、文化、社会等领域和自然界出现的困难和挑战。突出抓重点、补短板、强弱项，特别是要坚决打好防范化解重大风险、精准脱贫、污染防治的攻坚战。提高防范和抵御安全风险能力。增强驾驭风险本领，健全各方面风险防控机制，善于处理各种复杂矛盾，勇于战胜前进道路上的各种艰难险阻，牢牢把握工作主动权。

建设项目风险评估与管理工作的开展应以党的方针政策为指导，严格贯彻执行国家、行业和地方与之相关的法规、政策。相关的法规、政策是指导建设项目社会稳定风险评估工作的重要依据，也是对建设项目风险管理各项工作考核的依据。

（一）国家、行业、地方相关文件

国家、行业管理部门就建设项目风险评估与管理陆续出台了一些相关的法规、政策，用以指导相关工作的开展，促进社会协调发展。主要有如下相关文件：

（1）《国家发展改革委重大固定资产投资项目社会稳定风险评估暂行办法》（发改投资〔2012〕2492号）；

（2）水利部关于印发《重大水利建设项目社会稳定风险评估暂行办法》的通知（水规计〔2012〕474号）；

（3）国家环境保护总局《关于防范环境风险加强环境影响评估管理的通知》（环发〔2005〕152号）；

（4）《国家发展改革委办公厅关于印发重大固定资产投资项目社会稳定风险分析篇章和评估报告编制大纲（试行）的通知》（发改办投资〔2013〕428号）。

2012年8月，《国家发展改革委重大固定资产投资项目社会稳定风险评估暂行办法》印发后，各省、自治区、直辖市及市、县等地方政府陆续出台相关文件以贯彻该办法。陕西省发展和改革委员会、中共陕西省委维护稳定工作领导小组办公室印发了《关于加强重大固定资产投资项目社会稳定风险评估工作的意见》（陕发改项目〔2012〕1749号）；以及《新疆维吾尔自治区发展改革系统关于实施固定资产投资重大项目社会稳定风险评估工作的指导意见（试行）》的通知（新发改投资〔2012〕990号）、《广东省重大固定资产投资项目社会稳定风险评估暂行办法》（粤发改重点〔2012〕1095号）、《福建省重大固定资产投资项目社会稳定风险评估暂行办法》（闽发改投资〔2013〕826号）、《天津市发展改革委重大建设项目社会稳定风险评估暂行办法》（津发改投资〔2013〕351号）、河南省2011年度社会稳定风险评估工作考核实施细则等。

一些市、县也制定了相关文件。例如：兰州市人民政府办公厅《关于印发兰州市重大固定资产投资项目社会稳定风险评估暂行办法》（兰政办发〔2013〕86号）、武汉市关于印发《重大固定资产投资项目社会稳定风险评估工作细则》（武发改规〔2013〕1号）、《镇江市国土资源系统开展社会稳定风险评估工作的实施意见（试行）》（镇国土资发〔2012〕218号）等。

这里要特别说明的是，许多省、市、县是在2012年《国家发展改革委关于重大投资项目社会稳定风险评估暂行办法》发布后，制定了本地区对应的文件。而在2012年前的2006年遂宁市就制定了《遂宁市重大事项社会稳定风险评估机制》；2010年苍溪县制定了《发改局——重大工程建设项目社会稳定风险评估实施方案》；2011年玉溪市国土资源局关于印发《玉溪市国土资源局〈重大项目用地、矿产资源开发重大事项、地质灾害防治社会风险评估制度〉的实施方案》的通知（玉国土资〔2011〕64号）。

针对一些地方在进行重大工程建设时酿成群体性事件的情况，2005年遂宁市率先在重大工程领域进行稳定风险评估工作试点。2006年制定的《遂宁市重大事项社会稳定风险评估机制》，要求重大事项在出台实施前，必须从最容易引发社会稳定风险的五个方面认真组织开展稳定风险评估：一是事关群众切身利益的重大决策；二是关系较大范围群众切身利益调整的重大政策；三是涉及较多群众切身利益，并被国家、省、市、县（区）确定为重点工程的重大项目；四是涉及相当数量群众切身利益的重大改革；五是关系广大群众切身利益的社会就业、企业排污、行政性收费调整等敏感问题。遂宁市等取得的试点经验和社会效益为国家全面铺开此项工作打下了基础。

(二) 实践应用

在国家、地方、行业的要求与指导下,重大项目开展了社会稳定风险评估工作,取得了较好的项目业绩和社会效益,科学规范重大项目开展社会稳定风险评估工作的相关研究也在不断地深入。

例如:山西晋城兴唐煤业有限公司车寨矿井项目开展了社会稳定风险分析;国电兰州热电有限责任公司"上大压小"异地扩建项目开展了社会稳定风险分析;中央歌剧院项目、中央级救灾物资南宁储备库建设工程、中国地质科学院京区地质科研实验基地等开展了社会稳定风险评估;内蒙古扎兰屯民用机场项目、密云新城云西四路(密新路—云西八街)道路工程、新建连云港至盐城铁路(连云港市段)等项目开展了社会稳定风险评估。

第三节 相关理论基础

建设项目风险涉及社会学、风险管理、工程项目管理和其他相关学科的理论,这些理论对建设项目风险的研究有着重要的指导意义。建设项目风险研究以社会学理论、风险管理理论、项目管理理论及相关交叉理论作为研究的理论基础,用以指导开展建设项目风险的研究,以及社会稳定风险评估的实施与风险管理工作。

一 社会学理论

(一) 社会学理论概述

"社会学"一词最早由法国哲学家孔德于1838年出版的第四版《实证哲学教程》第四卷提出。经过二战后到20世纪80年代的快速发展[1],社会学理论体系得以极大丰富。社会学是社会科学和人文科学的总汇,各门学科按照统一的原理被置于社会学这个包罗万象的系统中[2]。社会学用

---

[1] 谢立:《西方社会学发展的过程与态势》,《南昌大学学报》(社会科学版) 1998年第2期,第40—46页。

[2] 李培林:《中国早期现代化:社会学思想与方法的导入》,《社会学研究》2000年第1期,第88—101页。

科学的思维逻辑来讨论人类社会行动和社会结构，主要流派包括结构功能论、冲突论和互动论等，对于社会稳定风险的研究具有重要的指导意义。

（二）社会学理论是风险研究的基础

本研究基于结构功能理论、社会冲突理论、互动理论对建设项目风险研究的指导作用进行分析。

结构功能理论是研究社会结构平衡与受刺激后再平衡的重要理论，其基本观点是：社会是由相互关联、相互制约、内部分工和独立发挥功能的各个部分共同构成，朝着平衡和稳定的方向发展。当受到来自外部或内部的因素刺激时，这种平衡就会被打破，产生结构分化，通过同化或吸收干扰从而达到再平衡。结构功能理论流派学者中，美国社会学家帕森斯认为，一个社会能满足4个基本需要就能保持自己的秩序和稳定：一是有明确的目标；二是适应环境；三是基于共同的价值观，将各种社会组成部分结合成一个整体；四是控制违规行为。

对于建设项目而言，将整个建设项目及其参与各方（包括政府监督审批部门、建设方、承包商、监理方、材料供应商、建设项目利益相关公众等）作为一个小规模的社会，基于共同的认知（如风险防范控制意识和项目效益最大化等），采用一系列风险防范措施，防止这个小社会内出现机能失调的单位或部分，从而保证整个项目运作的和谐稳定。

社会冲突理论是社会学中阐述社会冲突的重要理论，马克思曾用其分析当时资本主义社会统治与被统治阶级、压迫与被压迫阶级、剥削和被剥削阶级的社会冲突，随后经德国社会学家韦伯和齐美尔的丰富，形成了相对较为完整的社会冲突理论。其基本思想是：注重社会冲突解决的制度化建设，即社会冲突的"安全阀"建设；正确对待冲突的积极作用（如社会矛盾的释放、群体合理诉求的满足、社会运行机制的改善等），辩证地看待社会冲突；同时强调社会冲突的定量化分析。社会冲突理论者从如何维护社会生活稳定有序的意义上，为了尽可能地把冲突程度控制在最小值，注重加强对社会冲突进行程度上的分析[1]。

依据社会冲突思想，在建设项目风险评估过程中，对风险范围的划定

---

① 焦娅敏：《社会冲突理论对正确处理我国社会矛盾的启示》，《湖南大学学报》（社会科学版）2012年第1期，第133—136页。

以及风险相关主体的调查为潜在风险影响群体提供了表达诉求的机会，在一定程度上，体现了"安全阀"的建设。同时，对建设项目风险及可能导致的社会稳定风险采用定量化的手段进行分析评估，从而在建设项目社会稳定风险发生前对其采取有效措施，避免社会群体性事件导致的损失，做到防患于未然，提高了整个建设项目的运行水平。

互动理论是社会学理论中研究社会个体或者群体之间相互影响的理论，其基本思想是在一定的社会关系背景下，人与人、人与群体、群体与群体等在心理、行为上具有相互影响、相互作用、沟通交流的动态过程。

在建设项目的全过程中，预防和应对社会稳定风险，其中重要的一点就是需要有关政府、工程单位和居民进行有效的沟通。很多社会稳定风险的产生，甚至导致严重的社会不稳定事故发生，原因都在于缺乏沟通或者沟通不到位。运用互动理论，可以加强建设项目社会稳定风险管理中沟通工作的落实和完善，最终达到减少社会稳定风险对项目的不利影响。

二 风险管理理论

（一）风险管理理论概述

风险管理伴随工业革命萌芽，于20世纪50年代以学科的形式发展起来，并形成了独立的风险管理理论体系[1]。风险管理理论是人们为了避免事件发生的不良后果，减少事件造成的各种损失，运用管理科学的原理和方法规避风险的方法[2]。风险管理体系中，全寿命周期风险管理、全面风险管理、风险理性选择、风险文化等理论相互补充但又相互批判，反过来又共同促进了风险理论的丰富和繁荣[3]。其中，全寿命周期风险管理、全面风险管理理论研究分支对指导建设项目风险评估和防范具有重要指导意义。

（二）风险管理理论是风险研究的基础

本研究基于全寿命周期风险管理理论和全面风险管理的基本思想及其

---

[1] 刘钧等：《风险管理概论》，清华大学出版社2013年版，第4—10页。

[2] 汪忠、黄瑞华：《国外风险管理研究的理论、方法及其进展》，《外国经济与管理》2005年第2期，第25—31页。

[3] 夏玉珍、卜清平：《风险理论方法论的回顾与思考：从个体主义到结构主义的对立与融合》，《学习与实践》2016年第7期，第90—97页。

对建设项目风险与社会稳定风险研究的指导作用进行分析。

全寿命周期风险管理理论，是一种涵盖项目全过程各阶段的风险管理思想，被广泛应用于矿藏开挖、原材供应、建筑工程等多个领域。全过程风险管理打破了传统项目阶段管理、实施阶段管理、运营阶段管理各阶段孤立决策的限制，从项目全寿命的角度进行整体系统分析、优化和协调，从而实现建设项目全寿命周期的目标[1]。其基本思想是：在项目运行的各个阶段，运用风险分析识别的技术模型，依照风险识别、风险分析、风险计划、风险跟踪、风险控制和信息反馈等程序，借助团队的组织管理以及信息技术对项目进行连续、动态、往复的全寿命周期风险管理。

建设项目的社会稳定风险应该以全寿命周期风险管理理论为理论工具，以建设项目全寿命周期为风险控制周期，分析项目建设前期、项目建设期和项目使用期可能导致风险发生的各种因素，同时应注意各种可能发生的风险之间的转化，对各种风险发生概率及发生后损失大小进行评估后，采取相应的防范措施。

全面风险管理理论是一种运用动态的、系统的思维来进行项目风险管理的现代风险管理理论。其基本内涵是：克服传统单一风险分析和管理的弊端，采用全过程、全部风险、全方位和全面组织的方法进行前后连贯的风险管理[2][3]，即在项目运行的各阶段，通过合理的组织设计，将可能发生的各种风险合理分担到各参与主体进行风险防范。在建设项目各阶段风险发生前对各种可能发生的风险的类别、概率及损失大小进行分析，并根据每个参与主体风险控制能力的大小和相应风险难度进行风险的合理分担，进行全过程、全部风险、全方位和全面组织的全面风险管理。

三 项目管理理论

（一）项目管理理论概述

项目管理理论是在项目实施中综合运用各种知识、技能、工具和技

---

[1] 翟永俊、陆惠民：《基于工程项目全寿命的集成化风险管理》，《建筑管理现代化》2007年第2期，第9—12页。

[2] 唐坤、卢玲玲：《建筑工程项目风险与全面风险管理》，《建筑经济》2004年第4期，第49—52页。

[3] 王宏伟、孙建峰、吴海欣等：《现代大型工程项目全面风险管理体系研究》，《水利水电技术》2006年第2期，第103—105页。

术，对建设项目采取有效规划、决策、组织、协调、控制等措施，指导项目按照既定的质量和工期要求、投资总额、资源和环境等条件完成项目目标的方法论。项目管理理论体系已从传统的质量管理、成本管理、进度管理理论丰富为包含安全管理、环境管理理论等多个分支理论的较完整的体系，对项目管理实践具有重要的理论指导意义。

（二）项目管理理论是项目风险管理研究的依据

本研究主要对项目管理理论的几个组成部分，即项目工程管理学、项目环境管理学、项目经济管理学和项目风险管理学，基于理论内涵及其对建设项目风险研究的指导作用进行分析。

1. 项目工程管理学

项目工程管理学是对建设项目施工中可能发生的质量风险、进度风险和成本风险三个工程风险运用技术手段、规章制度等控制措施进行管理的理论。由于合同管理主要针对质量、进度和成本，因此，将工程合同管理理论也纳入项目工程管理学。

质量管理学是工程质量控制的指导理论，其基本内涵是：以工程施工的人工、材料、机械为质量控制要素，通过目标管理、组织设计、技术手段、奖罚制度、监督机制等措施来排除一切质量隐患，保证施工质量达到要求。[①] 进度管理学是指导项目进度目标实施的方法论，其基本内涵是：以项目合同工期为工期目标，制定合理的进度计划，运用进度计划管理方法，分析进度的提前与滞后，并采用一定的组织、计划、协调、控制手段消除滞后以确保进度计划目标的实现。成本管理学是指导项目成本管理的方法论，其基本内涵是：在项目全寿命周期内，依据项目合同成本管理内容，通过编制项目成本计划、加强成本核算、加强成本控制和分析等管理方法，运用组织管理、技术措施和合同措施，预防成本的超支。[②]

合同管理学是用以指导项目建设周期内各种合同和合同变更，全项

[①] 卓国平：《大型工程施工质量管理理念》，《铁道标准设计》2003年增刊第1期，第21—22页。

[②] 丁士昭、逢宗展：《建设工程施工管理》（第4版），中国建筑工业出版社2013年版，第46—177页。

目、全员和全过程的全面合同管理的理论。① 其基本内涵是明确合同责任主体和合同履行主体的权责；建立以合同管理为中心的项目管理；建立健全合同管理的组织网络和制度网络。

运用项目工程管理理论指导工程施工生产，能在最大程度上保证项目实现预期目标。相反，将会产生工程风险，还可能引发其他风险。如工程项目的基础支护施工出现质量问题，造成工程风险，同时有可能导致周围既有建筑地基下陷，导致公共安全事故的发生，从而引发社会群体事件，造成社会稳定风险。

2. 项目环境管理学

项目环境管理学是指导建设项目在保护生态环境要素的前提下进行工程建设的重要理论，其基本思想是：在项目的全生命周期内，对工程项目的建设环境及周边生态环境进行保护和改善，不损害生态环境，控制各种污染的排放程度，节约资源和能源，减少对工程建设本身和工程对外部环境的干扰，平衡发展和生态环境保护之间的冲突，实现经济、社会和生态环境的可持续发展。②③

建设项目的建设使用必须结合项目自身特点深入分析项目对拟建区域场地环境可能造成的影响和破坏。如铁路建设项目，在项目可行性研究的前期，须考虑项目建设和使用对原生生态环境的分隔效应、对原生生态动植物的扰动、对原有植被、水文水资源的破坏等，避免生态风险的发生。

3. 项目安全管理学

项目安全管理学是建设项目安全生产、避免人员伤亡、财产损失的指导理论，其基本内涵是：在项目的全生命周期内，对工程项目安全生产的劳动对象、劳动手段和劳动环境以及非劳动对象等进行管理，减少或消除生产过程中的不安全因素，以保证人的安全和财产安全。④ 从项目安全管

---

① 高军、金珊、马易鲁：《浅谈施工项目如何实施项目的全面合同管理》，《铁道建筑》2004 年第 9 期，第 86—87 页。

② 潘祥武、张德贤、王琪：《生态管理：传统项目管理应对挑战的新选择》，《管理现代化》2002 年第 5 期，第 39—43 页。

③ 陈美玲、董小林、赵佳红等：《基于监理的工程六大管理目标分析》，《建设监理》2015 年第 12 期，第 27—31 页。

④ 翟永俊、陆惠民：《基于工程项目全寿命的集成化风险管理》，《建筑管理现代化》2007 年第 2 期，第 9—12 页。

理的实质性内容来看，安全管理涉及项目管理的各个方面。[1] 安全管理的水平与工程管理的质量、进度、成本目标密切相关，只有切实运用安全管理理论消除建设项目人、料、机等基本要素的不安全状态，建设项目质量、进度、成本、环境等其他目标的实现才能得到基本保障，因此安全管理理论对整个项目的成败具有至关重要的意义。[2]

建设项目不论是在建设期还是在使用期，只有从日常安全生产规章制度和安全教育培训贯彻实施安全管理的要求（如安全防护网、安全警示标志、安全教育培训等），才能真正做到人、料、机处于安全状态，将安全风险发生的可能性降到最低。

4. 项目经济管理学

项目经济管理学是从经济角度出发，运用经济管理手段保证建设项目最佳经济效益的理论，项目经济管理不仅包含上述项目成本管理的微观层面的经济管理，也包括与项目有关宏观层面的经济管理。宏观层面的项目经济管理包括对国家、行业以及市场对项目所属行业的有关政策、市场信息的收集分析运用等；微观层面的项目经济管理包括项目资金来源、筹措、项目前期方案比选阶段的技术经济分析比选、项目材料供应商的选取和材料的采购、项目的结算[3]等。

建设项目受政策影响较大，因此在项目选址时，必须将国家、行业、地方的政策全面掌握，注意从宏观层面和微观层面对项目经济进行把控，做到在保证技术先进的同时，经济也合理，避免发生项目经济风险。

四 其他交叉理论

（一）其他理论概述

风险管理已与包括心理学、社会学、工程学、系统工程、保险、投资管理、财务管理、数学等领域交融，风险管理理论研究也呈现出多学科交

---

[1] 王宽亮：《浅谈建筑企业项目安全管理》，《施工技术》2014年增刊第1期，第489—491页。
[2] 陈美玲、董小林、赵佳红等：《基于监理的工程六大管理目标分析》，《建设监理》2015年第12期，第27—31页。
[3] 张跃升：《关于工程项目技术管理与经济管理的几点思考》，《建筑经济》2005年第8期，第67—69页。

叉的特点。建设项目社会稳定风险研究就涵盖了心理学、社会学、项目管理和系统工程等多个领域，其理论研究相互交叉相互补充，共同作为理论基础，对推进建设项目社会稳定风险的研究具有重要作用。

(二) 交叉理论是风险研究的有力补充

风险感知理论是风险管理与心理学的交叉理论，风险社会理论是风险管理与社会学的交叉理论，事故因果连锁理论是风险管理与项目管理的交叉理论，系统工程是研究复杂系统的交叉理论。本研究基于以上相关理论的内涵及其对建设项目风险研究的指导作用进行分析。

风险感知理论是研究风险事件中各个风险主体对风险感知的理论，其基本思想认为，风险是一个主观建构的概念，不同风险主体对于风险的风险感知是人们面对客观风险时在内心世界的主观反映，也是人们对客观风险可接受程度的一个表征因素。不同风险主体对同一风险的感知可能不同，同一风险主体对于不同风险的感知也可能不同，即风险主体对风险的感知距离影响着主体对其认知。① 通过一系列调研方法如实地访谈、电话访问、专家调查等方法，预先估计相关群体对风险的感知并研究影响其感知的因素，可以更好地为风险决策提供依据。

以地铁建设项目为例，在运营期，地铁可能会对沿线建筑造成不同程度的振动影响，靠近地铁的常住居民对地铁运营振动感受最强，即风险感知较强，因此，在前期的线网规划和建设规划阶段必须将沿线群体纳入拟建地铁的公众参与调查，征求他们的意见从而采取相应措施，避免风险发生。

风险社会理论是当代社会学风险理论四个基本风险理论之一，是分析和解决现代社会危机和社会状况的基础理论。② 风险社会理论形成了"理性裂变与自反性""自然与传统的终结""现代风险的人为性"等十个基本命题。建设项目的社会稳定风险具体涉及风险社会理论的"理性裂变与自反性"和"现代风险的人为性"两个基本命题。理性裂变基本内涵为现代发展过程中，人的工具理性和价值理性裂变分离。所谓工具理性，

---

① 夏玉珍、卜清平：《风险理论方法论的回顾与思考：从个体主义到结构主义的对立与融合》，《学习与实践》2016年第7期，第90—97页。

② 杨明：《当代风险理论国内外研究综述》，《岭南学刊》2011年第4期，第121—125页。

即通过实践判断工具（手段）有效性，通过精确计算功利的方法达到目的；而价值理性即无条件的固有价值和信仰。资本无止境地追逐利润，使生产、消费和劳动发生异化，导致人与自然、人与社会及人与人关系紧张。① 自反性是指理性的现代化制造和生产过程中产生了意外的、非理性的后果，这种后果往往不知不觉、悄无声息地发生，进而产生风险、并发生风险事故。

2017年西安地铁3号线"电缆门"事件，就是运营商追逐利润最大化，追求工具理性，采用劣质低价的电缆，产生自反性的技术性风险，极有可能导致地铁项目在运营期间安全事故的发生，引发严重的社会不稳定公共事件。因此，对于建设项目社会稳定风险，可以以风险社会理论为理论基础，从"技术"和"制度"两方面进行风险识别分析，采取针对性的措施，避免不可逆社会稳定风险事件的发生。

事故因果连锁理论是研究风险发生的连锁模型理论，最早由美国学者海因里希于1936年提出，后又经博德、亚当斯阐述，形成了较为完整的事故因果连锁理论。该理论认为：伤亡事故是一系列原因事件相继发生的结果而非孤立事件。海因里希将一系列连锁关系定义为：遗传及社会环境、人的缺点、人的不安全行为或物的不安全状态、事故和伤害。并以多米诺骨牌来比喻连锁过程，认为：只要移去其中一个骨牌就可以控制风险事故。弗兰克·博德进一步研究了事故因果连锁理论，他认为是事故的表面现象，管理失误才是其根本原因。②

从事故因果连锁理论可以看出，建设项目社会稳定风险只有从风险链的源头，即风险的基本原因抓起，才能防范风险的多米诺骨牌效应的发生。

系统集成风险管理理论是集成风险管理理论结合系统工程理论进行系统风险控制的交叉理论，相对于传统风险管理，系统集成风险管理理论从整个系统的风险防范出发，形成有机系统的风险应对体系：包括风险管理目标体系，风险管理组织、风险管理系统方法和风险管理信息系统，因此

---

① 张广利、王伯承：《西方风险社会理论十个基本命题解析及启示》，《华东理工大学学报》（社会科学版）2016年第3期，第48—59页。

② 覃容、彭冬芝：《事故致因理论探讨》，《华北科技学院学报》2005年第3期，第1—10页。

得到了广泛的应用。系统集成风险管理基本思想是：通过建立组织集成，从系统运行的各个阶段，运用风险识别、评估、应对和监控措施，从系统的角度进行风险管理。

建设项目风险管理中，采用了全面、全寿命的集成风险管理，分析项目运行各个阶段可能遇到的各种风险，并把建设项目视作一个系统，调查分析系统内外部风险有关信息，运用定性和定量分析相结合的方法对建设项目整个系统面临的风险进行评估，从而有效防范风险的发生。

第二章 建设项目及所在区域类别分析

研究建设项目及其所在区域的类别，分析不同类别建设项目特点、内容和作用，以及项目所在区域的特征、结构、组成等，是科学决策、合理规划、有序建设和可持续使用建设项目的基础。不同类别的建设项目在不同类别的区域科学合理地配置对于促进国民经济和社会发展，提高人民生活水平具有重要作用和意义。同时在进行建设项目风险管理工作中，对不同类别建设项目及不同类别区域的分析是做好建设项目风险评估与管理的基础。

第一节 建设项目概述

建设项目是社会扩大再生产的重要基础，在国民经济和社会发展中占主要的地位。建设项目的实施也会产生一系列的问题。加强对建设项目的研究，对于加强建设项目管理，提高建设项目质量，提升建设项目风险防范与管控水平，实现建设项目的可持续发展，具有重要价值。建设项目的决策、实施和管理的科学化，对又好又快地促进国民经济与社会发展具有重要意义，对实现经济、社会、环境的和谐发展具有重要作用。

一 建设项目特征

项目是指在一定约束条件下（资源、时间、质量等），具有明确目标的一次性任务。建设项目是项目的一种类型。我国建筑业对"建设项目"的定义是：在一个总体设计或初步设计范围内，由一个或几个单项工程所组成，经济上实行统一核算，行政上实行统一管理的建设单位。[①]

建设项目一般有以下 5 个基本特征：[②]

（一）联系的整体性

建设项目联系的整体性体现在项目建设前期、建设期、使用期的各期各阶段在目标任务、工作内容、时间安排、资源使用、成果体现等各方面是紧密联系、相互促进、相互制约的一个有机整体，项目的建设和使用过程都应形成完整的运行系统，使建设项目具有正常实施运作的整体条件。

（二）条件的约束性

建设项目是在一定约束条件下逐步形成的固定资产。建设项目约束条件包括：时间约束，如项目工期目标；建设项目资源约束，如建设项目所需财力、物力和人力等计划与控制的总量目标；建设项目质量约束，如一个建设项目的技术水平、组织水平、管理水平，和项目预期生产与使用能力和使用效益目标。建设项目约束条件还包括其他因素的约束，如环境约束、安全约束等。

（三）过程的有序性

建设项目要遵循客观的建设规律和特定的建设程序。即一个建设项目从提出建设的设想建议、评估决策、方案选择、勘察设计、组织施工，竣工验收、到投入使用，是一个有序的过程链。

（四）形式的固定性

建设项目按照特定的任务，具有组织形式一次性特点。表现为建设地点的一次性固定、投资的一次性框定、设计方案与施工组织设计最终的唯一确定，以及项目建成后的形式和功能的固定性等。

（五）投资的标准性

建设项目具有一定的投资限额标准，即只有达到一定限额投资的建设对象才作为建设项目管理对象，不满限额标准的称为零星固定资产购置。

二　建设项目特点

建设项目是一切基本建设项目、技术改造项目和区域开发项目的总

[①] 中华人民共和国住房和城乡建设部：《建设工程分类标准》2010 年。

[②] 周晶：《基于建设项目分类的环境保护重点与对策研究》，硕士学位论文，长安大学，2008 年，第 10 页。

称,是按固定资产投资方式进行建设的,建成后可独立发挥效益的工程实体。建设项目与其他一般项目相比具有以下特点:

(一) 投入大、周期长

建设项目工程量大,对土地、技术、材料、机械与管理等要求高,所需的人力、物力、财力等投入大。建设项目是由一个或若干个有内在联系的单项工程组成,每个工程都需要遵循特定的建设程序和过程,这就规定了建设环节多、建设周期长。

(二) 作用大、影响深

建设项目规模大、涉及面广,在项目建设期和使用期对区域经济、社会、环境等产生的影响深远,对区域社会经济的发展起到很大的支撑和推动作用,也受到社会和公众的广泛关注。

三 建设项目作用

建设项目特点决定了建设项目所应发挥的作用。建设项目在发展国民经济、促进社会发展、提高人民生活水平、推动行业发展等领域都会发挥基础性的重要作用,有些建设项目在发展中起到决定性作用。

(一) 发展国民经济的物质基础

建设项目是国民经济和社会发展的重要物质基础,支撑着整个国民经济不断发展与社会不断进步,是一个国家及地区经济发展的重要基础,是体现国家及地区实力的重要标志。只有充分具备所需的建设项目这一物质基础,才能为区域经济发展提供动力,保证社会扩大再生产的不断进行。

(二) 促进社会发展的必要需求

建设项目在促进社会发展中的作用体现在建设项目带来的社会效益和社会贡献。建设项目可以产生各种社会效益,一个建设项目所产生的社会效益不仅体现在建设项目本身,更重要的是辐射到更广的社会范围里。建设项目促进社会发展具体体现在科学教育、文体卫生、公益福利、生态环境、社会稳定、人的素质等多方面。[①]

(三) 提高人民生活水平的重要条件

建设项目是提高人民物质文化生活水平的重要条件。生产型建设项目

---

① 董小林:《当代中国环境社会学建构》,社会科学文献出版社 2010 年版,第 372 页。

促进生产发展，直接为改善人民生活水平提供物质条件；非生产型建设项目促进社会福利和服务，从教育、文化、卫生、娱乐等方面提高人民生活水平，从而使人民生活水平得到改善和提高。提高人民生活的重要条件具体体现在教育、文化、医疗、劳动、生活等条件的改善，表现在人民生活幸福感的提升。

（四）推动行业发展的主要途径

建设项目固定资产的形成将实现行业规模的扩大，促进行业技术的进步，同时也带动了相关行业的升级，是促进行业发展的主要途径。如新建电力建设项目，采用新技术、新工艺，使用新材料、新机械，促进本行业发展的同时，也将带动建材、机械、能源等相关行业的进一步提升优化。

四　重点建设项目

（一）重点建设项目概念

重点建设项目是指对国民经济和社会发展有重大影响的骨干项目，是在一定时期内对社会经济发展起重大作用的重要工程建设项目。重点建设项目投资大、建设周期长，对国家和地区的社会经济发展影响深远。重点建设项目是由国家或地方政府主要控制、指挥、实施的建设项目。

重点建设项目可分为国家重点建设项目和地方重点建设项目。国家重点建设项目是列入国家重点投资计划，投资额巨大、建设周期长，由中央政府全部投资或者参与投资的工程，如三峡工程。一些投资不算大，但影响很大的建设项目也可列入国家重点建设项目。地方重点建设项目的地域性特点明显，以地方政府投资、融资和管理为主，对本地区社会经济发展有重要影响，对国家社会经济发展也具有促进作用。

重点建设项目的选择与确定是以客观的社会发展和经济发展规律为依据。在国民经济与社会发展过程中，会出现一些不适宜发展的薄弱环节，当出现的薄弱环节已构成或即将构成可持续发展的严重障碍时，就应采取有力措施，确定合适的重点建设项目作为重点建设对象，使薄弱环节得到加强，以利于国民经济和社会发展综合平衡的实现。由于各部门、各行业、各地区在国民经济与社会发展的有机整体中，其所处的地位和所起的作用不同，所以在一定时期内科学预测、决策、确定在客观上具有带动全局发展的建设项目作为重点建设项目来建设，主动地平衡国民经济与社会发展的大系统。

各行业不同类的重点建设项目在社会经济发展的有机整体中，所处的地位和所起的作用不同，但都具有引领本行业发展，带动全局发展的重要作用。重点建设项目不宜过多，否则就不能称其为重点。中国在第一个五年计划时期，确定集中力量进行156个重点项目，为国家社会主义建设打下了坚实基础。改革开放以来，一批重点建设项目建成投入使用，为中国社会经济快速发展起到了决定性作用。

（二）重点建设项目特点

重点建设项目具有建设项目的所有特点，同时由于重点建设项目实体和作用的体现，其一些特点更加显著。

1. 投入巨大

重点建设项目的建设需要大量投入。相对于一般项目而言，重点建设项目建设规模巨大，需要耗费大量的人力、物力、资源等，对各方面要求高，所需的财力很大。

2. 结构复杂

重点建设项目的建设涉及多个领域。重点建设项目覆盖面广，涉及工业、农业、交通、水利、能源等各个领域，且影响因素多，所以要求的工程结构复杂，对项目建设以及建成后使用的组织管理和组织结构要求高。

3. 建设周期长

重点建设项目建设全过程时间长。重点建设项目建设要求高、使用要求高，所以项目前期论证时间长、建设环节多，其组成的各项工程从规划、建设到投入使用需要一个相当长的时间。

4. 影响因素多

重点建设项目要实现各项预定目标，发挥预定的作用，必然在各目标的实现过程中会受到社会、经济、环境、生态、安全、风险、工程等各方面因素的影响和制约。

5. 发挥作用大

重点建设项目在社会经济发展中有着重要战略地位，对于国民经济和社会发展发挥着重要作用。

同时，不同的重点建设项目还具有各自的性质与特点。

（三）重点建设项目作用

重点建设项目对国民经济和社会发展的重大作用和影响是以重点建设项目自身的特征在遵循客观的社会发展规律和经济发展规律中所反映出来的。

1. 带动国民经济和社会发展

集中力量保证重点建设项目，是国民经济和社会发展的大事，是国家建设的重大战略决策。在一定时期内，国家各部门、各行业、各区域决策设置了一些重点建设项目，它们发挥的作用不同，但对全国社会经济发展及区域社会经济发展有重大影响。在国民经济和社会发展的整个系统中，重点建设项目是发展有机体中的重要一环，不但带动着部门、行业和区域的发展，更重要的是带动整个国民经济和社会的发展。

2. 国家中长期发展的基础支撑

重点建设项目的规划、建设和实施，与国家中长期发展规划和区域发展战略密切相关，与社会经济结构的调整和国家综合实力的提升密切相关，是保持社会经济平稳较快发展需要的重要途径。如基础设施、基础产业和支柱产业中的大型项目，带动行业技术进步的高科技项目以及其他骨干项目都发挥着基础性的重要作用。

3. 平衡国民经济和社会发展的综合表现

在国民经济与社会发展的过程中，经常会出现一些薄弱环节，当出现的薄弱环节已构成平衡社会经济发展过程中的障碍时，就应及时采取措施，确定合适的重点建设项目作为重点建设对象，使薄弱环节尽快得到加强，以利于国民经济和社会发展综合平衡的实现。确定在客观上具有带动全局发展的建设项目作为重点项目来建设，打好发展的物质基础，有利于综合平衡实现国民经济和社会发展的目标。[1]

第二节　建设项目类别分析

分析不同类别建设项目在其全寿命周期中的各方面工作、各种成效、各种问题，进而有针对性的加强管理、优化各类项目的建设与使用等，是

---

[1] 中华人民共和国国家计划委员会：《国家重点建设项目管理办法》，1996年。

研究建设项目分类的目的，也是研究建设项目风险评估与管理的基础之一。研究建设项目分类涉及建设项目的概念、特点和作用等诸多方面，也涉及研究分类方法与原则等，科学的建设项目分类对促进建设项目科学的规划决策、设计建设、竣工使用等的管理，防范与管控包括项目风险在内的各种问题，使建设项目管理更加科学化、专业化和规范化，具有重要的理论意义和实用价值。

一　建设项目分类概念

建设项目分类是指根据建设项目管理的要求，按项目的不同特征将建设项目进行归类。一个建设项目可以归属于多个类别，如新建的公路建设项目，既属于新建项目，也属于交通建设项目和非污染型建设项目等。根据项目的不同特征对建设项目进行分类，可以使建设项目管理更加科学化、专业化、规范化，提升建设项目管理的效率和质量，对于建设项目全过程科学管理具有重要的意义。

二　建设项目分类作用

对建设项目进行分类的作用体现在以下几点：[①]

（一）增加可比性

对建设项目进行分类可以增强建设项目的可比性。建设项目的可比性是指对同一建设项目在不同时期有关状况比较的情况，以及对不同建设项目在同一时期各方面情况进行对比的情况。增加建设项目的可比性，有利于建设项目全过程的系统管理，有利于从同类或相似建设项目的建设和使用中获得经验与教训，从而为建设项目的科学管理提供依据。

（二）增强可视性

建设项目的可视性是指能够反映建设项目相关信息的程度。建设项目分类体现出同类项目的共同特征和不同类项目之间的差异性，也体现出同类项目在不同阶段的关联性与侧重点。分析项目之间和同一项目不同阶段的共同性、差异性和关联性，可以在分析建设项目时重视和加强、排除或

---

① 周晶：《基于建设项目分类的环境保护重点与对策研究》，硕士学位论文，长安大学，2008年，第12页。

弱化不同类项目的一些因素和事项，以及同类建设项目在不同阶段的重点任务以及相互联系，使建设项目的管理工作更具规范性、针对性和有效性。

（三）提高控制性

建设项目控制是对建设项目进行计划、组织、实施、监督和纠偏的总称。控制内容包括进度、质量、成本、安全、环保以及风险等各方面。对建设项目实施分类本身也是一项重要的控制过程，对建设项目进行分类可提高管理项目的针对性控制，有利于提高建设项目综合质量水平。

三　建设项目主要类别

为适应科学管理的需要，从不同方面分析和反映建设项目的地位、作用和性质等，需要从不同角度对建设项目分类。在研究相关资料的基础上，对我国现有建设项目进行如下主要分类：[①]

（一）项目建设规模分类

项目建设规模分类是以项目的计划投资、规模、产品生产能力以及使用效益为特征的分类方法。按建设规模分类，建设项目可分为大型建设项目、中型建设项目和小型建设项目三类，如表2-1所示。

表2-1　　　　　　　　建设项目建设规模分类

分类	特征	说明
大型建设项目	总规模、总投资巨大，建设周期较长，涉及影响因素多	项目为大区域服务，或者对生产新产品、采用新技术等具有重大意义的项目，以及对发展区域经济有重大作用的建设项目。
中型建设项目	总规模、总投资适中	项目对区域经济发展有重要作用，对区域社会发展有积极推动作用。
小型建设项目	总规模、总投资较小	项目对社会经济发展有推动作用。

---

① 周晶：《基于建设项目分类的环境保护重点与对策研究》，硕士学位论文，长安大学，2008年，第15页。

大型建设项目是指投资规模大，一般投资总额在1亿元以上，中型建设项目是指投资总额一般在5000万元以上，小型建设项目是指投资总额在500万元以上。1978年发布的《基本建设项目大中小型划分标准》[①]对各行业项目按建设规模进行了较为细化的类别划分，例如：公路建设项目的划分标准是：新建、扩建长度200km以上的国防、边防公路和跨省区的重要干线以及长度1000m以上的独立公路大桥属于大中型项目，其余为小型项目。又如工业（钢材）建设项目划分标准是：年产钢100万吨以上的钢铁企业为大型建设项目；年产钢10万—100万吨为中型建设项目；10万吨以下为小型建设项目。另外，有一些项目无论规模大小，都不进行项目建设规模的分类，如名胜古迹、风景点、旅游项目等。在经过改革开放几十年的快速发展中，各行业项目建设规模分类也在进行着不断地调整，以适应社会经济的发展。

（二）项目建设性质分类

项目建设性质分类是以项目建设的形式、目的为特征进行分类的方法。按建设性质分类，建设项目可分为新建项目、扩建项目、改建项目、迁建项目和恢复项目五类[②]，如表2-2所示。

表2-2　　　　　　　　建设项目建设性质分类

分类	特征	说明
新建项目	从无到有，新开始建设	指从无到有或新增加的固定资产价值超过原值三倍以上的项目，如新建公路、铁路、水利等建设项目。
扩建项目	在原有项目基础上进行扩充建设	指在项目原有基础上增建主要工程、生产车间、独立生产线等，如机场扩建跑道项目等。
改建项目	在项目原有基础上进行技术改造和更新	指改造和更新现有项目，使项目消耗有效降低，同时提高项目能力，如电力改建项目、生产工艺的更新项目等。

---

① 中华人民共和国国家发展和改革委员会：《基本建设项目和大中型划分标准的规定》，中华人民共和国国家发展和改革委员会第234号令，1978年4月。

② 同上。

续表

分类	特征	说明
迁建项目	因各种原因使原有项目进行搬迁另地建设	指为改变生产力布局或环境保护等原因而搬迁另地建设的项目。
恢复项目	因各种原因使原有项目进行恢复建设	指原有固定资产全部或部分报废，又投资进行恢复建设的项目。

（三）项目建设用途分类

项目建设用途分类是以项目建成后在国民经济中的作用为特征进行分类的方法。按建设用途分类，建设项目可划分为生产性建设项目和非生产性建设项目两类①，如表2-3所示。

表2-3　　　　　　　　　建设项目建设用途分类

分类	特征	说明
生产性建设项目	项目直接用于物质生产	直接或间接用于物质生产或服务的建设项目，如工业项目、农业项目，也包括交通项目、水利项目、电力项目等基础设施项目。
非生产性建设项目	项目用于满足人们物质文化生活需要	用于满足人民物质和文化生活福利的建设以及非物质生产部门的建设的项目，如住宅项目、科教文卫项目、公用事业项目和行政性项目等。

（四）项目环境影响分类

项目环境影响分类是以项目建设运营对环境影响的程度为特征的分类方法。按环境影响分类，建设项目分为对环境造成重大影响的项目、对环境造成轻度影响的项目和对环境造成影响小的项目三类②，如表2-4所示。

---

① 中华人民共和国航空航天工业部：《基本建设投资用途分类与代码》，1991年8月。
② 《中华人民共和国环境影响评价法》，中华人民共和国主席令48号令，2016年7月。

我国《建设项目环境影响评价分类管理名录》[①] 指出：建设项目所处环境的敏感性质和敏感程度，是确定建设项目环境影响评价类别的重要依据。对环境造成重大影响的项目是指可能对环境敏感区造成影响的大中型建设项目。对环境造成轻度影响的项目是指不对环境敏感区造成影响的中等规模的建设项目或可能对环境敏感区造成影响的小规模建设项目。对环境造成影响小的建设项目是指未对环境敏感区造成影响的小规模建设项目。

表 2-4　　　　　　　　　建设项目环境影响分类

分类	特征	说明
对环境重大影响项目	环境影响程度大	对环境有重大影响的项目包含区域性开发项目、影响敏感区的大中型项目、产生污染物较为复杂的项目、生态破坏严重项目、易引起跨行政区污染纠纷项目等。
对环境轻度影响项目	环境影响程度轻	对环境有轻度影响的项目包含不影响敏感区的中等规模项目、影响敏感区的小规模项目、产生简单污染物项目、生态破坏较小的中等规模以下项目、基本不产生污染的大型项目、减少排污量技改项目等。
对环境影响小项目	环境影响程度小	对环境影响小的项目包含不产生不利影响的项目、基本无生态破坏的项目、不影响敏感区的小规模项目、无特别影响的第三产业项目等。

（五）项目投资主体分类

项目投资主体分类是以建设项目的投资方为特征的分类方法。按投资主体分类，建设项目可划分为国家投资项目、各级地方政府投资项目、企业投资项目、"三资"企业项目和各类投资主体联合投资项目五类[②]，如表 2-5 所示。

---

① 中华人民共和国环境保护部：《建设项目环境影响评价分类管理名录》，中华人民共和国环境保护部令第 44 号，2017 年 9 月。

② 国家发展改革委宏观经济研究院：《中国经济社会发展若干问题研究》，中国计划出版社 2012 年版。

表2-5　　　　　　　　　　建设项目投资主体分类

分类	隶属	特征	说明
国家投资项目	国家	投资主体为国家	国家投资建设，如南水北调工程项目。
地方投资项目	地方	投资主体为地方政府	各级地方政府投资建设，如城市环保基础设施。
企业投资项目	—	投资主体为企业	企业投资建设，如房地产开发项目。
"三资"企业项目	—	投资主体为"三资"企业	"三资"企业投资建设，如利用外资建设污水处理厂。
联合投资项目	—	联合型投资主体	各类投资主体联合投资建设的项目。

注："—"表示隶属关系因所属性质不同而有变化。

（六）项目行业性质分类

项目的行业性质分类是以建设项目所属行业为特征的分类方法。按行业性质分类，建设项目可分为农业项目、工业项目、商业项目、交通项目、水利项目、科教文等项目、卫生项目、市政项目和旅游项目等[①]。建设项目依据各自所属产业，分别划属于第一产业项目，第二产业项目和第三产业项目，如表2-6所示。

表2-6　　　　　　　　　　建设项目行业分类

分类	产业	特征	说明
农业项目	第一产业	项目属农业行业	农业项目指为提高农业生产力，改善农业环境，促进农业生产发展而建设的农业开发项目、改良项目和农产品加工项目。
工业项目	第二产业	项目属工业行业	工业项目指为满足工矿企业需要而进行建设的项目，包括生产车间、仓库以及其他工业用建筑物等。

---

① 中华人民共和国统计局：《国民经济行业分类》，2011年11月。

续表

分类	产业	特征	说明
商业项目	第三产业	项目属商业行业	商业项目指为实现商品、劳务的流通、交换而建设的项目，如仓库、商场、专项批发市场等。
交通项目		项目属交通行业	交通项目指用于交通运输的线路、枢纽、场站和相关配套设施等而建设的项目。
水利项目		项目属水利行业	水利项目指为促进水资源的合理开发和持续利用而开展的项目，如防洪工程、农田水利项目、调水工程、水力发电项目等。
科教文等		项目属科教文等	科教文等项目指文化传播和科技创新等建设项目，如独立的学校、科研基地、体育场（馆）、文化馆、出版社、广播电视台等。
卫生项目		项目属卫生行业	卫生项目指医疗卫生行业的建设项目，如独立的医院、疗（休）养所等。
市政项目		项目属市政设施	市政工程项目指城市生活配套的各种公共基础设施建设项目，如城市道路、桥梁、污水处理项目等。
旅游项目		项目属旅游行业	旅游项目指在旅游景区内建设的供旅游者观赏、游览、休闲和娱乐等的项目，如旅游景区、度假村、游乐场项目等。

四 建设项目其他类别

（一）项目资金来源分类

资金来源分类是以项目建设资金来源渠道为特征的分类方法。按资金来源分类，建设项目主要分为国家投资项目、自筹资金项目、银行贷款项目、引进外资项目等①，如表2-7所示。

表2-7　　　　　　　　建设项目资金来源分类

分类	特征	说明
国家投资项目	国家财政投入	国家预算中直接安排，通过财政拨款方式投资建设的项目，包括各级政府的投资项目，也包括国家用于指定项目建设的专项资金项目。
自筹资金项目	自筹形成的资金	政府、企业或个人通过正当途径筹资，直接用于投资建设的项目。
银行贷款项目	银行信贷	个人或企业根据经济合同通过银行贷款取得并需偿还的有偿有息贷款建设的项目。
引进外资项目	引进外资	利用外资进行建设，或者大部分投资源于外资建设的项目。

（二）项目建设阶段分类

项目建设阶段分类是以项目当前所处的建设阶段为特征的分类方法。按建设阶段分类，可划分为筹建项目、在建项目和投产项目等，如表2-8所示。

表2-8　　　　　　　　项目建设阶段分类

分类	特征	说明
筹建项目	已批准，尚未开工	进一步进行选址、规划、设计等施工前准备的项目。
在建项目	在报告期内实际施工	报告期内施工建设的项目，如报告期内的新开工项目、上期跨入报告期续建的项目、报告期内施工并建成的项目等。
投产项目	已投入使用	已形成设计生产能力或使用能力，并投入使用的项目，包括部分使用和全部使用项目。

---

① 中华人民共和国航空航天工业部：《基本建设投资来源分类与代码》，1991年8月。

(三) 项目外在形式分类

项目外在形式分类是以项目外在形状为特征的分类方法。按外在形式分类，建设项目可分为线型项目、点型项目和区域型项目三类，如表2-9所示。

表2-9　　　　　　　　建设项目外在形式分类

分类	特征	说明
线型项目	项目外在形状为直线或曲线	项目跨越距离大，纵向尺寸远大于横向尺寸，如公路、铁路、航道、管道等项目。
点型项目	项目外在形状为点	项目规模相对较小，可视为点状形式，如房地产项目。
区域型项目	项目规模大，涉及地区多	项目建设规模大、占地广，如大型水利项目、生态建设项目。

(四) 项目建设效益分类

项目效益分类是以建设项目产生效益的类型为特征的分类方法。按建设效益分类，建设项目可分为经济效益型项目、社会效益型项目和环境效益型项目三类。[①]

经济效益型项目是指为实现经济效益而进行投资建设的项目，即项目的投资、运营能够收支平衡且有盈余；社会效益型项目是指为实现社会效益而进行投资建设的项目，项目社会效益显著但投资收益率低，如文化、体育、卫生等项目；环境效益型项目是指为实现环境效益而进行投资建设的项目，是一种新型建设项目类型，如污水处理、固体废弃物处理等项目。

经济效益型项目、社会效益型项目和环境效益型项目又可根据其市场需求特性进一步划分为竞争性项目、基础性项目和公益性项目三类，如表2-10所示。

---

① 国家发展改革委宏观经济研究院：《中国经济社会发展若干问题研究》，中国计划出版社2012年版。

表 2-10　　　　　　　　　建设项目效益特性分类

分　类	特　征	说　明
竞争性项目	项目投资效益较高、竞争性较强	这类项目，主要以企业作为基本投资主体，由企业自主决策、自担投资风险。
基础性项目	项目建设周期长、投资额大，具有垄断性	这类项目，主要由政府集中财力进行投资。同时吸收各类投资主体的投资进行建设。
公益性项目	项目投资主要由政府用财政资金安排	主要包括科教文卫体和环保等项目，以及政府机关、社会团体办公设施、国防建设等。

第三节　项目所在区域类别分析

不同区域的条件多种多样，各种区域的自然与社会状况不尽相同。建设项目所在区域的地理、气候、经济和社会等条件，将直接影响到建设项目决策、实施和使用的全过程。对建设项目所在区域进行类别分析，是科学规划、建设和使用好建设项目，使建设项目发挥其最佳作用的重要基础，也是建设项目社会稳定风险评估与风险管理的重要基础。根据我国所处的自然与社会环境，建设项目所在区域可按项目所在区域地理区划、项目所在区域温度带区划、项目所在区域气候区划、项目所在区域自然生态区划、项目所在区域经济区划和项目所在区域行政区划等进行类别分析。

一　项目所在区域地理区划

中国地理区域根据各地的地理位置、自然和人文地理特点的不同，可划分为四大地理区域，即北方地区、南方地区、西北地区和青藏地区；也可以划分为七大自然地理区。七大自然地理分区的基本依据是众多专家多年的科研成果，也是纳入全国高校《中国自然地理》教材的内容。

根据中国各地的地理位置、自然和人文地理特点的不同，可以划分为华东地区、华北地区、华中地区、华南地区、西南地区、西北地区和东北地区七大地理区域。七大地理区划见表 2-11。

表 2-11　　　　　　　　　中国七大地理区划

七大地理区域	区域内的省、自治区、直辖市
华东地区	上海市、江苏省、浙江省、安徽省、江西省、山东省、福建省和台湾省
华北地区	北京市、天津市、山西省、河北省、内蒙古自治区中部
华中地区	河南省、湖北省和湖南省
华南地区	广东省、广西壮族自治区、海南省、香港特别行政区、澳门特别行政区
西南地区	重庆市、四川省、贵州省、云南省、西藏自治区
西北地区	陕西省、甘肃省、青海省、宁夏回族自治区、新疆维吾尔自治区、内蒙古自治区西部阿拉善盟
东北地区	黑龙江省、吉林省、辽宁省、内蒙古自治区东部

相同的建设项目处于不同的地理区域，其面临的建设和使用问题是存在差异性的。同样，相同的地理区域在建设不同的建设项目时所要考虑的因素条件也是不同的。七大地理区域对建设项目的建设和使用要求也是存在较大差异性的，如项目拟建于西北地区，西北地区荒漠广布、地广人稀等特点就要作为建设项目规划、决策、建设和使用的重要考虑因素；而当项目拟建于东北地区，东北地区地域广阔、森林覆盖率大等特点便成为了建设项目规划、决策、建设和使用的重要考虑因素。考虑到不同的地理区域特征的差异，因地制宜进行项目决策，确定项目建设与使用的方式方法，是建设项目发挥好综合效益的保障。

二　项目所在区域温度带区划

我国南北跨纬度广，自北而南跨寒温带、中温带、暖温带、亚热带、热带，以及特殊的青藏高寒区。建设项目在不同的温度带建设和使用时，要考虑到各温度带的特点，有针对性地做出项目规划决策、选取合理建设和使用方案等。如建设项目拟建于寒温带就要考虑项目的一些重点建设工作要避开冬季施工，或采取一些积极的防护措施，而建设项目拟建于亚热带时就要考虑项目的施工建设需避开雨季施工。

三 项目所在区域气候区划

区域气候区划是指按气候特征的相似和差异程度，以一定的指标，对一定地域范围进行的区域划分。区域气候区划有多种划分方式：如按照气候要素的不同，可划分为日照区划、降水区划等；按服务对象的不同，可划分为农业气候区划、建筑气候区划、航空气候区划等。

中国幅员辽阔，由于地理纬度、地势等条件的不同，各地气候相差悬殊。因此针对不同的气候条件，科学合理地决策、规划、设计、建设、使用建设项目很重要。项目所在区域气候区划是出于使建设项目的建设和使用更合理的利用和适应我国不同的气候条件，做到因地制宜的目的。对建设项目所在区域气候区划进行研究，主要是以项目所在区域的气候划分方式不同为出发点，分析建设项目的影响和作用。建筑气候分区的基本依据是我国《民用建筑设计通则》（GB 50352—2005）[①] 中对建筑项目所在区域进行的气候区划。建筑气候分区包括7个主气候区，20个子气候区，如表2-12所示。

表2-12　　　　　　　　　我国建筑气候区划

气候分区	分区名称	建筑基本要求
Ⅰ	I_A I_B I_C I_D	严寒地区	1. 建筑物必须满足冬季保温、防寒、防冻等要求 2. I_A、I_B区应防止冻土、积雪对建筑物的危害 3. I_B、I_C、I_D区的西部，建筑物应防冰雹、防风沙
Ⅱ	$Ⅱ_A$ $Ⅱ_B$	寒冷地区	1. 建筑物应满足冬季保温、防寒、防冻等要求，夏季部分地区应兼顾防热 2. $Ⅱ_A$区建筑物应防热、防潮、防暴风雨，沿海地带应防盐雾侵蚀
Ⅲ	$Ⅲ_A$ $Ⅲ_B$ $Ⅲ_C$	夏热冬冷地区	1. 建筑物必须满足夏季防热、遮阳、通风降温要求，冬季应兼顾防寒 2. 建筑物应防雨、防潮、防洪、防雷电 3. $Ⅲ_A$区应防台风、暴雨袭击及盐雾侵蚀

---

① 中华人民共和国建设部：《民用建筑设计通则》，2005年7月。

续表

气候分区		分区名称	建筑基本要求
IV	IV_A IV_B	夏热冬暖地区	1. 建筑物必须满足夏季防热、遮阳、通风、防雨要求 2. 建筑物应防暴雨、防潮、防洪、防雷电 3. IV_A 区应防台风、暴雨袭击及盐雾侵蚀
V	V_A V_B	温和地区	1. 建筑物应满足防雨和通风要求 2. V_A 区建筑物应注意防寒,V_B 区应特别注意防雷电
VI	VI_A VI_B	严寒地区	1. 热供应符合严寒和寒冷地区相关要求 2. VI_A、VI_B 应防冻土对建筑物地基及地下管道的影响,并应特别注意防风沙 3. VI_C 区的东部,建筑物应防雷电
	VI_C	寒冷地区	
VII	VII_A VII_B VII_C	严寒地区	1. 热供应符合严寒和寒冷地区相关要求 2. 除 VII_D 区外,应防冻土对建筑物地基及地下管道的危害 3. VII_B 区建筑物应特别注意积雪的危害 4. VII_C 区建筑物应特别注意防风沙,夏季兼顾防热 5. VII_D 区建筑物应注意夏季防热,吐鲁番盆地应特别注意隔热、降温
	VII_D	寒冷地区	

四 项目所在区域生态区划

我国的地理和气候特征奠定了我国森林、灌丛、草地、湿地、荒漠、农田、城镇、荒漠等各类陆地生态系统发育与演变的自然基础,以及我国生态经济发展的空间格局[①]。

我国各地的自然生态系统相差悬殊,因此针对不同的自然生态条件,各地建设项目的规划、建设和使用的要求也是不同的。如森林资源丰富区,在选择建设项目时就要合理考虑保护森林资源;水资源丰富区,在选择建设项目时就可多考虑保护水环境或合理开发利用水资源的建设项目。项目所在区域自然生态区划可使建设项目的选择、确定、建设和使用更合理的利用和适应不同区域的自然生态环境条件。

---

① 中华人民共和国环境保护部:《全国生态功能区划(修编版)》,2015 年 11 月。

五 项目所在区域人口区划

人口区划是根据与各种影响因素相联系的人口现象在地域上的特征，对一国一地区进行的区域划分。通过人口区划有助于了解全国人口的空间分布特点，也是对人口发展实行分区规划，以及人口区域发展规划的基础。人口区划可以根据不同的依据指标进行划分，划分的依据指标不同，划分的区域范围就是不同的，如根据人口数量和密度分布这一划分指标进行的区域人口区划。中华人民共和国国家统计局发布的关于我国人口的统计数据可以清晰地反映我国人口分布状况，可以看出我国人口分布不均匀，以黑龙江的黑河至云南省的腾冲一线为人口分界线，此线以东人口稠密，此线以西人口稀疏。产生这一人口分布的主要原因是东部地区地形平坦，多平原和丘陵，气候好，生产粮食多；西部地区以高原、山地为主，多沙漠、草原、山地，耕地少，气候干旱，粮食产量低。

区域人口数量和密度分布的不同，是不同目的、不同性质、不同规模的建设项目在决策、建设和使用要分析的主要依据之一。区域人口数量和密度的不同对项目的建设和使用的影响是存在差异性的。如在人口密度较大区域拟建建设项目时，就要考虑到空间布局的合理性、社会影响和环境保护问题；在人口密度较小区域拟建建设项目时，就要考虑选择可以带动区域社会经济发展，保护生态环境的建设项目。

六 项目所在区域经济区划

经济区划是指国家或地方根据社会长远发展的目标和规划，结合区域经济发展水平和特征的相似性，以及经济联系的密切程度划分的经济区域。如国家为科学反映我国不同区域的社会经济发展状况，将我国的经济区域划分为东部、中部、西部和东北部四大地区。各地区社会经济发展的主要内容为：西部开发、东北振兴、中部崛起、东部率先发展。具体要求是：积极推进西部大开发，有效发挥中部地区的综合优势，支持中西部地区加快改革发展，振兴东北地区等老工业基地，鼓励有条件的东部地区率先基本实现现代化，逐步形成东、中、西部经济互联互动、优势互补、协调发展的格局。四大经济区划见表2-13。

四大经济区中，每一个经济区都有其自身的特点，应根据其社会经济条件，扬长避短，选择适合其发展的建设项目，带动区域经济的发展。由于社会发展要不断适应发展规律，符合新的发展观的要求，所以调整区域社会经济发展的布局，是促进区域经济不断协调发展的要求。

表 2-13　　　　　　　　　　四大经济区划

四大经济区域	区域内的省、自治区、直辖市等
东北地区	黑龙江省、吉林省、辽宁省、内蒙古自治区东部的呼伦贝尔市、兴安盟、通辽市、赤峰市、锡林郭勒盟
中部地区	山西省、河南省、湖北省、湖南省、江西省、安徽省
东部地区	北京市、天津市、河北省、山东省、江苏省、上海市、浙江省、福建省、广东省、海南省
西部地区	重庆市、四川省、广西壮族自治区、贵州省、云南省、陕西省、甘肃省、内蒙古自治区西部、宁夏回族自治区、新疆维吾尔自治区、青海省、西藏自治区

七　项目所在区域行政区划

行政区划是国家为便于行政管理而分级划分的地区，亦称行政区域。目前，我国行政区划共分为 23 个省、5 个自治区、4 个直辖市以及香港和澳门 2 个特别行政区。

在进行建设项目的规划、决策时，要考虑到建设项目的建设和使用是否与各省、自治区、直辖市的政治、经济、民族、人口、国防、历史传统等方面的因素相融洽，是否与国家对各省、自治区、直辖市的发展战略布局和各自社会经济的发展规划紧密结合。

第四节　建设项目所在区域特征分析

对建设项目进行风险评估与管理的一项重要工作是对项目所在区域的状况进行分析。分析项目所在区域的状况要明确项目所在区域的特征。区域的基本特征表现在区域是由一定界线所形成的范围，这个范围内的各个组成部分具有明显的关联性。一个区域具有自己的功能、特点与特色，不同区域之间则可能具有明显的差异性。区域特征包括区域社会结构特征、经济结构特征、其他结构特征等。在对建设项目进行社会稳定风险评估时，分析项目所在区域的特征不但是项目社会稳定风险评估的基础，也是项目社会稳定风险评估的主要内容之一。

一 项目所在区域社会结构特征分析

社会结构是指一个国家或地区占有一定资源、机会的社会成员的组成方式及其关系格局，包含人口结构、社会组织结构和城乡结构等若干重要子结构。对建设项目所在区域社会结构特征进行分析，主要以人口结构、社会组织结构和城乡结构为出发点。

人口结构，又称人口构成，是以人口不同标准进行划分而得到的一种结果。人口结构反映一定地区、一定时间人口总体内部各种不同质的规定性的数量比例关系。人口结构中以年龄结构和性别结构为最基本的、最核心的指标。人口结构状况是影响社会经济发展的重要基础性因素，也是建设项目风险管理的基础性因素，如在建设项目风险管理的公众参与工作中，公众的年龄结构的作用表征十分显著。一般情况下，年龄结构中青年组人口比例较大时，沟通容易进行，公众参与工作易于开展；而当年龄结构中老年组人口比例较大时，则容易出现沟通不畅状况，项目风险管理公众参与工作的开展容易受阻。

社会组织结构包括正式结构和非正式结构，对于建设项目所在区域社会结构特征分析，主要分析其社会组织结构中的非正式结构。非正式结构是指在社会组织结构中，没有明确规定而从组织成员的活动及相互作用中自发产生的具有灵活性的关系模式。建设项目全过程各阶段的各项组织活动，或多或少会影响项目周边一定区域甚至会波及一些区域居民的生活和生产，分析受影响居民的非正式组织结构，对于建设项目社会风险评估工作的开展有着重要的意义。非正式结构有利于建设项目内部组织的稳定与协调，丰富社会控制和沟通形式，使建设项目更好地融入到区域社会环境中，适应不断变化的社会环境。

城乡结构主要指以社会化生产为主要特点的城市和乡村并存的结构组成。现阶段我国城乡结构主要表现为：城市的基础设施发达，农村的基础设施落后；城市的人均消费水平高，农村的人均消费水平低；城市人口少，农村人口多等。实现城乡良性互动，从而提高我国城乡整体的社会效益和经济效益。在建设项目的建设和使用过程中，对于城市而言，考虑较多的是城市社会因素和城市环境因素；对于乡村而言，所面临的问题更多集中于征地拆迁、安置就业、补偿标准等。

二　项目所在区域经济结构特征分析

经济结构是指经济系统中各个要素之间的关系，区域经济结构是区域经济系统的组成要素、构成方式及这些要素之间的关系。区域经济结构的要素很多，影响经济结构形成的因素也很多，最主要的是区域社会对最终产品的需求。一个区域的经济结构是否合理，体现在区域经济结构各个要素的关联方式和比例关系是否形成了有机整体，是否具有合理的经济与社会的可能性。区域经济结构合理就能充分发挥区域优势，有利于经济的协调、可持续发展。

经济结构包括区域结构、产业结构、消费结构、企业结构、技术结构等，在建设项目风险管理中，对项目所在区域经济结构特征进行分析，在明确区域结构的基础上，主要以分析产业结构和消费结构为出发点。

区域产业结构是指建设项目所在区域各产业的构成及各产业之间的联系和比例关系。在区域经济发展过程中，不同的生产部门受到产业结构因素影响和制约是存在差异的，这种差异性体现在产业结构的优势与劣势、合理与失调等多方面，各产业部门内部的构成及相互之间的联系、比例关系同样存在差异，在分析建设项目时要充分考虑到这些差异。

区域消费结构是指在一定的社会经济条件下，民众在消费过程中所消费的各种不同类型的消费资料的比例关系，以及各种消费对象的构成及其协调程度的有机体。分析区域消费结构，掌握和探索消费的变化趋势，有助于对建设项目进行剖析和评价。建立一个合理的消费结构模式是经济发展的必然需求，也是分析建设项目的依据。

分析建设项目所在区域经济结构特征是评估建设项目社会风险的基础工作。因此对于建设项目所在区域经济结构的特征分析，主要是明确其经济状况如何。不论建设项目所在区域经济发展水平如何，只要决策实施的建设项目符合所在区域的发展实际，有利于促进项目所在区域经济的发展，有利于项目所在区域经济结构的调整，项目与所在区域经济结构的优化就是吻合的。但在建设项目实施的具体过程和环节中，要特别注意工作的规范化、科学化、合理化，从而化解一些社会矛盾，保持社会稳定。

三 项目所在区域其他结构特征分析

对建设项目所在区域进行结构特征分析时，除了要考虑项目所在区域的社会、经济结构外，还要分析项目所在区域存在的其他结构，如文物保护区、自然保护区以及其他特殊用途的区域，对建设项目所在区域结构特征进行综合分析。

若建设项目所在区域属于文物保护区，存在重要文物古迹，应在文物得到科学有效的保护的前提下，再考虑建设项目的活动。建设项目的选址、建设和使用活动应避免影响文物保护区。当建设项目必须占用重要文物古迹所在地，则要依据相关法规对文物进行重点保护，或在条件允许的情况下将文物完整地移到别处进行妥善保护。

除此之外，拟建建设项目所在区域还可能属于自然保护区，如风景名胜区、水源保护区等，在自然保护区影响区内进行建设项目的建设和使用活动，要充分考虑自然保护区结构特征和重要价值。在保证项目的建设和使用不会对自然保护区产生不利影响的前提下，开展项目前期规划活动，同时在项目建设和使用过程中采取科学的保护措施对保护区内自然资源进行合理保护。

不同的区域结构特征，在进行建设项目规划建设时，需要采取不同的风险评估方案和应对措施，提前预防，有效管控潜在的风险因素。对于这些可能因建设项目而产生多种风险的保护区，如果处理不当，极易产生对生态环境、人文环境的破坏，甚至引发区域社会的不稳定。

第三章　建设项目社会稳定风险分析

加强建设项目风险评价与管理，规范建设项目社会稳定风险评估工作，对于促进建设项目科学、民主、依法决策，防止和减少建设项目风险事故，防范和化解由建设项目而产生的社会矛盾和社会稳定风险具有重要的意义和作用。做好建设项目社会稳定风险评估，采用有效实用的建设项目风险分析预测与评估的技术方法，首先需要在明晰相关概念的基本内涵、基本要求的前提下，形成一个科学合理的技术分析路线，构建一个完整的建设项目社会稳定风险评估与管理体系。建设项目风险管理工作有效开展，及建设项目社会稳定风险评估工作不断加强的基础在于相关理论分析与实际应用的紧密结合。

第一节　建设项目风险分析

建设项目的建设和使用是人类活动的主要内容和形式之一。建设项目风险是建设项目建设和使用中存在的危害因素，建设项目风险的存在与风险事故的发生不同程度地影响建设项目正常的建设和使用，也是项目所在区域产生社会稳定风险的主要风险因素之一。建设项目风险是风险的组成部分，进行建设项目风险分析是预测评估项目风险的要求，是加强项目风险管理的基础。

一　建设项目风险

关于建设项目风险，一些学者对建设项目风险进行了定义，如：建设项目风险为目标物在工程各阶段过程中遇到的各种自然灾害和意外事故而导致目标物受损的风险；建设项目风险为在整个建设项目实施的过程中，自然灾害和各种意外事故的发生而造成的人身伤亡、财产损失和其他经济损失的不确定性①；工程项目风险为所有影响工程项目目标实现的不确定因素的集合②；建设项目风险为事先不能确定的项目内部和外部的干扰因素③；建设工程项目风险为造成建设项目达不到预期目标的不确定性，或者说是指那些影响建设项目目标实现的消极的不确定性④。

建设项目风险是指项目在建设期及使用期间存在的可能导致损失的各种不确定性因素。建设项目的风险因素是多种多样的，不确定性因素也不会单独存在，而常以多个因素同时存在的形式对建设项目产生一定程度的作用。存在的不确定性因素越多，项目造成损失的可能性越大。对于重大建设项目，由于其具有的特征和作用，它所面临的不确定性风险因素更多、更大。如果某种风险发生，对重大建设项目所产生的不利影响较其他一般建设项目更严重。

建设项目自身一般存在六种风险因素，即工程风险、环境风险、生态风险、经济风险、安全风险和社会风险。⑤ 对于一些特殊的建设项目，或建设项目建设与使用具有一些特殊性，以及建设项目所处地域的自然和社会状况的特殊性等，建设项目也可能出现一些其他风险。

二 建设项目风险组成

建设项目在建设期间一般都存在六种风险，即工程风险、环境风险、生态风险、经济风险、安全风险和社会风险。建设项目建成投入使用期间一般也存在这六种风险，对应于项目建设期的工程风险，项目使用期为生产运营风险，其他几种风险在项目使用期的存在特点有所不同，特别是一些工业项目和基础设施项目。各种风险有其自身的独立性，也有密切的关联性。以建设期为例分析建设项目存在的各种内部风险。

---

① 任旭：《工程风险管理》，清华大学出版社 2010 年版。
② 张青晖、沙基昌：《风险分析综述》，《系统工程与电子技术》1996 年第 2 期，第 42—451 页。
③ 成虎：《工程项目管理》，高等教育出版社 2004 年版，第 240 页。
④ 王家远：《建设项目风险管理》，中国水利水电出版社 2004 年版，第 9—11 页。
⑤ 董小林、赵佳红、赵丽娟、吴阳：《基于多木桶模型的建设项目风险管理目标体系构建及应用》，《建筑科学与工程学报》2017 年第 1 期，第 121—126 页。

(一) 建设项目工程风险

建设项目工程风险是指影响项目工程目标实现的各种工程活动方面的不确定性因素的集合。建设项目在整个寿命期间都可能存在各种不确定性因素的影响，如质量、成本、进度因素等。这些不确定因素的存在会产生技术风险、工期风险、费用风险、质量风险，进而产生市场风险、信誉风险等等，使建设项目各阶段的工程目标和期望效果难以实现，阻止工程项目活动的顺利进行，妨碍项目活动的后续展开，甚至造成工程的失败。①

(二) 建设项目环境风险

建设项目环境风险是指项目的建设和使用危害项目所在区域自然环境质量的不确定性因素的集合。建设项目的一系列活动均可能对项目本身、项目周边地区，甚至更大的区域产生环境污染，使得有害物质进入环境，并在环境中扩散、迁移、转化，使环境系统的结构与功能发生变化，对人类和其他生物的正常生存和发展产生损害。② 大气环境污染、水环境污染、土壤环境污染、声环境污染和固体废弃物等造成的环境损失是主要环境风险因素。在一些特殊的情况下，也存在着放射性污染等风险因素。

(三) 建设项目生态风险

建设项目生态风险是指项目的建设和使用在其所在区域内以及相关的一定区域内，存在损害或影响区域生态系统及其组成部分的功能、危及到生态系统的安全和健康的不确定性因素的集合。建设项目生态风险可能造成生物环境破坏和非生物环境破坏。生态风险不仅包括工程技术方面产生的生态风险、资源开发利用产生的生态风险，也包括经营管理方面产生的生态风险等。③ 生态破坏导致了环境结构与功能的变化，对人类和其他生物的生存与发展产生严重影响。生态破坏的恢复相当困难，有些甚至很难恢复，例如：森林生态系统的恢复需要上百年的时间，土地的恢复需要上千年的时间，而物种的灭绝根本不能恢复。

---

① 何江波：《论工程风险的原因及其规避机制》，《自然辩证法研究》2010 年第 2 期，第 62—67 页。

② 董小林：《当代中国环境社会学建构》，社会科学文献出版社 2010 年版，第 377—379 页。

③ 谢辉、李景宜：《我国生态风险评价研究》，《干旱区资源与环境》2008 年第 3 期，第 70—74 页。

（四）建设项目经济风险

建设项目经济风险是指建设项目在建设和使用期间从事正常的经济活动，受到由于经济政策的调整、经济发展趋势的变化、经济结构与体制的变化，以及项目自身经济管理出现问题的影响而产生的风险。建设项目的经济风险反映在：一是资金风险，即投资者在建设项目的建设与运营期间进行资金筹措与投入时产生的风险；二是生产风险，即项目生产者生产某种产品或提供劳务时承担的风险；三是经营风险，即项目建设和运营活动过程中承担达不到预期收益的风险等。

（五）建设项目安全风险

建设项目安全风险是指在建设项目的建设与使用期间可能存在突发性安全隐患的不确定性因素的集合。项目建设和使用期间的安全措施和管理措施的不到位，安全制度的不健全、安全意识的欠缺，使得项目安全风险事故极易发生，造成人员伤亡、设备的损坏以及工程停止运行等。安全风险的存在对项目本身以及相关区域的安全都是很大的破坏隐患。

（六）建设项目社会风险

这里所述的建设项目社会风险主要是指建设项目的内部社会风险。项目社会风险是指可能导致与项目直接相关区域的社会冲突，影响社会稳定和社会秩序的不确定因素的集合。建设项目的选址、征地、拆迁等与项目建设直接相关的内部社会风险，不可避免地直接涉及到与项目所在区域民众的各种利益问题等，有些问题易产生社会不稳定，导致出现社会问题。

除以上提出的建设项目六种风险外，对于一些特殊的建设项目，还存在一些其他风险。如国防项目可能存在军事方面的风险；科学研究项目的一些特殊要求的不到位，可能发生影响科学研究条件和成果的风险；一些在历史文化悠久城市建设和使用的项目，可能产生文物保护方面的风险等。

三 建设项目六种风险因素关系分析

建设项目在建设和使用期间的各种不确定性风险既有各种风险自身的独立性，又有彼此间联系的相关性。一种风险的存在会引发其他风险的出现。建设项目风险常常是多种风险相互影响而产生的。建设项目风险事故的发生，也常常是多种风险因素相互诱导、相互作用、相互交织而发生的。如项目在建设过程中的技术、质量、工期和成本等出现问题，使其存在可能的工程风险，工程风险的质量问题很可能产生安全风险隐患，发生安全事故。同时，工程风险的存在也可能对项目本身以及周边的环境和生态造成一定程度的影响，严重的环境问题就会产生环境风险和生态风险。项目在建设和使用过程中成本控制等环节出现问题以及资金的投入、管理等出现问题，经济风险随时可能被诱发。另外，项目所在区域的自然条件状况对项目的建设具有很大的影响，自然条件的恶劣不但给项目的建设增加了难度，同时也增大了工程风险的发生概率。项目存在的各种风险，都有可能引发一些社会问题，成为项目的社会风险，项目的社会风险可能造成一定区域的不同形式和内容的社会不稳定。

建设项目六种风险相互联系、相互影响，共同制约于建设项目。所以在建设项目风险管理体系中确定各单一风险的概念和评价内容时，除了要落实各单一风险的管理要求外，还要重视单一风险与其他风险间的重要关联性及其相互之间产生的作用。所以建设项目风险管理体系不但要确立单个风险管理目标，而且要制定项目风险管理体系的目标。

第二节 建设项目社会风险分析

建设项目社会风险是建设项目风险的组成部分，也是社会风险的组成部分。建设项目社会风险的出现首先发生于建设项目内部，建设项目社会风险对项目的决策、建设、使用都会产生不同程度的影响。同时建设项目社会风险的存在直接与项目所在区域社会稳定状况相关，项目所在区域因建设项目而产生社会问题就违背了项目建设与使用的根本目的。所以在建设项目风险管理与项目社会稳定评估工作中，应明确建设项目社会风险的内涵与要因。[1]

一 建设项目内部社会风险与外部社会风险

建设项目社会风险可分为建设项目内部社会风险和建设项目外部社会风险。建设项目内部社会风险是由建设项目在项目本身所占区域内直接产生的社会风险，也称为项目直接社会风险；建设项目外部社会风险是指由

---

[1] 懂小林：《半于大建设项目社会稳定风险评估的几个问题》，《社会科学家》2018年第1期，第98—104页。

建设项目内部的各种风险的发生而波及到项目以外区域所产生的社会风险，也称为项目间接社会风险。

例如：工程项目的建设首先要进行的一项重要工作是征地拆迁，征地拆迁主要是在项目所占区域内进行的一项项目实施的准备工作。征地拆迁与公众的利益紧密相关，处理不好就极易产生社会问题。项目征地拆迁是由于要建设该项目而进行的征地拆迁，由此所产生的社会风险就是项目的内部社会风险，即项目的直接社会风险。

建设项目自身产生的内部风险还有工程风险、环境风险、生态风险、经济风险、安全风险等。项目本身的各种内部风险如果发生，不但会对项目本身的工程、环境、生态、经济、安全等产生损失，而且还会对项目所在一定区域内的社会环境造成不同程度的影响，进而产生波及的社会风险。这种由于建设项目本身内部风险而产生的一定区域内的社会风险就是建设项目的外部社会风险，即间接社会风险，也就是建设项目社会稳定风险，如图3-1所示。

例如：工程项目的建设可能对环境产生影响，较大的环境影响（如水污染、大气污染）可能形成环境风险。项目的环境风险是项目本身产生的直接风险，它对项目内部可能带来直接风险事故。同时，项目的环境风险对项目所在地以及一定区域也必然带来环境风险，这时的风险就是外部社会风险。如果这种风险发生了并作用于一定的社会区域，则会造成项目的外部社会损失。

二　建设项目狭义社会风险与广义社会风险

建设项目社会风险分为狭义社会风险和广义社会风险。建设项目内部社会风险是建设项目狭义概念的社会风险；建设项目的内部社会风险和外部社会风险则是建设项目广义概念的社会风险。对建设项目社会风险概念内涵做如上分析和界定，是对建设项目风险、建设项目社会风险进行客观、科学分析的基础，也是进行建设项目社会稳定风险评估所要分析评价的影响区域、形式、内容、程度等的依据，如图3-1所示。

要说明的是，建设项目内部的某些风险如果发生了，对项目外部的社会影响程度、危害和范围要大于对项目本身的影响。也就是说，建设项目产生的有些风险事故给社会带来的间接损失要大于对项目本身带来的直接

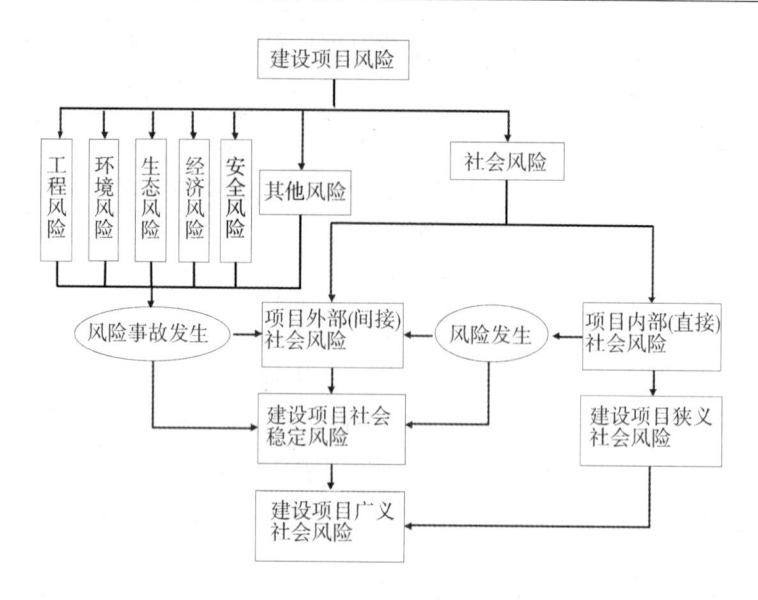

图 3-1 建设项目风险与建设项目社会稳定风险

损失。如图 3-2 所示，某建设项目发生环境风险事故（如严重的水污染、大气污染等），其对项目内部产生的损失主要是对人的损害和对工作条件的破坏，其中直接的经济损失包括风险事故治理的各项直接费用，如人体健康损失、清污、恢复运转等费用，也包括由于环境破坏直接对产品或物品的量和质引起下降而产生的经济损失。项目发生环境风险对项目所在区域及波及区域带来污染的外部风险事故会对人和物产生不同程度的损害。项目所在区域污染的间接损失包括各种赔偿与补偿费用，如果环境污染和破坏的间接损失使得区域环境功能损害，而影响了其他生产系统、生活系统和消费系统等，则损失费用更大，还有不少的无形费用发生。

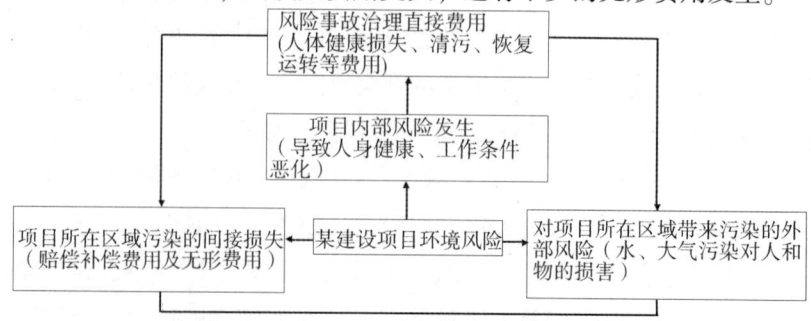

图 3-2 建设项目环境风险

第三节 建设项目社会稳定风险分析

建设项目各种风险与项目所在区域社会稳定之间存在必然的直接联系，做好建设项目社会稳定风险分析是评估社会稳定风险的基础，也是防范和规避社会稳定风险的基础。在组织开展建设项目前期工作时，通过分析预测项目产生风险、发生风险事故的可能性，以及分析项目对所在区域社会稳定风险的影响程度，对提出防范和化解社会稳定风险的措施，指导建设项目社会稳定风险评估与管理具有重要作用。

一 社会稳定风险分析

社会是在特定环境下共同生活或工作的不同个体以及个体与集体间形成的比较长久而且彼此相依的一种关系状态。人类社会形成的最主要的社会关系包括家庭关系、村落关系，以及建立在共同文化和传统习俗基础上的关系等。社会分广义社会和狭义社会的概念。从范围角度说，广义的社会，指一个大范围地区，如一个国家；狭义的社会，指一个小范围地区，如村、镇、城市等，狭义社会，也称社群。

稳定是指稳固安定的一种状态，是社会发展的基础。稳定为秩序建设提供了一个良好的环境，为生产发展提供了正常的条件，为生活健康提供了有效的保障。没有稳定，一切都是紊乱的、有害的。稳定意义深远、重于泰山。在以经济建设为中心的同时，要坚持改革、发展、稳定相协调，都是硬任务、硬道理。

社会稳定风险是由各种原因导致的，其程度、规模有大有小。一旦产生社会稳定风险，就可能影响甚至危害对应社会的秩序和稳定的情况。所以首先要预防控制社会稳定风险的形成与发展。

就一般概念来说，社会稳定风险即社会风险。各种社会风险的形成、发生、发展，必然对社会产生不稳定，造成社会损失。在分析社会风险时，社会稳定与否自然是最重要的分析内容，所以在风险分析中，特别是在实际工作中，社会稳定风险成为一个重要的风险词汇和一项重要的工作词汇。

社会稳定风险可分为直接社会稳定风险和间接社会稳定风险，也称为内部社会稳定风险和外部社会稳定风险。直接社会稳定风险是指人类某项活动本身所产生的社会稳定风险；间接社会稳定风险是指由于人类某项活动所产生影响、危害、损失通过一些自然的、社会的途径波及到一定区域而产生的社会稳定风险。

二 建设项目社会稳定风险分析

建设项目本身的各种内部风险不但对项目本身造成潜在的损失，也对项目所在区域甚至波及到更大的区域造成潜在的社会不稳定。建设项目的各种风险都可能直接或间接地影响社会环境，从而造成不同程度的社会不稳定。影响或破坏社会稳定主要包括四个方面环境：一是社群环境；二是经济环境；三是生活环境；四是社会外观环境，它们反映了社会环境的结构、功能和外貌。[①]

（一）社群环境的稳定风险影响

社群环境主要包括社会构成、社会状况、社会约束与控制系统，以此反映社会群体的特征和结构。如果建设项目的各种风险影响到正常社群环境的一环，必然导致社会不稳定产生。如建设项目的建设或使用影响当地民众的健康状况和生活习惯等。

（二）经济环境的稳定风险影响

经济环境主要包括由第一、第二、第三产业所反映出来的生产环境和市场环境，及其结构和功能。如果建设项目各种风险影响到当地正常的经济结构，影响到当地正常的就业与失业状况等，就会产生社会不稳定。

（三）生活环境的稳定风险影响

生活环境主要包括由第一、第二、第三产业所反映出来的生活环境，及其结构和功能。如果建设项目各种风险影响到当地正常的收入水平、居住环境等，就会产生社会不稳定。

（四）社会外观环境的稳定风险影响

社会外观环境包括自然生态与人文景观，即自然与人文的有形体与环境氛围配合的系统。如果建设项目各种风险影响到当地已存在的自然与人

---

① 董小林、马瑾、王静、杨梦瑶：《基于自然与社会属性的环境公共物品分类》，《长安大学学报》（社会科学版）2012 年第 2 期，第 64—67 页。

文景观,以及各种自然环境要素等,就会产生社会不稳定。

此外,社会稳定风险的发生也必然影响到人们在生活和生产活动中所形成的人与人之间的关系。建设项目产生的各种风险和导致的社会不稳定,主要还是表现在民众各方面的利益权益受损,或利益权益不能很好地维护等。

三 建设项目各种风险导致产生社会稳定风险分析

(一)建设项目内部风险导致外部社会稳定风险的必然性

建设项目是一个受其内外部影响因素制约的系统工程,而社会稳定风险通常是以建设项目外部的各种社会状况为表现的。建设项目自身的各种风险对项目本身以及项目所涉及区域的其他方面都在产生着影响。项目本身的一种或几种风险因素的存在会导致项目外部产生社会稳定风险,所以应全面科学地分析建设项目内部风险因素与项目外部社会稳定风险关系。

建设项目自身存在的各种风险,不但共同制约建设项目的施工建设和使用功能的正常发挥,也会对项目所在区域及相关地区的社会稳定带来直接或间接的风险。建设项目内部各种风险和风险事故可能演化出一些与民众利益相关的社会问题,使项目存在潜在的与现实的社会稳定风险,建设项目各种风险与社会稳定风险间的关系,如图3-3所示。防范和控制建设项目自身的各种风险的发生,不但保证项目正常的建设与使用,也避免引发一些社会问题,保障社会的稳定。

建设项目在建设与使用期间往往会涉及征地拆迁、生态环境、安全方面、经济方面等与人民群众切身利益相关的社会稳定问题。项目风险管控处置不当,极易对项目所在地和相关区域社会经济和人民生产与生活产生影响面大、持续时间长的社会矛盾,从而产生程度不同的社会不稳定问题,对社会稳定造成不利影响。

一些重点建设项目是国家或地方"经济—社会—政治"事件的交汇点,也是社会稳定风险的集中点,并由于"涟漪效应"的作用而影响深远,产生广泛的外部效应。[①] 一些地方的相关部门和单位在实施一些重大

---

① 胡智强:《我国重大工程项目社会稳定风险评估规制路径研究》,《河北法学》2013年第12期,第105—112页。

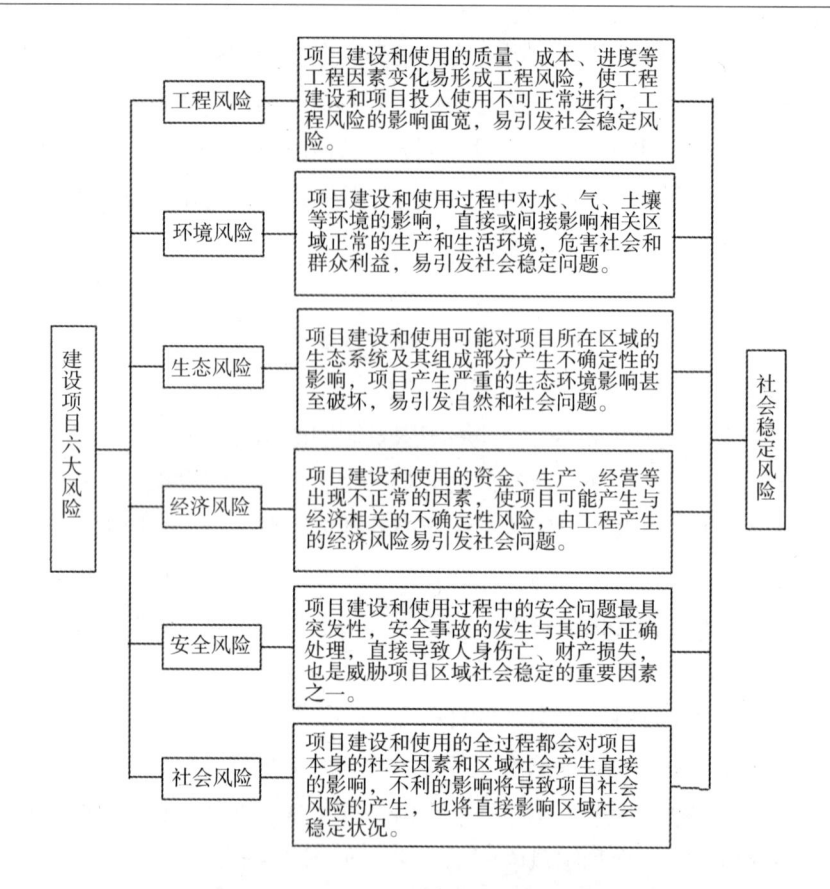

```
建设项目六大风险
├─ 工程风险：项目建设和使用的质量、成本、进度等工程因素变化易形成工程风险，使工程建设和项目投入使用不可正常进行，工程风险的影响面宽，易引发社会稳定风险。
├─ 环境风险：项目建设和使用过程中对水、气、土壤等环境的影响，直接或间接影响相关区域正常的生产和生活环境，危害社会和群众利益，易引发社会稳定问题。
├─ 生态风险：项目建设和使用可能对项目所在区域的生态系统及其组成部分产生不确定性的影响，项目产生严重的生态环境影响甚至破坏，易引发自然和社会问题。
├─ 经济风险：项目建设和使用的资金、生产、经营等出现不正常的因素，使项目可能产生与经济相关的不确定性风险，由工程产生的经济风险易引发社会问题。
├─ 安全风险：项目建设和使用过程中的安全问题最具突发性，安全事故的发生与其的不正确处理，直接导致人身伤亡、财产损失，也是威胁项目区域社会稳定的重要因素之一。
└─ 社会风险：项目建设和使用的全过程都会对项目本身的社会因素和区域社会产生直接的影响，不利的影响将导致项目社会风险的产生，也将直接影响区域社会稳定状况。
→ 社会稳定风险
```

图 3-3　建设项目风险与社会稳定风险

建设项目时，不认真征询当地群众、政府和单位的意见，在处理关系社会群体利益事宜的过程中，缺乏公正性，使人民群众的利益受损，进而引发社会矛盾，产生社会稳定问题。

（二）建设项目内部风险导致社会稳定风险分析

唯物辩证法认为外因是变化的条件，内因是变化的根据，外因通过内因而起作用。项目内部产生的风险是项目社会稳定风险的内因，项目外部的条件是项目社会稳定风险的外因，项目自身产生的风险对项目所在的外部区域的社会稳定风险有着直接的决定性作用。但建设项目外部的社会、自然状况是产生项目社会稳定风险的主要条件。风险对于建设项目的内部和外部的影响是相互的。关于内因和外因在事物发展中的作用，建设项目内部各因素与项目所在区域的社会因素与自然因素，对产生外部项目社会稳定风险的影响是相互的。

例如，工程风险一旦产生并转化成现实，往往会造成财产损失、人员伤亡、工程停滞、建造物毁坏、相关单位蒙受损失等严重后果。项目工程风险以及风险事故的严重后果之一是对项目所在地区的社会稳定构成威胁和损害。

项目产生的环境风险直接和间接地对项目所在外部区域的环境状况产生影响和威胁。如建设项目环境风险的发生，其环境污染和破坏的结果不只是在项目内部产生，而在项目所在区域相应地扩展，形成局部或区域性的污染和破坏而造成社会问题，产生区域社会的不稳定。

项目产生的生态破坏会引起项目所在区域，甚至更大区域的社会不稳定。如水电项目、交通项目对自然生态的影响是多方面的，这些项目会占用大量的土地、开挖山体，对局部自然地貌的破坏、植被破坏、影响地下水文、使野生生物生存环境发生变化等。对库区周围和路域沿线，甚至更大区域的生态系统有着很大影响，破坏原有生态系统的完整性和平衡性。项目产生的生态风险一旦发生，必然形成生态破坏。项目生态破坏直接影响甚至危及人类的正常生产生活，引起民众的不满，严重的生态破坏产生社会问题，导致项目的社会不稳定。

建设项目经济风险主要是项目在经济活动中由于市场供求关系、利率、汇率、物价等市场经济因素的不利变化而受到损失，以及项目设计、施工、组织和管理等方面的失误所引发的各种经济损失。项目经济风险的种类多、成因复杂，一旦发生并转化成现实，在造成财产损失、工程停滞等基础上，往往会影响项目所在区域的发展和群众的利益，引起区域社会不稳定。

建设项目安全风险的发生主要取决于人、物和人与物关系的协调状况。当人的不安全行为和物的不安全状态任其各自发展，就会在一定时间、空间上具备不安全的条件，从而产生安全风险，甚至发生安全风险事故。项目安全风险就其危害的性质来看，可分为显性和隐性两种：项目安全风险中显性的危害是指给人类社会的生命财产所造成的直接损失，如人员伤亡、设施损害、资金流失等；项目安全风险中隐性的危害是以长期的、潜在的，多以非实体形式表现出来的，如对社会秩序、公共安全的破坏和损害等。项目安全风险就其危害表现方式来看，可分为浅层和深层两种，如当众多的显性风险达到一定程度以后，就有可能转换成深层的隐性风险，成为影响社会稳定的因素之一。①

需要说明的是，一些建设项目的内部风险与导致的外部风险具有扩张性、长期性、潜在性的特点。如环境风险、生态风险等，其固有的本质属性使风险的产生与危害后果显现之间的间隔时间长，承受风险后果的人可能不只是当代人。同时一些风险导致的危害具有长时间的潜在性，危害范围具有扩张性。这些特点使得一些区域的社会不稳定状况也具有长期性。

四　建设项目社会稳定风险的两个主要因素

项目风险导致社会稳定风险分析的前提是项目所在区域有人的社会存在，而且要分析这种人的社会的规模和特征。同时项目风险导致社会稳定风险的一个主要因素是项目活动程度的大小与性质。

（一）建设项目规模性质程度因素分析

建设项目是不断进行的一系列不同规模不同类型的活动，包括各种工程建设，及建成后的使用等。建设项目规模大、性质复杂、活动程度大，项目存在的风险因素种类就越多。项目规模越大所需的人财物就越多，项目活动的力度与频度也就越大，项目受到的影响也越大。另一方面，建设项目的建设与使用的性质越复杂，项目内部的风险因素活动程度就越大，对项目自身各项活动正常开展的影响也就越大，如一些工业型、污染型项目等。同时，项目建设与使用的活动质量越低，对项目内部与项目外界产生的负影响越大，导致项目出现的风险因素就越多，可能产生的风险事故损失也就越大。建设项目风险程度主要与项目规模的大小、项目性质的体现和项目活动的程度有关。重大建设项目、重点建设项目一般都具有规模大、工程活动大等特点，所以存在的不确定性风险因素多，如发生风险事故，对于项目内部和外部造成的损失也越大。重大建设项目、重点建设项目在风险管理中出现问题，使得项目自我调整能力趋弱，出现风险的可能性加大，也使得项目相关区域社会与自然的脆弱性变得显著，从而严重影响项目本身的建设和使用，严重影响项目所在区域的社会、经济和自然环境，产生社会稳定风险，甚至产生社会问题，发生社会冲突。

---

① 张景林、林柏泉：《安全学原理》，中国劳动社会保障出版社2007年版，第17页。

不同类别的建设项目在其建设期基本是开展土木工程与设备安装工程等工作,而在项目建成投入使用后,不同类别的建设项目将以发挥各自项目类别性质的功能来开展工作。项目建成投入使用后,污染型工业项目在其生产产品过程中,原材料、生产过程、废料的管理处理不当,易形成环境风险,发生对项目内外的环境污染,严重的环境污染成为环境风险事故,造成社会不稳定。项目投入使用后发生环境风险事故以及其他风险事故,造成社会不稳定的实例不少。而在建设项目前期决策工作中的相关工作偏重于项目的建设评价,偏轻于项目建成后的使用评价,所以应高度重视建设项目活动程度因素风险,特别是不同类别的项目在使用中的活动性质程度因素的分析。

(二) 人口密度与人群聚集程度因素分析

建设项目所在的相关区域,特别是直接影响区域人口密度与人群聚集程度的不同,项目建设期和使用期产生社会稳定风险的可能性也不同,发生社会稳定风险事件与导致的损失也不同。社会是由人组成的,在没有人的区域里,就不存在人的社会,直接的项目社会稳定风险是不存在的。建设项目处在一个人口密度与人群聚集程度比较低的区域内,项目有可能产生自身的风险,但是这些风险导致产生社会稳定风险的可能性相对比较低;如果建设项目处在人口密度与人群聚集程度比较高的区域内,项目自身的风险因素导致产生社会稳定风险的可能性就比较高。区域人口密度与人群聚集程度越高,项目可能造成的社会稳定风险的概率就越大。同时,建设项目的建设和使用均有可能对自然环境产生影响,对自然环境产生的影响有可能产生环境与生态风险或发生风险事故。如果项目区域内的人口密度与人群聚集程度比较低,由这种自然风险导致产生的社会稳定风险的可能性会相对比较低;但如果项目区域内的人口密度与人群聚集程度比较高,由这种自然风险导致产生的社会稳定风险的可能性就比较高。

五 建设项目社会稳定风险发生环节

建设项目社会稳定风险是指项目在建设和使用过程中,存在着对社会环境与当地民众影响面大、持续时间长、容易产生较大的社会矛盾,导致出现较大社会冲突的不确定性。建设项目社会稳定风险在建设项目实施中可能发生在以下环节:

(1) 项目选址和征地、拆迁、再安置情况；

(2) 各种各类补偿情况，失地、失房、失业民众生活和工作保障情况；

(3) 对环境、生态、景观影响情况；

(4) 各项资金（专项资金）的组织、使用和管理情况；

(5) 工程建设管理以及项目使用运营情况；

(6) 项目所在地社会治安秩序情况和群众信访情况；

(7) 项目所涉及的各类组织、风俗、历史等地域因素情况；

(8) 项目建设可能出现的其他不稳定因素；

(9) 项目使用可能出现的其他不稳定因素。

(10) 其他不稳定因素。

在项目建设前期、建设期和使用期，上述可能发生社会稳定风险的各个工作环节稍有不慎就会引发甚至激化社会矛盾，特别是重大的征地项目、开发项目、污染型项目、与周边关系比较复杂的项目等。所以对涉及群众切身利益，影响面广，容易引起社会问题的项目，其各项工作的决策和各项工作环节的开展都要高度重视，充分进行合理性、可行性和安全性评估，把项目建设和社会、自然承受力有机地统一起来，把建设项目社会稳定风险降至最低。

第四节 建设项目全过程社会稳定风险评估分析

建设项目全过程风险管理是一个系统工程。建设项目各期各阶段都可能产生风险，都要求做好风险管理，建设项目社会稳定风险评估应贯穿项目全过程。不可认为对项目建设前期的社会稳定风险评估就是对建设项目社会稳定风险的管理。规范建设项目社会稳定风险评估工作，对于促进建设项目科学决策、民主决策、依法决策，防止和减少建设项目风险事故，预防和化解项目社会稳定风险和社会矛盾具有重要的意义和作用。

一 建设项目社会稳定风险管理存在的问题

（一）项目建设前期社会稳定风险管理不全面

项目建设前期的社会稳定风险管理工作存在一些问题：一是建设前期

社会稳定风险管理工作的规划指导比较薄弱，社会稳定风险评估工作要求操作性不强；二是对于建设项目建设期和使用期的社会稳定风险分析、评估和管理工作缺乏指导要求，在整个建设项目中缺乏对单个工程项目社会稳定风险管理的具体指导；三是建设项目全过程各期各阶段的社会稳定风险分析和评估的技术方法和有效性还需加强。

（二）项目建设期缺乏社会稳定风险管理

项目建设期是项目各种风险产生的主要阶段，也是产生社会稳定风险的关键时期。虽然要求在项目建设前期进行项目建设期的社会稳定风险评估并提出了要求，但在项目建设期缺乏对实际出现的社会稳定风险的管理控制，缺乏相应的社会稳定风险管理制度与机制，对社会稳定风险的预测与社会稳定风险的发生，以及风险管理工作的认识和作用存在误区，社会稳定风险管理的全面性、有效性和管理方法还需充实完善。

（三）项目使用期的社会稳定风险管理薄弱

项目使用期也是项目各种风险产生的主要阶段，也是产生社会稳定风险的关键时期。项目使用期的社会稳定风险与项目建设期的社会稳定风险的许多特征是相同的，风险管理的要求也是一致的。项目使用期出现的社会稳定风险问题与项目建设前期的社会稳定风险评估质量和建设期的风险及风险管理工作的有效性密切相关。同时，项目使用期与项目建设期的社会稳定风险因素与特点也存在不同，加强对项目使用期的社会稳定风险管理的认识，构建和运行项目使用期风险管理工作体系是一项重要基础工作。

二 建设项目全过程社会稳定风险管理的提出

（一）建设项目全过程社会稳定风险管理概念

建设项目全过程是由项目建设前期、项目建设期、项目使用期三个阶段组成的周期。工程项目的建设前期也称为投资前阶段，工程项目的建设期也称为投资阶段，工程项目的使用期也称为生产阶段。建设项目全过程社会稳定风险管理是指从一个项目建设的申请与决策、实施与建设、使用与维护的全过程，依据相关的法规和政策，在建设项目所涉及的自然和社会的全领域，为达到减少风险、减轻风险损失而开展的计划、组织、协调和控制的风险管理体系。[①]

（二）建设项目全过程社会稳定风险管理目的

建设项目全过程社会稳定风险管理的目的是通过对项目进行全过程、全方位、全领域的风险管理，有效、全面地控制由于各种风险因素造成的社会稳定风险，实现建设项目社会效益、环境效益、经济效益的和谐统一，使建设项目达到社会、自然与经济的和谐稳定。

（三）建设项目全过程社会稳定风险管理目标

建设项目社会稳定风险管理目标是采用最低合理可行原则，把社会稳定风险降低到尽可能低的水平，防止出现超过最大可接受的风险。建设项目社会稳定风险水平分为最大可接受水平和可忽略水平，两者之间为最低合理可接受水平区。最大可接受水平是不可接受风险的下限，可忽略水平是指进一步控制风险的代价可能超过所减小的风险的利益的风险水平。

（四）建设项目全过程社会稳定风险管理特点

建设项目社会稳定风险管理具有综合性、区域性、社会性和全程性的特点。全程性是项目风险管理的一个显著特点。社会稳定风险管理的全程性主要体现在三个方面：一是社会稳定风险管理工作的全程性，主要体现在建设项目各期各阶段都应明确相同的风险管理目标和体现全程性的风险管理工作的要求。建设项目各期各阶段均应开展社会稳定风险管理工作；二是建设项目各期各阶段之间的社会稳定风险管理工作有着必然的、有机的紧密联系，每一期每一阶段风险的出现不但对本期、本阶段的各方面造成损失，也会对下一期下一阶段的工作造成影响，所以要加强项目全过程风险管理；三是风险管理重要的是决策者、管理者要形成全过程社会稳定风险管理的思想，使各部门之间的风险管理工作处于一种协调合作、群防群控的局面，实现项目全程社会稳定风险管理的目的。

（五）建设项目全过程社会稳定风险管理手段

建设项目全过程社会稳定风险管理的手段有法规手段、社会手段、行政手段、技术手段、经济手段和教育手段六个基本手段。这些手段在项目全过程风险管理中的综合的运用，所体现出来的协调、监督和管理的作用

[①] 董小林：《关于重大建设项目社会稳定风险评估的几个问题》，《社会科学家》2018年第1期，第98—104页。

是非常重要的。

三 建设项目全过程社会稳定风险管理的落实

对应于不同时期、不同阶段，建设项目风险有其具体的表现形式和内容，风险管理就应有不同的要求，建设项目社会稳定风险评估工作也要有所侧重。加强建设项目社会稳定风险管理是建设项目全过程管理的重要部分，应明确纳入项目建设程序中。项目建设前期的社会稳定风险管理评估工作很重要，加强项目建设期的社会稳定风险管理工作也很重要，开展项目使用期的社会稳定风险评估和管理同样很重要。

建设项目社会稳定风险评估和风险管理应重视项目三个时期的评估和管理工作，即项目建设前期风险预测分析和评估预控、项目建设期和项目运营使用期各种风险的实际管控与风险处理等，如图 3-4 所示。

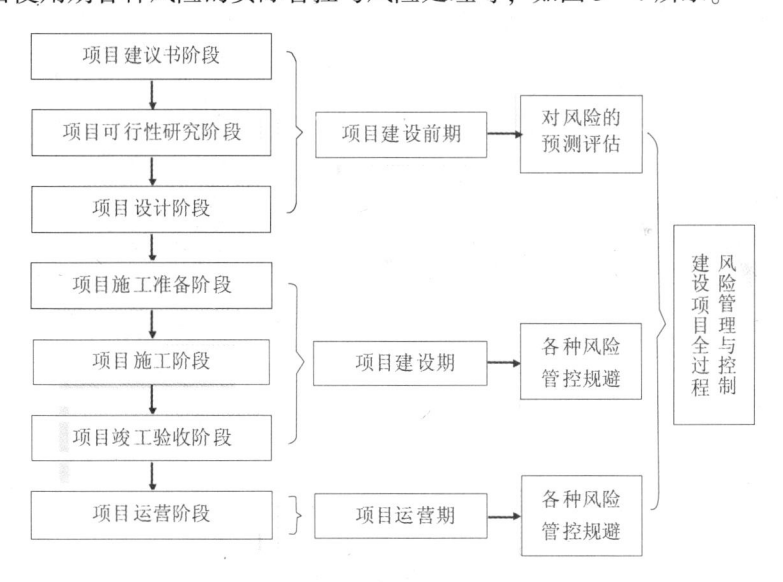

图 3-4 建设项目全过程风险管理与控制

加强建设项目全过程社会稳定风险管理的一个重要工作是开展建设项目社会稳定风险后评估。通过项目社会稳定风险管理的后评估可以对建成项目社会稳定风险评估管理的目的、执行过程、社会效益、环境效益等进行检查评估；对项目建设期各种风险发生的情况和风险管理工作进行后评估，以确定建设项目的实施是否符合预期目标；通过客观的、系统的分析来评价项目社会稳定风险评估结论的准确性和可靠性，分析实际情况与预测结论的差异以及产生这些差异的原因，总结成功的经验和失败的教训，为以后项目社会稳定风险管理的预测和决策工作提供依据。[①] 建设项目社会稳定风险后评估是加强建设项目风险延伸管理的一个重要内容，需要在规定的时间和要求下开展风险后评估工作。

[①] 董小林：《公路建设项目环境后评估》，人民交通出版社2004年版，第18—19页。

第四章 建设项目社会稳定风险评估要求与基础工作

开展建设项目社会稳定风险评估应遵循评估的基本要求，做好风险评估工作首先要做好相关基础工作。要严格贯彻执行国家、行业和地方与之相关的法规、政策，明确建设项目社会稳定评估的目的、作用、原则、规则。认真分析在建设项目实施中可能发生社会稳定风险的环节，准确把握建设项目社会稳定风险评估的要点和具体的工作内容，把项目自身的风险分析与项目所在区域的社会稳定风险紧密有机地结合起来，按照科学有效的风险评估工作程序，依法、民主、规范地保障建设项目社会稳定评估工作有序开展。

第一节 建设项目社会稳定风险评估要求

开展建设项目社会稳定评估，对于促进建设项目的科学决策、依法决策、民主决策，预防和化解社会矛盾具有重要意义。开展建设项目社会稳定评估，必须从实际出发、应评尽评、全面客观、查访并重、统筹兼顾。明确项目社会稳定评估的目的、作用、原则、规则等，做好项目社会稳定评估的基础工作，保证评估取得实效。

一 建设项目社会稳定风险评估目的

对建设项目社会稳定风险进行评估已成为项目评估的一项重要内容。特别是对重大项目，更是强调在进行项目环境影响评估时，应进行充分的项目社会稳定风险评估，这对于建设项目的顺利实施和协调发展非常重要。

建设项目社会稳定风险评估工作的目的是全面分析和预测建设项目在其建设前期、建设期和使用期的全过程各阶段可能存在的潜在风险，全面分析和预测建设项目在其全过程各阶段可能发生的各种风险事故，全面分析和预测存在的风险和可能的风险事故对社会稳定的影响程度，进而针对不同的风险状况采取科学、有效、合理、可行的防范措施，达到防止和减少拟建项目可能带来的不利影响的目的。加强建设项目的风险管理，减少或规避建设项目风险和项目对其所在区域社会稳定的不利影响，促进建设项目管理目标的实现，努力实现社会效益、经济效益和环境效益的统一，促进建设项目和建设项目所在区域社会经济持续、稳定、协调发展。

二　建设项目社会稳定风险评估作用

（一）项目社会稳定风险评估是建设项目的一项重要的基础性工作

建设项目建设前期工作的任务是解决建设项目的立项、决策和设计等问题，是建设程序中的一个基础的重要环节。建设项目社会稳定风险评估是建设前期工作的一项重要内容，也是整个建设项目评估工作的主要组成部分。因此，做好建设项目社会稳定风险评估工作是建设项目的一项重要的基础工作。

（二）项目社会稳定风险评估工作是指导建设项目实施的重要依据

建设项目社会稳定风险评估的工作和评估结论是指导项目实施的一项重要依据。按照项目社会稳定风险评估报告的要求，在项目实施过程中不断进行识别分析、检查诊断和评估改进。建设项目社会稳定风险评估指导督促项目各方坚持实事求是的科学态度，掌握科学实用的评估方法，认真踏实地开展各项工作，提高建设项目管理的科学化水平，使建设项目的实施状态保持正常化，使建设项目及项目所在区域社会状况稳定或进一步得到改善，从而提高建设项目社会稳定风险评估工作的有效性和工作质量。

（三）项目社会稳定风险评估工作是促进项目决策科学化水平的重要保障

建设项目的社会稳定风险评估工作与建设项目的可行性研究工作和环境影响评估工作基本同步进行，都是建设项目建设前期的重要基础工作，对于指导项目的建设和使用具有重要作用。但是项目社会稳定风险评估工作与项目实际的情况不可能完全吻合，如：社会稳定风险评估报告中没有评估或没有重点评估到的一些风险问题可能在实际中出现，项目社会稳定风险评估报告中预测评估的一些风险问题却可能没有出现，稳评报告中的方案与实际情况出现差距等。因此，要不断总结经验教训，不断提高建设项目社会稳定风险评估工作的科学化水平。同时建设项目的社会稳定风险评估应从项目立项扩展到项目实施的全过程，充分发挥建设项目社会稳定风险评估工作的作用，促进项目决策科学化水平的提高。

三　建设项目社会稳定风险评估原则

（一）实事求是、客观公正的原则

建设项目社会稳定风险评估是对项目建设前期、建设期和使用期的风险进行评估分析，其基础是对项目本身存在风险和可能对项目所在区域产生的社会稳定风险进行评估。因此，建设项目社会稳定风险评估必须做到实事求是、客观公正，这就要求风险评估主体以科学的态度和方法，对项目风险做出科学的分析和预测，做出客观公正的评估。在项目建设前期，根据拟建项目的实际情况，重点围绕拟建项目建设实施的合法性、合理性、可行性、可控性、程序性进行评估论证，使得项目建设前期的社会稳定风险评估的预测结论符合实际，具有较强的指导意义，有利于项目建设期和使用期风险管理工作的正常开展。由于项目建设前期的社会稳定风险评估的许多工作是对项目未来的预测，所以在项目建设期和使用期要加强风险管理，对实际出现的风险及风险事故，更是要强调以确切的事实、真实的数据、公众的反映、科学的方法进行客观的跟踪评估。

（二）遵循规范、科学实用的原则

建设项目社会稳定风险评估工作是一项严肃的工作，必须认真贯彻执行国家、行业和地方的法律、法规、政策、规定、标准和规范等，必须认真依据项目已有的相关技术材料，以及相关的社会、经济、公众参与等资料开展评估工作。在评估工作中避免主观随意性，强调规范化，一丝不苟地按要求开展各项工作。评估主体在社会稳定风险评估各项具体工作中，既要力求真实可靠，也要科学实用。社会稳定风险评估的工作程序、评估方法等各方面，要充分运用已有资料，开展实际调研、现场踏勘、调查采样、数据处理、分析验证、提出结论等工作，并与理论分析相结合，注重社会稳定风险评估方法的实用性。

（三）把握全局、突出重点的原则

建设项目社会稳定风险评估实质上是对项目的全过程进行风险评估，所以要把握全局，坚持对项目建设前期、建设期和使用期的风险状况进行全过程的分析与评估的原则，将社会稳定风险评估视为项目评估体系中一个系统工程。在把握全局的基础上，项目社会稳定风险评估要突出重点，不能泛泛而评，要根据项目不同阶段具体情况，做到有的放矢，分清主次，分清轻重。应从三个方面突出重点：一是根据需要开展社会稳定风险评估的建设项目的性质特点，以及项目所在区域社会、经济、环境等条件，认真进行风险因素识别，合理确定重点评估内容和评估因素；二是把建设项目自身可能产生的重点风险，及其可能导致项目所在区域的社会稳定风险作为重点评估内容；三是重视项目使用期可能产生的主要风险的管理。

四　建设项目社会稳定风险评估规则

（一）项目的不同主体有各自的评估规则

虽然项目的各个主体有着共同实现的项目目标，但围绕着整个项目的不同主体有各自的工作要求、职责规范，政府部门、建设单位、施工企业、监理单位等项目的不同主体就同一个项目发挥着各自的作用。在建设项目社会稳定风险评估和风险管理工作中，不同的项目主体可能有着不同的项目风险管理具体目标，但项目风险管理的主要目标是一致的。所以项目的不同主体以各自的规则来规范工作，从多方面、多角度保证工程项目风险管理目标的实现。

（二）建设项目风险评估的两个层次

项目风险的概念总是和概率的概念相关，因此将百分之百实现项目风险管理目标作为风险评估的标准是不客观的。工程项目风险评估可分为计划风险管理水平和实际风险管理水平两个层次，这两个层次不完全是对应的。计划风险管理水平是在项目建设前期分析评估项目风险的水平，这个水平是结合项目与其所在区域的特点并根据已有的经验预测得到的，并认为是合理的水平；实际风险管理水平是在项目实施中具体分析评估的项目风险水平，实际风险管理要按照计划风险管理的方案实施并及时进行必要的修订和充实。计划风险管理是风险管理的基础，其管理水平总体是在项目实施中的可接受风险管理水平。建设项目风险评估的两个层次都要兼顾，项目风险管理目标才能够实现。

(三) 不同类别建设项目应有各自的风险评估规范

建设项目是由不同类别项目组成的，不同类别建设项目有建设项目的共同特点，也具有各自的特点与性质。建设目标是多样的，因而它的评估规范就不是唯一的，包括风险评估的内容、重点，以及评估指标的确定等都要紧密结合不同项目的特点制定评估规范。如对工业项目、交通项目、水利项目等建设项目进行项目社会稳定风险评估，既要符合建设项目社会稳定风险评估的总体要求和评估规范，也要遵循工业项目、交通项目、水利项目等不同类别项目的评估规范，使得项目社会稳定风险的评估更加科学规范、实事求是。

第二节 建设项目社会稳定风险评估工作所需资料

建设项目在其建设前期、建设期、使用期等各个时期及各个阶段都应严格贯彻执行国家、行业和地方与之相关的法规、政策。这些法规、政策、技术导则等是做好建设项目社会稳定风险评估工作重要的必备基础依据，其贯彻执行的情况也是对建设项目风险管理工作各项考核的依据。建设项目社会稳定风险评估要认真依据有关经济、社会、环保等法规、政策、文件、规定，以及技术规范、规程、标准等开展评估工作，以增强评估工作的科学性、客观性和完整性。

一 建设项目社会稳定风险评估遵循的主要法规与政策

(一)《中华人民共和国环境保护法》(2015年1月1日起施行)

《中华人民共和国环境保护法》于1989年12月26日第七届全国人民代表大会常务委员会会议通过，2014年4月24日第十二届全国人民代表大会常务委员会第八次会议修订，2015年1月1日起施行。环境保护法是为保护和改善生活环境与生态环境，防治污染和其他公害，保障人体健康，促进社会主义现代化建设的发展的法律。环境保护法及其各环境保护单项法规是评估、防范管控环境风险应遵循的依据。

(二)《中华人民共和国安全生产法》(2014年12月1日起施行)

《中华人民共和国安全生产法》由第九届全国人民代表大会常务委员会第二十八次会议于2002年6月29日通过公布，2014年8月31日第十二届全国人民代表大会常务委员会第十次会议修订，2014年12月1日起施行。安全生产法是为了加强安全生产工作，防止和减少安全生产事故，保障人民群众生命和财产安全，促进经济社会持续健康发展的法律。安全生产法与其配套的规章制度是评估、防范管控建设项目安全风险因素的依据。

(三)《中华人民共和国土地管理法》(2004年8月28日起施行)

《中华人民共和国土地管理法》于1986年6月25日第六届全国人民代表大会常务委员会第十六次会议通过，2004年8月28日第十届全国人民代表大会常务委员会第十一次会议修订，自修订公布之日起施行。土地管理法是为了加强土地管理，维护土地的社会主义公有制，保护、开发土地资源，合理利用土地，切实保护耕地，促进社会经济的可持续发展而制定的法律。土地管理法与其配套的条例、规章等是建设项目前期各项决策工作的重要依据，是评估项目相关风险以及处理风险因素的重要依据。

(四)《中华人民共和国物权法》(2007年10月1日起施行)

《中华人民共和国物权法》于2007年3月16日第十届全国人民代表大会第五次会议通过，自2007年10月1日起施行。物权法是为了维护国家基本经济制度，维护社会主义市场经济秩序，明确物的归属，发挥物的效用，保护权利人的物权，根据宪法制定的法律。物权法是评估、管理、处理建设项目内部及项目所在区域社会相关风险因素的重要依据。

(五)《中华人民共和国突发事件应对法》(2007年11月1日起施行)

《中华人民共和国突发事件应对法》由中华人民共和国第十届全国人民代表大会常务委员会第二十九次会议于2007年8月30日通过，自2007年11月1日起施行。突发事件应对法是为了预防和减少突发事件的发生，控制、减轻和消除突发事件引起的严重社会危害，规范突发事件应对活动，保护人民生命财产安全，维护国家安全、公共安全、环境安全和社会秩序的法律。该法律是评估、防范管控、处理建设项目内部突发风险事故，以及项目所在地面临的社会风险因素的重要依据。

(六)《中华人民共和国城乡规划法》(2015年4月24日起施行)

《中华人民共和国城乡规划法》于2007年10月28日第十届全国人民代表大会常务委员会第三十次会议通过,自2008年1月1日起施行,2015年4月24日第十二届全国人民代表大会常务委员会第十四次会议进行了修正。城乡规划法是为了加强城乡规划管理,协调城乡空间布局,改善人居环境,促进城乡经济社会全面协调可持续发展的法律。城乡规划法是建设项目进行整体规划及相关风险因素评估的重要依据。

(七)《中华人民共和国水土保持法》(2011年3月1日起施行)

《中华人民共和国水土保持法》由中华人民共和国第七届全国人民代表大会常务委员会第二十次会议于1991年6月29日通过,自公布之日起施行。第十一届全国人大常委会第十八次会议于2010年12月25日修订通过水土保持法,自2011年3月1日起施行。水土保持法是预防和治理水土流失,保护和合理利用水土资源,减轻水、旱、风沙灾害,改善生态环境,保障经济社会可持续发展的法律。水土保持法与水土保持法实施条例等是评估、防范、管控建设项目影响而产生的水土流失等自然风险因素的重要依据。

(八)《中华人民共和国文物保护法》(2017年11月4日起施行)

《中华人民共和国文物保护法》由第五届全国人民代表大会常务委员会第二十五次会议于1982年11月19日通过,自1982年11月19日起施行。2017年11月4日第十二届全国人民代表大会常务委员会第三十次会议对文物保护法进行了修订。文物保护法是为了加强对文物的保护,继承中华民族优秀的历史文化遗产,促进科学研究工作,进行爱国主义和革命传统教育,建设社会主义精神文明和物质文明的法律。文物保护法是评估、防范和管控建设项目社会风险因素的重要依据。

(九)《中华人民共和国环境影响评价法》(2016年9月1日施行)

《中华人民共和国环境影响评价法》由第九届全国人民代表大会常务委员会第三十次会议于2002年10月28日通过,2016年7月2日第十二届全国人民代表大会常务委员会第二十一次会议修订。环境影响评价法是实施可持续发展战略,预防因规划和建设项目实施后对环境造成不良影响,促进经济、社会和环境的协调发展的法律,也是建设项目在进行项目社会稳定影响评估时,评估项目对其所在地产生自然环境风险与社会环境风险因素的重要依据。

（十）《中华人民共和国公路法》（2017年11月5日起施行）

《中华人民共和国公路法》于1997年7月3日第八届全国人民代表大会常务委员会第二十六次会议通过，2017年11月4日第十二届全国人民代表大会常务委员会第三十次会议进行了第五次修正。公路法是为了加强公路的建设和管理，促进公路事业的发展，适应社会主义现代化建设和人民生活的需要制定的法律。公路法及其相关配套文件是公路建设项目应对相关风险、开展风险评估与管理工作的重要依据。

（十一）《国有土地上房屋征收与补偿条例》（2011年1月21日起施行）

《国有土地上房屋征收与补偿条例》是经2011年1月19日国务院第141次常务会议通过，2011年1月21日开始施行。该条例分别对适用范围、征收程序、征收补偿、关于非因公共利益的需要实施的拆迁等问题予以了明确规定。该条例是评估、管理和处理建设项目前期与建设施工准备阶段相关风险因素的依据。

（十二）《国家突发公共事件总体应急预案》（2006年1月8日起施行）

《国家突发公共事件总体应急预案》是2005年1月26日由国务院第79次常务会议通过，2006年1月8日发布并施行。应急预案明确了各类突发公共事件分级分类和预案框架体系，规定了国务院应对特别重大突发公共事件的组织体系、工作机制等内容，是指导、预防和处置各类突发公共事件的规范性文件，也是防范、管控、处理建设项目社会稳定风险及相关因素的重要依据。

（十三）《地质灾害防治条例》（2004年3月1日起施行）

《地质灾害防治条例》于2003年11月19日国务院第29次常务会议通过，自2004年3月1日起施行。地质灾害防治条例是为了防治地质灾害，避免和减轻地质灾害造成的损失，维护人民生命和财产安全，促进经济和社会的可持续发展的法规条例。该条例是建设项目实施过程中预防处理突发的地质灾害事件的指导性文件。

（十四）《国家重点建设项目管理办法》（2011年1月8日起施行）

《国家重点建设项目管理办法》于1996年6月3日由国务院批准，

1996年6月14日国家计划委员会发布，2011年1月8日由国务院组织修订。该办法是加强国家重点建设项目的管理，保证国家重点建设项目的工程质量和按期竣工，提高投资效益，促进国民经济持续、健康、高质量的发展，评估与防范管控建设项目全过程风险因素的依据。

（十五）《建设工程质量管理条例》（279号令）（2000年1月10日起施行）

《建设工程质量管理条例》于2000年1月10日国务院第25次常务会议通过，自发布之日起施行。该条例是为了加强对建设工程质量的管理，保证建设工程质量，保护人民生命和财产安全，根据《中华人民共和国建筑法》制定。该条例是对建设项目自身风险评估、防范与管控的依据。

（十六）《建设项目环境保护管理条例》（2017年10月1日起施行）

《建设项目环境保护管理条例》于1998年11月18日国务院第10次常务会议通过，1998年11月29日发布施行，2017年8月1日国务院以国务院第682号令公布了《国务院关于修改〈建设项目环境保护管理条例〉的决定》，并于2017年10月1日起施行。该条例是由国务院颁布的关于建设项目环境保护方面的法律，目的是为了防止建设项目产生新的污染、破坏生态环境。该条例是对建设项目环境风险进行评估、防范与管控环境风险的依据。

（十七）《国家发展改革委关于印发国家发展改革委重大固定资产投资项目社会稳定风险评估暂行办法》的通知（发改投资〔2012〕2492号）

为建立和规范重大固定资产投资项目社会稳定风险评估机制，国家发展改革委于2012年8月16日印发了《国家发展改革委重大固定资产投资项目社会稳定风险评估暂行办法》的通知（发改投资〔2012〕2492号）。该文件是建设项目社会稳定评估工作的依据。

（十八）《国家发展改革委办公厅关于印发重大固定资产投资项目社会稳定风险分析篇章和评估报告编制大纲（试行）》的通知（发改办投资〔2013〕428号）

针对2012年发改委发行的《国家发展改革委重大固定资产投资项目社会稳定风险评估暂行办法》，暂行办法对建设项目社会稳定风险风险分析评估工作提出了要求，国家发改委于2013年2月17日印发该文件，是建设项目社会稳定风险评估报告编写和开展报告评估的依据。

（十九）《交通建设项目环境保护管理办法》（2003年6月1日起施行）

《交通建设项目环境保护管理办法》是中华人民共和国交通部为加强交通建设项目环境保护管理，预防交通建设项目对环境造成不良影响，促进交通事业可持续发展而制定的办法，2003年6月1日起施行，是交通建设项目环境因素风险评估、防范与管控的依据。

（二十）公路设计等相关规范

公路设计规范明确了各级公路的功能和相应的技术指标，体现了公路工程建设中安全、环保以及以人为本的指导思想和建设理念，对加快我国公路建设步伐，促进公路交通事业健康、协调、持续发展，具有重要的指导作用。公路设计规范是公路建设项目风险评估、防范与管控的重要依据。

（二十一）现行的不同行业风险相关工作评价导则

不同风险评价导则，如《建设项目环境风险评价技术导则》等。其他有关建设项目风险分析和评价的标准、规范等，是各类建设项目社会稳定风险分析评估、防范与管控应参照遵循的依据。

二 建设项目社会稳定风险评估依据的主要资料

建设项目社会稳定风险评估依据包括：相关法律法规、政策，以及技术规范、规程、标准等，也包括项目所在区域社会经济发展规划及其他相关规划，项目单位提供的拟建项目基本情况，项目风险分析评估所需的其他资料依据，以及项目单位的委托合同等。

（一）工程可行性研究报告。包括工程图表，以及重点工程位置示意图（如立交，长隧道和大型人工构造物等）资料。需要说明的是，工程可行性研究报告是编制项目社会稳定风险评估报告的主要依据之一，所以项目社会稳定风险评估工作应在项目可行性研究工作结束后进行，以保证社会稳定风险评估主要论据的完整性和可靠性。

（二）项目环境影响评价报告。项目环境影响评价报告也是项目重要的技术文件，是编制项目社会稳定风险评估报告的主要依据之一。项目环境影响评价是在工程可行性研究报告相关工作完成后开展的一项重要的前期工作。项目社会稳定风险评估工作也应在项目环境影响评价工作完成后进行,以保证社会稳定风险评估主要论据的完整性和可靠性。

(三)行政区划图等。包括:1∶10万行政区划图,省、区、市、县、乡行政机构及其范围划分界限清楚;1∶1万地形图,可详细表示地表上居民地、道路、水系、境界、土质、植被等基本地理要素。通过行政区划图及地形图,可以更加客观地了解建设项目及其所在区域情况,为项目社会稳定风险评估提供依据。

(四)评估影响区域内各级政府近五年(特别是近三年)的社会与经济统计资料。这些资料一般记载于"国民经济与社会发展统计公报","统计年鉴""地方志"中,有些资料需要进行专门收集。通过对相关资料的收集,可以进一步对近年来项目所在区域社会经济等指标的变化情况及变化趋势进行统计分析,其结果作为进行社会稳定评估的论据之一。

(五)国家、地方、评估影响区域内各级政府国民经济和社会发展五年规划和中长期发展规划资料,以及具体的各类开发区和规划区资料等。了解项目影响区域内发展规划资料,可以了解该区域内社会经济发展的脉络,从而在进行项目社会稳定影响评估时更好地评价该建设项目与当地经济发展的协调性,提高社会稳定分析评估的全面性。

(六)项目所在区域内的农业、工业的主要产品、产量,以及矿产、其他资源的位置图等资料。了解该区域工、农、矿产业资料,可以更加全面地分析拟建项目对区域经济稳定造成的风险情况或促进情况,增强社会稳定风险评估的客观性。

(七)项目所在区域内进出口贸易情况等资料。了解该区域内的进出口贸易情况,可以进一步分析拟建项目对该区域经济产生的促进因素或社会风险影响,提高社会稳定风险评估的客观性。

(八)项目所在区域内的运输条件,运输力量状况,可提供给社会营运的运输条件,运输力量等资料。一个地区的运输能力对建设项目的运行有重要影响,评价建设项目所在区域的运输能力,为建设项目建设、使用期间的物资材料输送等问题的分析提供依据,分析因运输问题产生的不稳定因素,以保证社会稳定风险评估主要论据的完整性。

(九)项目所在区域内的村庄、单位、人口、教育、医疗卫生及其他社会服务行业等方面的资料,包括名称、性质、所在地等。通过项目所在区域社会因素进行评价分析，了解当地社会服务的水平及状态，为分析拟建项目在此方面的促进作用或不利作用提供依据，是建设项目社会稳定风险评估的重要内容。

（十）项目所在区域内（特别是直接影响区域内）的主要种植、养殖等方面的经济资料，包括种类、数量、品质、收入等资料。建设项目社会稳定风险评估需要评价项目影响区域内农业结构因素，对经济资料的分析以确定项目可能产生的风险因素。

（十一）项目所在区域内（特别是直接影响区域内）的住宅、民用与工业建筑的类别、结构、数量、面积、新旧程度等。建设项目社会稳定风险评估需要对建设项目所在区域内已有的项目和固定资产进行分析，为项目社会稳定风险评估的风险因素确定提供依据。

（十二）项目所在区域内文物古迹，名胜景点，以及可供旅游的设施资料等。建设项目社会稳定风险评估要考虑到建设项目所在区域的文化结构，这些资料是文化结构因素分析和社会风险评估的依据。

（十三）项目所在区域的其他基础设施资料。建设项目社会稳定风险评估要考虑当地现有的基础设施建设，基础设施建设是区域发展的重要建设工作，对建设项目所在区域的基础设施建设资料的调查了解，为拟建项目所在区域社会风险因素分析提供依据。

（十四）可行性研究与环境影响评价中有关公众参与的资料。包括建设项目所在区域民众的意见建议，各类单位与各级政府意见建议等资料。建设项目社会稳定风险评估要考虑到建设项目影响范围内的群众，通过项目各类公众参与调查资料，可以分析项目潜在的群体性矛盾，再通过进一步的调查，找出对应的确切的不稳定因素。

（十五）项目前置审批文件情况。项目可行性研究报告、环境影响评估等技术文件和审批意见。签约的委托合同、评估大纲及审查意见等。

第三节　建设项目社会稳定风险评估内容与要求

建设项目尤其是重大建设项目社会稳定风险在其建设前期、建设期和使用期的全过程中，都存在着对社会民众影响面大、持续时间长、容易导致较大社会冲突的可能性。所以在项目社会稳定风险评估工作中要认真分析社会稳定风险在建设项目实施中可能发生的环节，确定在建设项目全过程各阶段社会稳定风险评估的要点和工作内容，并融进风险调查、风险识别、风险评估、风险防范和风险化解措施中。

一　建设项目社会稳定风险评估环节

建设项目社会稳定风险在建设项目实施中可能发生在以下环节：

（一）项目选址和征地、拆迁、再安置情况；

（二）各种各类补偿情况，失地、失房、失业民众生活和工作保障情况；

（三）对环境、生态、景观影响情况；

（四）各项资金（专项资金）的组织、使用和管理情况；

（五）工程建设管理以及项目使用运营情况；

（六）项目所在地社会治安秩序情况和群众信访情况；

（七）项目所涉及的各类组织、风俗、历史等地域因素情况；

（八）项目建设环节可能出现的其他社会问题与不稳定因素；

（九）项目运营环节可能出现的其他社会问题与不稳定因素。

在项目建设前期和建设期，上述可能发生社会稳定风险的各个工作环节稍有不慎就会引发甚至激化社会矛盾，特别是重大的征地项目、开发项目、污染型项目、与周边关系比较复杂的项目等。所以对涉及群众切身利益、影响面广、容易引起社会问题的项目，其各项工作的决策和开展都要高度重视，充分进行合理性、可行性和安全性评估，把项目建设和社会、自然承受力有机地统一起来，把建设项目社会稳定风险降至最低。

二　建设项目社会稳定风险评估内容

建设项目社会稳定风险评估内容广泛，同时在建设项目建设前期的项目决策工作中，确定项目全过程社会稳定风险评估的内容与评估要点具有一定的不确定性，所以在充分分析建设项目自身特点的基础上，应全面分析建设项目所在区域的基本情况，以及其他方面的情况，为确定项目社会稳定风险评估的主要内容和评估重点提供基础分析资料。项目社会稳定风险评估也应结合项目可行性研究和环境影响评价工作对建设项目可能产生

的各方面影响进行分析，具体包括：①②

（一）项目所在区域的社会经济环境现状分析；

（二）项目建设和使用对所在区域当前社会经济结构产生的变化分析；

（三）项目建设和使用对社会和经济发展计划和规划影响的分析；

（四）项目建设和使用对影响区域内民众生活质量、健康水平和社会服务等影响的分析；

（五）项目建设和使用对影响区域内重要文物、风景名胜、各种保护区以及旅游和文化事业影响的分析；

（六）项目建设和使用对资源开发利用影响的分析，包括对土地利用的影响；

（七）项目建设和使用对周边沿线基础设施（交通、水利、通讯、管线、电力、防洪设施等）的影响分析；

（八）项目建设和使用对分割沿线村庄、单位，阻碍民众生产、生活通行交往影响的分析，以及对植物分布、动物活动的分割影响分析；

（九）项目建设和使用对自然环境和生态保护的影响分析；

（十）项目建设和使用对其他的一些特殊方面的影响分析；

（十一）项目建设前期相关决策工作确定的项目占地、征地、拆迁、再安置、补偿等对项目所在地民众的影响分析，以及项目建设施工准备阶段实施这些工作可能遇到的各种问题的风险，预案的制定等；

（十二）公众对项目建设前期有关工作，以及项目建设和使用的意见建议分析；

（十三）其他一些特殊或具体问题的分析评估。

通过上述各方面影响内容的分析，可以在项目社会稳定风险评估中分析项目全过程中某种某类社会稳定风险可能发生的状况，确定社会稳定风险评估工作的环节和主要评估内容，为社会稳定风险调查、风险识别、风险估计、风险防范和化解措施等分析评估要点提供分析评估的基础内容。

---

① 中华人民共和国交通部：《公路建设项目环境影响评价规范》（JTGB 03-2006）。
② 董小林：《公路建设项目社会环境评价若干问题的研究》，《西安公路交通大学学报》1996年第1期，第30—34页。

三 建设项目社会稳定风险评估内容分析

在建设项目全过程中,对上述可能发生社会稳定风险的各种因素分析不充分,防范管控措施不全面,风险管理预案不可行等都有可能引发甚至激化社会矛盾,产生社会不稳定。所以对涉及群众切身利益,影响面广,容易引起社会问题的建设项目而言,其各项工作的决策和开展都要高度重视,充分进行合理性、可行性和安全性评估,把项目的建设和社会、自然承受力有机地统一起来,把项目社会稳定风险降至最低。同时还要重视建设项目使用期社会稳定风险评估。建设项目使用期内部产生的风险与其导致产生的社会稳定风险,以及发生的风险事故,有相当一部分是建设项目建设前期和建设期的问题导致的。所以建设项目社会稳定风险评估应加强项目使用期风险评估工作。

（一）建设项目建设前期对应评估内容的工作要求

要特别认识到目前建设项目社会稳定风险评估工作是在项目建设前期的决策阶段开展的工作,所以社会稳定风险评估工作是一项分析预测工作,分析预测建设项目在建设前期、建设期和使用期的各种风险,并对其进行评估,进而提出防范、应对、处理等措施预案和要求。但建设项目社会稳定风险评估工作毕竟是项目建设前期的一项工作,是否符合实际情况具有一定的不确定性。这就要求重视建设项目建设期和使用期风险管理实际情况的监控和评估,实时开展风险管理的跟踪评估,不断补充、修改、完善项目建设前期所做的社会稳定风险评估报告和相关工作方案,实现建设项目社会稳定风险的科学动态管理。同时项目建设前期也有具体的风险管理工作,如项目的选址选线、征地拆迁等工作是易产生社会稳定风险的因素。

（二）建设项目建设期对应评估内容的工作要求

建设项目建设期是通过集中大量地使用人力、物力和财力,把项目的决策变成实体项目的过程。这一阶段不但是固定资产形成时期,更重要的是它的质量、水平、效率对建设项目能否发挥应有的经济效益、社会效益和环境效益具有非常重要的意义。在建设项目建设期社会稳定风险评估工作中,要分析评估根据项目建设前期对项目的决策而进行的项目总体设计的有效性和针对性；分析评估整个建设过程中的各个环节,风险防范与管理预案的执行情况，落实情况和存在的问题；分析评估在建设项目建设阶段，项目风险产生的实际情况，以及所采取的减缓措施的有效性、合理性等。

（三）建设项目使用期对应评估内容的工作要求

建设项目使用期社会稳定风险评估工作是指该建设项目建成交付使用后进行的项目社会稳定风险评估与管理。具体包括三个方面的主要内容：一是建设项目投入使用后，分析评估项目对所在区域社会、经济和环境的实际风险影响，具体到风险影响的类别、程度和范围；二是分析建设项目投入使用后，各种风险管控措施的运行状况和实际效果；三是分析建设项目投入使用后的社会稳定风险管理状况，如项目使用的风险应急预案的建立和项目使用其风险管理制度体系的构建及运行情况等。

需要强调的是，建设项目社会稳定风险评估不是孤立的，它与项目的工程评估、经济评估、环境评估以及社会评估密切关联。在对建设项目进行社会稳定风险评估时，检验社会稳定风险评估工作是否符合事实，是否具有针对性，是否具有意义和作用，其主要体现就是建设项目的建设状况和使用状况，建设项目实际产生的经济效益、社会效益和环境效益等。所以，在建设项目社会稳定风险评估工作中，自然应全面、系统地分析项目整个过程的实际建设状况和使用状况，也有必要在项目不同时期不同阶段适时地开展建设项目风险管理后评估。

第四节 建设项目社会稳定风险评估工作等级和范围

确定建设项目社会稳定风险评估工作等级和范围是一项重要的工作，特别是风险评估工作等级和范围的确定是具体开展项目风险评估的基础工作，所以要充分考虑到不同行业、不同项目、不同地域特点的差异，具体问题具体分析，合理确定建设项目风险评估工作等级和范围，保证项目风险评估工作的可行性、有效性。

一 建设项目社会稳定风险评估工作等级确定

建设项目按照技术等级和规模程度可划分为：重大建设项目和一般建设项目。建设项目如果属于线型项目，由于其地理跨度大，项目沿线的区域通常呈现不同的自然和社会条件。因此需要按照建设项目的规模大小以及建设项目不同路段所在的不同区域的社会经济和环境条件的差异，在项目社会稳定风险评估中有针对性地具体划分评估工作等级。项目社会稳定风险发生的可能性大小，与项目所在区域居民的聚集程度的高低有很大关系，对于建设项目社会稳定风险评估工作等级的划分，需要分段综合考虑所属区域自然环境、社会经济、人群聚集和建设项目规模等因素。项目社会稳定风险评估工作的等级可按照以下定性原则进行确定：

一级评估：建设项目规模性质属于重大建设项目，面广量大、技术要求高、人员劳动强度大、风险产生的概率大、风险事故发生容易造成重大损失，甚至会给社会带来不稳定因素。项目所在区域，特别是项目直接影响区人口密度、人员聚集度高，周边自然环境条件较差、社会经济发展滞后。

二级评估：建设项目规模性质属于重大建设项目，但项目所在区域自然环境条件尚好、社会经济发展属中等水平，项目所在区域，特别是项目直接影响区人口密度、人员聚集度中等。

三级评估：建设项目规模性质属于重大建设项目，但项目所在区域自然环境和社会经济条件比较好，项目所在区域，特别是项目直接影响区人口密度、人员聚集度比较小。

对于一般建设项目，如需开展项目社会稳定风险评估工作，可参照上述建设项目的性质规模与项目所在区域社会环境与自然环境的状况，确定评估工作等级。

按照评估工作等级的划分依据，针对拟建项目及其所在区域等状况，确定评估等级。一级需进行详细评估，二级进行要点评估，三级进行简要评估。

二 建设项目社会稳定风险评估范围确定

建设项目对社会稳定的影响因其自身的特征，以及项目所在区域社会环境的状况和自然环境状况的不同而不同，所以社会稳定风险评估范围也需要根据项目和项目所处的区域特征进行确定。

在建设项目具体等级、规模、性质等确定的情况下，根据建设项目所在区域的社会环境和自然环境的特点，确定影响评估范围时，应尽可能把对社会环境可能有较大不利影响的社会功能区域和敏感区包括在内。考虑到建设项目自身所具有的风险，与对其外部社会可能带来风险的特点，参考《项目工程可行性研究》中所规定的直接影响区范围等因素，确定建设项目社会稳定风险评估一般设为四种评估范围，具体见表4-1所示。

（一）重点影响区

重点影响区包括拟建（已建）项目实际占地范围，与拟建（已建）项目周边或两侧一定范围内区域。重点影响区实际上是项目社会稳定风险最直接的影响区域。设立重点影响区是由于社会稳定风险的特殊性而确定其为社会风险评估的重点区域。重点影响区除项目实际占地范围，再取距项目实际占地边沿300米左右范围以内区域。在环境影响评价等的实际工作过程中，一般还是以某个固定距离、范围来确定评估范围的，如线性项目一般按线路两侧多少米来确定评价区域，非线性项目按红线外扩多少米确定评价区域。以公路建设项目为例说明，《公路建设项目环境影响评价规范》（JTG B03-2006）确定公路项目环境影响评价范围，一般取项目两侧200米作为直接影响区。确定建设项目社会稳定风险重点影响区是因为该区域是项目建设前期有关工作和项目建设期与运营期可能产生社会稳定风险影响最大的区域，是项目社会稳定风险评估的主要范围。

表4-1　　　　　　　建设项目社会稳定风险评估影响范围

项目规模评估区域划分	重点影响区	直接影响区	间接影响区	敏感影响区
重大建设项目	X~0-300m左右	X~0-2000m左右	2000m左右~Ym	主要控制点；人群、单位集中区域等
一般建设项目	根据实际情况，参照重大建设项目重点影响区确定范围			

附注：1. 表中所给评估范围与项目工程可行性研究所规定的评估范围是大体一致的；

2. 重点影响区中的"X"是指建设项目实际占地的中心，"0"是指建设项目实际占地边缘，重点影响区中"左右"是指应结合建设项目所在区域社会经济现状对评估影响区域进行具体划分，不能分割"村庄""企业""居住区"等完整单位，有附属设施等应包括在内；

3. 直接影响区包括重点影响区；

4. 间接影响区中的"Y"是指该评估范围应根据所在区域实际情况确定最远间接影响边界。

（二）直接影响区

直接影响区是建设项目社会稳定风险评估的重要范围。直接影响区包括重点影响区，并在重点影响区的范围再外扩一定的范围。项目社会稳定风险评估直接影响区范围为：项目重点影响区，以及取项目沿线两侧 300 米左右至 2000 米左右的范围。这个范围包括了项目可能直接影响的村、乡行政区，也包括各类单位。之所以确定直接影响区上限到 2000 米左右，是根据对目前建设项目造成的社会稳定风险事故进行分析，得出项目 2000 米左右以内为社会稳定风险多发区范围。如：项目征地拆迁主要发生在项目永久占地范围内，这个范围的人群住户所属的村、单位等多在 2000 米左右以内范围；受项目建设与使用影响很大的重点影响区的民众所属的村、单位也多在 2000 米左右以内范围。需要说明的是，建设项目一些风险类别评估的范围有其各自的规定，如环境风险是导致社会稳定风险的重要风险因素，《建设项目环境风险评估技术导则》规定建设项目环境风险评估范围不低于 5km，所以在实际项目社会稳定风险评估中，需要考虑项目各种风险的评估规定，综合确定项目社会稳定风险评估范围。

（三）间接影响区

考虑到建设项目社会稳定风险的特点和社会风险扩散的不确定性，项目社会稳定风险评估范围根据需要可适当扩大。间接影响区指与直接影响区接壤的行政区域，如村、乡、县、区、市等。一般对于规模大，且项目所在区域人口密度大、社会结构与自然环境多样复杂的建设项目，要分析项目对间接影响区的风险影响。间接影响区取 2000 米左右至根据具体情况而确定的范围。

（四）敏感影响区

对于一些特殊区域，如建设项目的主要控制点，人群、单位集中的敏感区，重要自然生态敏感区与人文景观、文物遗址等应作为敏感影响区社会稳定风险敏感影响区，是项目风险评估的重点评估区域。根据实际情况，敏感影响区的风险评估范围可适当扩大。敏感影响区不是简单用距离来确定风险评估工作范围，要综合考虑建设项目特点和项目所处的地域特征，按照项目风险管理目标的要求，进行专业的判断。影响大的风险，根据其实际影响内容确定评估范围,大的风险可能影响到哪儿就评估到哪儿。

三 建设项目社会稳定风险评估范围确定的把握

建设项目社会稳定风险评估范围与项目其他评估工作评估范围的确定一样,既是考虑项目实际的影响,也是为了使评估工作具有可操作性,所以一般是以评估距离来确定评估范围的。但项目评估范围的指导原则既体现了评估距离要求,同时也有其他方面的要求,需要在实际评估工作中把握。

(一) 项目影响区域所涉及的各种性质的完整单元把握

项目影响区域所涉及的各种性质的完整单元包括项目影响区域所涉及的社会单元、行政单元、经济单元、地理单元、生态单元、气候单元等等。如我国地域辽阔,社会单元、环境系统多样,要求确定一个具体的评估工作范围在有些情况下是牵强的,要求以这些单元的界限为评估工作范围边界也是不可行的,所以评估主体应根据具体情况调整把握项目评估的影响区域范围。

(二) 项目类别性质的多样性需要考虑不同评估范围

建设项目的类型、性质、规模等的多样性,给出一个具体的评估工作范围去要求不同区域不同类别的项目是不客观的。如交通项目、水利项目等非污染型项目,火电项目、化工项目等污染型项目的风险评估范围的确定是需要根据项目与所处地域的特点确定;同样,工程风险、环境风险、生态风险、社会风险等的风险评估范围的确定也是需要根据风险与地域的特点确定的。所以需要建立不同行业风险相关工作评估导则,不同风险要素评估导则,对风险评估工作范围给出比较明确规定。采用弹性与刚性相结合的方法来确定风险评估工作范围可增强评估工作范围的可操作性与合理性。

第五节 建设项目社会稳定风险调查工作

建设项目社会稳定风险调查工作是项目社会稳定风险评估的基础工作。建设项目社会稳定风险调查应依照建设项目社会稳定风险评估内容和要求展开。目前，建设项目社会稳定风险评估工作是在项目前期开展的一项评估工作，是为项目决策提供依据。同时也要结合建设项目的具体情况和有关工作的要求，在项目建设期与使用期开展有针对性的项目社会稳定风险调查工作。

一 项目社会稳定风险调查工作基本要求

国家发展改革委办公厅制定的《重大固定资产投资项目社会稳定风险分析篇章编制大纲及说明（试行）》中，关于风险调查指出：社会稳定风险调查重点围绕拟建项目建设实施的合法性、合理性、可行性和可控性等方面开展。调查范围应覆盖所涉及地区的利益相关者，充分听取、全面收集群众和各利益相关者的意见，包括合理和不合理、现实和潜在的诉求等。结合拟建项目的特点，重点阐述以下部分或全部方面：调查的内容和范围、方式和方法；拟建项目的合法性；拟建项目自然和社会环境状况；利益相关者的意见和诉求、公众参与情况；基层组织态度、媒体舆论导向，以及公开报道过的同类项目风险情况。[①]

建设项目社会稳定风险调查内容的确定，应与建设项目社会稳定风险评估内容相一致，体现建设项目社会稳定风险评估的全部内容。对于建设项目社会稳定风险评估调查工作而言，调查内容确定之后，还需针对不同的调查内容，选取不同的调查方法。例如：针对项目选址合理性的调查内容，需要采用公众参与的调查方法，收集社会和民众的意见与建议，对于科学、合理的意见与建议应予以采纳，针对相关工作决策作出调整。

建设项目社会稳定风险调查工作主要是开展项目对所在区域社会影响的调查。具体的调查方式有很多，例如：全面调查、抽样调查和典型调查等，调查的方法也有多种。根据建设项目的特点及项目所在地的实际情况，需要选择适用的方式方法进行建设项目社会稳定风险评估调查。对于建设项目社会稳定风险调查在实际工作中一般可采取公告公示、实地走访群众、召开各类座谈会、媒体网络调查等多种方式和方法，以达到建设项目社会稳定风险调查内容的全面、调查范围的广泛、收集各方意见和诉求

---

① 《重大固定资产投资项目社会稳定风险分析篇章和评估报告编制大纲（试行）通知》，发改办投资〔2013〕428号。

的充分以及项目对社会的有利和不利影响明确的目的。

二 公路建设项目社会稳定风险调查工作

建设项目所在区域是受拟建项目影响最大、最直接的区域，所以做好该区域的社会环境调查分析工作很重要。全面地进行拟建项目所在区域社会的调查，是进行项目社会稳定风险分析评估的基础，所以调查内容应尽可能覆盖建设项目所在区域社会环境的主要方面。以下以公路建设项目为例，简要说明公路项目社会稳定风险评估基础调查工作。

（一）风险调查内容

根据公路建设项目社会稳定风险调查工作基本要求，确定公路建设项目社会稳定风险调查的主要内容包括：

1. 拟建公路项目的合法性、合理性

（1）包括与国家和地区公路规划、土地利用总体规划、城乡规划的符合性。只有项目合法合理，项目才可以进展下去，因此项目的合法性是项目建设的基石；

（2）拟建公路与原有沿线公路、道路和铁路等的相关位置和交叉类型。

2. 拟建公路项目的影响调查

（1）公路项目实施可能对项目所在地周边环境、社会和经济、自然生态的影响，包括有利影响和不利影响；

（2）对于不利影响是否有条件采取措施予以减缓。

3. 利益相关者的确定以及其对拟建公路项目的意见和建议

（1）拟建公路利益相关者的确定：分析受公路建设和运营影响显著的个人、集体与单位，这也是风险调查的主要对象；

（2）占地、拆迁建筑物情况调查，主要内容有：永久占地面积和征用耕地面积和类型，拆迁建筑物和构筑物类型、面积和数量等；

（3）沿线居民和企事业单位、当地政府等公众意见和建议。

4. 项目所涉及的各类组织、风俗、历史等地域因素情况；包括调查项目所在地是否具有居民自发组织的各类群体，当地民俗习惯以及项目沿线是否涉及历史文物等情况。

5. 同类公路项目曾引发的社会稳定风险，以同类公路项目曾引发的社会稳定风险为借鉴，制定有针对性的防范措施，防止拟建公路项目再出现类似的风险导致社会不稳定事故发生。

(二) 风险调查范围

《国家发展改革委办公厅关于印发重大固定资产投资项目社会稳定风险分析篇章和评估报告编制大纲（试行）的通知》中关于社会稳定风险评估范围的内容为：凡项目涉及利益相关者切身利益、容易引发社会稳定风险的因素，都应纳入调查范围，应当涵盖拟建项目建设和运行可能产生负面影响的范围。[1]

针对公路建设项目而言，其调查对象应为公路项目所涉及地区的群众和利益相关者，主要包括公路沿线居民、企事业单位和政府机关等。风险调查范围的确定以项目的活动程度为依据，确定项目所属的风险评估工作等级，不同的风险评估工作等级对应不同的风险调查范围，公路项目社会稳定风险调查范围如表4-2所示。

表4-2　　　　　　公路项目社会稳定风险调查范围

项目所属评估工作等级	人群类别	调查范围
一级评估	沿线居民	沿线两侧各2000m范围
	政府部门	涉及调查的沿线居民所属村、乡镇政府
	企事业单位	单位所占区域属于沿线两侧2000m范围内
二级评估	沿线居民	沿线两侧各1000m范围
	政府部门	涉及调查的沿线居民所属村、乡镇政府
	企事业单位	单位所占区域属于沿线两侧1000m范围内
三级评估	沿线居民	沿线两侧各500m范围
	政府部门	涉及调查的沿线居民所属村、乡镇政府
	企事业单位	单位所占区域属于沿线两侧500m范围内

---

[1] 《重大固定资产投资项目社会稳定风险分析篇章和评估报告编制大纲（试行）通知》，发改办投资〔2013〕428号。

需要注意的是，考虑到风险调查工作的重要性，其调查范围可适当扩大，如果公路项目自身的风险因素发生变化，还需根据变化后的因素作出相应的调查范围调整。一般情况下，调查范围需按照项目所属工作等级扩大化调整，也就是说，如果公路项目目前风险评估工作等级属于三级，则需要将风险调查范围扩大到沿线两侧500m以外的区域。

（三）关于调查工作的几个问题

调查表与调查工作应能使被调查者较全面地反映出其对拟建公路的意见和建议，特别是全面反映项目可能的实际影响与被调查者可能关心的问题。①

1. 项目介绍。为了使调查对象在短时间内对拟建公路有一个基本了解，便于其分析，回答有关问题，在调查中，除了用语言介绍项目建设计划外，还应准备简明的文字和图表类的介绍材料，采用信息网络手段等帮助调查对象对拟建公路有一个整体了解，以弥补语言介绍的零散性和暂时性。

2. 正确指导调查。在访问调查中，应被调查者的要求和询问在对问题内容和建设计划进行解释时，要实事求是，不能暗示，诱导被调查者，更不能要求被调查者如何回答问题。

3. 处理拒访。调查者受到被调查者的拒访是经常发生的，调查人员应尽可能了解拒访原因，拒访情况应纳入调查分析中。

4. 在调查中，调查者应注意当地的民族特点、宗教信仰、文化特征和风土人情等，以便在调查工作中，结合考虑各方面情况。

5. 回头调查。必要时应进行跟踪调查和回头调查。

三 重视项目全过程社会稳定风险调查工作

这里要指出的是，目前建设项目社会稳定风险调查工作是在项目建设前期开展的，这就需要注意两个问题：一是建设项目建设期和使用期是项目实体的建设和发挥作用的阶段，项目和项目实际影响的情况如何？这需要在建设项目实施的各个阶段进行验证；二是风险调查工作在项目建设前

---

① 董小林、赵方周：《公路建设项目社会环境评价的公众参与方法》，《公路交通科技》1998年第1期，第73—75页。

期开展，一些被调查者的回答是简单随意的，而在项目实施中，一些实际问题的出现，原被调查者的态度可能与当初的态度不一致。

建设项目社会稳定风险调查应覆盖项目的全过程，不论是项目的建设前期、建设期，还是使用期，项目周边区域是受拟建项目影响最大、最直接的区域，所以应按照项目全过程风险管理的要求，适时继续开展建设项目社会稳定风险的调查工作。补充、调整、修改建设前期的调查报告，采取措施弥补、完善预案。对于建设项目建设期和使用期可能产生的社会稳定风险，可运用案例分析法，分析已经建成投入使用和正在建设的同类型建设项目，以及分析与项目所处区域社会组成状况相似的建设项目，为待评估的拟建项目社会稳定风险评估提供实际经验教训，提高拟建项目社会稳定风险评估的质量。

第六节　建设项目社会稳定风险等级确定

按照《重大固定资产投资项目社会稳定风险评估暂行办法》的要求，根据建设项目的具体情况以及项目所在区域的状况，对拟建项目的社会稳定风险等级的评判作出客观、公正的判断。建设项目社会稳定风险一般划分为三个等级：即低风险、中风险和高风险。[①] 在建设项目社会稳定评估的实际工作中，也可以将项目社会稳定风险划分为五个等级：即低风险、较低风险、中风险、较高风险和高风险五级。五级等级大小与人对风险的感受与通常的表达比较吻合，这样风险评估指标也分为五级，在实际评估工作中利于操作。同时五级风险等级进行适当转换归类为三级风险等级是可行的，易操作的。

一　项目低风险

项目社会稳定风险等级属于低风险，则表示该建设项目社会稳定风险在社会的承受范围之内，在项目建设和使用过程中可能引发轻微甚至可以忽略的个体矛盾冲突。多数公众群众理解支持，仅少部分人对项目有意

[①] 《国家发展改革委重大固定资产投资项目社会稳定风险评估暂行办法》，发改投资〔2012〕2492号。

见，通过有效工作可防范和化解矛盾。对拟建项目只需加强社会稳定风险的控制，就可保证项目的顺利施工和使用。但需要注意的是，虽然综合风险指数属于低风险，但如果其中某个或某几个风险指数特别大，经分析论证属于不合法、不可控的问题，则该建设项目的实施必须停止，需要由其建设单位采取相应的措施化解该风险后，再进行风险评估。

二 项目中风险

项目社会稳定风险等级属于中风险，则表示该建设项目的社会稳定风险属于基本可以控制在社会承受范围之内，但部分群众对项目有意见、反应强烈，可能引发矛盾冲突，如果对该项目社会稳定风险的控制稍微松懈，则可能会引发一般性的群体性事件。因此，对于此建设项目，应要求建设项目的建设单位加强相应措施的落实并做好风险应急处理机制。

三 项目高风险

项目社会稳定风险等级属于高风险，则表示该建设项目社会稳定风险已经超出社会的承受范围之外，大部分群众对项目有意见、反应特别强烈，可能引发大规模群体性事件，产生重大社会影响的风险。对具有高风险的建设项目，必须立即停止一切进程，针对各个风险因素进一步认真分析，重新提出具有可行性、可控性的风险应对措施，在确定应对措施的有效性、社会可接受性、民主性后，再次进行社会稳定风险评估。如果再次评估的风险指数属于低风险，则项目可实施；如果为中风险，则要加强每个措施的落实监督并做好应急预案；如果仍为高风险，则需从项目立项开始重新进行项目决策工作分析，如项目立项科学合理，则再继续重复上述工作过程，直到风险指数属于低风险或中风险为止。

第七节 建设项目社会稳定风险评估工作程序

开展建设项目社会稳定风险评估工作，应制定并遵循风险评估工作程序，以保障项目风险评估工作有序开展。建设项目风险评估工作的基本程序是相同的，对于项目性质规模不同，项目所在区域状况各异的实际，在其项目分析评估基本程序的基础上进行必要的调整和充实。

一 项目社会稳定风险评估工作程序

（一）项目风险评估准备工作

在明确项目风险评估的任务后，成立项目风险评估工作机构，确定负责人，配备组织人员。人员组织要注意配备主要的专业人员，明确分工，同时应重视聘请、咨询项目以外的相关领域专家，保证项目风险评估工作的规范、科学、全面。

成立项目风险评估工作机构后，应根据项目与所在区域概况与项目管理目标与风险评估目标制定风险评估工作计划，进行评估任务分解，确定总的工作进度计划和分项任务的工作进度计划，以保证风险评估工作的进程符合要求。

（二）结合调查收集整理有关资料

根据项目风险评估工作计划，要熟悉掌握建设项目风险评估的相关法规政策、标准规范等，要了解掌握拟建项目的前期工作情况，包括可行性研究报告和环境影响评估报告等，要了解掌握项目所在区域社会经济条件与自然生态环境状况。在此基础上，开展围绕项目风险评估的调查工作。调查工作开始前要精心设计调查方案。

保证调查内容覆盖项目风险评估各方面，保证调查工作的科学性、有效性。结合调查工作收集整理各方面资料，保证通过调查收集与项目风险评估有关资料来源的可靠。对不符合要求的资料，应剔除并进行补充，为项目风险评估工作提供科学系统的文件资料。

（三）项目风险评估分析工作

对于所收集的资料进行分析，按项目风险评估的内容和要求对项目进行全面的风险论证、分析与评估。在分析论证的基础上，风险评估机构编制拟建项目社会稳定风险评估的评估报告，提出合理的建议，给出结论。对项目实施可能存在的风险问题，制定项目风险预控方案。

（四）项目稳评报告审查报送工作

评估机构在完成项目社会稳定风险评估报告以后，需按程序规定提交项目社会稳定风险评估报告进行评审。项目社会稳定风险评估报告的审查评估基本原则是：项目风险评估报告是否按规定的工作要求开展，风险评估工作是否遵循法规、科学民主、实事求是、报告规范等要求，项目稳评报告提出的措施、结论是否合规合理、有效可行等。项目社会稳定风险评估报告要按照规定的程序与要求进行评审，审查评审通过后要按程序报上级决策部门，作为该建设项目决策的依据之一。同时，应将该项目风险评估报告归档，作为项目实施中的工作备查文件，为以后开展类似项目风险评估做参考，以不断提高风险评估工作的质量。

二 项目社会稳定风险评估工作流程

项目社会稳定风险评估工作流程是指风险评估具体工作事项的流向顺序，包括工作过程中的工作环节、步骤和程序。在建设项目项目社会稳定风险评估工作过程中，风险调查、风险识别、风险评估、风险管控措施等都是风险评估工作流程中的组成部分。评估工作流程中的组织系统的各项工作之间存在着动态的逻辑关系。项目社会稳定风险评估工作要全面分析风险评估的各项工作及其之间的关系，按照各项工作间的逻辑关系作出工作流程图。根据工作流程图组织开展与管理风险评估。建设项目社会稳定风险评估工作程序一般分为三个阶段。项目风险评估工作流程如图 4 – 1 所示。

（一）项目稳评工作准备阶段

1. 明确拟评建设项目的基本概况，根据国家和地方有关社会稳定风险评估的规定，制定初步工作计划；
2. 对建设项目开展社会稳定风险调查，识别风险因素；
3. 确定评估工作等级，明确风险评估重点，制定具体的工作方案。

（二）项目稳评工作分析阶段

1. 建立建设项目社会稳定风险评估指标体系；
2. 选取合适的风险评估方法，进行定量分析，辅以定性分析；
3. 分析确定建设项目社会稳定风险评估结果。

（三）项目稳评工作报告书编制阶段

1. 根据建设项目社会稳定风险评估结果，提出针对性措施；
2. 给出建设项目风险评估的可行性结论；
3. 编制建设项目社会稳定风险评估报告书。

需要注意的是，建设项目社会稳定风险评估工作三个阶段中，都需要重视公众参与。项目社会稳定风险的产生主要与项目所在区域社会中的人

第四章　建设项目社会稳定风险评估要求与基础工作

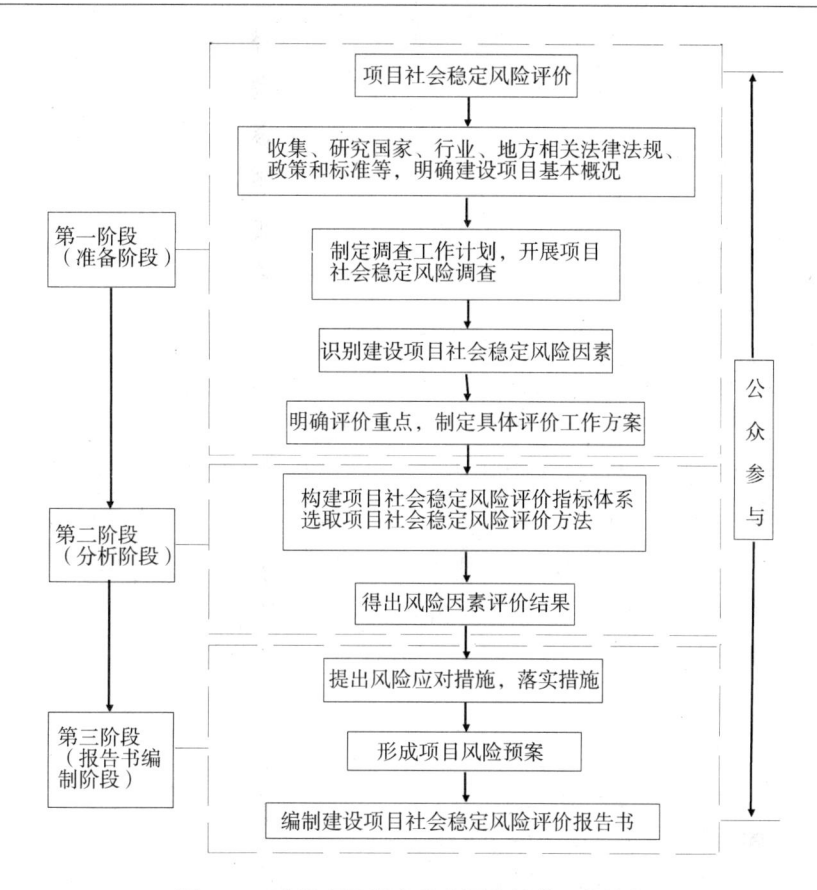

```
第一阶段          项目社会稳定风险评价
（准备阶段）       ↓
                 收集、研究国家、行业、地方相关法律法规、
                 政策和标准等，明确建设项目基本概况
                 ↓
                 制定调查工作计划，开展项目
                 社会稳定风险调查
                 ↓
                 识别建设项目社会稳定风险因素
                 ↓                                公
                 明确评价重点，制定具体评价工作方案   众
第二阶段          ↓                                参
（分析阶段）       构建项目社会稳定风险评价指标体系    与
                 选取项目社会稳定风险评价方法
                 ↓
                 得出风险因素评价结果
                 ↓
第三阶段          提出风险应对措施，落实措施
（报告书编         ↓
制阶段）           形成项目风险预案
                 ↓
                 编制建设项目社会稳定风险评价报告书
```

图 4-1　建设项目社会稳定风险评估工作流程

有关系，所以做好公众参与的相关工作，获取项目的社会可接受性，才能减小社会稳定风险发生的可能性。

第八节　建设项目社会稳定风险评估编制篇章

建设项目社会稳定风险评估工作以形成的项目社会稳定风险评估报告书为体现，风险评估报告书的编制需要按照国家发改委发布的《关于项目社会稳定风险分析篇章和评估报告编制大纲（试行）》为指导，以实际评估工作中的具体情况确定项目社会稳定风险评估的编制篇章。结合公路项目，其评估报告主要内容如下：

一 项目概述

（一）项目基本情况概述。如拟建公路建设方案及主要技术经济和环境保护指标，交通量发展预测结果。

（二）项目所在区域相关特征分析。如地区交通方式和运输网现状，地区社会经济概况与区域自然生态概况。

二 编制依据

（一）采用的相关法规政策、有关标准、规范性文件等；

（二）项目前置审批文件情况。项目可行性研究报告、环境影响评估等技术文件和审批意见；

（三）签约的委托合同、评估大纲及审查意见；

（四）其他。如社会经济发展规划和计划等。

三 风险调查

（一）调查的内容和范围；

（二）调查的方式和方法；

（三）项目的合法性和公众参与情况；

（四）项目所在区域社会和自然环境特征状况；

（五）利益相关者的意见诉求；

（六）同类项目风险情况。

四 风险识别

（一）风险识别方法；

（二）风险因素分析。

五 风险评估

（一）建立风险因素指标体系；

（二）风险评估方法确定；

（三）风险等级判定。

六 风险防范和化解措施

根据风险识别和风险评估的结果，研究提出风险防范化解措施。重点针对主要风险因素研究提出各项综合和专项的风险防范、化解措施，提出落实各项措施的责任主体和协助单位、防范责任、具体工作内容、风险控制节点、实施时间和要求的建议。

七 落实措施后的预期风险等级

分析各项风险防范、化解措施落实的可行性和有效性，预测落实措施后每一个主要风险因素可能引发风险的变化趋势，包括发生概率、影响程度、风险程度等，综合判断拟建项目落实风险防范、化解措施后的风险等级。重点预测各主要风险因素变化趋势及结果，综合判断落实措施后风险等级。

八 风险分析结论

（一）拟建项目主要风险因素；

（二）主要风险因素防范、化解措施；

（三）拟建项目风险等级；

（四）落实风险防范措施的有关建议与要求。

第五章　建设项目社会稳定风险因素识别分析

　　建设项目风险因素识别是建设项目社会稳定风险评估的基础与主要内容之一。项目风险因素识别是指在项目风险事故发生之前，运用各种方法预测风险和分析风险的分析过程。了解建设项目客观存在的各种风险，分析可能导致项目风险事故发生的条件因素，是进行风险管理的前提。对于建设项目风险因素识别，需要针对拟评估项目的具体类型和特点，以及项目所在区域社会经济、自然生态等特征，选取适当的风险因素识别方法，识别确定建设项目全过程中可能产生的风险因素，分析和确定建设项目风险因素。为了有效地识别风险因素，需要在收集相关信息、资料的基础上，运用一系列具体的分析方法，对风险因素、风险源进行预判，以便及时分析、发现和识别各种可能引发风险事故的风险因素。

第一节　建设项目风险因素识别方法

　　风险因素识别的方法比较多，包括风险识别基础方法和风险识别分析方法，如现场调查法、专家评估法、流程图分析法、事故树分析法等。因风险识别的对象不同，风险评估的要求不同，风险评估与管理的单位不同，运用的风险识别分析方法就有所不同，对于建设项目不同阶段的风险因素进行识别，其识别风险的方法也不一定相同。所以分析各种风险因素识别方法的特点及针对性、有效性、实用性很重要。针对具体建设项目进行风险因素识别时，在运用风险识别基础方法开展风险因素调查工作的基础上，需要灵活地选择与运用适合于拟评估项目的风险因素识别方法进行风险因素的系统分析。

一 现场调查法

现场调查法是指风险管理相关部门的工作人员，就风险管理对象可能存在的各种风险，以及风险发生可能面临的各种损失，进行详尽的调查分析，调查与分析需按照风险调查报告书规定的一系列程序和方法形成分析结果。提交的风险调查报告书是风险管理单位识别风险因素的重要依据。

现场调查需要项目风险管理人员、相关专业人员及项目相关方等共同参与。在项目建设前期，通过现场查勘、调查、询问等方式分析建设项目前期各项决策工作已开展和拟开展情况，包括项目决策工作的内容、流程、审批等各方面工作；在建设项目施工准备阶段和项目施工建设阶段，勘查人员要现场勘验检查建设项目现场的设备、设施、人员、操作、流程与各项规定，以及"多通一平"的开展情况等，了解掌握拟建项目的建设方案与施工组织设计编制情况，以及建设施工活动和行为方式，调查其中存在的风险隐患；在项目竣工验收、试运行阶段，同样需要进行项目风险的现场调查，特别是项目投入使用后可能产生的与项目建设阶段预估的和实际的不同风险因素进行调查分析。

项目所在区域的风险管理现场调查非常重要，通过对项目所在区域的风险因素调查，听取、了解项目所在区域的社会各方的意见和建议，掌握项目对其所在区域可能产生的社会稳定风险因素的要点。现场调查法能够获得建设项目风险的第一手资料，便于掌握项目各种风险的实际情况，但现场调查需要的工作时间比较长，相关人工成本也比较高。

现场调查法主要的工作程序：

（一）调查前准备工作

在进行现场调查前，需要做好充分的准备工作，主要包括：确定调查人员、调查时间、调查地点、调查对象、调查内容、调查工具等。在此基础上，设计调查表，反复确定需要查看、询问的问题，避免忽略、遗漏重要事项。

（二）现场调查和访问

现场调查和访问需要经历一系列的程序，在风险调查的过程中需要注意：(1)不遗漏可能存在的风险隐患；(2)积极同与项目相关各方人员进行交流、沟通；（3）对以往经常引发项目风险和发生风险事故的问题在现场调查时要密切注意。

（三）形成调查报告

现场调查结束后，需要撰写项目风险调查报告。项目风险调查报告中应指出项目可能存在的各种风险、预判风险的等级、风险危险点，提出风险防范应对措施等。风险调查报告是建设项目风险管理的重要依据。

二 流程图分析法

（一）流程图分析法概念

流程图分析法是对活动流程中的每一阶段、每一环节进行调查分析，从中发现潜在风险因素，找出导致风险因素产生的原因，分析风险事故发生后可能造成的损失，以及风险事故对整个活动可能造成的各种不利影响的一种图示分析方法。在建设项目风险管理中流程图法是将拟建项目全过程中的建设施工活动及生产使用活动的内在逻辑关系，以图示联系起来绘制成流程图，并针对流程中的关键环节和薄弱环节进行风险因素调查与识别。

流程图法是采用特定的符号，把若干个具体活动以若干模块形式表示，按照活动的步骤顺序，以流程线加以联结，辅之以简要、准确的文字或数字将活动的处理程序和内部控制制度反映出来，可直观地描述一个活动过程中各种潜在的风险因素或可能发生的风险事件。

流程图的类型比较多，按照流程路线的复杂程度划分，可分为简单流程图和复杂流程图。简单流程图是将风险分析主体的活动按照大致的工作流程进行描述，用一条直线将主要流程的内在联系勾画出来；复杂流程图是将风险分析主体的活动详细地进行描述，用多条连线将活动过程中的主要程序和主要环节按照内在逻辑关系勾画出来。流程图作出后，对每一阶段和环节，逐个进行分析，找出风险因素的存在及其原因。

（二）绘制流程图的步骤

绘制流程图的方法，主要按照以下步骤开展：

1. 调查拟建项目全过程中各项活动（单项工程、单位工程、分部分项工程、工序等）的先后顺序，并保证这些先后顺序的正确性；

2. 分清拟建项目活动（单项工程、单位工程、分部分项工程、工序

等)的主次关系,主要活动必须绘制在流程图上,次要活动根据需要绘制在流程图上;

3. 先绘制流程图的主体部分,再加入分支;

4. 用方框表示活动(分部分项工程、工序)时,需要用文字标出,但应注意用词的恰当、简练,特别注意所用词语的准确性。

流程图作为识别风险因素较为有效的方法,可以比较清楚地反映拟建项目建设和使用活动流程的风险。一般来说,拟建项目的建设和使用的规模越大,生产工艺越复杂,流程图法识别风险就越具有优势。流程图也存在一定的缺陷,主要是流程图的准确性,决定着所得到的风险因素识别结果的准确性。流程图任何部分的疏忽和错误,都可能无法准确地识别风险因素。另外流程图是定性分析识别风险及其成因的方法,而其定量分析的不足有时不易将内部控制系统中的某些弱点明显地反映出来。

三 事故树分析法

(一) 事故树分析法概念

事故树分析法(Accident Tree Analysis,ATA),也称为故障树分析法(简称 FTA),是安全系统工程的重要分析方法之一。在风险管理中事故树分析法能对各种系统的风险因素和风险事故进行辨识和评估。事故树分析法是从风险事故的结果出发,推导出产生风险因素及引发风险事故的原因,不仅能分析出风险的直接原因,而且能揭示风险的潜在原因。用事故树分析风险因素与风险事故的因果关系直观明了、逻辑性强,既可定性分析,又可定量分析,也有助于提供防范风险事故发生的手段和节点。事故树分析方法将一复杂的事物分解为多个比较简单的事物,将大系统分解为具体的组成要素,从中分析可能存在的风险因素及风险发生潜在的损失,是对复杂系统进行可靠性分析的简单、有效的手段之一。在风险因素识别中,事故树分析法是一种常用的分析方法。

事故树分析法的基本原理表明:任何一种风险事故的发生,必定是一系列风险事件按照时间顺序相继出现的结果,前一事件的出现是随后发生事件的条件,在事件的发展过程中,每一事件都存在两种可能的状况,即成功或者失败。

在实际应用事故树分析技术时,虽然由于分析的目的和要求,分析的深度等原因，其具体方法各有差别，但一般来说，事故树分析方法的具体步骤是：在充分收集分析系统资料并熟悉分析系统的基础上，确定顶上事件和控制目标；为了绘制事故树，必须详细分析产生事故的原因，将造成顶上事件的所有直接原因事件找出来，在此基础上绘制事故树；从顶上事件起进行演绎分析，一级一级地向下找出所有直接原因事件，直到找出最基本的原因事件，这样就构成一个事故树，这是事故树分析的核心部分；结合事故树进行定性与定量分析，比较评估。

（二）建设项目基础风险树模型

以建设项目风险分析为例，建立的建设项目基础风险树模型如图5-1所示。在图5-1中，建设项目风险（T）为风险树的顶上风险事件，项目风险是由于风险与事故（A_1）和风险管理（A_2）问题同时发生的结果，为"逻辑与门"关系，这是项目风险树模型第一层。在项目风险树模型第二层中，工程风险（R_1）、环境风险（R_2）、生态风险（R_3）、经济风险（R_4）、安全风险（R_5）以及社会风险（R_6），这六类风险中发生任何一个，都有可能产生建设项目风险，进而引起风险事故的发生，为"逻辑或门"关系；工程项目管理不到位（M_1）和项目风险管理失效（M_2）其中一个的发生就有可能引起风险管理失效，为"逻辑或门"关系。[①]

运用事故树法不但可以识别建设项目风险，而且还可以确定消除或者减小风险事故发生概率和造成的不利影响程度的应对措施。但是事故树的绘制与分析需要专门的技术，同时，事故树法识别风险的管理成本比较高，相关概率的准确性会直接影响风险识别结果的准确性。

四 专家评估法

专家评估法是以专家作为收集项目风险管理信息的对象，依靠专家的知识、经验和判断能力进行项目风险的预测和评估。专家评估法可分为专家会议法和专家个人判断法等。

（一）专家会议法

专家会议法是根据既定的内容与目的，按照规定的原则，召集有关方

---

① 赵丽娟、董小林、赵佳红、吴阳：《基于FTA-SCL模型的建设项目风险系统评价》，《项目管理技术》2017年第4期，第25—30页。

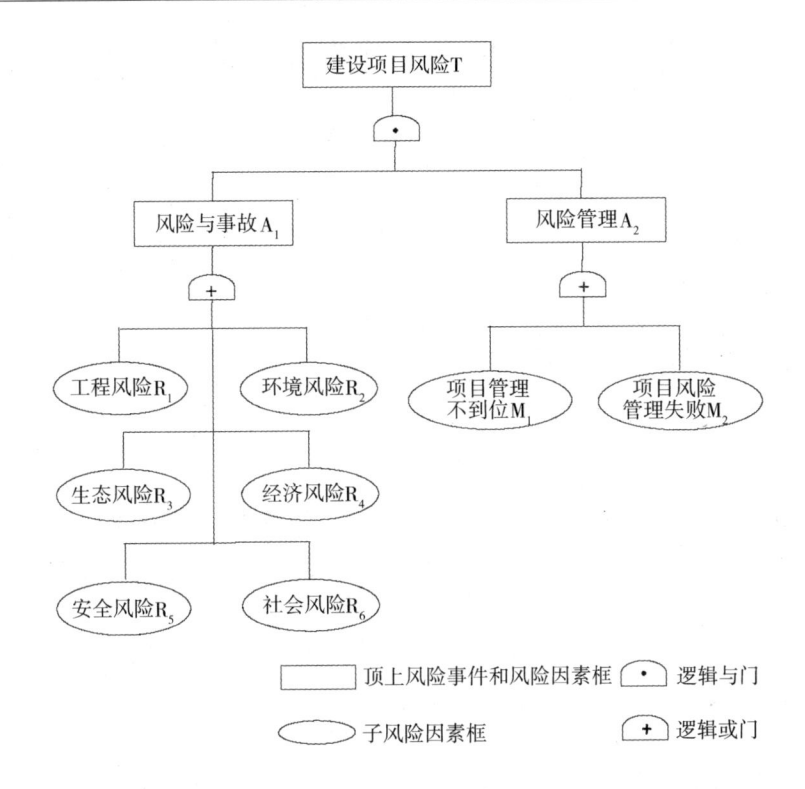

图 5-1　建设项目风险事故树模型

面的专家对某一事项进行评估的一种方法。专家会议的与会专家围绕一个主题，各自发表意见，并进行讨论，最后达成共识，取得较为一致的结论，这是一种常见的方式。专家会议法有利于交换信息、互相启发、集思广益，发挥专家集体的智慧。但专家会议参加者受心理影响比较大，容易受多数人意见和权威人士意见的影响，而忽视少数人的正确意见。

（二）专家个人咨询法

专家个人咨询法是对有关方面的专家进行个人咨询评估的方法，是利用专家的专业知识、经验和分析判断能力对项目风险进行分析评估的一种方法。专家个人咨询法能充分发挥专家个人的专长和作用，受他人的影响小，是一种简单易行、应用方便的方法。但专家个人咨询法难免有片面性，专家选择的是否合适是决定评估结论质量的关键。

（三）德尔菲法

德尔菲法（Delphi Method）本质上是一种反馈函询法，即利用函询形式进行专家集体思想交流的方法。德尔菲法一般采用匿名专家个人发表意见的方式，即专家之间不互相讨论，不发生横向联系，只与组织调查的人员发生联系。德尔菲法的基本做法是，在对所要预测的问题咨询专家个人的意见之后，进行整理、归纳、统计，再反馈给各位专家，再次征求意见，再集中，再反馈，直至取得专家们较为一致的结论，作为预测的结论。德尔菲法具有比较广泛的代表性，较为可靠。在德尔菲法应用过程中，始终有两方面的人在活动：一是预测的组织调查者；二是被选出来的专家。德尔菲法的具体实施步骤如下：[1]

（1）按照预测问题所需要的知识业务范围，确定专家。相关领域专家的面应尽可能广泛些，有一定的代表性。专家人数的多少，可根据预测问题的大小和涉及面的宽窄而定。对于建设项目风险预测评估工作，一般选择相关方面的专家20人左右为宜。

（2）向所有专家提出所要预测的问题及有关要求，并附上有关这个问题的所有背景材料，同时请专家提出还需要什么材料，然后由专家做书面答复。

（3）各个专家根据他们所收到的材料，提出自己的预测评估意见，并说明自己是怎样利用这些材料提出预测结果的。

（4）工作组织者将各位专家填好的调查表进行汇总整理，进行归类对比后，再分发给各位专家，让专家比较自己的分析与其他专家的不同意见，修改自己的预测和判断。然后把这些意见再分送给各位专家，以便他们参考后再修改自己的预测和判断。

（5）工作组织者收到第二轮专家意见后，对专家预测和判断做统计整理，以便做第二次修改。收集意见和信息反馈一般要经过三、四轮，经过多次反复，专家们的意见逐步趋于一致，即可作为预测评估的结果。逐轮收集意见并为专家反馈信息，请专家再次评估和权衡，作出新的预测是德尔菲法的主要环节。

德尔菲法同常见的专家会议法和单纯的专家个人咨询法既有联系又有区别。德尔菲法能较好地运用专家们的智慧，发挥专家会议法和专家个人咨询法的优点，同时又能避免其不足，它是利用专家进行预测评估的一个很好的方法，德尔菲法几乎可以用于任何领域的预测。德尔菲法的主要缺

---

[1] 董小林：《环境经济学》，人民交通出版社2005年版，第97—98页。

点是过程比较复杂，时间花费较长。

第二节 建设项目风险因素识别分析

建设项目风险管理是对项目风险因素进行识别、评估、处理、监控等环节的管理过程。风险因素识别是风险评估的基础，是风险管理的前提。风险因素识别是运用相关知识和方法，系统、全面和连续地发现风险管理对象可能产生风险事故的风险源，并可能导致人身、财产和责任损失等风险的过程。风险因素识别是一项复杂而长期的过程，在这个过程中要收集有关风险因素、风险事故和损失状况等方面的信息，发现可能导致分析对象潜在损失的风险因素。风险识别的任务主要有识别风险因素、分析风险因素的特性、风险因素分类与排序，其目的是衡量风险发生后造成的影响，并对其进行处理。[1]

一 建设项目风险因素

建设项目风险识别是风险管理的基础和起点，通过科学的方法和手段，尽可能地找出对建设项目管理目标有危害的、有影响、潜在的风险因素。风险因素识别要做到全面性、系统性、动态性和综合性。全面性是指风险因素识别要考虑到参与项目的各方，不是只针对某项具体工作，要考虑建设项目全过程各阶段的所有工作；系统性是指风险因素的识别应贯穿项目始终，不只是在项目前期的决策工作中识别建设项目可能存在的风险因素，在项目的全过程、全寿命周期内都要不断地进行风险因素的识别；动态性是指风险管理是一个复杂的动态管理工作，风险因素识别应考虑不同阶段工作的特点和影响，还应考虑对不同的风险所采取的不同措施所可能带来的后续影响；综合性是指风险因素识别要综合运用风险因素识别技术和手段，综合分析风险因素识别各方面信息。基于建设项目全过程与系统分析的要求，项目社会稳定风险因素不是孤立的，它是项目内部风险因素和项目所在区域的外部风险因素共同作用而形成的。项目内部风险因素

---

[1] 杨邦杰、洪仁彪、常瑞甫、贾栓祥、郯文聚：《农业投资项目风险因素识别概述》，《农业工程学报》1999年第3期，第29—32页。

是主要因素，是项目社会稳定风险的内因，项目自身的每一种风险因素的识别分析与规避处理的不当，均可能引发某种社会不稳定。

建设项目是一个受其内外部影响因素制约的系统工程，建设项目风险因素同时存在于项目内部与项目外部，所以建设项目风险因素应从项目内部与项目外部两个方面进行识别，并且要作为一个系统整体进行分析。建设项目内部风险因素通常是以工程风险、环境风险、生态风险、经济风险、安全风险和社会风险因素为主要的风险因素，这些项目内部的风险因素共同制约着建设项目自身的各项活动的正常开展，建设项目的规模越大、性质越复杂，项目内部的风险因素活动程度就越大，对项目自身各项活动正常开展的影响也就越大。建设项目内部风险因素与项目所在区域外部的各种因素结合，就会使项目所在区域产生社会稳定风险。建设项目所在区域的外部因素包括社会因素和自然因素，其中社会因素是以人口密度与人群聚集程度为社会稳定风险的主要分析因素。从项目内部风险因素和项目外部风险因素两个方面进行风险因素识别对于分析建设项目风险与社会稳定风险因素尤为重要。图5-2所示的建设项目内部风险因素与项目所在区域社会、自然因素是建设项目风险基本因素的识别，也是构建建设项目风险评估指标的基础。

二 建设项目内部风险因素识别

对建设项目内部风险因素进行识别要以项目全过程风险管理的思想为指导，项目在不同时期不同阶段，风险因素产生类别、出现状况与程度不尽相同，因此对建设项目内部风险进行识别需从建设前期、建设期和使用期分别进行分析。项目建设前期风险因素主要包括项目预测、决策的相关工作，项目选址、选线以及项目征地拆迁再安置；建设期和使用期风险因素主要为建设项目内部的六种风险因素，如图5-3所示。

（一）项目建设前期风险因素识别

项目建设前期的风险因素产生主要有三种情况：一是项目建设前期各项预测与决策工作产生的不确定性因素；二是项目选址、选线导致的风险因素；三是因征地、拆迁、再安置、补偿等相关问题产生的风险因素。

1. 项目建设前期各项预测与决策工作产生的不确定性因素

项目建设前期预测与决策工作的相关工作主要有项目申请报告、项目可行性报告和项目环境影响评价等。建设项目可行性研究与环境影响评价

第五章 建设项目社会稳定风险因素识别分析

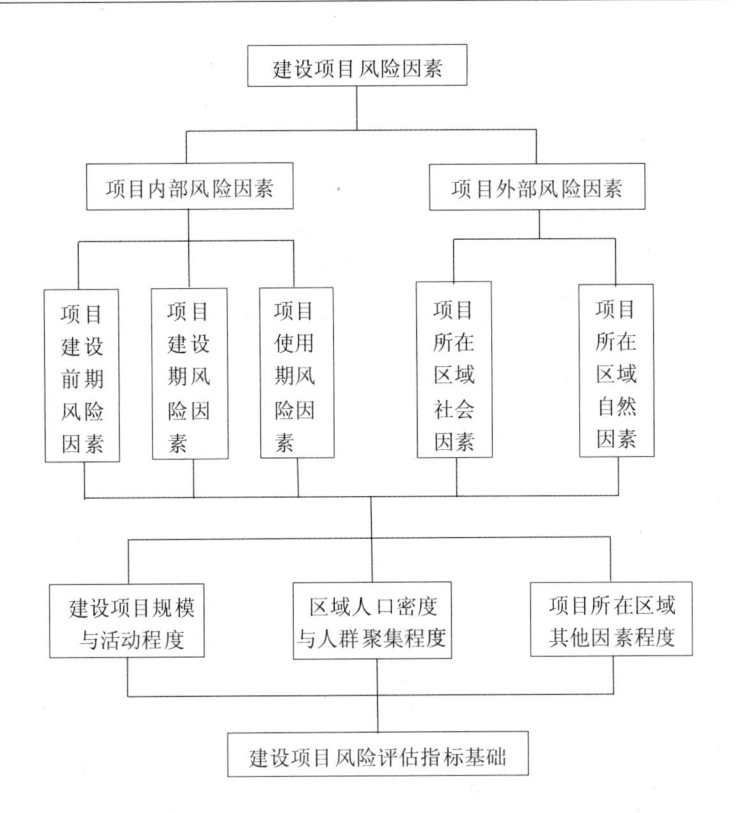

```
                    建设项目风险因素
                    ┌──────┴──────┐
            项目内部风险因素      项目外部风险因素
            ┌────┬────┬────┐     ┌─────┬─────┐
          项目  项目  项目         项目    项目
          建设  建设  使用         所在    所在
          前期  期风  期风         区域    区域
          风险  险因  险因         社会    自然
          因素  素    素          因素    因素
                    └──────┬──────┘
              ┌────────────┼────────────┐
         建设项目规模   区域人口密度   项目所在区域
         与活动程度    与人群聚集程度  其他因素程度
                    └──────┬──────┘
                  建设项目风险评估指标基础
```

图 5-2 建设项目风险基本因素识别

是投资前项目建设前期的主要内容，项目可行性研究报告与环境影响评价报告是建设项目决策的两个具有决定性意义的重要技术文件。这两项工作的质量存在问题有可能使项目在实施中产生风险因素。

项目可行性研究主要是对建设项目的技术先进性、经济合理性和建设可能性进行分析研究，提出科学明晰的结论，为项目决策提供科学依据。可行性研究报告论证项目可行性的内容包括投资融资与财务的可行性，技术、规模与时间安排方案可行性，市场前景可行性，也包括是否满足环保要求的初步论证等。项目可行性研究报告要求内容真实、预测准确、论证严密，不允许有任何偏差及失误。

项目环境影响评价主要是建设项目的建设与使用后对项目自身与项目所在区域环境造成影响的预测和评价，其评价结论是项目决策的重要依据。环境影响评价报告根据分析项目所在地的环境状况，分析项目所用的材料与工艺、可能产生的废弃物，论证项目环保设施设计及相关措施等，提出评估项

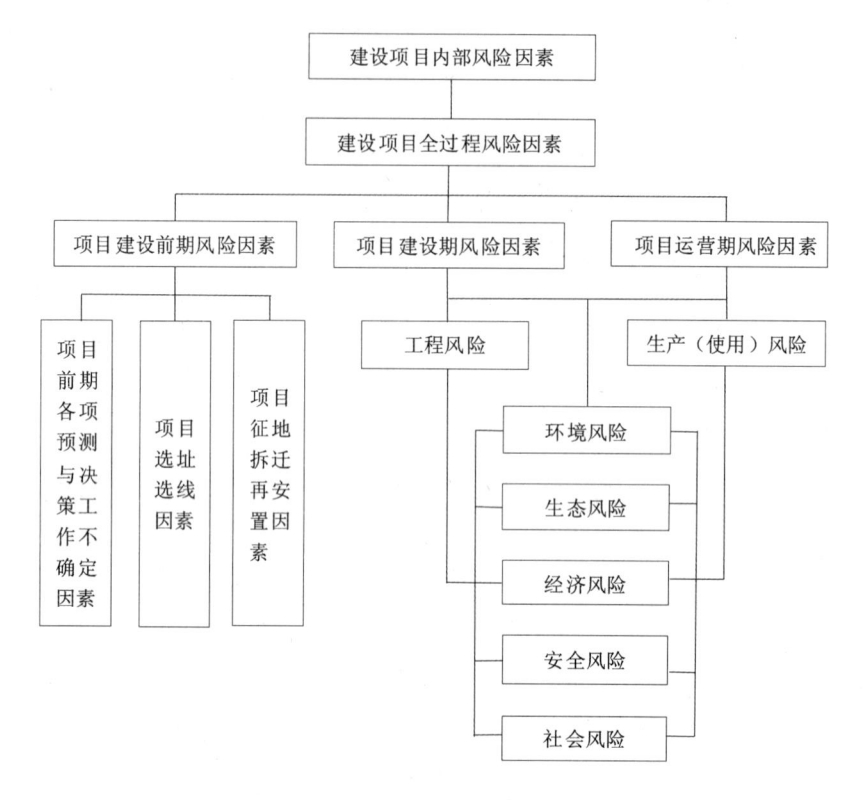

```
                    ┌─────────────────────────┐
                    │  建设项目内部风险因素    │
                    └────────────┬────────────┘
                    ┌────────────┴────────────┐
                    │ 建设项目全过程风险因素  │
                    └────────────┬────────────┘
        ┌────────────────────────┼────────────────────────┐
┌───────┴────────┐     ┌─────────┴─────────┐     ┌────────┴────────┐
│项目建设前期风险│     │ 项目建设期风险因素│     │项目运营期风险因素│
│    因素        │     └─────────┬─────────┘     └────────┬────────┘
└───┬──────┬──┬──┘          ┌────┴────┐            ┌──────┴──────┐
    │      │  │             │ 工程风险│            │生产（使用）风险│
                            └─────────┘            └──────┬──────┘
 项目  项目  项目                                     ┌───┴───┐
 前期  选址  征地                                     │环境风险│
 各项  选线  拆迁                                     └───────┘
 预测  因素  再安                                     ┌───────┐
 与决        置因                                     │生态风险│
 策工        素                                       └───────┘
 作不                                                 ┌───────┐
 确定                                                 │经济风险│
 因素                                                 └───────┘
                                                      ┌───────┐
                                                      │安全风险│
                                                      └───────┘
                                                      ┌───────┐
                                                      │社会风险│
                                                      └───────┘
```

图 5-3　建设项目内部风险因素识别

目建成以及投入使用对环境影响的结论。环境影响评价报告要求科学客观、实事求是，环境影响评价报告书评审通过后项目才能立项建设。

项目建设前期各项预测与决策工作产生的不确定性风险因素主要指两个方面的不确定性：一是项目可行性研究报告与环境影响评价报告在调查分析、预测论证、决策确定等主要内容与环节出现偏差及失误；二是有些重要的方面没有进入项目可行性研究与环境影响评价中，或没有重点评价。同时还须分析建设项目立项、审批的合法合规性，以及建设项目与产业政策、总体规划、专项规划之间关系的科学合理性等。

2. 项目选址、选线导致的风险因素

建设项目选址、选线是项目建设前期的一项主要工作。建设项目选址、选线是一项技术性、政策性、社会性很强的工作，是一个十分关键的环节。项目选址、选线不但关系到建设项目实施的顺利与建设使用的有效，也关系到区域规划、城市规划的科学性、合理性。重大建设项目的选址、选线直接关系区域、城市的性质、规模、布局的实施，关系到建设项目能否取得良好的经济效益、社会效益和环境效益。

虽然建设项目选址、选线工作有比较明确的目的、任务、程序、规定等要求，也是项目可行性研究中一项主要内容，但一些建设项目的选址、选线还是会在项目前期相关工作中遇到各种问题，确定了的项目选址、选线在项目实施过程中也会出现一些问题，这些问题中有些是具有风险性的问题，有的则可能演化成风险事件。

项目建设前期的选址、选线产生的不确定性风险因素主要有两个方面：一是项目选址、选线过多地考虑了建设项目对选址的技术要求，与规划布局是否协调等，而对社会、自然生态的影响考虑不够；二是项目选址、选线有实效的公众参与和民主参与决策不够。建设项目特别是重大建设项目、一些工业项目，尤其是污染型项目的选址、选线与社会发展有着密切的关系，有的会引起一定范围内社会、经济和环境的变化，所以项目选址、选线产生的不确定性风险因素易诱发社会稳定风险。

3. 征地、拆迁、再安置、补偿等相关问题产生的风险因素

建设项目选址、选线确定后，随即要开展征地、拆迁、再安置等工作。项目征地、拆迁、再安置涉及项目所在地群众的切身利益，其工作的重要性和复杂性都非常显著。征迁再安置工作做得好，可以为工程项目创造良好的建设环境，同时也会减少或消除由项目建设引起的有关社会经济方面的负面影响。征迁再安置工作出现问题，不仅会影响项目的建设，还会产生社会问题，特别是重大建设项目需要征用大量土地，并对所征土地上的房屋、各种设施及各类附着物进行拆迁和人员再安置，项目征迁再安置带来的影响也就更加明显和严重。对于建设项目在人口稠密、土地资源紧张的地区实施，项目征迁再安置不可避免地带来很多问题，处理不好就会产生显著的负面影响，从而产生社会不稳定。

项目建设前期的征地、拆迁、再安置、补偿等相关问题产生的风险因素主要有两个方面：一是征用土地、拆除房屋、迁改设施等意味着项目所在地民众的土地减少，有的需要搬迁，这都与项目所在地群众的生活和生产密切相关，这些都会给群众的心理、情感、经济等方面带来不同程度的影响，对群众和单位的正常生产、生活也会带来不同程度影响，群众的心态、言行、举措等就会具有不确定性。对项目征迁再安置问题处理不当，

不仅会直接影响项目的顺利进行,严重的还会导致社会稳定风险;二是征地拆迁相关工作不细致,宣传解释工作淡化,相关政策落实不到位,在项目征地拆迁工作开始前没有认真分析征地拆迁对群众的影响程度,征迁再安置实施方案存在问题,没有认真落实项目征迁再安置的目标、原则、相关政策和补偿标准,征迁与补偿费用没有及时足额地发放到群众手中,群众利益没有得到保障,引起他们的不满,形成社会问题,引起社会不稳定。

(二)项目建设期风险因素

建设项目内部的工程风险、环境风险、生态风险、经济风险、安全风险和社会风险,都可以导致风险事故的发生。其导致的风险事故主要发生在建设项目的建设期和使用期。建设项目建设期内部的六大风险因素还包括具体的子风险因素,见表5-1所示。

表5-1　　　　　　　　建设项目建设期内部风险因素

项目内部六种风险因素	子风险因素	风险内容
工程风险因素	土木工程风险	由于技术、材料、机械、工艺、操作与管理等方面的不当,在一些分部分项工程中会出现一些工程风险。
	设备安装工程风险	由于设备本身、安装方法、操作规范与管理等方面出现问题,易产生风险。
环境风险因素	大气污染	项目建设期产生的粉尘、烟尘、颗粒物、有毒有害气体等对大气环境造成的污染。
	水体污染	项目建设过程中产生的废水排入附近河流、湖泊、包括地下水层造成的水体环境的污染。
	固体废弃物排放	项目建设期排放的施工废料、弃土、弃渣等垃圾造成土壤、地下水污染与动用土地的风险影响。
	噪声和振动影响	各种机械设备和工艺产生的噪声以及其他施工噪声与振动产生的风险影响。
生态风险因素	生物系统破坏	工程项目施工过程中会影响生物系统的正常运转,对动物、植物和微生物等造成损害。
	水土流失	工程项目建设阶段对土地资源的占用、对地表结皮的扰动,对原地表水的改变,导致地表土层松动,土壤抗蚀性减弱,导致水土流失的风险影响。
	景观影响	项目建设期涉及永久和临时用地占地,以及大开大挖等,对生态景观产生不利影响。

续表

项目内部六种风险因素	子风险因素	风险内容
经济风险因素	项目资金筹措渠道合法性因素	项目的建设资金筹措渠道不合法易引发资金链断裂风险。
	居民就业和收入影响因素	项目的建设，可能会给当地居民带来工作机会或者减少工作机会，会出现增加或者降低收入的影响。
安全风险因素	安全制度措施完善性因素	项目建设过程中，欠缺的、不完善的安全规章制度和应急措施等，易导致安全事故发生的风险。
	安全事故的发生	项目在建设中由于管理不善等多种原因容易引发安全事故风险。
社会风险因素	工程因素	工程项目建设中由于各种污染、临时土地占用、交通阻隔、用工问题等，易形成局部社会风险。
	沟通状况因素	工程项目建设的环节，与受影响者的实体沟通不到位，易产生局部社会不稳定风险。

建设项目建设期内部的六大风险因素在很大程度上取决于项目管理因素。项目管理因素体现在法人负责制、资本金制、招投标制、监理制和合同管理制等工程项目"五制"建设中；体现在招标投标管理、设计管理、概预算管理、施工管理、合同管理、劳务管理等管理制度中；也体现在施工方案、文明施工和质量管理等具体工作中。项目管理的失误都可能在项目各个环节上产生风险。

(三) 项目使用期风险因素

建设项目使用期风险因素与项目建设期风险因素的种类基本相同，但项目使用期的风险因素有其自身的特点，所产生的风险事故也具有使用期的明显特征。根据一些建成投入使用的项目产生的风险事故情况来看，项目在使用期发生的风险事故的频次、规模、危害不比项目建设期的少、小、弱，而且项目使用期的风险因素与风险事故的性质更复杂。所以项目使用期存在的风险因素同样对项目所在区域的社会稳定造成潜在的威胁，风险事故的发生同样会对项目所在区域造成社会不稳定。

分析项目使用期的风险因素，不能孤立地去分析，要以项目全过程风险管理的理念和要求，系统地分析项目使用期的风险因素。项目使用期风险因素的存在主要有三个原因：一是在项目建设前期对项目建成投入使用的预测、决策工作存在不符合项目使用特点和要求的一些问题，或轻视、弱化了项目建成投入使用的不利影响分析；二是项目建设期出现的一些问题遗留给了项目使用期，给项目的使用造成潜在的影响甚至是风险隐患；三是项目使用期间，在生产、运营、使用中自身产生了一些风险问题。建设项目使用期内部风险因素如表5-2所示。

表5-2　　　　　　　　建设项目使用期内部风险因素

风险因素	子风险因素	风险内容
生产风险因素	组织管理因素	项目在使用过程中的相关组织管理出现问题，导致各部门各环节之间协调配合不利引发生产内、外部的风险。
	技术材料因素	项目在生产过程中，由于生产工艺、机器设备、材料等相关的技术问题引发的风险。
环境风险因素	土壤污染	项目在生产和运营中，有毒有害物质排放到土壤中积累到一定程度，造成土壤污染，形成土壤环境风险因素。
	大气污染	项目在生产和运营中，排出的各种废气、烟气等，污染大气，形成大气环境风险因素。
	水体污染	项目在生产和运营中，产生的各种废水不经处理排入附近水域造成的水体污染，形成水体环境风险因素。
	固体废弃物排放	在生产和运营中，产生的各种工业与生活废物，不按规定处理排放，形成水体、土壤等环境风险因素。
	噪声和振动影响	在生产和运营中，产生严重和持续的各种噪声和振动，形成声环境风险因素。
生态风险因素	生态环境影响	项目在生产和运营中，所产生的各种环境污染，对所在区域的生态环境产生不利影响形成生态环境风险因素。
经济风险因素	居民就业和收入影响	企业生产经营资金、成本与利润环节出现的各种问题，都可产生经济方面的风险。
安全风险因素	生产安全因素	项目在生产和使用中违反安全规定、安全管理不到位不合理等，易产生安全事故。
社会风险因素	社会受影响因素	生产、环境、生态、经济、安全等各种风险因素与其他因素易对项目所在区域产生直接影响，引发社会风险。

建设项目内部每一种风险因素的存在，其识别分析与规避处理的不当，均可能发生风险事故。同时建设项目与项目所在的外部区域有着直接的关联，所以项目单位和项目所在地政府是否就项目进行充分沟通，是否对社会稳定风险有充分认识并做到各司其职，是否建立社会稳定风险管理责任制和联动机制，是否制定相应的社会稳定风险管理体系和应急处置预案等也是项目的风险因素所在。建设项目内部风险和风险事故不可避免地会引发项目所在区域民众的各种不满情绪，这种不满情绪积累到一定程度，易产生社会问题，导致社会不稳定。

第三节 公路建设项目风险因素识别分析

建设项目类型多，但各类建设项目的风险管理总的要求是相同的。根据不同类建设项目自身的特征，其风险因素的识别、分析、评估等风险管理工作也应体现其项目特点有所侧重。本研究以公路建设项目为例进行风险管理方面的分析。公路建设项目属于交通建设项目，是建设项目的组成部分。公路建设项目是指公路、桥梁、隧道、立交、交通工程及沿线设施和公路渡口等工程的总体。在公路建设和运营的全过程中实现项目与所在区域社会与环境的和谐发展，防范各种风险对公路全过程的不利影响，是公路项目风险管理的重要基础工作。公路风险识别是公路风险管理的基础，公路项目风险的识别分析应在本章第一节、第二节的指导下，细化公路风险识别分析的具体内容和要求。[1]

一 公路建设项目特点

交通运输是国民经济的命脉，对推动社会进步、促进经济繁荣、提高人民群众的物质文化生活水平和保障国防交通畅通等方面具有非常重要的作用，公路在国家综合交通运输体系中的位置举足轻重。公路交通具有机动灵活、快捷方便、覆盖面宽、通达深度广等特点，成为现代交通运输体系的主要组成部分。公路是国民经济与社会发展的重要基础设施，是社会及经济健康、

---

[1] 董治、王欢、董小林、刘珊：《基于熵权物元模型的公路项目社会稳定风险评估方法》，《中国公路学报》2018年第9期，第191—198页。

快速、持续发展的生命线，标志着一个国家或地区社会经济的发展水平。公路建设与运营涉及面广，对社会、经济、环境产生的影响深远，对社会经济的发展起到巨大的支撑和推动作用。公路项目的一些具体特点有：

(一) 点多、线长、面广

公路项目规模都比较大，往往一条公路要连接不同的城市，跨越不同省份和地区，具有显著的点多、线长特点。在建设过程中公路的同步建设、协作配合、综合平衡等问题都很重要也很复杂。公路建成投入运营所产生的影响与带来的效益辐射面广，不只是公路沿线受益，而且将波及更大的区域。

(二) 周期长、质量要求高、资金投入大

由于公路项目规模大、点多、线长、面广，所以公路项目建设周期长。从公路项目建设前期的项目申请、可行性研究、初步设计、施工图设计、项目招投标，到公路项目建设期的项目实施、竣工验收等，需要数年才能完成，有的需要更长时间。规模大、点多、线长的特点使得公路具有建设工程量大，所需的人力、物力、财力投入大，建设环节多、质量要求高、建设周期长等建设特点。

(三) 建设与运营复杂因素、不确定因素多

公路路线一般都较长，所以无论是其面临的气候、地质、水文等自然条件，还是不同的社会经济环境，乃至公路经过地区的风土人情都是有差异的。其中任何一项因素的变化都会影响公路建设的顺利开展与公路的正常运营。所以公路建设与运营的复杂因素、不确定因素增多也使得公路项目风险管理尤为重要。

二 公路项目内部风险因素识别分析

(一) 公路项目建设前期风险因素识别分析

公路项目建设前期风险因素的产生主要有三种情况：一是公路项目建设前期各项预测与决策工作产生的不确定性因素；二是公路项目选线导致的风险因素；三是因公路建设而产生的征地、拆迁、再安置、补偿等相关问题产生的风险因素。

1. 公路项目建设前期预测与决策工作产生的风险因素

公路项目建设前期预测与决策工作主要有公路项目申请报告、公路项目可行性报告和公路项目环境影响评价等。公路项目建设前期预测与决策

工作产生风险因素主要由两个方面不确定性诱发：一是公路项目申请报告、项目可行性研究报告与环境影响评价报告等在调查分析、预测论证、决策决定等主要内容与环节出现偏差及失误；二是有些与项目相关的重要方面没有进入项目预测与决策工作中，或没有重要内容去评价。

2. 公路项目选线导致的风险因素

公路项目选线是公路项目建设前期的一项主要工作。公路项目选线是一项技术性、政策性、社会性很强的工作，是一个十分关键的环节。公路选线一经确定，其公路建设和运营的大势就确定了，公路产生的各种效益与各种问题也基本确定了。如果公路选线不合适，不但会造成技术、经济、环境等方面的问题，也会引发社会问题，产生社会不稳定，也为公路建设及运营遗留下多种风险隐患。

公路项目选线出现的各种问题会导致项目风险因素的产生。如公路选线与各类规划布局不协调产生的各种问题；对区域社会影响有各种较大的负面影响问题；对自然生态、自然景观造成影响、冲击与破坏问题；在公路施工和建成通车中存在技术方面的问题导致出现安全风险因素；有实效的公众参与和民主参与选线决策不够等问题，这些问题都可能是公路产生各类风险的原因。

公路项目与其他类型项目一样，在项目建设前期会出现征地、拆迁、再安置、补偿等相关问题产生的风险因素。公路的实施必然涉及征地、拆迁及再安置，而征地、拆迁、再安置关系到项目所在地群众的切身利益。征地、拆迁、再安置方案粗糙，工作组织不到位，相关政策特别是补偿执行落实不到位，工作方法简单、宣传工作缺失等，使群众利益没有得到保障，极易形成社会不稳定因素。如果公路在人口稠密、土地资源紧张的地区建设，项目征迁再安置带来的影响也就更加明显和严重。

（二）公路项目建设期风险因素识别分析

公路建设项目内部风险因素也具体反映在工程风险、环境风险、生态风险、经济风险、安全风险和社会风险等方面，这些风险因素防范不利都可能导致风险事故的发生。公路建设项目建设期内部风险因素见图5-4所示。

（三）公路建设期主要单位工程风险因素识别分析

公路工程的建设是由公路各单项工程、单位工程，以及分部分项工程组成。单位工程，以及分部分项工程都是工程不同规模不同类别的过程组

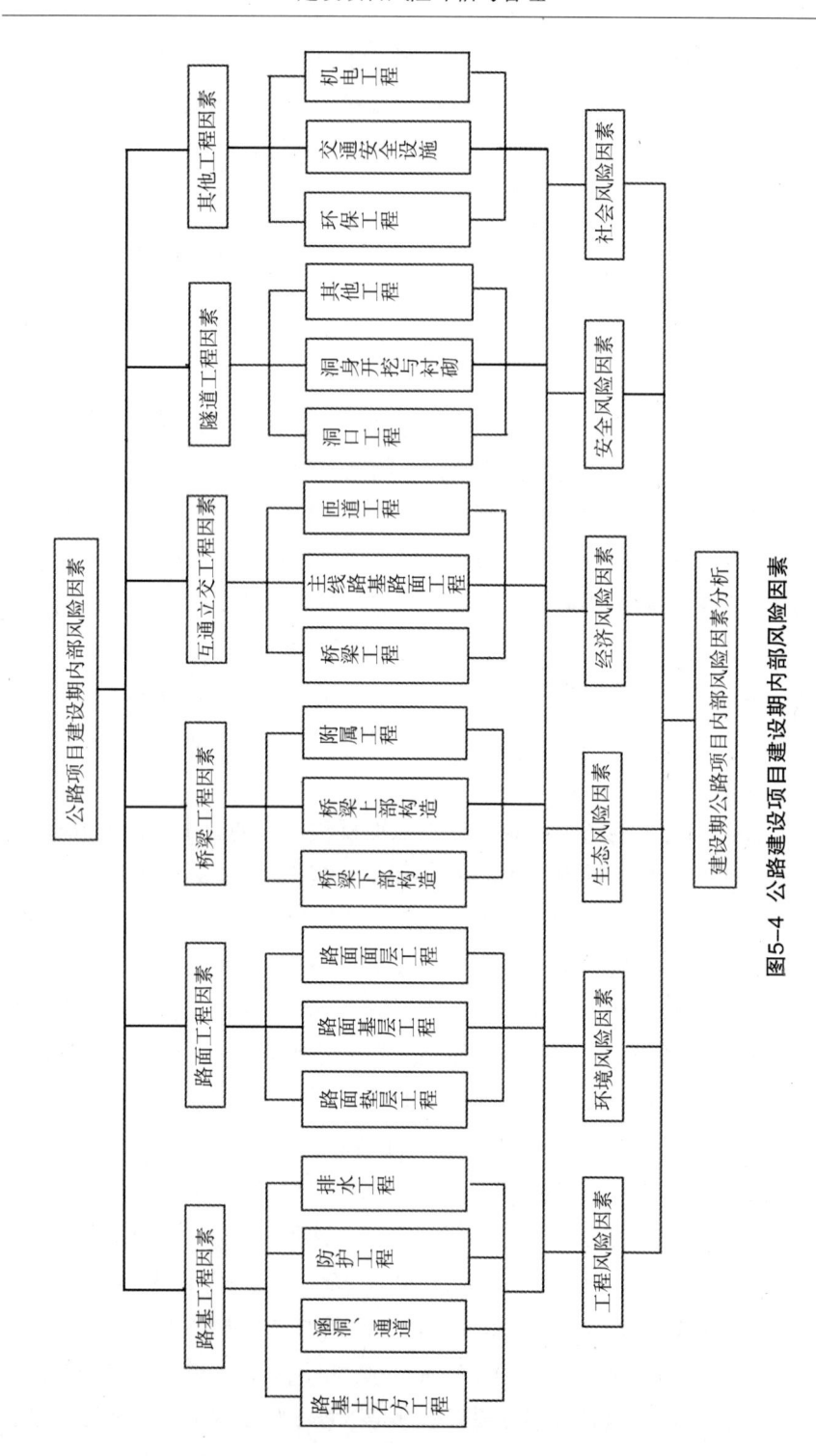

图5-4 公路建设项目建设期内部风险因素

合体。公路工程一般由路基工程、路面工程、桥梁工程、互通立交工程、隧道工程、其他工程等单位工程组成，各单位工程又由其下属的一些分部分项工程组成。公路建设项目内部的工程风险、环境风险、生态风险、经济风险、安全风险和社会风险等因素，就具体产生和反映在这些组合体中。而在这些工程组合体中产生的风险因素或发生的风险事故，有时是单一风险因素问题，有时是多种风险因素叠加的问题。

在路基工程中，路基土石方工程在路基用土（石）、弃土（渣），以及路基边坡防护工程的技术方案制定不科学、不合理，技术操作过程中出现违规等不当问题，易引发工程风险、生态风险、安全风险等，如水土流失、滑坡及泥石流等风险因素的产生或风险事故的发生。

在路面工程中，因各种原因导致路面水泥强度、物理性能和化学成分达不到要求，造成路面工程质量问题，严重的问题形成工程风险因素或引发工程风险事故，如果返工可能产生经济风险因素。

在桥梁工程、互通立交工程、隧道工程中，所用的材料，如水泥、砂、石、混合材料以及外加剂的质量、规格等不符合要求，结构组成不合理，施工工艺不规范，会造成工程隐患，易引发风险事故。

表5-3所示的是公路工程的主要单位工程在施工建设中出现的一些具体问题与可能产生的工程生态风险、环境风险、社会风险等的分析。

（四）公路项目运营期风险因素识别分析

公路运营期的风险因素识别也是项目风险管理的基础工作。公路运营期的风险因素有其运营期自身特点和问题产生的风险因素，同时也存在公路运营期和建设期共性的风险因素。公路运营对环境与社会影响是多方面的，风险管理工作不到位就可能产生各种风险，严重的风险隐患或发生风险事故就可能产生社会稳定风险。

1. 公路运营产生的环境污染因素

公路在运营期会对公路沿线产生环境影响，气、水、土、声等是主要的污染影响因素。例如：

（1）粉尘烟尘排放

在公路建设期容易产生粉尘烟尘污染，在公路运营期也会由于公路项目所在地区特殊的地质条件、气候条件与运输不合规等原因，产生粉尘烟

表 5-3 公路项目建设期主要单位工程生态与环境风险因素分析

单位工程	生态与环境风险因素
路基工程 （每10km 或每标段）	（1）路基开挖对沿线植被的破坏，对一些动物栖息地造成严重影响，对天然水系的自然流态造成改变。 （2）土壤的剥离与开挖造成土壤肥力的下降，甚至土壤结构的破坏。 （3）弃渣弃土场选址不合理，使河道淤塞导致行洪阻碍、滑坡塌方、地基下陷，损毁耕地、林地、牧草地、园地等土地。 （4）排水工程容易造成水土流失，原始地貌改变，以及原状土扰动。 （5）大型挡土墙容易造成原始地貌改变、原状土扰动。 （6）高路堤、深路堑存在新的边坡失稳风险。 （7）特殊地区路基施工可能对冻土层等的稳定性造成威胁。 （8）路基施工容易造成扬尘等大气污染。 （9）工程机械施工作业易造成噪声污染，振动作业可能造成附近建筑结构受损。
路面工程 （每10km 或每标段）	（1）施工过程中排放的生产废水和人员的生活污水，混凝土的养护废水，施工机械设备冲洗和施工车辆冲洗废水中含有石油类和悬浮物等，造成水污染。 （2）施工区域内的施工垃圾和生活垃圾，开挖所产生的废弃物，旧路改造中拆掉的旧混凝土和砌体及旧路面，可能造成固体废弃物污染。 （3）工程机械施工作业易造成噪声污染，振动作业可能造成附近建筑结构受损。 （4）沥青路面施工时的热排放，可能造成大气污染。
桥梁工程 （特大、大、中桥）	（1）桥下施工及材料运输而修筑便道时进行的场地机械开挖、倾倒，压埋了原地貌植被，破坏了原地面土体的结构稳定。 （2）桩清孔排出的渣土，在清运过程中的遗落，扰动河水使底泥浮起，造成河道淤积，影响了河道的泄洪能力。 （3）运输材料的车辆碾压破坏土壤结构。施工造成的植被丧失、地面的裸露、土体的松散堆积，在水力、重力、风力侵蚀下逐渐荒漠化、土壤盐渍化和较为严重的水土流失，致使土壤质量和生产力下降且在一定时期内难以恢复。 （4）桥梁基础及下部构造、防护工程可能压缩河道与改变河流流向流速，造成流域水土流失或河道变迁风险。 （5）工程机械施工作业易造成噪声污染，振动作业可能造成附近建筑结构受损。
互通立交工程	同上述路基工程、路面工程、桥梁工程的影响。

续表

单位工程	生态与环境风险因素
隧道工程	(1) 对原生天然地层造成了不可逆的人为扰动，岩体结构松动，地表水、地下水重新分布。 (2) 影响山体坡脚及边坡的稳定性，带来新的地质灾害风险。 (3) 跨海隧道可能造成海洋生态的潜在威胁。 (4) 掘进过程中带来的噪声、冲击、振动等，影响了区域生态环境和生产生活。 (5) 废弃开挖材料可能造成水系破坏、固体废弃物污染。

大气污染。公路运营中各种机动车辆与设备排放的废气烟尘污染，以及车辆运输的货物类别与运输过程中不按规定采取遮盖措施，容易产生粉尘污染，都会引发当地群众的不满。

（2）固体废弃物排放

公路建设期的固体废物主要来自工程施工产生的废弃土石及其他建筑垃圾和施工人员产生的生活垃圾，而公路运营期的固体废物主要来自服务区、收费站等产生的生活垃圾。废弃物排放的随意性易产生环境污染，影响周边群众，也可能污染或侵占土地，容易引发局部社会问题。

（3）噪声和振动影响

在公路施工过程中，各种施工机械设备运转产生的噪声和振动，会对周边环境和附近居民造成一定的影响，但施工产生的噪音和振动影响是暂时性的、短期的，而公路运营产生的噪声、振动、炫光等物理性污染是伴随着公路运营一直存在的污染。公路运营过程中的各种机动车辆行驶产生的噪声和振动，若不采取适当的降低噪声、振动措施，会引起当地群众的不满，产生影响正常运营的不稳定事件。

2. 公路运营产生的生态影响因素

公路施工会对生态环境产生各种不同程度的影响，产生生态风险因素，在公路运营期也会对生态环境产生各种不同程度的影响，产生生态风险因素。公路运营过程中机动车辆行驶产生的废气、扬尘等，会影响附近区域植物的正常生长，严重的将导致植被破坏。公路运营中的各种各类养护工作不按规定进行，巡查维修工作不到位，可能使公路施工中防治产生对地表结皮的扰动、对原地表的水土保持功能的破坏的一系列若干措施受到削弱，在公路运营过程中失去这些防治措施的作用，导致地表土层松动、土壤抗蚀性减弱、边坡塌陷，导致水土流失。公路运营对区域植物和动物的生长和生存环境会造成不良影响，严重的可能遭到破坏。

3. 公路运营产生的安全事故因素

公路运营期安全事故发生，引发人员财产损失，易形成社会不稳定因素。开放式公路交通加大了交通安全风险因素的产生，特别是高速交通流的状况使交通安全风险事故发生的可能性加大，会形成安全风险因素。

4. 公路运营产生的交通阻隔因素

公路运营会产生交通阻隔因素，特别是封闭式公路交通设施造成阻隔的影响更为显著。交通阻隔对沿线居民生活、生产出行造成不便，对区域内牲畜的活动、动物的迁徙造成不良影响。公路建设过程中的交通阻隔是暂时的，而公路运营期因规划设计不合理产生交通阻隔的影响是长期的。

5. 公路运营产生的其他风险因素

公路运营期内可能产生的各种问题，包括由于养护维修、改扩建等可能产生对环境和社会的多层次影响因素，相关部门与单位和项目当地居民沟通程度越深，形成社会稳定风险可能性越小；相关部门与单位和项目所在区域群众的沟通弱化易产生社会不稳定因素。

第四节　建设项目所在区域社会因素与自然因素识别

建设项目社会稳定风险的存在或风险事故的发生是由建设项目自身产生的内部风险，与项目所在的外部区域的条件决定的。建设项目自身产生的内部风险是社会稳定风险的存在与发生的内因，项目所在的外部区域的条件是社会稳定风险的存在与发生的主要外因。项目的内部和外部的影响是相互的，建设项目社会稳定风险是项目本身风险通过项目所在外部区域的条件而产生的。进行建设项目社会稳定风险评估要分析建设项目内部风险因素，同时要分析建设项目外部风险因素。建设项目外部风险因素指由于工程项目的实施，项目内部风险导致项目所在区域产生的风险因素。建设项目所在区域的社会因素与自然因素是形成项目外部风险的条件和因素，对建设项目所在区域社会因素与自然因素的分析识别是对项目外部风险因素识别的依据，也是进行建设项目社会稳定风险评估的基础之一。

一 项目所在区域社会因素

建设项目社会稳定风险因素的识别,需要考虑项目所在区域的社会特征。一般而言项目所在区域人口多、密度大,人的聚集程度就越高,建设项目风险发生导致的区域社会不稳定的影响就会越严重。因此,建设项目社会稳定风险的识别需要对其项目所在区域的社会因素进行分析。建设项目所在区域社会因素主要包括:人口因素、社会有关因素、经济有关因素以及其他因素,如图5-5所示。

(一) 人口因素

人口是指构成人类社会的有生命的个人的总和,人口具有性别和年龄及自然构成,也具有社会关系、经济关系等的社会构成。一切人类活动、社会现象和社会问题都与人口因素相关。

人口因素是一个包括人口数量、质量等多种因素的综合范畴,是社会结构的主要组成部分与必要条件之一。人口因素对社会的发展起着重要的影响和制约作用。人口数量是指一个地区在一定时间内的人口总和。人口质量是指在一定的社会生产力和社会制度下,人们所具备的思想道德、科学文化和劳动技能以及身体素质等的水平。

人口因素对建设项目的可持续发展和社会稳定起着影响和制约的作用。在建设项目社会稳定风险评估中,对于项目所在区域人口因素可重点考虑区域人口数量、人口密度及人群聚集程度等因素,并结合建设项目的实施分析其现状和发展趋势。

1. 人口数

建设项目所在区域人口数主要是指建设项目在计划阶段时间节点前项目所在区域的人口总数。根据建设项目的规模性质,掌握项目所在区域省市、区县、乡镇及村镇的人口数量。对建设项目社会稳定风险因素识别分析,项目所在区域人口总数量的统计尤为重要。一般而言,项目所在区域人口总数越多,项目社会稳定风险的防范越要重视与加强。

2. 人口密度

人口密度是单位面积土地上居住的人口数。它是表示人口密集程度的指标。对于建设项目社会稳定风险识别工作而言,这里所说的人口密度是指项目所在区域单位面积土地上居住的人口数量。对于人口密度一般分为

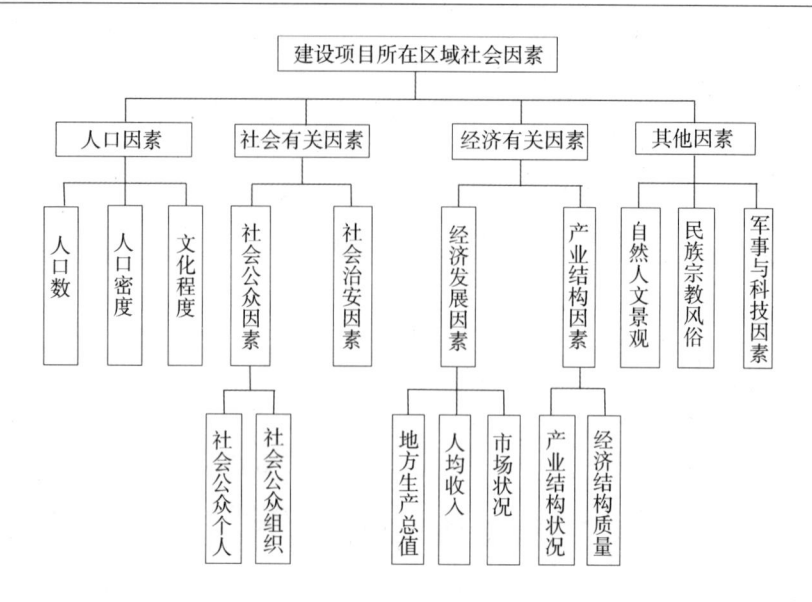

```
                    建设项目所在区域社会因素
        ┌──────────┬──────────────┬──────────────┬──────────┐
      人口因素    社会有关因素    经济有关因素    其他因素
    ┌───┼───┐    ┌────┼────┐    ┌────┼────┐    ┌────┼────┐
   人   人   文   社    社    经    产    自    民    军
   口   口   化   会    会    济    业    然    族    事
   数   密   程   公    治    发    结    人    宗    与
        度   度   众    安    展    构    文    教    科
                  因    因    因    因    景    风    技
                  素    素    素    素    观    俗    因
                 ┌┴┐   ┌─┴─┐  ┌─┴─┬──┐  ┌─┴─┐          素
                 社 社  地  人 市  产  经
                 会 会  方  均 场  业  济
                 公 公  生  收 状  结  结
                 众 众  产  入 况  构  构
                 个 组  总     状  状  质
                 人 织  值     况  况  量
```

图 5-5 建设项目所在区域主要社会因素

三个等级，分别为：

（1）第一级，人口密集区：>100 人/平方千米；

（2）第二级，人口中等区：25—100 人/平方千米；

（3）第三级，人口稀少区：1—25 人/平方千米。

项目所在区域的人口密度不同，人口密度等级也可能不同，项目社会稳定风险评估要求针对性也不同。一般来说，人口密度等级为第一级的区域，人口密度的风险因素要尤为重视；人口密度等级为第二级的区域，对其要充分重视。

需要说明的是，建设项目社会稳定风险评估不但要重视项目所在区域人口密度这个重要的评估指标，也要重视项目所在区域中人口（人群）聚集程度这个指标。人口（人群）聚集程度不同于人口密度，人口密度泛指单位面积土地上居住的人口数，而人群聚集程度是指项目直接影响区中人群聚集在最小行政区划（或企业、单位）里的人口数或人口密度。如项目直接影响区中的村庄、企业、单位等的人口密度比项目直接影响区整个范围内的人口密度要大。这就是说人口密度是个"面密度"，而人群聚集程度是个"点密度"。在进行项目社会稳定风险评估时，要重视分析这些"点密度"区域里的人群数量，特别是"点密度"大的村庄、企业、单位等。建设项目所在直接影响区内的行政区划，以及企业、单位的分布、规模与其人群聚集程度是项目社会稳定风险评估的重要指标。建设项目所在直接影响区内的村庄、企业、单位等的分布是不均衡的，有的多、有的少，有的分布紧凑，联系频率高，相互依存程度高，有的分布分散，相互联系度不高，这些因素在项目社会稳定风险评估时须认真分析。在项目社会稳定风险分析评估中，人群聚集程度可分为三个等级，也可分为五个等级，根据具体评估项目及其所在区域情况，以及风险评估要求确定。

3. 文化程度

文化程度主要是指接受各类教育人口的比例。文化程度的高低，是衡量一个地区人口科学文化素质优劣的重要标准，是研究与分析人口状态的重要标志之一。公民文化层面因素主要指文化背景，包括受教育程度、职业等方面。受教育程度和职业决定了公众个体与群体的知识水平、文化程度和社会地位[①]。

文化程度与风险认知紧密相关，同样会影响社会抗争意愿。具体表现为：本地人比外地人的抗争意愿更强；年轻人比年长者的抗争意愿更强；低教育程度者比高教育程度者的抗争意愿更强；收入高者比收入低者的抗争意愿更强；居住年限长者比居住年限短者的抗争意愿更强等[②]。所以分析拟建项目社会稳定风险时公众文化程度是一个必要分析因素，也是对建设项目所在区域进行社会风险评估的依据之一。

(二) 社会有关因素

项目所在区域社会因素主要指项目对所在地区社会经济发展水平的影响，以及项目所在地区对项目的配合协作、支持力度的状况，也包括区域的社会治安状况等。建设项目社会稳定风险评估应充分考虑社会公众状况、社会治安状况等社会有关因素。社会公众状况因素包括社会公众个人状况和社会公众组织状况。

---

① 王娟：《影响技术风险认知的社会文化建构因素》，《自然辩证法研究》2013年第8期，第92—98页。

② 胡象明、王锋：《一个新的社会稳定风险评估分析框架：风险感知的视角》，《中国行政管理》2014年第4期，第102—108页。

1. 社会公众个人状况

社会公众指一个区域中的个人、群体、组织。社会公众由社会公众个人与社会公众组织组成。

社会公众个人是指居民所在地的群众，他们是参与社会活动的个人。对公众个人来说，其基本含义包括个人、居民、群众、民众等。从一般意义上讲，任何人都会与他人或组织产生这样那样的联系，所以社会公众个人既有个人的概念，也有群体的概念。同样，社会公众组织与任何个人和群体都有着各种各样的联系。

工程项目建设与使用的效益体现在社会经济的发展，也充分体现在项目所在区域社会公众获得的利益，如区域发展水平的提高、社会公众的生活水平的提升等。在某一区域进行工程项目的建设与使用，该区域的社会公众个人和社会公众组织都必然会关心自己的直接利害关系并作出相应的反应。

社会公众对影响他们的活动，包括建设项目的态度一般有三种：一是社会公众对建设项目的政策、实施持赞同、支持态度，在行动上主动配合；二是对建设项目的政策、实施持否定、反对的态度，在行动上不配合甚至阻挠，易产生社会不稳定；三是介于上述两类之间的公众，他们既不支持也不反对，不表态或态度不明朗。

公众个人对建设项目的态度反映出公众个人的心理层面因素。公众个人心理层面因素包括公众个人的价值观及对项目的信任度，价值观可以从公众对于风险的态度分析。公众心理层面的风险感知评估直接联系着公众的行为意愿。公众自己感知到拟建项目的负面风险越大，超过心理预期，则很有可能导致公众心理层面的焦虑和恐惧，从而导致社会稳定风险的产生，所以公众对风险的态度决定了公众对建设项目的可接受性和风险决策。

因此对建设项目的决策和相关工作进行公众参与是必要的。特别是重大建设项目社会稳定风险评估，开展深入全面的公众参与，充分听取并尊重公众的意见和建议，最大限度地化解公众的偏见，从社会公众稳定性角度分析公众稳定性，防范出现社会不稳定风险因素，公众参与对于建设项目的科学化决策至关重要。

2. 社会公众组织状况

社会公众组织是指社会的各类组织。社会组织是为实现特定的目标而组合起来的社会群体，如企业、社会组织、政府和一些新型的社会组织形式。社会组织有多种类型，按照其组织性质不同，可分为经济组织，科研、教育、文化、卫生组织，政治与行政组织，群众组织和宗教组织等；按照其组织规模的大小，可分为小型、中型、大型等社会组织。

建设项目所在区域的一些社会组织直接或间接地参与拟建项目的相关工作，它们对拟建项目的情况是有了解的，还有一些社会组织对拟建项目不了解不知情或了解少。社会组织对拟建项目的诉求与建议要充分听取、认真分析、科学采纳，以防范由于拟建项目而产生社会风险因素，甚至出现各种形式的社会风险。

同时公众个人与公众组织是相互关联的，公众个人与公众组织信任度是相互影响的。另外，公众个人对拟建项目的建设方及政府主管部门的信任度越低，对项目风险越敏感，抗争意愿越强。而公众对村委会等社会组织，以及媒体、法律等信任程度越高，对拟建项目抗争意愿就越弱[1]。

3. 社会治安状况

一个区域的社会治安状况不好，该区域就容易产生社会问题。社会治安是指在一定区域内对社会治安问题的管理，包括对人口管理、危险物品管理、社区治安秩序管理、交通道路管理、医疗卫生管理、消防安全管理等。

分析区域社会治安状况要明确所分析的区域是地域性的社会，具有一定的边界和范围。构成区域社会的要素包括地域、人口、生态、结构和社会心理等。不同地域的地理位置与环境、人口密度与素质、职业结构、生活方式和社会心理等社会因素不同。

分析区域社会治安状况要明确社会治安的主要内容和指标。如区域社会稳定、区域内重大和多发案件状况、社会丑恶现象、病伤流行病、治安秩序、群众安全感等。区域社会治安状况好与不好可根据社会治安的主要内容进行分析判断。

---

[1] 胡象明、王锋：《一个新的社会稳定风险评估分析框架：风险感知的视角》，《中国行政管理》2014年第4期，第102—108页。

建设项目社会稳定风险与项目所在区域社会治安状况密切相关。项目所在区域社会治安状况分析评估是建设项目社会稳定风险评估重要内容之一。

（三）经济有关因素

经济因素是构成建设项目所在区域社会因素之一。一个地区的经济发展水平及人民的生活水平在很大程度上决定了该地区对外来事物的接受能力，接受程度越高，该方面对建设项目建设运行中的影响就越小，带来的社会稳定风险就越小。经济因素在项目的全寿命周期内长期存在，影响频率高，交叉作用多，形成较为复杂[1]。建设项目社会稳定风险识别要充分考虑建设项目所在区域的经济因素，区域经济因素主要分析经济发展状况、产业结构等因素。

1. 经济发展因素

区域经济发展状况主要体现在地方生产总值、人均收入、固定资产投资、基础设施等指标。各项经济指标与国家、地方平均水准进行对比分析，各项指标值比平均水准高，对应地区的经济发展状况就好，建设项目的建设运行的风险就小，建设项目的建设运行对地区经济发展带来的风险也就越小。

经济发展状况也体现在市场状况，市场状况主要体现在当地的市场需求及市场收益。市场需求带来的风险是指由于区域内经济等因素使市场需求变化，导致市场预测与实际需求之间出现差异而产生的风险。建设项目的建设运行如能发挥平衡市场预测与实际需求之间的差异，建设项目对地方经济发展就有促进作用[2]。

2. 产业结构因素

产业结构是指各产业的构成及各产业之间的联系和比例关系。产业结构分析可以以产业结构层次和经济结构效益为主要指标。产业结构层次指第一产业、第二产业和第三产业各自所占的比例，以及每个产业内部组成结构的比例。产业结构层次风险主要是因三个产业结构比例不合理、产业

---

[1] 祁世芳、贾月阳：《工程项目的风险管理研究》，《太原理工大学学报》2002年第1期，第95—99页。

[2] 亓霞、柯永建、王守清：《基于案例的中国PPP项目的主要风险因素分析》，《中国软科学》2009年第5期，第107—113页。

结构层次低、经济发展比较单一等问题，经济基础薄弱，影响建设项目的投入使用[①]；经济结构质量指产业内部生产力的大小、经济结构的效益状况等。不同地区不同产业的发展状况不同，对经济发展的质量影响也不同，建设项目对本地区升值空间带来的影响也不同。建设项目风险识别中要充分考虑产业结构层次和经济结构质量，把项目特点与当地产业结构的优化结合起来，避免产生由项目导致的区域经济结构风险。

（四）其他因素

建设项目所在区域社会因素分析除人口因素、社会及经济有关因素外，还应分析一些其他因素，包括：自然人文景观、民族宗教风俗和军事科技等因素。

1. 自然人文景观

自然与人文景观是自然与人文的有形体与环境氛围配合的系统，是非常重要的自然环境与社会外观环境。建设项目所在区域内的名胜景点、文物古迹，都是建设项目所在区域的文化资源、历史资源、旅游资源，是区域文化结构的重要组成部分，具有历史价值、科学价值、艺术价值，是宝贵的物质财富和精神财富。

建设项目的实施，在促进区域社会经济发展的同时，也可能会影响项目所在区域的自然地貌、原始景观，以及区域内文物、遗迹、名胜景点等，给建设项目所在区域的生态环境、景观资源、视觉环境等造成破坏，其中有些将成为不可逆转的损失。建设项目对景观环境的严重影响会导致社会问题，如建设项目的建设与使用，区域内人文景观、自然景观的景观环境和视觉环境被影响和破坏的程度，轻则引起公众的关注，重则导致公众的反对，产生社会不稳定[②]。

建设项目社会稳定风险评估需要对项目所在区域存在的自然与人文景观的具体性质和景观构成的种类进行分析和信息的收集。如文物古迹按照文物史迹进行分类，可划分为：全国重点文物保护单位、省（自治区、市）文物保护单位、县（市）文物保护单位；按照文物藏品进行分类，

---

① 童文兵：《转型期武陵山区土家族经济发展状况分析》，《贵州民族研究》2014 年第 9 期，第 150—153 页。

② 董小林等：《公路建设项目环境后评价》，人民交通出版社 2004 年版，第 230 页。

可划分为：一级文物、二级文物、三级文物。

　　为明确我国风景名胜区的类型状况，科学地实施对风景名胜区的分类管理，以及相应类别风景名胜区的规划、设计、建设、管理、监测、保护和统计等工作，便于与国际上国家公园各类型的比较，我国制定了中华人民共和国行业标准——《风景名胜区分类标准》。一般而言，建设项目所在区域存在的文物、名胜等级越高，就越珍贵，项目对其所产生的风险因素越应高度重视。

　　在建设项目各类评价中都涉及对景观的影响评价，如评价区域虚拟景观开发、利用程度；评价区域虚拟景观所处地理位置、交通便利程度；评价区域具象景观观赏价值的高低；评价区域具象景观的典型程度，包括风土人情、建筑物、构筑物等；评价区域具象景观观赏价值的高低。拟建项目的景观风险评估，就是结合上述景观评估要点分析评估建设项目的实施对区域景观影响的风险度。

　　2. 民族宗教风俗

　　我国幅员辽阔，是一个多民族的国家。不同民族的民族成员所共同信奉的宗教、风俗是特定社会文化区域内历代人们共同遵守的行为模式或规范。我国的民族政策对我们整个国家的团结、进步、发展有着重要的意义和巨大作用。我国对少数民族有许多政策，建设项目的实施必须遵循这些政策，也要综合考虑当地的发展政策及其民族传统风俗习惯。因自然条件的不同和社会文化的差异，宗教风俗的行为规范不尽相同。人口的民族构成也体现在建设项目所在区域内，对项目所在区域存在的民族宗教文化要充分重视。建设项目所在区域少数民族所占比例越大，民族多样性越多，建设项目的风险评估需要考虑的文化风俗等方面的因素就应越多，以防范由建设项目导致的这类社会风险的发生。在风险调查中，需要收集民族宗教信仰风俗的相关资料，分析项目可能与项目所在地群众的宗教信仰和风俗习惯是否有冲突，为项目风险评估提供依据。

　　3. 军事与科技因素

　　对于拟建项目所在区域存在的军事机构，在项目决策阶段要充分考虑军事单位的特殊性与重要性，按照规定开展风险评估工作。如果存在军事方面的风险，需要重新对建设项目的选址、选线，进行规划设计。

　　对于拟建项目所在区域存在重大科学技术实验机构或单位，同样应充分考虑重大科学技术实验机构的特殊要求与科学规定,特别是所在区域已形成的重大科学技术实验设施,要认真开展拟建项目风险评估工作。如果存在科学技术的风险,也需要重新对建设项目的选址、选线进行规划设计。

4. 其他相关因素

根据建设项目特征和项目所在区域状况,对其他相关因素进行进一步分析。分析项目建设、运行对当地文化、生活习惯的影响,如地方传统文化、生活习惯、社区品质等方面的改变等;分析项目建设、运行对周边土地、房屋价值的影响,如土地价值变化量和变化率、房屋价值变化量和变化率等;分析项目建设、运行引起当地民众基本生活成本（水、电、燃气、公交、粮食、蔬菜、肉类等）的变化等,分析项目建设、运行对当地公共配套设施的影响,如对教育、医疗、体育、文化、便民服务等配套设施的影响等;分析项目建设、运行对当地商业经营状况的影响;媒体舆论导向是否客观公正准确地发布项目建设信息,是否进行正面引导,项目当地民众是否受到媒体的关注以及媒体舆论对他们导向性的有关信息。

二 项目所在区域自然因素

建设项目所在区域自然因素是自然环境的组成要素,如大气、水、土壤、植物、动物、岩石矿物、太阳辐射等。通常把这些因素划分为大气圈、水圈、生物圈、土壤圈、岩石圈5个自然圈。自然环境是人类赖以生存和发展的物质基础,自然环境影响着人类的活动,人类的活动也影响着自然环境。

建设项目所在区域自然环境多样,自然因素众多,建设项目等人类活动稍有不慎,就会破坏自然环境,自然环境的污染与破坏又会影响民众的生活生产,严重的环境问题导致风险事故的发生,引发社会不稳定。因此建设项目风险的识别需对项目所在区域的自然因素进行分析,自然因素包括环境要素因素和生态环境因素,见图5-6所示。

（一）项目所在区域环境要素因素

自然环境的主要环境要素组成有大气环境、水环境、土壤环境、声环境等。

建设项目的建设与使用对自然环境影响的一个主要方面是环境污染。

环境污染是由于实施建设项目等人类活动,使得有害物质进入环境,在环境中扩散、迁移、转化,使得各环境要素系统的结构与功能发生变化,导致环境质量的下降,对人类和其他生物的正常生存和发展产生不利影响的现象。对环境的污染按污染物性质可分为:化学污染、生物污染、物理污染等;按环境要素可分为大气污染、水污染、土壤污染、声污染等。就具体建设项目评估而言,建设项目产生的重要影响主要是指项目对其所在区域的大气环境、水环境、土壤环境及其他环境因素产生的影响,这些影响严重时可能形成环境风险因素。

1. 大气环境

大气环境是指生物赖以生存的空气的物理、化学和生物学特性。建设项目对所在区域大气环境的污染是指建设项目排放到大气中一些物质的含量达到有害的程度以至破坏大气正常的系统和功能,对人或物造成危害的现象。严重的大气污染不但影响项目的正常开展,对项目所在区域民众的生产生活造成危害,可能产生社会问题,因此要重视大气环境相关因素识别工作。

2. 水环境

水环境是指自然界中水的形成、分布和转化所处空间的环境,是直接或间接影响人类生活和发展的水体。如果建设项目实施中的有害物质进入水体,会使水质变差甚至恶化,造成水的使用价值降低或丧失。水环境质量也会影响项目的正常开展,严重的水环境污染对项目所在区域民众的生产生活危害很大,易导致社会不稳定,因此要特别重视项目对水环境产生污染和破坏的相关因素影响识别工作。

3. 土壤环境

土壤环境是指在诸多因素长期作用下形成的土壤生态环境。土壤环境问题是指由于各种原因使土壤衰弱、土壤退化、土壤破坏。在项目建设和使用的过程中,采用的材料和方式方法以及废渣、废水、废气等的不当处理均有可能使土壤受到影响,严重的使土壤结构遭到破坏,土壤环境污染与破坏的修复需要很长时间。土壤环境问题直接影响到农田、林地、牧场等,易产生社会问题。土壤环境因素是项目社会稳定风险评估的重要风险因素。

4. 其他环境因素

其他环境因素包括项目实施中对其所在区域的声环境、资源环境等的影响，特别重视项目对环境可能产生的严重不利影响。对一些建设项目而言，在项目社会稳定风险评估中还应该重视光环境、辐射环境等因素产生的风险。

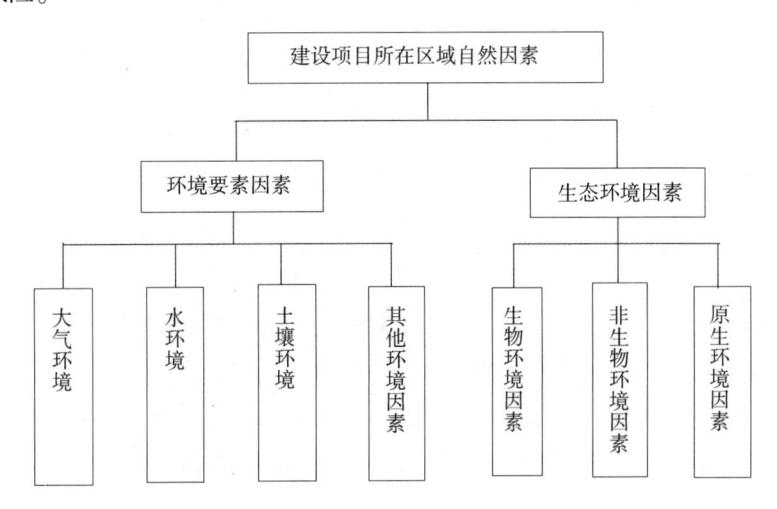

```
                建设项目所在区域自然因素
                    ┌──────┴──────┐
                环境要素因素        生态环境因素
            ┌────┬────┬────┐    ┌────┬────┬────┐
          大气  水  土壤  其他  生物  非生物 原生
          环境  环境 环境  环境  环境  环境   环境
                          因素  因素  因素   因素
```

图 5-6　项目所在区域生态环境因素

（二）项目所在区域生态环境因素

生态环境是指由生物群落及非生物自然因素组成的各种生态系统所构成的整体，是对生物生长、发育、生殖、行为和分布有影响的环境因子的综合。生态环境不利影响的一个主要方面是生态破坏，生态破坏的原因有人为的和自然的两种。人为的生态破坏是由于有些建设项目等人类活动违背了自然生态规律，引起的生态退化以及导致生态环境结构与功能的变化，由此而衍生的有关环境效应。生态破坏的发生对人类和其他生物的生存与发展产生了严重影响。环境破坏的恢复相当困难，有些甚至很难恢复。建设项目所在区域的生态环境因素包括动物、植物等生物环境因素，非生物环境因素，以及洪水、滑坡等自然原因的原生环境因素。

1. 生物环境因素

生物环境主要指适于植物和动物的生长和生存环境。生物与环境是相互适应和影响的，在建设项目规划、建设和使用的过程中都要评估拟建项目的实施对于所在区域生物环境的影响，保证生物生存环境的适用性，不能发生因建设项目导致的生物环境破坏风险。生物环境遭到破坏表现为一些动物物种濒临灭绝或消失，森林覆盖率锐减，草原退化等。

在建设项目各类评价中都涉及对生态环境的影响评价，如评价项目所在区域动物、植物物种的丰富程度，是否具有国家级保护动物和珍禽异兽，是否具有国家级保护植物或奇花异草。评价建设项目影响项目所在区域生物种群繁衍及动、植物多样性的程度等。

2. 非生物环境因素

非生物环境是生态系统中非生物因子的总称，由光、空气、水、土壤、温度等物理、化学因子和其他非生命物质组成。非生物的范畴非常宽广，非生物环境是生物赖以生存的基础。非生物环境因素是拟建项目的风险评估分析的因素之一，因为建设项目的实施会对区域非生物环境产生影响甚至破坏。非生物环境破坏，如不合适的建设活动等造成的水土流失、沙漠化、地面下沉、资源破坏、地质结构破坏、地貌景观破坏等。

对拟建项目的生态风险评估，就是结合上述生态环境因素的分析，评估建设项目的实施对其所在区域生态环境影响的风险度。

3. 原生环境因素

原生环境因素指自然因素，原生环境灾害即为自然灾害。自然灾害是指由于自然环境异常变化造成的人员伤亡、财产损失等现象或事件。自然灾害的形成要具备两个条件：一是由于自然本身的变化而导致产生自然灾害风险或发生自然灾害；二是在某种自然灾害影响的范围内又受到自然灾害损害的人、财产、资源等。自然灾害包括：地震、台风、海啸、火山、滑坡、旱灾、洪涝、冻害、森林火灾等等。对于项目所在区域原生自然环境因素的识别，分析项目所在区域自然灾害发生的类别、频次与程度，从建设项目的全过程加以防范，减少自然因素对建设项目及项目所在区域社会的影响和破坏。也要防止建设项目的实施诱发自然灾害风险因素，导致自然灾害的发生。

第六章　建设项目风险评估方法

建设项目风险评估是在风险管理目标限度条件的要求下，对项目风险防范与管控的能力进行定性和定量分析，从而确定建设项目风险管理的水平与风险管理实际的绩效。在建设项目风险评估过程中，项目风险评估方法科学有效的选择使用是风险评估的关键环节与途径。建设项目风险评估的对象是建设项目与项目所在区域社会环境的复合体，进行建设项目风险评估就是把建设项目的内部与外部联系起来，以定量和定性的分析评估方法表现出建设项目风险管理全过程各个系统间的协调关系与程度。所以项目风险评估方法应既有具体的科学分析手段，同时又能反映出分析对象及其分析过程综合性的要求。

第一节　建设项目风险评估指标体系构建

构建风险评估指标体系是风险评估的基础。根据风险评估指标体系，采用合适的风险评估方法评估建设项目风险及其项目所在区域社会稳定风险的状态，以此提出加强项目风险有效管理、防范和管控风险的措施，据此进行主动、有效的项目风险管理。构建建设项目风险评估指标及其指标体系需要以项目风险因素识别的结果为基础。第五章关于建设项目社会稳定风险因素识别分析的结果是建设项目风险评估指标及其指标体系构建的依据。

一　项目风险评估指标的选取和确定

建设项目风险评估指标是反映建设项目客观存在的各种风险因素的概念和数量，是评估和控制建设项目风险的工具。建设项目风险评估指标体系是指由一系列互相联系、互相补充的风险评估指标所组成的统一指标集合体。建设项目风险评估指标能够描述说明某一风险因素的情况，项目风险评估指标体系能够反映建设项目及项目所在区域存在风险的整体状况，从而揭示评估对象的本质。由于建设项目及其所在区域的社会与自然系统是一个错综复杂的综合体，所以必须使用一系列的指标从多个方面分析评估阐述建设项目全过程的风险状况及影响规律，为正确协调建设项目与社会发展提供科学依据。

对于具体的建设项目而言，对其进行风险评估指标选取和确定，应在第五章分析论述项目内部和外部风险因素识别的基础上，根据具体建设项目及其所在区域的实际情况纳入风险评估的风险因素筛选。纳入项目风险评估的风险因素作为风险评估指标，包括根据实际情况调整、增减的风险因素作为风险评估指标。对于增加的与具体拟评估项目有紧密关系的风险评估指标，需要列出所添加的风险评估指标的具体内容，以及其对建设项目可能产生的影响程度的确定，最终确定该建设项目的风险评估指标体系。

二 项目风险评估指标体系的构建

建设项目风险评估指标体系是由若干个反映建设项目风险因素与风险管理状况的相互独立又相互联系的项目风险评估指标所组成的整体。建设项目风险评估指标体系是反映和评估建设项目风险管理整体状况的工具和手段。项目风险评估指标体系可以比较全面地描述建设项目风险，以及项目所在区域内项目风险影响区域社会稳定现象的变化过程，对建设项目的活动起着重要的计划、控制和指导作用。

建设项目风险评估指标体系的设置应能从不同的角度来反映项目自身与项目所在区域社会、经济、环境之间的风险现象，设置建设项目风险评估指标体系应遵循以下原则：

（1）科学性原则。风险评估指标体系中的各项评估指标应具有较好的代表性，且各项评估指标能够进行科学有效的定量与定性分析。风险评估指标体系内容和范围应有明确统一的要求，在使用中有明确具体的说明，便于对项目风险进行评估。

（2）整体性原则。风险评估指标体系应能综合反映项目自身与项目所在区域社会、经济、环境之间的相互作用，以利于评估项目自身风险与其所在区域社会稳定风险及其评估相互间的关系。

（3）指导性原则。风险评估指标体系应能对建设项目社会稳定风险评估工作起到指导作用，对建设项目风险管理工作发挥指导和监督作用。

按照第五章对建设项目风险因素识别的分析，结合建设项目社会稳定风险评估的要求，建设项目风险评估指标体系分为两类指标：一是建设项目风险内因指标；二是建设项目风险外因指标。项目风险内因指标的组成主要包括建设项目自身状况和建设项目自身风险因素指标等；项目风险外因指标的组成主要包括项目所在区域社会、自然条件，以及与项目相关的法规政策和项目所在区域社群环境变化情况等指标等。据此，建设项目风险评估指标体系由2个一级指标，4个二级指标，13个三级指标，以及若干基层指标组成，如表6-1所示。建设项目社会稳定风险评估需要对项目内外均进行分析评估，所以形成了评估所要求的建设项目风险内部指标体系与风险外部指标体系。表6-1给出的建设项目风险评估内部指标与外部指标，及其根据评估需要而分解的各级指标。各级评估指标的具体内容可根据项目及项目所在区域的相关资料和调查工作给出，并进行指标的定量数据与定性分析的文字论述。

在建设项目社会稳定风险评估实际工作中，项目风险评估指标的确定还应考虑建设项目全过程因素，即项目建设前期、建设期和使用期因素。虽然建设项目社会稳定风险评估工作主要是在项目前期进行，但项目风险评估的内容、要求与期限应覆盖建设项目全过程。所以建设项目风险评估指标体系应结合建设项目全过程风险管理的要求，在具体项目风险评估工作中体现项目全过程因素。

第二节　建设项目风险分析评估基本方法

建设项目风险评估方法是判断建设项目能否稳定发展，保持社会稳定的重要技术手段。本章第一节分析了能够表征项目风险及项目所在区域社会稳定风险的风险评估指标体系，如何将风险评估指标进行量化、对风险评估指标体系进行综合分析成为建设项目风险评估的关键。可采用的项目风险评估方法比较多，比较常用的方法主要有专家打分法、层次分析法、

表6-1 建设项目风险评估指标体系

分类指标（一级指标）	构成指标（二级指标）	分解指标（三级指标）	指标说明	备注
建设项目风险内因指标	项目自身状况	项目规模	根据第二章对建设项目类别分析，划分建设项目大、中、小型规模	1. 三级指标结合拟评估项目的具体情况，可以进一步细分，确定风险评估所需的基层风险评估指标； 2. 该指标体系可用于建设项目全过程各阶段的风险评估工作； 3. 对于具体评估项目开展风险评估应结合该具体项目自身特征与所处环境特点对指标体系进行符合实际的补充修改完善
		项目活动程度	根据第二章所论述的，结合建设项目自身的具体情况以确定建设项目活动的大、中、小程度	
	项目内部风险	项目工程风险	根据第五章所论述的风险因素识别分析及项目外部区域的相关内容评估拟评估项目自身的内部风险各评估指标内容	
		项目环境风险		
		项目生态风险		
		项目经济风险		
		项目安全风险		
建设项目风险外因指标	项目所在区域社会、自然条件	人口密度	指项目所在区域的人口密度	
		人群聚集程度	指项目直接影响区域中人群聚集在最小行政区划（或企业、单位）里的人口数或人口密度	
		地方生产总值	指项目所在区域的地方生产总值	
		生态状况	指项目所在区域生态环境状况	
	与项目相关的外部因素	与项目相关的政策、规定变化程度	指在项目建设前期、建设期和使用期，环境保护等领域政策、规划政策目相关的法规、政策等发生变化，这种变化的内容多少、幅度大小，以及可能对项目实施的影响	
		项目所在区域的外部因素影响程度	指项目在项目前期的有关工作，项目建设与使用期间相关的各种材料、各种设备、各种产品的运输，由于项目木性等特殊要求，对项目及项目所在区域人员往来及一些技术性等特殊要求，对项目及项目所在区域的影响	

第六章　建设项目风险评估方法

主成分分析法、熵权法、模糊综合评估法等。各种评估方法均有其不同的特点，在对具体项目进行风险评估时，需要有针对性地、有效地、灵活地选择运用合适的风险评估方法。本节对比分析几种常用的评估方法，依据定量定性相结合、便于实际操作等原则，本研究选择模糊综合评估法为综合评估方法，并对其综合评估流程进行分析。

一　专家打分法

专家打分法是专家评估法中的一个技术手段。专家打分法是通过对所研究问题采用专家分级打分制的手段，对涉及研究问题领域的专家征询意见来综合定量分析问题的一种基础评估方法。通常以调查问卷的形式征询专家意见，采集反应研究内容的专家打分。通过选择专家、提供研究问题背景资料、专家评审、汇总反馈、专家修正等程序，最终形成专家对研究问题的评估结论。

专家打分法有以下特点：

（1）简单直观。专家打分法的计算简单，易于操作，设定了评估等级，不同等级程度赋予不同的打分值，直观明了。

（2）结果较为可靠。打分主体是研究评估问题涉及领域的专家，对于研究评估问题有较深入的了解，同时专家打分法将难以用技术手段量化的指标进行定量评估，因此结果也更为可信。

本研究针对所构建的建设项目风险评估指标体系，对拟进行风险评估项目的最基层的风险评估指标进行专家咨询调查，依靠专家的知识、经验和判断能力对建设项目可能产生的内因风险因素指标和外因风险因素指标进行项目风险预测的评估打分，从而分析出项目风险程度与频度较高的部分，并提前采取措施预防。根据本研究内容，结合第六章第一节表6-1所示的建设项目风险评估指标体系，设计建设项目风险程度判别专家打分表的一般形式，如表6-2所示。

表6-2所示的指标按照数据来源的客观性与主观性可分为可测指标和不可测指标。可测指标一般是可以通过测量统计得出指标值的客观性指标，而不可测指标是通过专家的经验打分评判的主观性指标。可测指标，如"项目规模""人口密度""地方生产总值"等，可以按照可测统计数据的高低定量划分；不可测指标，如"与项目相关的政策、规定的变化

表6-2 建设项目风险程度判别专家打分表

一级指标	二级指标	三级指标	指标判别等级1 风险高	指标判别等级2 风险较高	指标判别等级3 风险中等	指标判别等级4 风险较低	指标判别等级5 风险低
建设项目风险内因指标	项目自身状况	项目规模					
		项目活动程度					
	项目自身风险因素	项目工程风险					
		项目环境风险					
		项目生态风险					
		项目经济风险					
		项目安全风险					
建设项目风险外因指标	项目所在区域社会、自然条件	人口密度					
		人群密集程度					
		地方生产总值					
		生态状况					
	与项目相关的外部因素	与项目相关的政策、规定、变化程度					
		项目所在区域的外部因素影响程度					

注：1. "指标判别等级"指指标自身统计数据或者感知水平的高低；

2. 对于正向性指标，即指标越大，风险越小。水平由小到大对应水平"指标等级" 1—5，对应风险程度递减；逆向性指标相反；

3. 风险程度采用0—100，5等分区间打分，其中（80—100）对应风险水平高，(0—20) 对应风险水平低，各个区间均为左闭右开区间。

程度"等，可以按照专家的经验感知进行判别分级。

此外，除了依据专家对所研究问题进行打分判断分析，也可以通过建设项目公众参与调查和现场实地考察等手段，运用打分法听取社会公众的意见和建议，进行项目风险预判识别。

二 层次分析法

层次分析法是一种将所研究的复杂系统进行层层分解，分解成目标层、准则层和方案层等层次，并在此基础上确定各个指标或方案权重进行决策的一种定性与定量相结合的方法。层次分析法的基本流程为建立递阶层次模型、构造判断矩阵、计算特征向量、一致性检验。通过计算上下层各个指标的权重值来确定最下层各个指标的最终综合权重值，得出下层各个指标对最终目标的影响程度。

层次分析法特点较为明确：

（1）层次分析法对所研究问题的分层及每层表征性指标的提取要求较高，即在运用层次分析法进行分析之前必须建立明确全面的分层指标体系；

（2）将定性分析与定量分析、逻辑经验判断与数学处理有效结合，能够较好地满足多元多层次综合评估的需求。

本研究将建设项目风险分解为"建设项目内因指标"和"建设项目外因指标"两个一级指标，再将一级指标进一步细分，直至得到最终细致、易于判断的基层指标，其结构如图6-1所示。然后逐层构建判断矩阵，求解特征向量、一致性检验来求解每层各指标的权重。

三 熵权法

熵权法是一种基于多个被评估方案的多元指标信息熵对各个指标进行客观赋权，从而对方案进行综合评估的方法。熵权法的基本流程为确定评估指标熵权、计算方案与正负理想解的距离、计算方案的贴近度等，在此工作基础上对分析对象进行综合评估。

在对多个评估对象的风险进行评估时，先确定风险评估指标，构建风险评估指标体系，对原始数据标准化后建立评估矩阵 $V_{m \times n}$，m为风险评估对象的个数，n为风险评估指标个数。

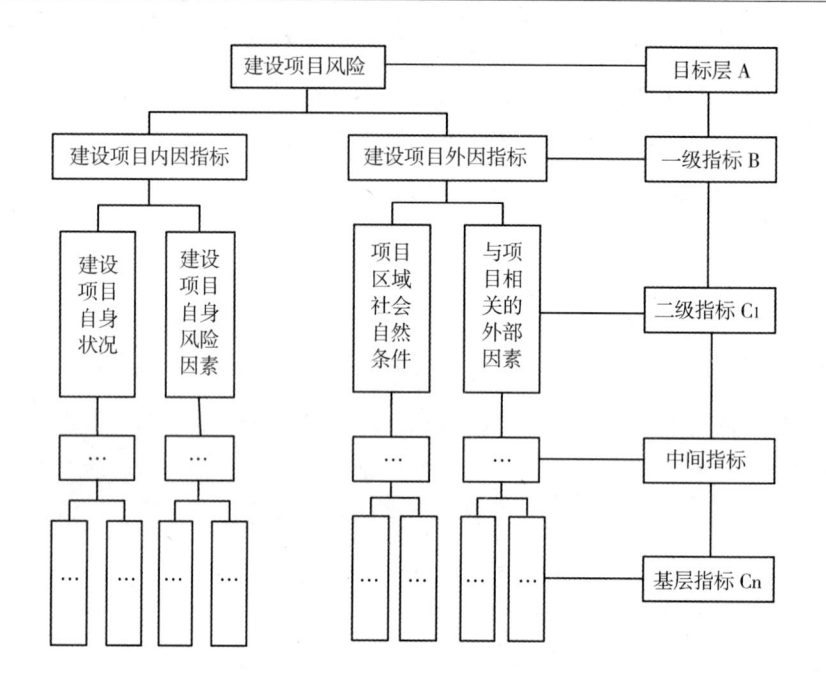

图 6 - 1　层次分析法指标层次图

其次，根据公式（6 - 1），利用信息熵对指标进行客观赋权，

$$W_i = \frac{1 - H_i}{m - \sum_{i=1}^{m} H_i} \quad (6-1)$$

式中：$H_i = -\frac{1}{\ln n}\sum_{j=1}^{n} f_{ij}\ln f_{ij}$，称为待评估指标的信息熵；$f_{ij} = \frac{V_{ij}}{\sum_{j=1}^{n} V_{ij}}$ 称为排放强度评估指标的特征比重。原始风险评估指标和权重向量的乘积即为基于熵权的评估矩阵。

最终，确定风险评估指标正负理想解，计算方案与正负理想解的距离、计算评估对象的贴近度从而对对象风险大小进行综合评估。通常，方案贴近度的取值介于 0 到 1 之间，越接近于 1，说明评估对象贴近度越高，与正理想解的距离越小，风险越小。

熵权法的主要特点：

（1）熵权法是一种客观赋权的方法，即每个指标的权重是由所给样本方案指标的信息熵确定的，不同方案进行多次评估时，其权重会根据信息熵产生变化；

（2）熵权法的样本不能是单个方案，只适合用于多元指标的多方案综合评估。

四 主成分分析法

主成分分析法是一种采用降维思想，将数目较多的指标按照其表征意义集合成高度概括的综合指标，根据集合后的综合指标对评估对象进行评估的定量综合评估方法。主成分分析法通常适用于多个评估对象多个量化指标的情况。主成分分析法的基本流程为：对多个评估对象的原始数据进行标准化，确定指标相关系数矩阵，如式（6-2）所示，其中，p 为原始指标的个数，n 是待评估对象的个数：

$$R = \begin{pmatrix} r_{11} & r_{12} & \cdots & r_{1p} \\ r_{21} & r_{22} & \cdots & r_{2p} \\ \vdots & \vdots & \vdots & \vdots \\ r_{n1} & r_{n2} & \cdots & r_{np} \end{pmatrix} \quad (6-2)$$

解特征方程 $|\lambda I - R| = 0$ 求出特征值，并使其按大小顺序排列 $\lambda_1 \geq \lambda_2 \geq \cdots \geq \lambda_p \geq 0$，所求的 λ 即为方差贡献率，根据要求的累积贡献率（一般为85%），选取 m 个特征值。

计算相关系数矩阵特征根的单位特征向量从而确定 m 个主成分 Z_i，根据公式（6-3）计算各个指标的主成分的载荷，

$$e_{ij} = p(z_i, x_j) = \sqrt{\lambda_1} e_{ij} \quad (6-3)$$

最终分别求出待评估对象在 m 个主成分的综合评估值即可。

主成分分析法的主要特点：

（1）主成分间不相关，大大提高了主成分的独立性；

（2）主成分分析需要对相似指标进行综合，因此，原始指标的数量不宜太少，必须保证一定的数量。

五 模糊综合评估法

模糊综合评估法是一种基于模糊数学的隶属度理论对难以量化的问题进行定量化评估的一种综合评估理论。该方法通过构建隶属度函数分析某

一指标或者对象落入不同评语集合的隶属度，从而对该指标或者对象有一个直观的评判。其流程一般为构建模糊综合评估指标体系、确定权向量、通过隶属度函数计算评估矩阵、合成权向量和评估矩阵等。

模糊综合评估法的主要特点：

（1）模糊综合评估通过构建隶属度函数解决了现实中对某一模糊的研究对象的划分，根据其隶属度确定研究对象所属评估范围；

（2）能够定量定性相结合，满足多层次多元指标的综合评估。

模糊综合评估一般包含评估指标体系构建、权重及隶属度确定、权重及隶属度合成、综合评估等流程。结合本研究的研究内容，对其基本流程的叙述如下：

（一）评估指标体系构建

建设项目风险评估指标体系包括多个层次，为了便于分析，假设其递阶层次结构如图6-2所示：

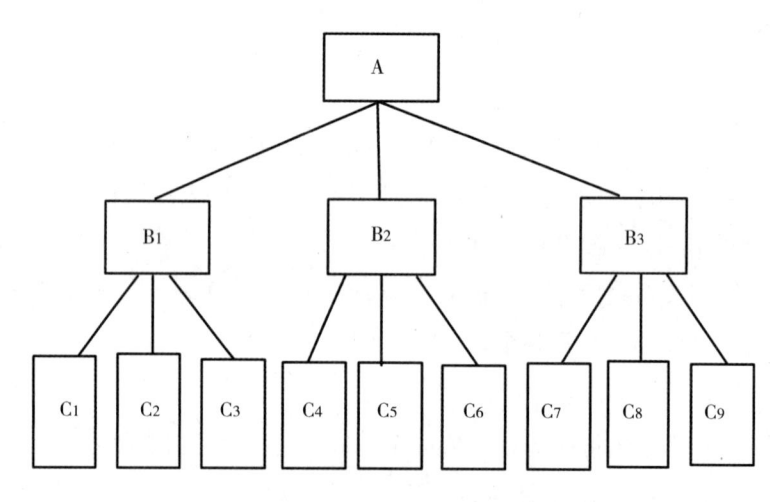

图6-2 指标体系递阶层次图

建设项目风险体系递阶层次图的层数应根据不同的划分方法具体确定，不同的划分方法层数可能不同。

（二）确定各指标权重

运用萨蒂比例标度进行打分，确定一级指标即准则层指标的权重，其中，萨蒂比例标度如表6-3所示：

表 6-3　　　　　　　　　　　　萨蒂比例标度

指标 i 与 j 相比	极端重要	强烈重要	明显重要	稍微重要	同等重要	稍微不重要	明显不重要	强烈不重要	极端不重要
评估值	9	7	5	3	1	1/3	1/5	1/7	1/9
备注	取 8、4、2、1/2、1/4、1/8 为上述评估值的中间值									

1. 运用萨蒂比例标度进行各个指标重要性判断，如表 6-4 所示。

表 6-4　　　　　　　　　　　C_1—C_3 萨蒂打分表

B_1	C_1	C_2	C_3	指标权重 W	排序	一致性指标
C_1	1	X_{12}	X_{13}			
C_2	X_{21}	1	X_{23}			
C_3	X_{31}	X_{32}	1			

注：$X_{12}=1/X_{21}$，$X_{13}=1/X_{31}$，$X_{23}=1/X_{32}$

建立风险评估指标重要性判断矩阵，如式（6-4）所示：

$$R = \begin{pmatrix} 1 & x_{12} & x_{13} \\ x_{21} & 1 & x_{23} \\ x_{31} & x_{32} & 1 \end{pmatrix} \qquad (6-4)$$

2. 检验判断矩阵

计算判断矩阵的最大特征值和对应特征向量，即：

$$AX = \lambda_{max} X \qquad (6-5)$$

进行一致性检验：$CR = \dfrac{CI}{RI} < 0.1$ 时，通过一致性检验，否则，需重新进行指标重要性判断。

其中：

$$CI = \frac{\lambda_{max} - n}{n - 1} \qquad (6-6)$$

RI 如表 6-5 所示：

表 6-5　　　　　　　　　　　RI 标准值

阶数	3	4	5	6	7	8	9
RI 值	0.51	0.90	1.12	1.25	1.35	1.42	1.46

假设通过检验，则特征向量归一化之后即为权向量 $\vec{W}_{B1}$（b_{11}，b_{12}，b_{13}）。同理可得，B_1、B_2、B_3 相对于目标层 A 的权重向量 $\vec{W}_A$（a_1，a_2，a_3）。则 C_1、C_2、C_3 三个指标综合权重为 $\vec{W}_1$（$a_1 \cdot b_{11}$，$a_1 \cdot b_{12}$，$a_1 \cdot b_{13}$）。最终结果计算表 6-6 所示：

表 6-6　　　　　　　　　　综合权重计算

目标层	目标层权重	准则层	准则层权重	指标层	指标层权重	综合权重
A	1	B_1	a_1	C_1	b_{11}	$a_1 * b_{11}$
				C_2	b_{12}	$a_1 * b_{12}$
				C_3	b_{13}	$a_1 * b_{13}$
		B_2	a_2	C_4	b_{21}	$a_2 * b_{21}$
				C_5	b_{22}	$a_2 * b_{22}$
				C_6	b_{23}	$a_2 * b_{23}$
		B_3	a_3	C_7	b_{31}	$a_3 * b_{31}$
				C_8	b_{32}	$a_3 * b_{32}$
				C_9	b_{33}	$a_3 * b_{33}$

（三）确定各指标的隶属度

结合本研究内容，可采取专家投票统计的方法确定其隶属度。如对某一指标，10 位专家对（v_1 风险强烈，v_2 风险较强烈，v_3 风险中等，v_4 风险较弱，v_5 风险弱）投票人数分别（5，2，2，1，0），那么其隶属度为（0.5，0.2，0.2，0.1，0），通过计算各个指标的隶属度，便可得到其隶属度矩阵。

（四）合成权重与隶属度矩阵

即 $V = \vec{W} \times R$，其中符号"×"是建设项目风险权重向量与建设项目风险隶属度矩阵的合成运算算子，本研究采用加权平均算子进行合成。

合成时，由底层指标逐渐往上合成，以三层递阶层次指标体系为例，结合表 6-6 中的风险评估指标权重，先将底层建设项目风险评估指标的权重与隶属度进行合成，如式（6-7）至式（6-9）所示：

$$\vec{V}_{B1} = (b_{11}, b_{12}, b_{13}) \times R_{B1} = (v_{11}, v_{12}, v_{13}, v_{14}, v_{15}) \quad (6-7)$$

$$\vec{V}_{B2} = (b_{21}, b_{22}, b_{23}) \times R_{B2} = (v_{21}, v_{22}, v_{23}, v_{24}, v_{25}) \quad (6-8)$$

$$\vec{V}_{B3} = (b_{31}, b_{32}, b_{33}) \times R_{B3} = (v_{31}, v_{32}, v_{33}, v_{34}, v_{35}) \quad (6-9)$$

（五）风险综合评估

从式（6-7）至式（6-9）最终三个向量评语集中，按照最大隶属度原则，即可对 B_1、B_2、B_3 的风险进行综合评估，确定其风险等级。即：

对于 B_1：

Max $(v_1, v_2, v_3, v_4, v_5) = v_1$，$B_1$ 风险强烈

Max $(v_1, v_2, v_3, v_4, v_5) = v_2$，$B_1$ 风险较强

Max $(v_1, v_2, v_3, v_4, v_5) = v_3$，$B_1$ 风险中等

Max $(v_1, v_2, v_3, v_4, v_5) = v_4$，$B_1$ 风险较弱

Max $(v_1, v_2, v_3, v_4, v_5) = v_5$，$B_1$ 风险弱

同理可以得到 B_2、B_3 的风险等级，

再将上层指标即准则层权重与隶属度合成，即得到最终结果：

$$\vec{V}_A = (a_1, a_2, a_3) \times \begin{pmatrix} V_{11} & V_{12} & V_{13} & V_{14} & V_{15} \\ V_{21} & V_{22} & V_{23} & V_{24} & V_{25} \\ V_{31} & V_{32} & V_{33} & V_{34} & V_{35} \end{pmatrix}$$

$$= (V_1, V_2, V_3, V_4, V_5) \quad (6-10)$$

其中，V_1，V_2，V_3，V_4，V_5 分别代表风险"强烈""较为强烈""中等""较弱""弱"，按照最终评语集五个等级最大隶属度原则，即可对最终风险进行综合评估，确定其风险等级，即：

Max $(V_1, V_2, V_3, V_4, V_5) = V_1$，总风险强烈

Max $(V_1, V_2, V_3, V_4, V_5) = V_2$，总风险较强

Max $(V_1, V_2, V_3, V_4, V_5) = V_3$，总风险中等

Max $(V_1, V_2, V_3, V_4, V_5) = V_4$，总风险较弱

Max $(V_1, V_2, V_3, V_4, V_5) = V_5$，总风险弱

第三节　建设项目风险评估方法应用

关于风险评估的理论、方法和应用技术经过多年的发展，形成较为系统的体系。如何针对具体的分析对象，选用有效的评估方法，需要考虑评估的要求及其他条件的设定。各种评估方法由于思路不同、依据的理论不同、获取评估参数的方法不同等，在评估方法的应用中应进行必要的说明强调，以便使评估方法能够有效的应用。结合建设项目风险评估的特点和要求，一些在实际的项目风险评估工作中具有可操作性的、有效性的评估方法和技术，作为建设项目风险评估方法的应用基础。同时建设项目风险评估方法的有效应用也可以增强对项目风险评估实际工作的指导作用。

一　风险评估方法选择分析

评估方法有很多种，各种评估方法均有其特点。在各种评估方法中，选择合适的评估方法具体应考虑风险评估对象的特点、风险管理目标的要求及评估方法的特点等因素。也可以选用几种方法对同一评估对象进行综合评估，互相补充，以提高评估的科学性和结果的准确性。合理选择评估方法，发挥评估方法的优势，也是提高评估质量要求。选择评估方法时应综合考虑以下几个因素：

（1）风险评估对象的特点。如拟评估建设项目的类别、性质、规模等；项目所在区域的特征，如所在区域的自然生态状况、所在区域的社会环境状况等。

（2）风险管理目标的要求。风险管理目标是企业及项目相关方组织制定的宏观管理目标与微观管理目标。不同的风险管理目标要求实行对应的目标管理，对风险管理目标要求较高的项目往往采用较严格的评估方法。

（3）风险评估方法的实用性。在项目风险评估工作中，风险评估方法的实用性是指风险评估方法具有分析评估的实效性，同时具有适用性。

层次分析法（AHP）与模糊综合评估法是使用比较普遍而且使用效果也比较好的基本评估方法。这两种方法操作性较好，比较直观，适用于建设项目社会稳定风险评估，本研究主要以层次分析法与模糊综合评估相结合的综合评估方法作为建设项目社会稳定风险评估的主要分析方法，同时以其他分析方法作为辅助分析方法。

在建设项目社会稳定风险评估工作中，采用以层次分析法与模糊综合评估相结合的综合评估方法具有符合实际工作要求的特点。一是采用层次分析法确定各个指标的权重简单易操作，在建设项目社会稳定风险评估的实际工作中，可以通过咨询相关专家和有关人员，调查项目相关信息资料确定风险评估指标权重，由此得到的权重也比较可靠；二是基于人们通常对风险的感知，通过模糊综合评估的隶属度计算，可以将风险划分为五个不同的等级（风险大、风险较大、风险中等、风险较小、风险小）并作出风险等级评估，有助于决策者直观把握风险的大小；三是在风险评估指标体系中，既有定量化的指标，如人口密度，也有不易量化的指标，如人群密集程度和心理因素方面的指标，对于可量化的指标采用隶属度函数确定其隶属度，而对于难以量化的指标采用打分法确定其隶属度，能够较好地将定量定性相结合，从而保证了对所有定量和定性指标的综合考虑。

二 建设项目风险评估流程

为了便于建设项目风险评估实际工作的开展，使项目风险的综合评估方法更具操作性，结合模糊综合评估的基本步骤与流程，建设项目风险评估工作流程如图6-3所示。

（一）收集建设项目资料。包括建设项目自身的各类资料，对建设项目现场的调查，对项目所在区域进行公众参与调查等。根据建设项目的整体资料，结合表6-1，进一步补充风险评估二级指标，细化风险评估三级指标，根据项目风险评估工作的要求和需要，可建立四级基层指标。对初步建立的建设项目风险评估指标体系，进行讨论和论证，补充和完善，使风险评估指标体系涵盖建设项目潜在的各种风险，构建风险评估所需要的有针对性的建设项目风险评估指标体系。

（二）确定风险评估主体和指标权重。一般而言，为了保证评估的全面性、准确性，调查的主体应包括：建设项目相关领域专家、风险评估领域专家、项目所在地政府机构相关人员和项目所在地利益相关群体等。在风险评估主体确定之后，运用样表6-1，对图6-3所示建设项目风险评估流程第三步确定的指标逐层计算权重，直至评估主体对权重达成一致意见。

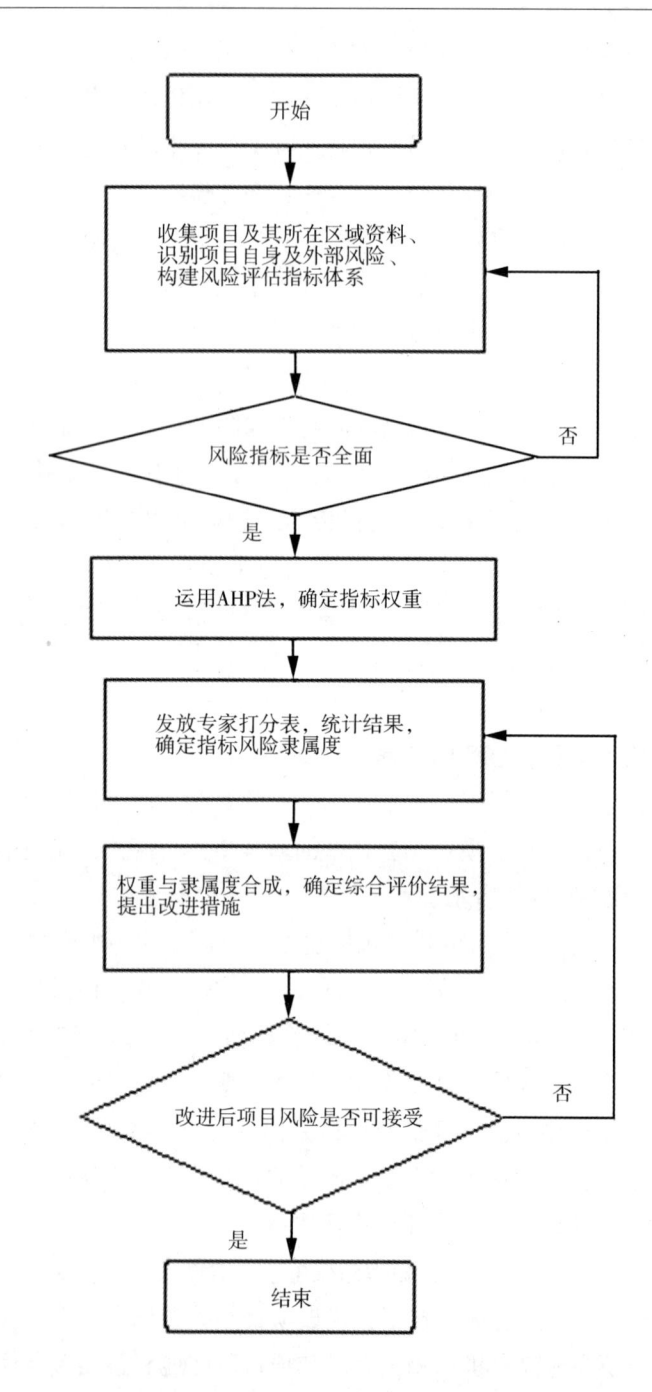

```
         ┌─────────┐
         │  开始   │
         └────┬────┘
              ↓
    ┌──────────────────────┐
    │ 收集项目及其所在区域资料、│
    │ 识别项目自身及外部风险、 │←──┐
    │ 构建风险评估指标体系    │   │
    └──────────┬───────────┘   │
               ↓                │否
         ╱风险指标是否全面╲──────┘
         ╲              ╱
               │是
               ↓
    ┌──────────────────────┐
    │ 运用AHP法，确定指标权重 │
    └──────────┬───────────┘
               ↓
    ┌──────────────────────┐
    │ 发放专家打分表，统计结果，│←──┐
    │ 确定指标风险隶属度     │   │
    └──────────┬───────────┘   │
               ↓                │
    ┌──────────────────────┐   │
    │ 权重与隶属度合成，确定综合│   │
    │ 评价结果，提出改进措施  │   │
    └──────────┬───────────┘   │
               ↓                │否
         ╱改进后项目风险是否可接受╲──┘
         ╲                    ╱
               │是
               ↓
         ┌─────────┐
         │  结束   │
         └─────────┘
```

图 6-3　建设项目风险评估流程图

（三）专家判别打分及统计分析。向项目风险评估各领域专家发放"建设项目风险程度判别专家打分表"样表，并对专家关于项目的疑问进行答复。在专家完成打分后收回专家打分表并统计各选项的频次，确定不同指标对不同风险等级的隶属度。

（四）合成权重矩阵和隶属度矩阵。风险的大小用风险评估指标权重和风险程度的乘积来表示，即权重×风险程度＝风险指数，从而得出最终的建设项目风险评估等级，并对风险等级高的指标进行预先防范和整改。

（五）项目风险管理整改后再评估。依照上述（一）至（四）逐步进行风险识别、评估，做好风险防范。对风险等级较高的风险事件进行整改，并在整改后，再次执行步骤（三）和（四），确定风险大小，直至项目风险程度可接受。

三　项目风险评估方法应用的其他说明

在实际风险评估工作中，为了获得可靠的评估结果，结合拟评估项目及其所在区域的特点和特征，对项目风险评估方法的应用及其注意事项进行其他相关说明。

（一）项目风险评估专家主体的确定。应选取与建设项目相关领域专家、风险评估领域专家等专业领域较广泛的风险评估专家主体。注意选取在建设项目风险评估方面专业知识较全面，做过相关工作和研究，具有较丰富经验的专家。专家人数选取适当，以满足对建设项目风险评估的基本要求为原则，结合拟评估项目的性质、规模和项目所在区域的复杂程度，确定合适的评估专家数量。评估专家数量一般在15人至30人之间，专家数量太少不具代表性，数量太多会增大工作量并降低工作效率。

（二）项目风险评估人员的主要工作职责。项目风险评估人员的工作职责包括：一是充分了解建设项目、项目所在区域各方面的情况，掌握项目风险评估的原则；二是以各种有效形式开展调查、进行咨询，完成各项项目风险评估准备工作，包括项目风险程度判别专家打分等工作；三是根据需要参加项目的相关会议及相关工作；四是进行项目风险分析评估，完成项目风险评估报告；五是完成项目风险评估报告评审的各项准备工作和评审工作；六是进行评估报告的修改、充实、完善，并完成其他工作。

（三）评估所需数据与信息的整理与处理。为了便于对风险评估指标的重要性、大小程度有直观的认识，相关工作人员在收集统计并处理各类数据与信息时，在归类整理好全部原始数据和意见建议的基础上，有必要将项目各风险评估指标的权重值进行归一化处理，为分析评估项目风险打好基础。

（四）建设项目社会稳定风险评估等级划分。建设项目社会稳定风险评估等级分为五级，风险因素评估指标总体也分为五级。五级等级大小与人对风险的感性感知较为贴切，在实际调查工作和评估工作中利于操作，同时五级等级划分又不过于琐碎。风险评估等级分为五级，满足项目风险评估工作的具体要求与整体要求，因此采用五级风险度量是合适的。如建设项目建设前期选址选线相关工作影响程度的量化值，可根据该建设项目选址选线评估标准进行确定。建设项目选址选线评估标准可划分为"非常关注""较为关注""一般关注""不太关注"和"不关注"，对应的风险程度可确定为"高［80~100）""较高［60~80）""中等［40~60）""较低［20~40）""低［0~20）"。同样，拟建项目的占地面积越大，当期拆迁补偿不到位引发的社会稳定风险就越大。因此，其风险影响程度按照占地面积大小，相应地可以划分为风险程度"高［80~100）""较高［60~80）""中等［40~60）""较低［20~40）""低［0~20）"。如果对于有的项目在进行项目社会稳定风险评估时，将社会稳定风险等级分为三级有明确的要求，那么由上述五级等级结合拟评估项目的具体情况，进行适当转换归类是可行的，易操作的。

（五）确定项目风险评估指标等级。根据项目风险因素识别的相关资料，以及风险因素影响程度确定的数值范围，以各方面专家的各类评估信息为主，同时以其他方面的信息为补充，确定项目风险因素不同影响程度的频次，并与权重合成，按照最大隶属度原则确定项目风险评估指标等级和最终的项目风险等级。

四　建设项目社会稳定风险评估调查与分析工作

对拟建项目进行社会稳定风险评估，目的是全面分析估计拟建项目对项目所在区域社会环境的直接和间接影响，采取措施防范和减少拟建项目可能带来的不利的社会风险影响，使建设项目的论证更加充分可靠。科学、民主、客观、准确地开展建设项目社会稳定风险评估调查与分析工作是保证项目社会稳定风险评估工作的基础。

不论是项目建设前期的有关工作，还是项目建设期与使用期，项目所在区域是受项目影响最大、最直接的区域，所以建设项目影响区域的调查与分析工作是项目社会稳定风险评估的重要基础。根据建设项目的性质、规模、等级和标准，以及项目所在区域的社会经济环境、自然生态环境的状况，重点针对项目直接影响区域和一些特殊评估区域开展社会稳定风险评估调查，必要时调查可扩展到项目间接影响区。结合建设项目社会稳定风险因素识别的分析，要充分做好项目社会稳定风险评估所需的项目社会环境调查与分析工作。

（一）拟建项目所在区域社会环境调查[①]

较为全面地进行拟建项目所在区域社会环境的调查，是进行风险分析评估的基础，所以调查内容应尽可能覆盖项目所在区域社会环境的主要方面。

1. 项目所在区域乡镇、村庄情况调查

调查的主要内容有：项目所在区域乡镇及村庄名称，户数，人口及增长率，民族比重，劳动力人数及主要职业、主要副业，工农业产值及比重，人均占有耕地、口粮、年收入、年消费，住房面积，房屋形式、结构类型，临项目最近的住户户数、人数及距拟建项目的垂直距离等。

2. 项目所在区域工厂、企业情况调查

调查的主要内容有：工厂、企业名称和厂址地名，占地面积及距拟建项目的垂直距离，职工人数及厂内居民户数和人口数，固定资产总值，主要产品名称和年产量、年产值，有毒、易燃、易爆原材料和产品情况，"三废"的名称、性质、数量和防治措施，工厂建成及投产日期等。

3. 项目所在区域教育情况调查

调查的主要内容有：学校名称与性质，校址地名，占地面积，距拟建

[①] 董小林、郑雅莎：《公路建设项目沿线区域社会环境调查与分析》，《西安公路交通大学学报》1999年增刊，第12—14页。

项目垂直距离，教工与学生人数，入学率与升学率，校内居民户数、人数及住宿学生数，固定资产总值，校产产品名称、数量和产值等。

4. 项目所在区域医疗保健情况调查

调查的主要内容有：医疗保健单位名称和所在地名，占地面积，距拟建项目垂直距离，医疗门类、医务人员数、医疗保健条件和病床数，固定资产总值，医院内居民户数和人数等。

5. 项目所在区域商业、服务业情况调查

调查的主要内容有：商业、服务业等单位名称、类别、性质和所在地名，占地面积，距拟建项目垂直距离，职工或从业人数，固定资产总值，年营业额，单位内居民户数和人数等。

6. 项目所在区域原有交通情况调查

调查的主要内容有：原有公路、城市道路、铁路名称，与拟建项目相关的位置和交叉类型，原有交通项目的等级、客运量和货运量，铁路的客运量和货运量，乡道情况等。

7. 占地、拆迁建筑物情况调查

调查的主要内容有：永久占地面积和征用耕地类型与面积，工程临时用地面积和耕地面积，拆迁建筑物和构筑物的类型、面积和数量，需再安置的户数和人数，需搬迁和部分搬迁的单位名称、类型和数量等。

此外，还要调查拟建项目所在区域社会经济发展规划情况，如土地利用规划、城市建设规划、经济开发区规划等。

(二) 拟建项目所在区域社会环境分析[①]

在建设项目社会稳定风险评估工作中，拟建项目对项目所在区域社会环境影响分析是主要内容之一。拟建项目究竟对区域社会环境产生什么样的、多大的影响，不利影响甚至是风险因素，准确的评估难度很大。这是因为评估区域与建设项目相联系的社会因素很多，关联度等级不同。在分析评估建设项目对区域社会和经济等方面积极作用的同时，项目社会稳定风险评估工作主要是对拟建项目对所在区域社会环境的一些不利影响进行社会风险的分析。

---

① 董小林、郑雅莎：《公路建设项目沿线区域社会环境调查与分析》，《西安公路交通大学学报》1999年增刊，第12—14页。

1. 项目产生的社会问题分析

由于项目建设前期、项目建设期和建成投入使用后，对项目所在区域都会带来一系列影响社会的问题。

（1）征用土地、拆迁房屋、再安置问题。这是因项目建设，给项目所在区域民众带来的最大的社会问题。它直接影响区域民众的生产和生活，有些地方还会产生剩余劳动力，再安置问题突出。

（2）项目封闭造成的"分割"问题。项目封闭建设与使用，直接产生阻隔影响，给项目所在区域两侧民众的生产和生活带来不便，这是因项目建设导致区域封闭而产生的一个显著的社会问题。

（3）项目建设施工而造成的一些暂时性问题。这是一个有限时间性的问题，在这个有限时间内，施工的不同阶段对区域社会环境产生不同的影响，带来不同的社会问题。

（4）对自然环境产生的影响而带来的社会问题。在项目的施工和运营阶段，对沿线区域自然环境都会产生影响，如水污染、大气污染、噪声污染、生态破坏等，这些对自然环境的不利影响直接对项目所在区域一定范围内的居民、单位、企业、学校及其他公众带来不利影响，进而出现各种社会问题。

2. 加强防范项目社会风险的措施

对于因项目建设与使用对项目所在区域带来的各种影响，进而出现的各种社会问题都是产生社会不稳定的直接原因。项目社会稳定风险评估调查与分析工作的目的是摸清项目可能对所在区域造成风险的"家底"，这样才能有针对性地采取应对措施，防范和化解项目产生社会风险。

（1）项目设计

项目设计需遵循包括项目决策的各项工作的科学性、民主性、程序性的原则，项目不能从决策源头就处于争议之中。项目决策确定之后，项目各类工程设计就显得十分重要，工程设计既要符合项目要求的功能体现，也要符合各种规范、标准要求，同时更要充分听取公众的意见与建议，汲取合理部分，解释不合理部分。公众参与工程设计是建设项目公众参与的一个短板，处理不好项目工程设计与社会公众的关系，必然对项目的施工与运营的顺利进行产生阻碍。项目各类工程设计应综合考虑项目在建设期和使用期可能对项目所在区域的社会环境和自然环境产生的影响，分析评估从设计角度提出的解决或减少不利影响的措施；分析评估在项目设计中，贯彻执行国家法规、技术规范标准的情况。

（2）组织管理

在项目建设的准备阶段、施工阶段和竣工验收投入使用阶段，都要加强组织和管理，用科学的管理手段防范与管控项目各个阶段可能产生的不利社会影响，如在施工中如何减少暂时性限制和环境影响等问题，这些问题不但应在项目施工组织设计中要科学合理的安排，在执行过程中更要加强动态管理。拆迁与再安置是一项政策性强、影响面大的工作，应加强调查研究、加强组织管理。对于拆迁住户安置，加强组织管理主要体现在是否符合国家、地方、行业的相关法规与相关规划的要求，是否符合不低于拆迁安置前的居住水平，是否符合满足拆迁安置户的合理要求等。

（3）补偿措施

根据有关政策和规定，对因项目建设对有关集体和个人带来的损失给予补偿。对于损失较大、影响时间较长的损失者，可给予救济。根据具体情况也可采取其他补偿措施，如征用了原本耕地就很紧张的农村耕地，产生了剩余劳动力，有关部门需统筹安排这些剩余劳动力。在施工期间，建设管理和施工部门应优先接纳他们为项目建设者，以缓解因项目建设而给他们带来的生活困难。补偿措施的认真执行很重要，在补偿工作中因各种违规违纪行为导致产生的社会问题，应依规依纪严肃追责。

（4）环保措施

建设项目对自然生态环境产生不利影响不只是对自然环境的污染与破坏，自然生态的污染与破坏对当地民众的影响也很大，可直接带来社会问题，产生社会不稳定风险。防范和化解项目产生的自然环境问题根据影响程度和防护需要，采取相应的环境保护措施，改善因项目建设和使用而受到影响的自然环境和社会环境。对拟采取的环保措施方案，要进行环境效益费用分析，选择实施合适有效的环保措施。

(三) 制作项目社会稳定风险调查工作常用表格①②

风险调查工作是重要的基础工作，需要运用包括技术手段在内的多种措施相互配合。制作符合调查目的，反映项目实际情况，清晰调查内容的风险调查工作常用表格是基础工作中的基础。项目社会稳定风险调查工作常用表格的制作，也是进行项目社会稳定风险评估的一项基础技术。项目风险评估工作常用表格的建立是一种组织整理数据的手段，也是一种直观、条理性的分析模式。设计科学、规范、实用的工作表格有利于项目风险评估工作效率的提高、质量的提升。如征地拆迁调查简表，主要是为了明晰征地拆迁的类型和面积等相关量化数据，从而为项目社会稳定风险评估提供直观整齐的基础数据。

1. 征地调查表

征地调查表主要是为了明确征地类型和数量等相关量化数据，从而为建设项目社会稳定风险评估提供基础数据。征地类型分为基本农田、耕地和非耕地，其中基本农田属于耕地的一种，但其是不得占用的耕地，所以将其单独列出。具体见表6－7。

表6－7　　　　　建设项目征地汇总表　　　　　单位：亩

占地类型 征地时长		项目总征地	项目总占地	永久性占地	临时性占地	其他占地
其中	基本农田					
	耕地					
	非耕地					
合计						

2. 拆迁调查表

拆迁具体数量统计包括拆迁建筑物总面积和拆迁构筑物的个数。拆迁建筑物分为砖混结构、钢筋混凝土结构房屋、砖瓦房及其他类建筑物，主要统计拆迁建筑面积和拆迁栋数；拆迁构筑物个数的统计包括水塔、桥

---

① 董小林：《公路建设项目社会环境评价》，人民交通出版社2000年版，第97—99页。
② 吴阳：《公路建设项目社会稳定风险评估方法研究》，硕士学位论文，长安大学，2017年，第71—73页。

梁、隧道以及其他构筑物的个数,具体见表6-8。

表6-8　　　　　　　建设项目拆迁汇总表

		房屋结构	拆迁面积（m²）	房屋栋数（栋）
建设项目拆迁汇总	建筑物拆迁	木结构		
		砖混结构房屋		
		钢筋砼结构房屋		
		砖瓦房		
		钢结构		
		其他		
		合计		
	构筑物拆迁	构筑物名称	构筑物个数（个）	
		水塔		
		桥梁		
		隧道		
		其他		
		合计		

3. 建设项目前期选址（选线）风险影响程度分析表

项目前期选址选线风险主要指项目申请报告、可行性研究报告和环境影响评价调研阶段，与项目相关的利益主体对项目的关注程度，并按照项目直接影响区域、间接影响区域和波及区域进行区分，如表6-9所示。

表6-9　　　项目建设前期选址（选线）风险影响程度分析表

项目前期相关工作	直接影响区				
	非常关注	较关注	一般	不太关注	不关注
	风险高	风险较高	风险中等	风险较低	风险低
项目申请报告（项目建议书）、项目可行性研究报告、项目环境影响评价报告					
风险程度得分					

注：1. 此表为建设项目直接影响区的评分表，间接影响区和波及区域也可以按照同样的表格样式进行评分；

2. 建设项目直接影响区、间接影响区和波及区域的风险值可按照不同权重进行加权，用来计算综合风险程度；

3. 关注度可由公众参与调查结果持各种关注态度的人数百分比表示，风险影响程度可采用五级划分制。

4. 建设项目拆迁、安置与补偿风险影响程度分析表

拆迁、安置与补偿风险影响程度分析表主要分析利益相关主体对建设项目拆迁安置补偿等政策的满意程度和导致社会稳定风险可能性的大小，如表6-10所示：

表6-10　建设项目拆迁、安置与补偿风险影响程度分析

征地拆迁	拆迁、安置与补偿满意度与风险度				
	满意	较满意	一般	不太满意	不满意
	风险低	风险较低	风险中等	风险较高	风险高
划分依据	80%—100%	60%—80%	40%—60%	20%—40%	0—20%
风险程度得分					

注：表中"划分依据"指项目拆迁安置满意人数占调查人数比例。

以上是一般建设项目前期相关工作风险调查常用表格的示例，建设项目建设前期和建设期及使用运营的其他风险调查分析表格可根据项目风险评估与管理的实际需要进行灵活设计，并注意在表中突出与项目风险直接相关的调查内容。

第七章　公路建设项目社会稳定风险评估

公路建设项目是指公路、桥梁、隧道、立交桥、交通工程及沿线设施和公路渡口等工程的总体，属于交通建设项目。公路是国民经济与社会发展的重要基础设施，在我国现代化建设进程中发挥着极其重要的作用。改革开放以来，我国公路建设事业蓬勃发展，特别是高速公路在国家综合运输体系中的位置非常重要。在公路建设和运营的全过程中实现公路自身与其外部环境的和谐发展是对公路可持续发展原则的体现。加强对公路项目的风险管理与公路建设项目社会稳定风险评估，防范与管控公路建设运营所可能产生的各种风险是公路与其所在区域协调发展的要求。[①]

第一节　公路建设项目社会稳定风险评估指标选取及分析

公路建设项目社会稳定风险评估是一项系统性的评估工作过程。公路社会稳定风险评估不仅需要分析公路项目自身风险源可能导致的社会稳定风险，还需要分析项目所在区域社会经济与自然生态等方面的状况及项目可能存在的风险影响，还应评估项目与该区域项目相关的各种外部风险源共同作用而可能引发的社会稳定风险。所以对公路建设项目社会稳定风险评估，要选取能够表征公路项目可能产生社会稳定风险的内因指标和外因指标，构建尽可能满足评估需要的全面、系统的公路项目社会稳定评估指标体系，这是开展项目社会稳定风险评估的重要基础工

[①] 董小林：《公路建设项目全程环境管理》，人民交通出版社2005年版，第1页。

作之一。

一　公路建设项目社会稳定风险评估指标的选取

根据风险因素的来源将公路建设项目社会稳定风险评估指标体系分为公路项目风险外因指标和内因指标。

公路项目风险内因指标可以分为项目自身状况因素和项目建设相关风险因素。公路项目自身状况反映了项目自身固有的性质，项目可能产生某些风险因素与项目自身的状况有关；公路项目建设相关风险因素主要指在公路项目的建设前期、建设期和运营期全过程可能产生的各种风险因素。公路项目建设前期相关决策工作的失误可能产生社会稳定风险，如项目选线和征地拆迁再安置出现的问题等。如第五章所分析的建设项目风险因素识别的原因，在公路建设期和运营期存在的社会稳定风险因素中，有一些风险因素有交叉部分，交叉部分是指这些风险因素在这两个阶段都可能发生，同时具有关联性。

公路项目风险外因指标可以分为项目所在区域的社会经济与自然生态因素，及与项目相关的其他外部因素。公路项目所在区域的社会经济与自然生态因素包括项目所在地人口状况、经济状况以及生态环境等因素；项目相关的外部因素包括与项目相关的政策、外部条件与环境，以及项目与项目外部的信息、物质交换等可能产生风险的因素。针对某些特殊公路项目，或项目所在区域具有一些特殊性，可根据实际情况确定和项目相关的其他外部因素来具体制定。

公路项目社会稳定风险评估指标体系分为五层，即目标层：公路建设项目社会稳定风险；一级指标层 A：包含 2 个指标，分别为内因指标 A1 和外因指标 A2；二级指标层 B：包含 4 个指标，包括公路项目自身状况，公路项目建设相关风险，项目所在区域社会、自然条件，与项目相关的外部因素等；三级指标层 C：包含 16 个指标，包括工程风险、环境风险、经济风险等；基层指标 D：包含 28 个指标，为三级指标细分指标，具体如表 7-1 所示。①

---

①　董治、王欢、董小林、刘珊：《基于熵权物元模型的公路项目社会稳定风险评估方法》，《中国公路学报》2018 年第 9 期，第 191—198 页。

表 7-1　　公路建设项目社会稳定风险评估指标层次结构

目标层	一级指标	二级指标	三级指标	基层指标
公路建设项目社会稳定风险 A	内因指标 A1	项目自身状况 B1	项目规模 C1	项目规模水平 D1
			项目活动程度 C2	项目活动程度 D2
		项目建设相关风险 B2	前期管理工作 C3	项目选线 D3
				占用耕地 D4
				拆迁安置补偿 D5
			工程风险 C4	路基土石方工程风险 D6
				路面工程风险 D7
				桥隧及其他工程风险 D8
			环境风险 C5	大气（粉尘）污染 D9
				水体污染 D10
				固体废弃物排放 D11
				噪声和振动影响 D12
			生态风险 C6	植被破坏 D13
				水土流失 D14
				生态破坏 D15
			经济风险 C7	项目资金筹措渠道合法性 D16
				居民就业和收入影响 D17
			安全风险 C8	安全规章制度和措施完善性 D18
				安全事故的发生 D19
			社会风险 C9	临时占用土地 D20
				交通阻隔 D21
	外因指标 A2	项目所在区域社会、自然条件 B3	人口结构 C10	人口结构 D22
			人口密度 C11	人口密度 D23
			人群聚集程度 C12	人群聚集程度 D24
			人均收入 C13	人均收入 D25
			生态状况 C14	生态状况 D26
		与项目相关的外部因素 B4	政策、规定、变化程度 C15	政策、规定、变化程度 D27
			项目所在区域的外部因素影响程度 C16	项目所在区域的外部因素影响程度 D28

二 公路项目风险内因指标分级及影响程度分析

为保证公路项目社会稳定风险评估指标的客观性、科学性以及风险因素影响程度量化数值的合理性、准确性，需要对各个风险因素的影响程度按照规定的划分标准进行划分，并给出风险因素影响程度的数值范围。本研究按照五等分百分制打分体系，即 80—100 分为风险影响高；60—80 分为风险影响程度较高；40—60 分为风险程度中等；20—40 分为风险程度较低；0—20 分为风险程度低。公路项目社会稳定风险包含内因指标和外因指标，因此，内因指标应结合具体项目的实际情况，在上述对应分数区段内进行打分取值，各基层风险指标影响程度分析及划分如下：

（一）公路项目自身状况对社会稳定风险影响程度分析

公路项目自身状况主要与项目规模及项目活动程度有关，当项目的建设规模较大，其涉及到的风险因素数量也多，因此，可能引发公路项目风险的概率也就越大。对于具体项目可参考表 7-2 所示的公路项目规模风险影响程度分析表进行分析和打分。

表 7-2　　　　公路项目规模风险影响程度分析表

项目规模风险	规模大	规模偏大	规模中等	规模较小	规模小
影响程度	风险高	风险较高	风险中等	风险较低	风险低
项目规模					
风险程度得分					

注：风险得分采用 0—100 分的 5 级等分梯度，（80—100）区间代表高风险，(0—20) 代表低风险。

同理，项目的活动程度与对项目的影响程度成正比，项目的活动程度大，产生的风险因素数量也多。对于具体项目可参考表 7-3 所示的公路项目活动程度风险影响程度分析表进行分析和打分评判。

表 7-3　　　　公路项目活动程度风险影响程度分析表

项目活动程度	活动程度高	活动程度较高	活动程度中等	活动程度较低	活动程度低
风险影响程度	风险高	风险较高	风险中等	风险较低	风险低
项目规模					
风险程度得分					

(二) 公路项目相关风险对社会稳定风险影响程度分析

公路项目相关风险主要包括公路项目建设前期的有关工作，以及公路建设期与运营期的一些工程风险（运营风险）、环境风险、生态风险、经济风险、安全风险、社会风险等。公路项目的这些相关工作及一些相关风险（因素）影响程度对公路项目全过程各阶段的社会稳定风险的产生有着直接的作用。公路项目相关风险会在项目建设前期、建设期和运营期中出现对应的社会稳定风险因素，并且在项目全过程中存在着交叉延续的关系。

1. 公路项目前期风险影响程度分析

在公路项目建设前期，分析民众可能受项目的影响而需对项目选线、征地拆迁和环境影响等方面的关注度，根据风险评估要求从项目直接影响区、间接影响区和波及影响区的相关利益者的态度进行分析。一般而言，项目直接影响区由于距项目较近，项目选线的社会风险因素的影响程度就比较大，涉及征地拆迁和环境污染的可能性大，当地居民关注程度也就比较高；而间接影响区和波及影响区由于距项目较远，其居民对此类风险因素的关注度相对就会较低。但进行具体公路项目风险评估时，需要根据项目的具体情况和特殊情况做认真分析。公路项目建设前期项目选线风险影响程度划分依据，见表7-4和表7-5。

表7-4　　　　　公路项目前期选线风险影响程度分析

项目前期相关工作	直接影响区				
	非常关注	较关注	一般	不太关注	不关注
	风险高	风险较高	风险中等	风险较低	风险低
项目申请报告（项目建议书）					
项目可行性研究报告					
项目环境影响评价报告					
风险程度得分					

注：1. 此表为直接影响区的评分表，间接影响区和波及区域也可以按照同样的表格样式进行评分；

2. 直接影响区、间接影响区和波及区域的风险值可按照不同权重进行加权，用来计算综合风险程度；

3. 关注度可以由公众参与调查结果持各种关注态度的人数百分比表示，相应可以采用五级划分制。

第七章　公路建设项目社会稳定风险评估

对于征地拆迁而言，公路项目占地面积越小，拆迁房屋建筑越少，拆迁补偿合理，政策执行到位，居民的满意度越高，就越会降低发生社会稳定风险的可能性。公路项目前期占用耕地风险影响程度划分依据见表7-5和表7-6。

表7-5　　　　公路项目前期占用耕地风险影响程度分析

征地拆迁	所占耕地面积比值				
	很大	较大	一般	较少	极少
	风险高	风险较高	风险中等	风险较低	风险低
划分依据	>5%	4%—5%	3%—4%	2%—3%	0%—2%
风险程度得分					

注：1. 所占耕地面积比值按照在项目用地中，耕地面积占项目所在地总面积计算，所在地按照最小行政区划为测算基准；

2. 项目建设施工中临时占用耕地风险影响程度分析，也可按此表进行分析。

表7-6　　　　公路项目前期拆迁、安置与补偿风险影响程度分析

征地拆迁	拆迁、安置与补偿满意度及风险度				
	满意	较满意	一般	不太满意	不满意
	风险低	风险较低	风险中等	风险较高	风险高
划分依据	80%—100%	60%—80%	40%—60%	20%—40%	1%—20%
风险程度得分					

2. 公路项目建设期风险影响程度分析

公路建设项目全过程的每个阶段都会因不同阶段的内容而产生出不同的风险因素，也会有一些相同的风险因素在各阶段有关联性的出现。项目建设期和项目运营期占据了项目全部周期的很大比例，其中，建设期是公路建设项目风险防范和管控的重要阶段，主要涉及工程风险、环境风险、生态风险、经济风险、安全风险和社会风险等。

（1）公路项目工程风险因素影响程度划分

公路项目建设期工程风险因素影响程度划分参考依据见表7-7。

（2）公路项目环境风险影响程度划分

公路项目环境风险因素影响程度划分参考依据见表7-8。

表 7-7　公路项目建设期工程风险影响程度分析表

风险因素	风险影响程度等级划分	风险程度	风险程度得分	风险影响程度等级划分依据参考
路基土石方工程风险	影响严重	风险程度高		路基土石方工程技术操作与施工管理失误，极易引发事故，并且抢修困难，如高路基和深路堑的问题易引发边坡失稳险风险，可能发生风险事故，严重影响居民的正常生活生产
	影响较重	风险程度较高		路基土石方工程技术操作与施工管理不当，易引发事故，影响项目所在区域居民的正常生活生产，通过紧急抢修，可以部分消除对居民生活生产的不利影响
	影响中等	风险程度中等		路基土石方工程技术操作与施工管理不当，易引发事故，影响项目所在的部分区域居民的正常生活生产，紧急抢修后可以消除对居民生活生产的不利影响
	影响较轻	风险程度较低		路基土石方工程技术操作与施工管理正常，容易引发事故，直接影响区域中少量居民的正常生活生产
	影响轻	风险程度低		路基土石方工程技术操作与施工管理正常，不易引发风险事故，几乎不对居民的正常生活生产影响
路面工程风险	影响严重	风险程度高		路面出现沉陷、水破坏、车辙严重，车辙严重，混合料压实程度极低，裂缝明显，极易引发风险事故，日不易维修，经抢修后可以部分消除对居民的正常生活生产
	影响较重	风险程度较高		路面出现沉陷、水破坏、车辙较严重，车辙影响严重，混合料压实程度极低，裂缝明显，易引发风险事故，抢修后可以消除对居民的正常生活生产的不利影响
	影响中等	风险程度中等		路面出现沉陷、水破坏或车辙，混合料压实程度较低，有轻微裂缝，直接影响部分区域居民的正常生活，抢修后可以消除对居民生活生产的不利影响

续表

风险因素	风险影响程度等级划分	风险程度	风险程度得分	风险影响程度等级划分依据参考
路面工程风险	影响较轻	风险程度较低		路面问题较轻，对部分直接影响区居民的生活生产影响轻，处理后可以消除不利影响
	影响轻	风险程度低		路面施工质量高，不易引发风险事故，不影响居民的正常生活
桥梁隧道及其他工程风险	影响严重	风险程度高		由于质量缺陷、材料问题、荷载设计、环境影响、人为原因、自然灾害等使得工程质量出现严重问题，极易引发风险事故，对工程所在地居民的正常生产生活产生严重影响
	影响较重	风险程度较高		由于质量缺陷、材料问题、荷载设计、环境影响、人为原因、自然灾害等使得工程质量达不到要求，易引发风险事故，会对工程所在地居民的正常生产生活产生较大影响。采取综合措施后，不影响结构安全
	影响中等	风险程度中等		工程质量存在问题，如工程所用材料质量和规格达不到要求等，可能引发质量事故，采取措施后，不影响结构安全，可以正常使用
	影响较轻	风险程度较低		出现较轻质量等问题，不会引起风险事故，结构组成合理，正常维修正常使用
	影响轻	风险程度低		工程质量优于当前要求，结构组成合理，不易引发风险事故，几乎不影响居民的正常生活生产

表 7-8 公路项目建设期环境风险影响程度分析

风险因素	风险影响程度等级划分	风险程度	风险程度得分	风险影响程度等级划分依据参考
大气污染	影响严重	风险程度高		项目导致的大气污染严重，严重影响项目所在区域居民的健康，如施工期间白灰、粉煤灰等装卸与拌和产生大量粉尘，沥青熬炼、铺陈过程中产生高浓度的沥青烟有害气体
	影响较重	风险程度较高		项目导致的大气污染比较严重，能见度低，严重影响项目所在区域居民的健康，产生各种粉尘以及沥青烟浓度等较高
	影响中等	风险程度中等		项目导致的大气污染明显，能见度低，粉煤灰或者沥青烟等，影响项目所在区域居民的生活生产
	影响较轻	风险程度较低		项目导致的大气污染较轻，能见度基本正常，产生白粉、粉煤灰或者沥青烟，对项目所在的部分区域居民生活有影响
	影响轻	风险程度低		大气质量比较好，空气污染指数达标，对项目目所在区域居民的正常生活几乎无影响
水体破坏	影响严重	风险程度高		施工产生的泥浆、水泥、油漆、各种油类、混凝土外加剂、重金属、酸碱盐、非金属无机毒物进入上游水体，水体污染指数严重超标，造成水生动植物多数死亡，严重影响一定区域居民的身体健康，水体再恢复成本高，技术难度大
	影响较重	风险程度较高		施工产生的泥浆、水泥、油漆、各种油类、混凝土外加剂、重金属、酸碱盐、非金属无机毒物进入上游水体，水体污染指数超标，造成较多水生动植物死亡，影响附近居民身体健康，水体可以恢复，经过治理水体可以恢复，但治理成本较大

第七章 公路建设项目社会稳定风险评估

续表

风险因素	风险影响程度等级划分	风险程度	风险程度得分	风险影响程度等级划分依据参考
水体破坏	影响中等	风险程度中等		施工产生的泥浆、水泥、各种油类、油漆、重金属、酸碱盐、非金属无毒物进入下游水体,水体污染指数超标,混凝土外加剂,造成部分水生动植物死亡,对附近居民的人身健康有一定影响,水体治理成本较高
	影响较轻	风险程度较低		施工产生的泥浆、水泥、各种油类、油漆、重金属、酸碱盐、非金属无毒物进入下游水体,水体污染指数超标,混凝土外加剂,影响部分水生动植物生长对附近居民健康有影响,水体治理成本可以接受
	影响轻	风险程度低		水体污染指数合格,对居民的正常生活生产几乎无影响
固体废弃物排放	影响严重	风险程度高		建筑渣土、废弃的散装建筑材料乱堆乱放,严重影响所在地区域面貌,占用农耕用地,影响当地生产;生活垃圾乱丢乱弃,严重影响当地卫生、居民意见很大
	影响较重	风险程度较高		在施工的某一阶段出现渣土建材乱堆乱放,占用耕地;生活垃圾乱丢乱放,当地居民意见大
	影响中等	风险程度中等		仅在施工的某一阶段出现渣土建材乱堆乱放,占用耕地;生活垃圾乱丢乱弃的情况,当地居民有意见,经警示提醒,有所整改
	影响较轻	风险程度较低		偶尔出现渣土建材乱堆乱放等情况,但未影响居民的正常生活
	影响轻	风险程度低		文明施工,且固体废弃物处理得当

续表

风险因素	风险影响程度等级划分	风险程度	风险程度得分	风险影响程度等级划分依据参考
噪声和振动影响	影响严重	风险程度高		公路施工所选设备工作噪声高，振动强，噪声、振动严重影响居民休息，公路沿线居民反应强烈
	影响较重	风险程度较高		公路施工经常出现夜间施工，严重影响项目夜间居民的正常生活；经常项目夜间居民的正常生活，公路沿线居民对比反应强烈
	影响中等	风险程度中等		公路项目施工一般，噪声、振动影响居民白天的正常生活，居民反应一般，接到投诉较少
	影响较轻	风险程度较低		白天施工噪声、振动影响居民白天的正常生活生产的情况存在，但未影响居民晚上休息，但频率不高
	影响轻	风险程度低		公路施工噪声、振动采取了有效降噪降振措施，对居民的正常生活工作影响不大

表 7-9 公路项目建设期生态风险影响程度分析

风险因素	风险影响程度等级划分	风险程度	风险程度得分	风险影响程度等级划分依据参考
植被破坏	影响严重	风险程度高		项目施工组织设计有重大缺陷，施工期间未严格执行相关规定，大面积开山填挖导致原生植被严重破坏，珍稀植物品种破坏甚至灭绝，施工中造成原生植被受到的扰动、土体的松散、土地质量和生产力下降，在外力侵蚀下，逐渐荒漠化，土壤盐渍化和严重的水土流失
植被破坏	影响较重	风险程度较高		项目施工组织设计有缺陷，施工期间未严格执行相关规定，各种人为原因导致原生植物抗病性下降，出现病害，原生土体在施工期间破坏较为严重地表裸露，土壤盐渍化和水土流失较为严重
植被破坏	影响中等	风险程度中等		项目施工对植被破坏程度一般
植被破坏	影响较轻	风险程度较低		项目施工对植被破坏程度一般，施工后对影响植被进行了恢复整修
植被破坏	影响轻	风险程度低		基本没有破坏植被
水土流失	影响严重	风险程度高		防止水土流失预案缺失，由于取土、填方、深挖等施工不当导致原生土层严重松动，并且在施工后未采取施工后采取措施恢复地表植被土地抵抗力，生产力基本丧失，对居民生活生产危害很大；桥梁基础失稳水土流失或河道压缩水土流失，防护工程变迁的较大风险
水土流失	影响较重	风险程度较高		防止水土流失预案不科学不合理，并目在施工后未采取措施加强地表土地抵抗力；桥梁基础及下部构造，防护工程可能压缩河道与改变河流流向流速，造成流域水土流失或改变河道变迁的风险

续表

风险因素	风险影响程度等级划分	风险程度	风险程度得分	风险影响程度等级划分依据参考
水土流失	影响中等	风险程度中等		防止水土流失预案存在的问题,由于取土、填方、深挖等施工不当导致原生土层被松动,但在施工后采取措施恢复地表土地抵抗力;桥梁基础及下部构造、防护工程可能压缩部分河道与改变河流流向流速,形成流域水土流失或河道变迁的风险
水土流失	影响较轻	风险程度较低		如施工前做了防止水土流失的预案并执行,原生土体稍有松动,桥梁基础及下部构造、防护工程可能压缩河道或改变河流流向流速,造成流域水土流失或河道变迁的风险
水土流失	影响轻	风险程度低		土地生产力几乎无变化甚至有提高的趋势,对居民无危害
生态破坏	影响严重	风险程度高		生态、绿化、景观面积锐减,生态地貌明显恶化,生态质量下降显著,因施工废物乱堆乱沉积河床,水体被污染,天然水系流态破坏,严重影响居民的正常生活生产
生态破坏	影响较重	风险程度较高		生态、绿化、景观面积减少,生态质量下降明显,河道因公路渣土运输不力而沉积河床堵塞,造成河道堵塞,影响居民的正常生活生产
生态破坏	影响中等	风险程度中等		生态、绿化、景观面积减少,生态质量下降,河道有堵塞,但未影响居民的正常生活生产
生态破坏	影响较轻	风险程度较低		生态、绿化、景观面积稍有减少,景观地貌未发现明显变化
生态破坏	影响轻	风险程度低		生态、绿化、景观面积无减少,甚至增多,改善了居民的正常生活生产环境

(3) 公路项目生态风险因素影响程度划分

公路项目生态风险因素影响程度划分参考依据见表 7-9。

(4) 公路项目经济风险影响程度划分

公路项目经济风险因素影响程度划分参考依据见表 7-10。

表 7-10　　公路项目建设期经济风险影响程度分析

风险因素	风险影响程度等级	风险程度	风险程度得分	风险影响程度等级划分参考依据
项目资金筹措合法性	影响严重	风险程度高	100	项目资金筹措渠道不合法，资金管理不合规，严重影响项目的正常实施，甚至造成项目停滞，不但造成资源损失，还对社会产生不良影响
	无影响	无风险	0	项目资金筹措渠道合法，资金管理合规，能保证项目的正常实施
居民就业和收入影响	影响严重	风险程度高		因项目建设运营，使项目所在地居民就业率明显降低，收入大幅度减少
	影响较重	风险程度较高		因项目建设运营，使项目所在地居民就业率降低，收入减少
	影响中等	风险程度中等		因项目建设运营，使项目所在地居民就业率有所降低，收入小范围减少
	影响较轻	风险程度较低		因项目建设运营，使项目所在地居民就业率和收入稍微降低
	影响轻	风险程度低		因项目建设运营，使项目所在地居民就业率持平或提高，收入持平或增加

注：需要注意的是，风险因素中项目资金筹措合法性，其影响程度划分只有两个等级，即合法与不合法，其评估标准只有一级指标，如果资金筹措不合法，项目必须停止一切活动。

(5) 公路项目安全风险影响程度划分

公路项目建设期、运营期安全风险因素影响程度划分参考依据见表 7-11。

表7-11 公路项目建设期安全风险影响程度分析

风险因素	风险影响程度等级划分	风险程度	风险程度得分	风险影响程度等级划分依据参考
安全规章制度和机制完善性	影响严重	风险程度高		施工单位安全规章制度欠缺和相应的应急机制没有建立,项目所在区域施工环境恶劣
	影响较重	风险程度较高		施工单位安全规章制度和相应的应急机制有缺陷,项目所在区域环境施工条件不良
	影响中等	风险程度中等		施工单位安全规章制度和应急机制不完善,安检管理有漏洞
	影响较轻	风险程度较低		施工单位安全规章制度和应急机制更新不及时
	影响轻	风险程度低		施工单位具有较完善的安全规章制度和应急机制管理体系

(6) 公路项目社会风险影响程度划分

公路项目社会风险包括项目本身可能直接产生的社会风险和以项目所在区域社会因素为主引发的社会风险。结合第五章的分析论述,项目所在区域社会风险因素在本节中作为公路项目外因指标分级及影响程度进行分析。项目本身可能直接产生的社会风险因素主要指在公路建设前期、建设期及运营期间,由于上述各种项目自身内部风险因素而直接在项目所在地产生的局部社会不稳定。如对项目选线、征地、拆迁、安置与补偿,工程施工临时占用土地、各种污染、交通阻隔等形成的局部社会风险与其影响程度进行分析评估。公路项目建设期部分社会风险因素影响程度划分参考依据见如表7-12所示。

3. 公路项目运营期风险影响程度分析

公路项目运营期涉及的风险因素也比较多,如项目规划设计考虑不周而在项目运营后产生的交通阻隔等。这里就公路项目运营期的安全风险和环境风险,分析其影响程度参考依据,见表7-13、表7-14所示。

(1) 公路项目运营期安全风险影响程度如表7-13所示。

表 7-12　公路项目建设期社会风险影响程度分析

风险因素	风险影响程度等级划分	风险程度	风险程度得分	风险影响程度等级划分依据参考
临时占用土地	影响严重	风险程度高		公路项目施工中因围挡施工、建拌料站、施工用房等工程原因导致土地的临时占用，且临时占用期间问题十分突出，各种材料、构件、废弃物堆放场和施工用房等工程原因导致土地临时占用，在占用结束后未采取措施恢复，临时占用耕地未进行复垦工作
	影响较重	风险程度较高		公路项目施工中因围挡施工、建拌料站、施工用房等工程原因导致土地的临时占用，且临时占用期间问题较突出，各种材料、构件、废弃物堆放场和施工用房等工程原因导致土地临时占用，未经有关部门批准，在占用结束后未采取措施恢复，临时占用耕地未进行复垦工作
	影响中等	风险程度中等		公路项目施工中因围挡施工、建拌料站、施工用房等工程原因导致土地的临时占用，且临时占用期间问题比较突出，各种材料、构件、废弃物堆放场和施工用房等工程原因导致土地临时占用，在农耕土地占用结束后未采取临时占用耕地的复垦工作
	影响较轻	风险程度较低		公路项目施工中因围挡施工、建拌料站、施工用房等工程原因导致土地的临时占用，各种材料、构件、废弃物堆放场和施工用房等工程原因导致土地临时占用，在农耕土地占用结束后采取了临时占用耕地的复垦工作
	影响轻	风险程度低		因工程原因导致的土地临时占用，履行了审批手续，并且对于涉及农耕土地的占用有充分进行了复垦方案的研讨，保证恢复土地原貌

续表

风险因素	风险影响程度等级划分	风险程度	风险程度得分	风险影响程度等级划分依据参考
交通阻隔	影响严重	风险程度高		交通严重阻隔，严重影响居民出行，导致居民无法正常生活生产，当地居民抵触情绪强烈
	影响较重	风险程度较高		交通阻隔较严重，无施工隔离措施，一些路段交通混乱，使得交通低效运行
	影响中等	风险程度中等		交通部分阻隔，有施工隔离措施，影响居民的正常生活，居民基本无组织自行通行
	影响较轻	风险程度较低		交通部分阻隔，施工隔离措施到位，交通引导有序，但交通高峰期还会造成交通拥堵
	影响轻	风险程度低		交通受影响不大，对居民生活生产影响不大

表 7-13　　　　　　　公路项目运营期安全风险影响程度分析

风险因素	风险影响程度等级划分	风险程度	风险程度得分	风险影响程度等级划分依据参考
安全事故发生	影响严重	风险程度高		公路项目运营期指示灯、围挡、交通标志、安全标志等设置不合理、不清楚，交通事故发生频率高，人员伤亡大，事件处理不及时，事件负责人失职失责，事后无整改，引起相关人群的极度不满
	影响较重	风险程度较高		公路项目运营期指示灯、围挡、交通标志、安全标志等设置不合理、不清楚，交通事故发生频率较高，人员伤亡较大，事件处理不及时，事后整改不到位，引起相关人群不满
	影响中等	风险程度中等		公路项目运营期指示灯、围挡、交通标志、安全标志等设置不够合理，交通事故较多，人员有所伤亡，事后有所整改，相关人群存在不满情绪
	影响较轻	风险程度较低		公路项目运营期指示灯、围挡、交通标志、安全标志等设置比较合理、清楚，偶尔发生交通事故，人员有所伤亡，事后整改
	影响轻	风险程度低		公路项目运营期指示灯、围挡、交通标志、安全标志等设置合理、比较清楚，有交通事故发生，无人员伤亡

（2）公路项目运营期涉及的环境风险种类比较多，此处仅以噪声为例分析其环境风险影响程度，参考依据如表 7-14 所示。

表 7-14　　公路项目运营期环境风险影响程度分析

风险因素	风险影响程度等级划分	风险程度	风险程度得分	风险影响程度等级划分依据参考
噪声影响	影响严重	风险程度高		白天和夜间车流量均大,且严重超过相关噪声控制标准,无降噪措施,严重影响沿线居民的正常生活生产,居民反应强烈
	影响较重	风险程度较高		白天和夜间车流量较大,超过相关噪声控制标准,影响沿线居民的正常生活生产,降噪措施缺乏,居民反应较强烈
	影响中等	风险程度中等		白天车流量较大,夜间车流量小,降噪措施缺乏,接到居民的噪声投诉
	影响较轻	风险程度较低		白天车流量较大,夜间车流量小,采取了降噪措施,但降噪措施效果不理想,接到部分居民对噪声的投诉
	影响轻	风险程度低		运营期车流量适中,且采取了有效的降噪措施,居民噪声方面的投诉不多

三　公路项目风险外因指标分级及影响程度分析

公路是重要的基础设施,它的建设和投入运营必然给项目所在区域社会环境带来较大影响。公路项目对社会环境的影响因工程项目和社会环境条件而不同,所以风险评估范围与指标也因项目和环境而异。项目风险评估首先取决于公路的规模、等级和标准等,因为这决定了公路工程对社会环境的影响强度;其次取决于公路所在区域的社会环境状况。因此,在具体公路项目规模和等级确定的情况下,在确定风险评估指标时,根据社会环境和自然环境的特点,把对社会经济环境可能有较大影响的因素作为项

表7-15　公路项目所在区域社会条件和自然条件影响程度分析表

风险因素	风险影响程度等级划分	风险程度	风险程度得分	风险影响程度等级划分依据参考
人口结构	影响严重	风险程度高		项目所在区域人口结构明显偏向于老龄和儿童，家庭人均收入低，家庭人数较多且受教育程度不高，沟通不顺畅，容易引起不满情绪
	影响较重	风险程度较高		项目所在区域人口结构中，中青年劳动力不足，家庭人均收入较低，沟通工作阻力较大
	影响中等	风险程度中等		项目所在区域人口结构中青年劳动力人数较少，普遍收入为当地平均水平，沟通工作有阻力，易引起局部不满情绪
	影响较轻	风险程度较低		项目所在区域人口结构中，中青年劳动力比例合理，人均收入处于当地平均收入及以上，受教育程度较好，与大部分居民沟通较好，少部分居民有抵触情绪
	影响轻	风险程度低		项目所在区域人口结构合理分布，受教育程度较好，沟通较顺畅，对相关法规政策了解
人口密度	影响严重	风险程度高		项目所在区域最小行政区划人口密度占项目所在省份平均人口密度的80%以上
	影响较重	风险程度较高		项目所在区域最小行政区划人口密度占项目所在省份平均人口密度的60%—80%
	影响中等	风险程度中等		项目所在区域最小行政区划人口密度占项目所在省份平均人口密度的40%—60%
	影响较轻	风险程度较低		项目所在区域最小行政区划人口密度占项目所在省份平均人口密度的20%—40%
	影响轻	风险程度低		项目所在区域最小行政区划人口密度占项目所在省份平均人口密度的0%—20%

续表

风险因素	风险影响程度等级划分	风险程度	风险程度得分	风险影响程度等级划分依据参考
人群聚集程度	影响严重	风险程度高		项目直接影响区中所有存在生产或生活人口的最小行政区划或者企业单位人口总数或者人口密度大，影响程度严重，风险程度高
	影响较重	风险程度较高		项目直接影响区中所有存在生产或生活人口的最小行政区划或者企业单位人口总数或者人口密度较大，影响程度较严重，风险程度较高
	影响中等	风险程度中等		项目直接影响区中所有存在生产或生活人口的最小行政区划或者企业单位人口总数或者人口密度中等，影响程度中等，风险程度一般
	影响较轻	风险程度较低		项目直接影响区中所有存在生产或生活人口的最小行政区划或者企业单位人口总数或者人口密度较小，影响程度较轻，风险程度较低
	影响轻	风险程度低		项目直接影响区中所有存在生产或生活人口的最小行政区划或者企业单位人口总数或者人口密度小，影响程度轻，风险程度低
人均收入	影响严重	风险程度高		项目所在区域人均可支配收入占项目所在省份人均可支配收入的0%—20%
	影响较重	风险程度较高		项目所在区域人均可支配收入占项目所在省份人均可支配收入的20%—40%
	影响中等	风险程度中等		项目所在区域人均可支配收入占项目所在省份人均可支配收入的40%—60%
	影响较轻	风险程度较低		项目所在区域人均可支配收入占项目所在省份人均可支配收入的60%—80%
	影响轻	风险程度低		项目所在区域人均可支配收入占项目所在省份人均可支配收入的80%以上

续表

风险因素	风险影响程度等级划分	风险程度	风险程度得分	风险影响程度等级划分依据参考
生态状况	影响严重	风险程度高		项目所在区域土地耕地面积锐减，土地出现沙漠化，植被覆盖面积极少，物种多样性极差，水土流失严重。生态状况极为脆弱，治理成本高，技术难度大，治理周期长
	影响较重	风险程度较高		项目所在区域土地耕地面积减少，土地出现沙漠化，植被覆盖面积较少，物种多样性较差，水土流失较重，生态状况较为脆弱，治理成本高，技术难度大，治理周期长
	影响中等	风险程度中等		项目所在区域出现耕地减少，土地沙漠化，植被覆盖率较低，物种多样性较低等状况的一种或者几种，且程度不深
	影响较轻	风险程度较低		项目所在区域生态环境较好，且项目施工前编制了生态保护方案
	影响轻	风险程度低		项目所在区域生态环境良好，并经过专家论证，证明可行

注：1. 项目所在区域人口密度与人群聚集程度是两个相关的评估指标，在进行项目社会稳定风险评估时，要重视分析人群聚集程度，也需明确反映人群聚集程度的公路沿线直接影响区内的村庄、企业、单位等的数量是不同的，分布也是不均衡的。

2. 地方人均可支配收入越高，该地区经济发展越好，人们对于修建公路促进经济发展所持态度越积极，因此在这方面社会稳定风险就越小。

3. 我国现行行政区划为省级、地级、县级、乡级、村级等，项目所在行政区划人均可支配收入计算比例，"人均收入"则按照个行政区划人均可支配收入占上一级行政区划人均可支配收入计算；如果多个平行级别行政区划不属于同一个上级行政区划，则分别计算其所属的多个上一级行政区划人均可支配收入，取最大值作为计算依据。

目风险评估的主要指标。[①]

公路项目风险外因指标主要指可能由项目所处外部环境和相关外部因素导致的风险指标。公路项目风险外因指标一般包括项目所在区域的社会条件和自然条件，以及与项目相关的其他外部因素两大类。项目风险外因指标分级及影响程度也按照五等分百分制打分体系，即80—100分为风险影响高，60—80分为风险影响程度较高，40—60分为风险程度中等，20—40分为风险程度较低，0—20分为风险程度低。同项目风险内因指标一样，外因指标也应该根据具体项目的实际情况，在给定的区间范围内打分取值。对其影响程度划分参考依据见表7-15、表7-16所示：

（一）项目所在区域社会与自然条件因素影响程度划分

项目所在区域社会、自然条件因素影响程度划分参考依据见表7-15所示。

（二）公路项目相关外部因素影响程度划分

以与公路项目相关的政策规定变化程度为例，说明与公路项目相关外部因素影响程度划分参考依据，见表7-16所示。

表7-16　　　　公路项目相关外部因素影响程度分析表

风险因素	风险影响程度等级划分	风险程度	风险程度得分	风险影响程度等级划分依据参考
政策规定变化程度	影响严重	风险程度高		与项目实施的相关政策调整变化频繁，对项目有影响
	影响较重	风险程度较高		与项目实施的相关政策调整变化较为频繁，对项目有影响
	影响中等	风险程度中等		与项目实施的相关政策调整变化较为频繁，对项目有一定影响
	影响较轻	风险程度较低		与项目实施的相关政策比较稳定
	影响轻	风险程度低		与项目实施的相关政策稳定

[①] 董小林：《公路社会经济环境评价》，北京人民交通出版社，2000年版，第33—34页。

第七章　公路建设项目社会稳定风险评估　203

表7-17　公路项目社会稳定风险影响程度得分汇总表

风险类别	风险因素	风险发生阶段	风险程度得分				
			风险程度高	风险程度较高	风险程度中等	风险程度较低	风险程度低
项目规模	项目规模	项目全过程					
	项目活动程度						
前期管理	项目选线	建设前期					
	项目拆迁						
	拆迁安置补偿						
工程风险	路基土石方工程风险	建设期					
	路面工程风险						
	桥隧涵工程风险						
环境风险	大气污染						
	水体污染						
	固体废弃物排放						
	噪声和振动影响						
生态风险	植被破坏						
	水土流失						
	生态破坏						

续表

风险类别	风险因素	风险发生阶段	风险程度得分				
			风险程度高	风险程度较高	风险程度中等	风险程度较低	风险程度低
经济风险	项目资金筹措渠道合法性	建设期					
安全风险	居民就业和收入影响						
社会风险	安全规章制度和措施完善性						
	临时占用土地						
	交通阻隔						
安全风险	安全事故的发生	运营期					
环境风险	运营期污染的发生						
人口结构	人口结构	项目全过程					
人口密度	人口密度						
人群聚集程度	人群聚集程度						
人均收入	人均收入						
生态状况	生态状况						
政策、规定、变化程度	政策、规定、变化程度						

注：该数据均来自于表 7-1 至表 7-15 各个分析表。

根据上述确定的公路项目建设前期、建设期和运营期社会稳定风险影响程度划分参考依据，形成项目社会稳定风险影响程度结果确定，见表7-17。

第二节 公路项目社会稳定风险评估应用分析

建设项目社会稳定风险评估工作程序一般分为三个阶段，即准备阶段、分析阶段、报告书编制阶段。在建设项目社会稳定风险评估工作过程中，风险调查、风险识别、风险评估、风险管控措施等都是风险评估工作的主要组成部分。在做好项目风险评估准备阶段各项工作的基础上，进行项目社会稳定风险评估的分析工作。公路项目社会稳定风险评估的分析工作要根据拟评估项目及项目所在地的具体情况，在风险评估指标体系构建的基础上，运用针对性、有效性较强的分析方法对拟建项目进行社会稳定风险评估。根据风险分析评估的结果，提出针对性的有效措施防范和管控项目社会稳定风险，并按要求编制《建公路项目社会稳定风险评估报告书》。本节结合具体的公路项目实例，说明公路项目社会稳定风险工作调查、因素识别、影响程度划分、分析评估、改进措施等环节的应用。①

一 项目概况

（一）项目工程概况

本研究选取国高青兰线东阿界—聊城（鲁冀界）段公路项目作为分析对象。该项目是国家高速公路网青岛至兰州线山东境内的组成部分，为国家"十二五"计划重点项目之一，项目的实施对于贯通山东境内青兰高速，疏导过境和区域交通，完善全省乃至全国的骨架路网结构布局，发挥路网的整体效益，以及加快山东中西部的发展，拓展山东沿海港口经济腹地等具有重要意义。

该项目主线全长86.361公里，设特大桥2座，大桥6座，中桥10座，互通立交6处，服务区2处等。为做好相关公路衔接，更好地发挥拟建项目效益，与主线同步修建聊城连接线，长9.516公里。项目主线采用

---

① 董治、王欢、董小林、刘珊：《基于熵权物元模型的公路项目社会稳定风险评估方法》，《中国公路学报》2018年第9期，第191—198页。

双向六车道高速公路标准，设计时速120公里/小时，路基宽度34.5米。工程估算总投资74.54亿元，总工期42个月。

该项目主线占地643.1082公顷，连接线占地35.9600公顷，合计用地总面积679.0682公顷，其中，农用地617.6092公顷（耕地544.2478公顷）。项目建设用地符合《公路建设项目用地指标》，补充耕地资金已列入工程投资。

该项目按照经营性公路建设。项目前期的有关工作开展情况：项目选址意见已取得沿线地市的同意，建设用地预审申请已上报国家有关部门审批，项目环境影响报告书已经国家有关部门预审完毕，水土保持方案经国家有关部门审核完毕，项目工程报告已具备上报国家有关部门的基本条件。

（二）项目区社会与自然环境概况

聊城市位于北纬$35°47'—37°02'$和东经$115°16'—116°32'$之间，南北直距138公里，东西直距114公里，总面积8715平方公里，总人口578.99万人（第六次人口普查数据）。其中，少数民族38个，约有6.73万人。市境地处黄河冲积平原，地势西南高、东北低。耕地面积553183公顷，人均耕地面积1.49亩。属于暖温带季风气候区，半干旱大陆性气候。气候适宜，光照充足，全年光照时数在2463—2741小时之间，无霜期200天左右。聊城市辖冠县、莘县、阳谷、东阿、茌平、高唐、东昌府区、经济技术开发区，代管省辖市临清市，下辖126个乡、镇、办事处，6516个村委会。

聊城市地处经济发达的山东省，居鲁西，临河南、河北，位于华东、华北、华中三大行政区交界处。代表中国商业文明的京杭大运河和代表农业文明的黄河在此交汇，贯穿中国南北的京九铁路和连接祖国东西的胶济邯铁路及高速公路在此相交形成"黄金大十字"。聊城不仅起着辐射和带动鲁西经济发展的中心作用，而且也是与山西、河北等内陆省份进行经济、技术、文化交流的重要通道。聊城既可利用东部沿海的先进技术，还可利用东部省份的丰富资源，是中国重要的交通枢纽、能源基地、内陆口岸和辐射冀鲁豫交界地区的中心城市。经调查聊城市社会综合治安情况很好，民风淳厚，沿线以农耕为主，无历史遗留社会稳定问题。

二　评估依据

（一）主要评估依据

评估依据包括相关法律法规文件、公路项目涉及区域的社会经济发展规划、有关部门批准的相关规划、该项目的有关审批文件以及社会稳定风险所需的必要资料，具体可参考第四章内容。该项目主要评估依据有：

1. 《关于建立健全重大决策社会风险评估机制的指导意见》；
2. 《国家发改委重大固定资产投资项目社会稳定风险评估暂行办法》；
3. 《产业结构调整指导目录》；
4. 《国家高速公路网规划》；
5. 《山东省高速公路网中长期规划》；
6. 《山东省土地利用总体规划（2006—2020年）》。

（二）评估的合规性

1. 合法性

（1）拟建项目属于国家发改委《产业结构调整指导目录》中鼓励类项目；

（2）拟建项目已列入《国家高速公路网规划》和《山东省高速公路网中长期规划》；

（3）拟建项目已列入国家及山东省国民经济和社会发展第十二个五年计划重点项目之一；

（4）项目已列入《山东省土地利用总体规划》；

（5）项目可行性报告已由山东省交通运输厅出具审查意见。

该项目与项目所在区域当前和今后一个时期发展的目标方向一致，不存在与相关规划冲突的问题。

2. 合理性

该项目作为国家高速公路"7918"网的第六条横线的重要组成部分，项目的建设对于贯通山东境内青兰高速，疏导过境和区域交通，完善全省乃至全国的骨架路网结构布局，发挥路网的整体效益，以及加快山东中西部的发展，拓展山东沿海港口经济腹地等具有重要意义。对于聊城市来讲，项目的建设能够改善聊城市区域交通条件，完善区域路网布局，发挥路网整体效益，满足日益增长的交通量需求。所以国家和地区对该项目的实施都给予了大力支持。

3. 可行性

该项目完成了《压覆矿产报告》《地质灾害危险性评估报告》的批

复，完成了铁路、省文物部门、国有马西林场、南水北调工程管理局的相关批复工作。项目选址意见已取得沿线地市的同意，建设用地预审申请国土资源部已批复，项目环境影响报告书已经完成交通运输部预审，项目水土保持方案完成水利部审核，项目可行性研究报告已通过山东省交通运输厅审查，具备上报国家发改委的基本条件。

三 风险调查

（一）拟建项目可能产生社会稳定风险初步分析

在开展风险调查拟建项目社会稳定风险调查工作之前，在前期有关工作的基础上，对拟建项目可能产生的影响社会稳定的风险进行初步分析，也为开展风险调查工作打下基础。

1. 项目主要的社会稳定风险因素

拟建项目可能产生的影响社会稳定的风险主要来自以下五个方面：

（1）对项目本身的合理性，合法性的质疑；

（2）项目建设征地拆迁和补偿对沿线群众生活的影响；

（3）项目建设涉及的部分村庄房屋的拆迁和补偿安置；

（4）项目在建设期、运营期对项目沿线群众生活的不利影响；

（5）项目建设期间外来务工人员增加流动人口管理的难度。

2. 项目初步采取的维稳措施

建设单位应针对以上项目可能产生的社会稳定风险采取相应措施，规避和控制风险，使项目始终处于可控和低风险状态。在项目决策审批、建设和运营阶段均要严格遵守和执行国家各项法律、法规、政策，遵守规范、准则，使项目始终处于符合法规和政策状态。当项目涉及群众生产和对生活影响较大的征地拆迁问题时，建设单位应做到：

（1）严格执行省、市相关拆迁补偿政策，严格执行国家土地政策；

（2）落实以人为本的精神，妥善安置被征地和拆迁的民众的生产生活，保证民众的切身利益得到保障；

（3）落实拆迁补偿资金，保证村民拆迁补偿及时到位；

（4）尽可能采取集中安置、就近安置和先安置后拆迁的方案，减小对村民的生产生活的干扰；

（5）对生活存在重大问题的弱势群体要尽可能给予照顾和帮扶。

(6) 在项目建设期和运营期,执行和完善项目环境影响评价中提出的各项环保措施;

(7) 在项目建设期加强对外来务工人员的管理工作。

(二) 项目社会稳定风险调查与分析

在查阅项目相关文件、了解项目总体情况的基础上,采用文献分析、实地考察和公众参与调查等方法,对本项目存在的风险进行调查,对拟建项目可能产生影响社会稳定的风险进行初步分析。

项目进行风险调查要明确和掌握:调查的内容和范围;调查的方式和方法;项目的合法性和公众参与情况;项目所在区域社会和自然环境特征状况;利益相关者的意见诉求;同类项目风险情况等。针对项目公众参与调查的说明如下:

1. 公众参与的方式

公众与建设项目实施主体之间进行双向交流,其目的是让公众对本项目进行充分了解,给公众表达意见的机会。通过公众的参与,分析公众关注的问题,制定合理的实施方案,使项目被公众充分了解和接受。公众参与有利于化解因项目产生的矛盾,有效降低可能存在的社会不稳定风险。

本项目利益相关者主要是指项目沿线居民、企业单位、社会组织和相关政府部门,也包括与公路项目有关的不同领域的专家等。涉及项目征用土地和拆迁等问题的个人、集体、企业是属于受项目负面影响的群体,为了更好地把握本项目潜在的风险因素,建设项目在项目决策阶段以及项目全过程须认真开展公众参与调查,充分听取公众的意见。与项目有关的不同领域的专家及与本项目相关的政府部门对本项目及项目所在地的经济、生态、环境、社会等方面的情况较为了解,通过向专家的咨询,听取政府部门的意见和建议,可以获得对该项目进行社会稳定风险分析评估具有全局性和方向性的指导意见。评估单位采取网上公示、公告、沿线张贴公告等方式进行项目公示并听取意见和建议,并发放调查问卷,召开座谈会以及咨询专家和相关部门等方式开展调查工作。其中,回收沿线居民和企业、单位、公众参与有效调查问卷共计 205 份;咨询相关专家和政府有关部门对本项目的有效调查问卷共计 50 份。

2. 公众参与调查结果与分析

在 2011 年 7 月至 2012 年 11 月进行了四次信息公示。在征求该项目所在地单位和居民意见的四次公示有效期内,第一次信息公示点击率1998次,第三次2269次,第四次1856次,说明本项目引起了区内公众的广泛关注。在此期间,项目评估单位和建设单位及有关单位均未收到对项目拟建的反对意见。结合项目公众参与调查的结果,分析咨询相关专家和政府有关部门对本项目的意见和建议,调查结果显示:多数民众表示在项目认真执行国家的相关政策,进行合理补偿的基础上,同意征地、拆迁、搬迁等;沿线企事业单位以及相关政府部门表示本项目的建设可以改善当地交通运输条件,促进区域经济发展,对项目的建设表示支持,同时提出了做好本项目的建议;相关领域的专家对本项目在防范项目社会稳定风险等方面分析了可能产生的各种风险及风险程度估计。

该项目沿线公众关注的主要问题和意见诉求有以下三个方面:

(1) 征地问题

公众希望能够进一步了解征地拆迁的补偿和安置的相关政策和具体工作,如:征地补偿的标准以及补偿款是否能直接到达被征地农民的手中;对失地农民如何安置;尤其对于需要拆迁的住户,应给予提前通知,并妥善安排搬迁居民临时住所,落实好居民的搬迁安置地。

(2) 环境问题

施工期间必须合理安排施工时间,加强对夜间施工的管理,避免高噪声机械影响公民的休息;公路运营后,应采取相应的措施减少交通噪声对沿线居民的影响,采取的措施要有明显的降噪效果。

(3) 施工期有关问题

施工繁忙的时段安排尽量避免与农忙时间冲突,如无法避免,则应采取相应的车辆和人员管理措施,保证公路施工不影响农民的耕作与收割活动。施工单位应加强对施工人员的管理,防止施工人员破坏农作物的现象发生。

3. 公众主要意见的解决措施

(1) 征地拆迁

建设单位和地方政府将严格按照有关规定,认真做好征地调查,按规定制定补偿标准,制定征地拆迁方案,严格实施、跟踪检查征地拆迁过程中各环节的工作。

建设单位将在征地拆迁工作之前举行广泛的群众听证会,让征地拆迁户了解有关征地拆迁和安置补偿的政策，把征地拆迁补偿费标准、补偿办法等向被征用土地的单位和个人公开。切实关注征地拆迁户关心的问题，广泛征集广大征地拆迁户提出的要求，并尽可能地落实到项目的征地拆迁过程中，满足直接受影响群众的合理要求。

各级人民政府及各村民委员会应当把征地拆迁补偿费标准、补偿办法等向被征用土地的单位和个人公开。在征地前对占地户提前进行告知，以避免产生更大的经济损失。

根据沿线实际情况，本项目的失地农民可通过不同渠道再就业，也希望地方政府给予一定的优惠政策，并加以扶持。

（2）施工期和运营期降噪措施

对于施工期施工机械禁止夜间施工，若有特殊情况需要夜间施工的，需向当地主管部门申请，经批复后方可施工，并需加强与当地居民的沟通，取得其谅解。对于运营后的噪声超标情况，必须结合隔声窗、隔声屏障等措施，确保沿线居民的声环境达标。

（3）施工期其他问题

建设单位应将农民反映的问题纳入到施工单位签订的合同中，将合理安排工期，加强对施工人员的管理，保护周围环境等责任落实到施工单位；施工材料堆场远离农田，对运输建筑材料的车辆必须采取封闭或覆盖的措施，减小渣土、扬尘对农田的污染；注重对施工场地周围农田的保护，防止人为破坏，加强对施工人员的教育；其他关于大气、水污染问题可参照《环境影响评价报告》各专章中的环境保护措施执行。

（三）同类公路项目社会稳定风险的调查与分析

在查阅分析与该项目临近的一个建成通车公路项目的相关资料与调查情况可知，该项目在项目建设及投入运营后均未发生因项目建设、运营而发生的不稳定群体性事件。

（四）建设项目社会稳定风险评估工作等级确定

该项目是国家"十二五"计划重点项目之一，属重大建设项目。公路建设项目是线型项目，其地理跨度大，项目沿线的区域呈现不同的自然和社会条件。项目所处地山东聊城不仅起着辐射和带动鲁西经济发展的中心作用，而且也是与山西、河北等内陆省份进行经济、技术、文化交流的重要通道，同时项目所在区域，特别是项目直接影响区人口密度、人员聚集度较高，因此本项目社会稳定风险评估工作等级确定为一级评估。

四　风险因素识别

根据对本项目的公众调查，咨询相关专家和政府有关部门对本项目的意见建议，并参考其他类似公路项目社会稳定风险分析评估的结果，识别出本项目的社会稳定风险因素包括 18 个子因素，分别为：①项目选线；②占用耕地；③拆迁安置补偿；④路基及边坡支护工程；⑤大气污染；⑥固体废弃物；⑦噪声和振动；⑧植被破坏；⑨水土流失；⑩居民收入和就业影响；⑪安全事故；⑫交通阻隔；⑬临时占用土地；⑭人口密度；⑮人口结构；⑯人均收入；⑰生态状况；⑱政策规定变化。在分析该公路项目社会稳定风险因素的基础上，进一步分析确定该项目风险因素的具体内容。本项目按照风险因素的主要发生阶段进行分类，形成了"鲁冀界（LJJ）"公路项目的社会稳定风险因素表，如表 7-18 所示。

五　风险因素影响程度划分

对表 7-17 所涉及的项目社会稳定风险因素进行影响程度分析。

（一）项目选线

在项目前期的选线工作过程中，项目建设单位加强了选线调研的投入。针对项目建议书、项目可行性研究报告和项目环境影响评价报告，组织有相应资质的某设计研究院和高校分析团队，对项目前期的选线方案进一步做了调研分析，保证了项目选线的科学决策，降低了因选线导致的项目风险发生的可能性。

（二）占用耕地

经实地调研和测算，项目选线所在位置为山东省聊城市，项目沿线以农业为主，初步估计项目占用耕地面积小于聊城耕地面积的 1%，项目占用耕地产生的风险较低。

（三）土地房屋征收征用补偿标准

土地的价值具有区域性，价值相差较大，如果项目征地拆迁补偿不实行市场价，很难赶上土地价值的增长，项目沿线农民拆迁补偿的预期与补偿标准存在一定的差距，处理不好，容易产生社会不稳定。本项目执行项目所在区域人民政府印发的《集体土地征收和临时使用补偿办法的通

第七章 公路建设项目社会稳定风险评估

表7-18 LJJ公路项目社会稳定风险因素

风险类别	序号	风险因素	风险发生期	具体风险内容
项目决策与管理	1	项目选线	建设前期	公路项目建议书、可行性研究和项目环评报告等工作关于项目选线的科学性、合理性反映，以及项目选线公众参与所表现出的关注程度与参与程度
	2	占用耕地		公路项目选线占用地（农牧用地）面积占总面积的百分比
	3	征地、拆迁、安置与补偿		公路项目选址所涉及的征地、拆迁、安置，以及有关补偿标准与政策的利益相关者的满意度
工程风险	4	路基及边坡支护风险	建设期（运营期）	在公路项目路基施工现场周围边坡支护施工过程中发生工程意外风险的可能性大小
环境风险	5	大气污染		公路施工过程中，产生的粉尘、烟尘等大气污染严重程度；公路运营期的大气污染严重程度
	6	固体废弃物排放		公路施工过程中产生的渣土、废弃建筑材料等的处理放置是否合规有序
	7	噪声和振动		公路项目白天和夜间施工过程中，施工机械产生的噪声和振动幅度及其对附近居民正常生活生产的影响程度；公路运营期的车辆噪声与振动污染影响的程度
生态风险	8	植被破坏		公路施工过程中的土方工程对方找平等过程对原生土体上的植被破坏程度；施工期对青苗的破坏程度
	9	水土流失		公路施工过程中的取土方深挖、填方找平等过程对原生土层的抵抗力造成破坏，土质疏松，造成水土流失的可能性大小
经济风险	10	居民收入和就业影响		公路施工期间对当地居民收入和就业影响程度；公路运营期对当地居民就业和收入的影响程度

续表

风险类别	序号	风险因素	风险发生期	具体风险内容
安全风险	11	安全事故	建设期（运营期）	公路施工期间项目的安全措施完备程度，施工事故发生可能性的高低；公路运营期因管理不当导致的各种事故，如因公路车流量大、安全围挡措施与指示牌和指示灯设置不合理所导致的事故频率
社会风险	12	交通阻隔		公路项目施工时采取的暂时施工隔离措施对于当地居民造成的出行不便程度；公路运营期因规划设计不合理对沿线居民造成的不便
	13	临时土地占用		采用围挡、堆放场等措施临时占用土地影响相关利益群体的正常生产生活，从而导致社会稳定风险发生可能性；对于农用耕地的临时占用是否履行了相关审批手续，是否对施工后的场地进行了复垦
项目所在区域自然和社会外部因素	14	人口密度	建设前期、建设期、运营期	项目所在区域最小行政区划人口密度占项目所在省份平均人口密度之比，比值越高，发生社会稳定风险的可能性就越大
	15	人口结构		主要指公路项目所在地人口年龄结构和人口受教育程度结构，幼龄化和老龄化越明显、受教育程度越低，风险越大
	16	人均收入		项目所在区域人均可支配收入占项目所在省份人均可支配收入的比值，比值越大，风险越小
	17	生态状况		公路施工与运营对生态环境是否良好，公路施工与运营对生态环境的影响程度
	18	政策、规定、变化程度		与公路项目相关政策变化频率和程度，以及对公路项目实施是否有利

知》。在项目建设前期，相关单位已详细调查了沿线居民被征地的面积和拆迁数量，并以公众参与的形式征求了民众意见。按照征地补偿工作流程，严格开展国家和地方法规规定的土地房屋征收补偿工作，协商并公开补偿标准，同时做好信息公开等相关辅助工作。补充耕地资金已列入工程投资，拟采取交纳耕地开垦费委托开垦的方式补充耕地，开垦费标准依照国家、省、市相关规定执行。征地补偿标准全线按照不低于3万—3.5万元/亩执行，已纳入工程估算，项目征地拆迁补偿方面的风险较低。

（四）路基及边坡支护风险

该公路项目部分路段采用高路基、深路堑的设计。若路基土石方工程技术操作不当，极易引发事故，并且抢修困难，影响施工进度；同时部分路段两旁是高山，存在山坡坠石的风险，因此路基和边坡支护也存在风险。

（五）大气污染

该项目在施工过程中，由于施工工艺可能会产生白灰、粉煤灰、灰尘以及沥青烟等。项目运营过程中，车辆运输也容易产生烟尘污染。因此，这些污染物会对大气以及周围农作物造成不利影响，也会影响居民的正常生活生产，存在大气污染方面风险发生的可能性。

（六）固体废弃物排放

建设期的固体废物主要来自工程施工产生的建筑垃圾和施工人员产生的生活垃圾。运营期的固体废物主要来自服务区、收费站产生的垃圾，处理不好容易与当地民众产生矛盾，该项目存在因固体废弃物的排放导致的风险。

（七）噪声和振动影响

项目施工过程中机械设备运转产生的噪声和振动，以及运营过程中机动车辆行驶产生的噪声和振动，都会对周边环境和附近居民造成一定的影响，若不采取适当的降低噪声、振动措施，会引发当地群众的不满，甚至阻挠项目的实施，影响公路的正常建设与运营。因此，该项目存在因噪声和振动影响导致的风险。

（八）植被破坏

公路项目的实施属于人对生态环境的大范围强作用的干扰范畴，工程对生态环境影响表现为工程施工和土石方开挖运输过程中会影响植被的正常生长，从而对项目所在地的既有植被产生破坏，导致植被减少，甚至导致物种的损失。因此，该项目存在因植被破坏导致的风险。

（九）水土流失

工程对生态环境影响还表现为工程实施对土地资源的占用、对地表土壤的扰动，破坏原来地表的水土保持功能，导致地表土层松动，土壤抗蚀性减弱，在风蚀的作用下加剧水土流失。因此，该项目存在水土流失导致的风险。

（十）居民收入和就业影响

在项目实施的全过程中，实施主体应该注意解决受项目实施影响而产生的受影响群众的就业以及增加收入的问题。该项目沿线居民主要以农业为生，收入较低，希望参与到项目建设中，以增加个人与家庭收入。实施主体接纳他们的态度和实效不当，以及农民工的工资不能及时兑现则易在项目当地引发群体性事件。所以，在项目实施的前期，实施主体就应该主动研究当地农民就业以及增加收入途径的问题。

（十一）安全事故

在项目建设期，由于本项目建设规模较大，项目实施时涉及的工序及作业面较多，如果没有健全的安全监督及安全管理措施，极易导致生产事故的发生，造成人员财产损失，且容易引发当事人及其家庭与施工企业及建设单位之间的矛盾，严重的安全事故可能引发群体性事件，且该风险因素一旦发生，所产生的影响较大；在项目运营期，该公路项目建成后将属于山东省交通与经济要道，车流量大，大型货车多，项目运营期的安全风险较高。公路的指示灯、围挡及安全标志如果设置不合理，事故发生频率将会增高，也会给安全事故的处理增加困难。此外，不合理的设置长时间不整改或整改时间过长，这些都极易引起相关利益者的不满。

（十二）交通阻隔

项目建设过程中，交通阻隔是暂时的，但这应注意在整个施工阶段对群众生产生活产生的不利影响。经分析该项目的规划设计合理，并采取了施工期的交通分流措施，不会造成过大影响。经分析，该项目运营期不会产生敏感的交通阻隔，对群众生产生活产生的不利影响较小。所以，该项目由交通阻隔导致的社会稳定风险发生的可能性较小。

（十三）临时土地占用

该项目因施工需要，必然会存在围挡施工、建拌料站，各种材料、构件、废弃物堆放场和施工用房等工程原因导致的土地临时占用问题，部分路段可能会因临时土地占用的问题而产生不利影响。所以，该项目存在因临时占用土地导致社会稳定风险发生的可能性。

（十四）人口密度

根据2016年山东省及聊城市的常住人口统计数据计算，全省人口密度约为0.0630万人/平方千米，聊城市的人口密度为0.0664万人/平方千米，经计算，聊城市人口密度为全省人口密度的1.05倍，人口密度较高。因此，因人口密度导致的发生社会稳定风险的可能性较高。

（十五）人口结构

项目所在区域中青年劳动力比例合理，人均收入处于当地平均收入及以上，与大部分居民沟通较好，少部分居民有抵触情绪。因此，因人口结构导致发生社会稳定风险的可能性较低。

（十六）人均收入

根据2012年山东省国民经济和社会发展统计公报和2012年聊城市政府工作报告的数据，2012年农村人均纯收入为9446元，山东省城镇人均可支配收入为25755元；聊城市2012年农村人均纯收入为7735元，城镇人均可支配收入为20649元。LJJ项目所经过的地区均为农村，因此按照农村人均纯收入7735元/人计算。经计算，聊城市农村人均纯收入占到山东省农村人均纯收入的81.89%，表明聊城市农村人均收入与山东省农村人均收入差别不是很大。因此，该项目对所在区域人均收入产生的社会影响较低，导致发生社会稳定风险的可能性较低。

（十七）生态状况

聊城市属于暖温带季风气候区，半干旱大陆性气候。气候适宜，光照充足，生物多样性较高，当地既有生态状况较为良好，当地政府和群众对于生态环境较为重视。当项目实施时，由施工造成的生态环境影响而导致社会稳定风险事件发生的可能性较大。

（十八）政策规定变化

该公路项目建设对于该地的工业运输将会产生明显的促进效果，推动经济发展。当地政策稳定，且扶持鼓励项目的实施。因此，由政策规定导致的社会稳定风险小。

考虑到专家和政府部门对于公路项目在整体上的把握更为全面，相关领域的专家对本项目在防范项目社会稳定风险等方面进行了项目可能产生的各种风险分析及风险程度估计，因此，本研究团队走访、咨询、调查了与该公路项目相关领域的专家和所在地政府相关部门，并通过调查问卷的方式进行了专家打分。共回收有效问卷50份（表样见表6-2）。在本项目评估风险量化部分，采用专家和政府部门的调查反馈作为计算基础进行打分计算，对收回的50份调查问卷各选项的频次与平均分进行统计计算，得到各指标对不同风险等级的隶属度，形成该公路项目社会稳定风险因素隶属度划分表，如表7-19所示。公路项目沿线公众对于公路局部的情况认知更为清楚，所以以沿线公众参与得到的信息作为改进建议，综合考虑这两部分信息，形成项目风险评估结果和改进措施。

表7-19　LJJ公路项目社会稳定风险因素隶属度及平均分

风险序号	指标名称	指标判别等级1 风险高	指标判别等级2 风险较高	指标判别等级3 风险中等	指标判别等级4 风险较低	指标判别等级5 风险低
1	项目选线	0	0	0	0.04/35	0.96/18
2	占用耕地	0	0	0.22/56	0.24/38	0.54/19
3	征地、拆迁、安置与补偿	0	0	0.46/60	0.22/22	0.32/19
4	路基及边坡支护风险	0.20/92	0.20/77	0.60/48	0	0
5	大气污染	0	0.34/76	0.42/52	0.24/36	0
6	固体废弃物排放	0.20/86	0.20/75	0.50/56	0.10/31	0
7	噪声和振动	0	0.64/70	0.36/55	0	0
8	植被破坏	0	0.54/66	0.40/59	0.06/25	0
9	水土流失	0.20/85	0.30/69	0.50/52	0	0
10	居民收入和就业影响	0	0.24/73	0.54/45	0.22/35	0
11	安全事故	0	0	0.25/59	0.75/37	0
12	交通阻隔	0	0	0	0.30/22	0.74/15
13	临时土地占用	0.24/90	0.12/71	0.14/51	0.25/35	0.25/16

续表

风险序号	指标名称	指标判别等级1 风险高	指标判别等级2 风险较高	指标判别等级3 风险中等	指标判别等级4 风险较低	指标判别等级5 风险低
14	人口密度	0	0	0.36/49	0.20/21	0.44/10
15	人口结构	0	0	0.32/42	0.12/29	0.56/8
16	人均收入	0	0.22/74	0/0	0.58/35	0.20/10
17	生态状况	0	0	0.66/50	0.04/35	0.30/12
18	政策、规定、变化程度	0	0	0	0.02/35	0.98/14

注：表中数字 A/B，其中，A 表示指标风险隶属度；B 指专家对该指标打分的算术平均数。

六　风险评估

由表 7-18 可知，按照公路建设项目社会稳定风险主要发生阶段进行划分，形成社会稳定风险评估指标体系如图 7-1 所示，其中目标层 A 为公路项目社会稳定风险，准则层 B 为内因指标和外因指标这两个一级指标，二级指标层 C 包括项目建设相关风险，项目所在区域社会、自然条件，与项目相关的外部因素三个指标，基层指标层 D 包含了 18 个指标。

确定社会稳定风险评估指标体系之后，采用层次分析法和模糊综合评价进行风险因素的量化评估，根据量化评估值对社会稳定风险因素进行评估，具体步骤如下：

（一）咨询专家与相关部门

对每个指标的重要性进行判断，形成判断打分矩阵；为了方便分析，本研究拟从高层指标逐步向基层指标进行判断打分。

1. 一级指标权重判断

考虑到本公路项目所在地为山东省聊城市，专家与相关部门讨论分析认为：项目社会稳定风险源自于项目自身建设过程，即项目内因指标反映的状况；项目所处区域的自然环境和社会环境风险相对较小，即外因指标反映的状况。判断矩阵如表 7-20 所示，A1 指内因指标，A2 指外因指标。

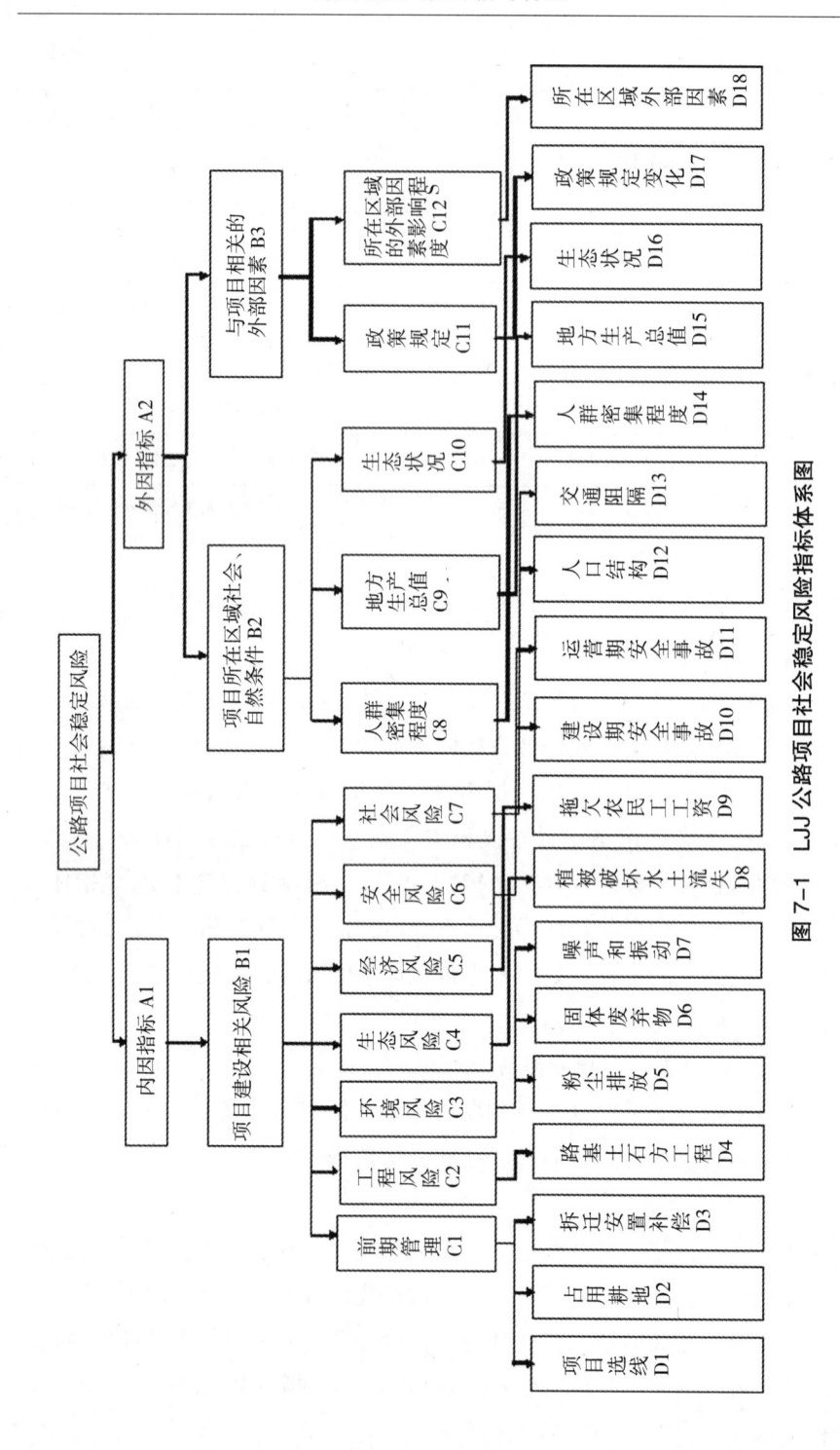

图 7-1 LJJ公路项目社会稳定风险指标体系图

表7-20　　　　　　　　一级指标相对重要性判断

	A1	A2
A1	1	3
A2	1/3	1

其判断矩阵计算结果如表7-21所示。

表7-21　　　　　　　　判断矩阵计算结果

最大特征值	最大特征值对应特征向量	一致性检验值
2	0.75；0.25	通过检验

故由表7-21可以得出，两个一级指标的权重分别为0.75和0.25。

2. 二级指标权重判断

结合本项目实际情况，经过专家与相关部门讨论，认为3个二级指标，即项目建设相关风险（B1）、项目所在区域社会自然条件（B2）和与项目相关的外部因素（B3），对该公路项目影响较大，B1是单个指标，不需要判断权重，A2的两个指标B2和B3的权重判断如表7-22和表7-23所示。

表7-22　　　　　　　　一级指标相对重要性判断

A2	B2	B3
B2	1	3
B3	1/3	1

表7-23　　　　　　　　判断矩阵计算结果

最大特征值	最大特征值对应特征向量	一致性检验值
2	0.75；0.25	通过检验

由表7-23可知，B2、B3的权重分别为0.75和0.25。

3. 三级指标权重判断

（1）对于项目建设相关风险的各个三级指标，建立判断矩阵如表7-24所示，其中C1至C7分别指前期管理工作风险、工程风险、环境风险、生态风险、经济风险、安全风险、社会风险。

表 7-24　　LJJ 公路项目建设相关风险三级指标判别矩阵

B1	C1	C2	C3	C4	C5	C6	C7
C1	1	1/7	1/5	1/3	1	1/7	1
C2	7	1	1	1	3	1	5
C3	5	1	1	1	3	1/3	3
C4	3	1	1	1	5	1	5
C5	1	1/3	1/3	1/5	1	1/5	1
C6	7	1	3	1	5	1	5
C7	1	1/5	1/3	1/5	1	1/5	1

其矩阵计算结果如表 7-25 所示。

表 7-25　　　　　　　判断矩阵计算结果

最大特征值	最大特征值对应特征向量	一致性检验
7.3	0.04；0.22；0.16；0.21；0.05；0.27；0.05	0.02（通过检验）

由表 7-25 可知，项目前期管理工作风险、工程风险、环境风险、生态风险、经济风险、安全风险、社会风险的权重分别为：0.04、0.22、0.16、0.21、0.05、0.27、0.05。

（2）项目所在区域社会自然条件的三级指标判断矩阵如表 7-26 所示，其中 C8、C9、C10、C11 分别表示人口密度、人口结构、人均收入和生态状况。根据所搜集到的相关资料，对 4 个指标进行重要性判断，其判断矩阵如表 7-26 所示。

表 7-26　　LJJ 公路所在区域社会自然条件风险三级指标判别矩阵

B2	C8	C9	C10	C11
C8	1	3	1/5	1
C9	1/3	1	1/7	1/3
C10	5	7	1	5
C11	1	3	1/5	1

其判断矩阵计算结果如表 7-27 所示。

表 7-27　　　　　　　　　　判断矩阵计算结果

最大特征值	最大特征值对应特征向量	一致性检验
4.12	0.15；0.07；0.63；0.15	0.03（通过检验）

由表 7-27 计算得人口密度、人口结构、人均收入和生态状况四个指标的权重分别为 0.15、0.07、0.63、0.15。

（3）与本公路项目相关的外部因素风险指标仅有"政策变化程度"一个指标，因此，不需要进行重要性的判断。

4. 基层指标的权重计算同上，其各个指标的综合权重计算如表 7-28 所示。

表 7-28　　　　　　　　　　风险综合权重汇总

内容	一级指标权重	二级指标权重	三级指标权重	四级指标权重	综合指标权重	归一化权重
建设项目社会稳定风险指标综合权重	A1 0.75	B1 1	C1 0.04	D1 0.30	0.009	0.01
				D2 0.30	0.009	0.01
				D3 0.40	0.012	0.01
			C2 0.22	D4 1	0.165	0.19
			C3 0.16	D5 0.4	0.048	0.05
				D6 0.2	0.024	0.03
				D7 0.4	0.048	0.05
			C4 0.21	D8 0.5	0.079	0.09
				D9 0.5	0.079	0.09
			C5 0.05	D10 0.5	0.019	0.02
			C6 0.27	D11 0.5	0.101	0.12
			C7 0.05	D12 0.6	0.023	0.03
				D13 0.4	0.015	0.02
	A2 0.25	B2 0.75	C8 0.15	D14 1	0.028	0.03
			C9 0.07	D15 1	0.013	0.01
			C10 0.63	D16 1	0.118	0.13
			C11 0.15	D17 1	0.028	0.03
		B3 0.25	C12 1	D18 1	0.063	0.07

(二) 确定风险程度的大小

风险指标权重与其风险影响程度相乘，确定风险程度的大小。将表7-28综合权重与表7-19风险影响程度隶属度相乘，即可得本公路项目各个基层指标的社会稳定风险程度的大小。将表7-28得到的综合指标向量记为$\vec{V}$（V1，V2，…，V18），风险隶属度矩阵记为W，最终风险程度矩阵记为U，则：

$$U = \vec{V} \times W \tag{7-1}$$

计算结果 U = （风险高，风险较高，风险中等，风险较低，风险低）
　　　　　= （0.07　0.20　0.33　0.17　0.22）

根据模糊综合评价最大隶属度原则，该公路建设项目社会稳定风险程度为：风险中等。

进一步对风险隶属度中等的各个基层指标权重与风险影响程度隶属度乘积进行排序，可得到表7-29。

表7-29　"风险程度中等"等级下各基层指标风险大小汇总表

序号	指标代号	指标名称	风险大小	序号	指标代号	指标名称	风险大小
1	D4	路基及边坡支护	0.11	10	D14	人口密度	0.01
2	D9	水土流失	0.05	11	D3	拆迁安置补偿	0.00
3	D8	植被破坏	0.04	12	D15	人口结构	0.00
4	D11	安全事故	0.03	13	D13	临时土地占用	0.00
5	D5	大气污染	0.02	14	D2	占用耕地	0.00
6	D17	生态状况	0.02	15	D1	项目选线	0.00
7	D7	噪声和振动	0.02	16	D12	交通阻隔	0.00
8	D6	固体废弃物	0.02	17	D16	人均收入	0.00
9	D10	居民收入和就业	0.01	18	D18	政策规定变化	0.00
风险等级：中等							

注：1. 各基层指标按照风险大小的降序进行排序，为了更准确排序，此表保留了2位小数；

2. 风险大小为零的指标并不代表无任何风险，只是表示了预期风险发生的相对大小，因此也应给予适当关注。

七 风险防范和风险化解措施与评估

建设单位及项目相关单位针对以上可能产生影响社会稳定的风险因素采取相应措施，防范和控制风险，使项目始终处于可控和低风险状况。根据本项目及项目所在地的实际情况，结合表7-30计算结果，按照指标风险等级由高到低进行预控。对建设单位及项目相关单位提出的风险防范和风险化解措施，并经评估，该公路项目风险防范措施考虑全面、可行，能够达到风险防范的要求，具体如下：①

（一）在项目建设前期、项目建设期和项目运营期的各项工作均要严格遵守和执行国家、行业和地方的各项法律、法规和规范，使项目始终处于合法运行状态。

针对部分前置支撑文件还没有完成批复等情况，建设单位应指定专人负责协调其他专题报告编制单位、评估单位和上级审批部门，推动相关报告的编制和审批进度，力争按计划完成项目的审批，不影响本项目的建设进度。

在项目全过程中加强政府、项目相关单位与项目所在区域公众的沟通很重要，要将项目等方面相关情况采用多种形式向项目所在地公众进行宣传介绍，特别是项目沿线的民众，采取多种方式提高与影响区域民众沟通的有效性，并认真听取社会公众的意见建议。

（二）项目建设期间，涉及土地征用、房屋拆迁安置工作以及补偿必须严格履行法定程序，必须严格履行土地房屋征收征用补偿标准和程序，在征地拆迁过程中要做到：

1. 从项目规划、设计开始以及在建设期和运营期间，本项目都应充分考虑合理利用土地资源，认真做好土地征用补偿工作。建设单位要严格执行省、市的相关拆迁补偿政策，国家土地政策，保护耕地。建设单位和地方政府严格按照省交通厅、国土资源厅规定发放征用土地费。

2. 落实以人为本的精神，妥善安置被征地和拆迁的村民的生产生活。保证村民的切身利益得到保障，首先是要保证被征地农村组织和农户的知情权，确保各类受影响人员能够得到合理的补偿、安置与及时良好的恢

---

① 吴阳：《公路建设项目社会稳定风险评估方法研究》，硕士学位论文，长安大学，2017年，第57—61页。

复，使他们能分享项目产生的效益。

3. 落实拆迁补偿资金，保证村民拆迁补偿及时到位。本项目在征地拆迁过程中应严格执行征拆标准，把征地拆迁补偿标准尽早公开，对易受影响的弱势群体再适当提高补偿标准，尽量使项目影响区受影响的群众满意。通过以上措施，力争有效降低本项目征地拆迁影响。

4. 制定就近安置和先安置后拆迁的方案，拆迁安置的地点尽量就近安置，尽可能采取集中安置，便于居民的土地耕种和社会交往，使村民的生产生活受到较小的干扰。对于弱势群体和贫困人员应给予特别照顾，如协助建房、搬迁。

（三）在项目建设期和运营期，执行和完善项目环境影响评价中提出的各项措施，减少对民众的环境影响，保护生态环境。

1. 大气污染

在公路施工过程中，该项目在施工期大气污染的主要形成是粉尘、烟尘的产生与排放，要采取积极的粉尘、烟尘排放管控措施，减轻粉尘、烟尘产生与排放对施工现场周围环境影响。如：项目施工现场内除作业面外均应进行硬化处理，作业场地应坚实平整，每天洒水降尘，及时清理工作现场的落地粉尘；施工现场出入口两侧应设置车辆冲洗台和冲洗设施，运输车辆驶出工地前进行冲洗，严禁车轮带泥上路；对沥青混合料、砂石、工程土等散体物料的车辆，必须采用密闭措施，严防沿路抛撒，并规定专用的路段进行运输，对沥青搅拌站加装除尘设施，采用间歇式有自动控制性能的沥青混凝土拌和工艺，施工过程中保证连续摊铺。

2. 噪声和振动影响

项目建设施工期要加强环境管理，按照项目施工组织设计要求，合理安排施工工序，将容易产生噪声和振动的工序安排在白天，选取声源强度和声功率小的生产设备和工艺，合理安排高噪声设备的位置及施工作业时段，减轻施工噪声对周围环境的影响。采取多种降噪措施，减轻公路运营期的交通噪声与振动的影响程度。

3. 固体废弃物排放

在项目建设施工期间产生的各种土石废弃物要合理规划科学放置，尽量进行综合利用，对于不能满足工程使用要求的弃方，应运至指定的弃渣场。施工单位应及时集中收集、放置使用后的建筑材料及相关物品，施工区设置生活垃圾收集点。建设单位、地方环保部门不定期检查固体废弃物排放，工地固体垃圾、生活垃圾管理情况，对发现违法违规的行为进行严厉处置。

4. 植被破坏

要求设计单位加强调查，合理设计，防止可能出现导致植被破坏等生态环境的设计内容。施工单位要文明施工，生态施工。根据实际情况增加设计咨询委托合同条款、文明施工合同条款。因植被破坏及其因此发生的不稳定事件，追究相关部门的责任，同时扣除相应的保证金。

5. 水土流失

严格按照批复的水土保持方案落实水土保持资金、监理、监测、管理等保障措施，做好水土保持工程项目的初步设计和施工单位招标、施工组织工作，加强对施工单位的管理。

6. 环境监理

项目建设期间出现的环境问题，以及环保措施的提出与落实等由环境监理部门负责，环境监理工程师要逐一解决项目建设期间出现的各种环境问题，确保减少项目对环境质量的影响。

（四）在项目建设和运营的全过程中均要严格遵守和执行各项安全法律法规，使项目始终处于安全运行状态。

1. 建设期安全事故

公路施工单位应做好安全生产的监督管理工作，制定完整的安全制度体系，建立健全应急预案，确保安全施工、安全生产和安全监督，避免人为事故的发生。

2. 运营期安全事故

公路部门在项目建成通车后，做好公路管理和养护工作，及时修护各种路面、路基、边坡等出现的一些问题，避免因此造成安全事故发生，同时要合理设计标志，使标志的功能正常发挥，避免混乱而诱发安全事故发生。

（五）在项目全过程各阶段的各项工作均要按照法规、规范要求开展，并要以"以人为本"的理念发现问题、解决问题，使项目的实施与项目的环境处于融合协调的状态。

1. 交通阻隔

项目建设单位在无法避免交通阻隔的情况下，应明确交通阻隔的时间，尽快实现交通的顺畅，超过时间，需要向当地相关政府交纳罚金。对于因规划设计不合理而在公路运营期产生的交通阻隔，对沿线居民造成长期的不便，要提出解决方案，尽快解决。

2. 拖欠农民工工资

项目建设单位在招投标文件中将明确在计量支付时，计提工程款的约定比例作为农民工工资的保证金，并设立专款账户。建设单位应加强对施工单位合同的监管，避免层层分包的情况发生。

3. 当地居民收入影响

被征地农民就业及生活采取生活补助费和参加基本养老保险等相结合的形式，保障被征地居民的基本生活。同时加强对被征地居民的劳动技能培训，使其具备能够谋生的基本技能。对被征地农民选择自主创业的，有关部门需在政策上对其扶持。项目建设期和运营期间的一些工作岗位应优先招聘当地居民，同时鼓励农民进城务工等。

在提出上述风险防范和风险化解措施的基础上，按照建设项目全过程管理要求，针对项目建设前期、建设期、运营期项目风险主要发生的阶段，提出风险主要防范、化解措施，明确落实措施的责任主体和协助单位，如表7-30所示。

八 落实风险措施后风险级别再评估

风险措施落实后，项目建设单位再对风险整体等级以及具体细部风险进行再分析、再研判，以保证最终项目整体风险等级为低风险，细部风险无风险或者细部风险被识别后采取有效措施，从而推动整个建设项目顺利落地实施和运营。

（一）项目整体风险再评估

在提出风险防范、化解措施的基础上，需要分析采取措施后各主要风险因素的变化，预测各主要风险因素可能变化的趋势和结果，从而进一步分析风险防范、化解措施是否有效。对落实措施后的风险等级进行综合分析再评估，给出采用措施后项目风险等级的评判结论。

由表7-30可以看出，项目社会稳定的各个风险因素的防范应对措施都具有可行性和有效性，责任主体和协助单位都已明确，措施落实情况能够得到保证。根据预测风险措施落实的情况，采用专家打分法再次按照上

第七章 公路建设项目社会稳定风险评估

表 7-30 LJJ 公路项目风险防范和化解措施汇总表

风险因素	风险发生阶段	主要防范、化解措施	实施时间	责任主体	协助单位
项目合法性、合理性遭质疑的风险	建设前期	指挥部指定专人负责协调环评、水保、土地预审等专题报告编制单位、评估单位、审批单位，督促按期完成专题报告，专题文件审查等审批文件及部分过期文件的延期手续	建设前期	建设单位	各专题报告参加单位、各责任部门
土地房屋征收征用补偿标准		根据《土地征用意向书》，其补偿标准若采用现金补偿，若补偿标准不低于当地农户拆除补偿标准，若采用重建方式补偿，其重建标准等同目不低于被拆迁户现有设施标准		建设单位	乡镇政府、村委会、村民、设计单位代表
土地房屋征收补偿程序和方案		基于《土地拆迁意向书》，根据项目建设需要和被征拆户要求，甲方可以现金方式直接补偿，或以重建方式按高于乙方现有住房和其他设施标准为乙方在其承包场地内指定位置重建置换，占用土地按国家政策规定执行		建设单位	乡镇政府、村委会、村民
大气污染	建设运营	1. 施工场地经常洒水降尘；2. 渣土运输车、建筑材料运输车加盖蓬布，出场前清洗轮胎泥土；3. 沙石材料、路基填料等堆场经常洒水、加盖蓬盖物，避免扬尘；4. 运营期采用密闭方式运输，或运输过程加盖蓬盖物	建设期和运营期	建设单位和运营单位	当地环保局
固体废弃物排放		对施工产生的建筑垃圾进行分区域临时堆放，并在固定时间对固对垃圾弃物进行清运，并在清运过程中对垃圾进行遮盖，避免对项目所在地环境造成不良影响		设计单位、建设单位和固废管理单位	运营单位和沿线环保局、水利局

续表

风险因素	风险发生阶段	主要防范、化解措施	实施时间	责任主体	协助单位
噪声和振动影响	建设运营	加强环境影响评价、加强环保设计，增加文明施工合同条款，对于在居民住宅附近要进行打桩、爆破施工的，应严格遵守有关规定		建设单位	环评单位、设计单位、运营单位
植被破坏		项目所在地政府和居民较为重视项目沿线的生态保护。通过合理设计、安全施工减少植被破坏等生态不稳定的影响	建设期和运营期	环评单位、设计单位、建设单位	运营单位、当地环保局
水土流失		部分路段公路途经生态脆弱区，但施工过程中临时防护与治理措施，易引起严重水土流失，无法避让。通过加强施工过程中临时防护与治理措施，提高水土流失防治标准，可以减少因工程建设对当地生态环境造成的水土流失灾害与隐患		环评单位、水土保持方案评估单位、建设单位	运营单位、当地环保局
当地居民收入影响	建设期	1. 相关单位政策上扶持被征地居民自主创业；2. 项目建设期和运营期为当地居民提供就业机会；3. 鼓励农民进城务工	建设期	建设单位	相关政府部门
拖欠农民工工资		建设单位在招投标文件中将明确在计量支付时，计提工程款的10%作为农民工工资的保证金，并设立专款账户。通过人事劳动局的监管，保证农民工及时拿到自己的辛苦钱		建设单位	人事劳动局
建设期事故的发生		施工单位应做好安全生产的监督管理工作，建立健全应急预案，避免人为事故的发生		建设单位	

续表

风险因素	风险发生阶段	主要防范、化解措施	实施时间	责任主体	协助单位
政府、施工单位与区域居民沟通情况	建设期	定期告知居民工程进度情况，加强有效沟通	建设期	建设单位	相关政府部门
运营期事故的发生	运营期	定期做好公路养护和管理工作，合理安排标志位置	运营期	运营单位	
交通阻隔	建设运营	明确交通阻隔的时间，尽快实现交通顺畅	建设期和运营期	设计单位、建设单位、运营单位	相关政府部门

述过程，确定落实措施后的风险程度的量化值，并结合层次分析法已确定的风险因素的权重，运用公式（7-1），计算出采取防范措施后的风险等级和各个基层指标的风险大小，形成评估措施落实后的社会稳定风险程度量化汇总表7-31。

表7-31　LJJ公路项目风险评估措施落实后社会稳定风险程度量化汇总表

风险序号	指标名称	指标判别等级1 风险高	指标判别等级2 风险较高	指标判别等级3 风险中等	指标判别等级4 风险较低	指标判别等级5 风险低
1	项目选线	0	0	0	0.06/32	0.94/17
2	占用耕地	0	0	0.22/54	0.26/36	0.52/19
3	征地、拆迁、安置与补偿	0	0	0.26/57	0.22/22	0.52/19
4	路基及边坡支护风险	0.20/90	0.20/74	0.20/48	0.10/28	0.30/16
5	大气污染	0	0.34/70	0.12/50	0.24/34	0.30/16
6	固体废弃物排放	0.20/83	0.20/76	0.20/54	0.10/30	0.30/17
7	噪声和振动	0	0.34/71	0.36/56	0.30/33	0
8	植被破坏	0	0.24/67	0.40/59	0.36/26	0
9	水土流失	0.20/81	0.30/64	0.20/50	0.30/31	0
10	居民收入和就业影响	0	0.24/70	0.14/46	0.22/31	0.40/11
11	安全事故	0	0	0.45/59	0.55/34	0
12	交通阻隔	0	0	0	0.28/23	0.72/15
13	临时土地占用	0.24/88	0.32/66	0.14/53	0.30/38	0
14	人口密度	0	0	0.36/47	0.20/21	0.44/12
15	人口结构	0	0	0.12/41	0.32/27	0.56/13
16	人均收入	0	0.02/73	0.20/55	0.20/36	0.58/10
17	生态状况	0	0	0.26/51	0.04/37	0.70/14
18	政策、规定、变化程度	0	0	0	0.02/36	0.98/14

根据式（7-1）计算，可以得出采取防范措施后的风险评价集

U' =（风险高，风险较高，风险中等，风险较低，风险低）
　　=（0.06　0.14　0.23　0.24　0.32）

可以发现，采取防范措施后风险等级降为"风险低"，各个基层指标风险大小计算值如表7-32所示。

表 7-32　LJJ 公路项目采取措施后各基层指标风险大小汇总表

序号	指标代号	指标名称	风险大小	序号	指标代号	指标名称	风险大小
1	D16	人均收入	0.08	10	D15	人口结构	0.01
2	D18	政策规定变化	0.07	11	D6	固体废弃物	0.01
3	D4	路基及边坡支护	0.06	12	D3	拆迁安置补偿	0.01
4	D17	生态状况	0.02	13	D2	占用耕地	0.01
5	D12	交通阻隔	0.02	14	D7	噪声和振动	0.00
6	D5	大气污染	0.02	15	D8	植被破坏	0.00
7	D14	人口密度	0.01	16	D9	水土流失	0.00
8	D1	项目选线	0.01	17	D11	安全事故	0.00
9	D10	居民收入和就业	0.01	18	D13	临时土地占用	0.00
风险等级：低							

由表 7-31 和表 7-32 分析得出，本公路项目落实风险防范、化解措施后原来风险较高的基层风险指标均有较显著的降低，整体风险水平有所降低。由此得出，项目落实防范和化解风险措施后，项目社会稳定风险等级为"低"。社会稳定风险产生的不利影响得到了有效控制。

（二）项目细部风险再评估

因不同领域专家和政府相关部门对项目可能存在对项目社会稳定风险把控较为宏观和综合的情况，因此，在对各基层指标风险程度量化分析及采取上述措施的基础上，对收回的 205 份有效调查问卷再进行分析研判，对项目沿线的公众再进行辅助调查，同时再分析参考同类高速公路实施中常出现的社会问题，进一步细化风险因素和参考评价指标，进行风险分析评估。本项目在充分调查分析研究基础上，又针对政策规划和审批程序、征地拆迁及补偿、技术经济、生态环境影响、项目管理、经济社会影响、安全卫生、媒体舆情 8 个方面的 49 个具体风险因素采取措施后，分析评估项目风险等级。具体风险因素采取措施后的风险等级评估见表 7-33。[1]

---

[1] 惠小江：《高速公路建设项目社会稳定风险评估体系研究》，硕士学位论文，长安大学，2017 年，第 13—16 页。

表 7-33　　　　　　　　风险因素采取措施后风险等级表

类型	序号	风险因素	参考评价指标	风险等级
政策规划和审批程序	1	立项、审批程序	项目立项、审批的合法合规性	无
	2	产业政策、规划	项目与产业政策、总体与专项规划之间的关系等	无
	3	规划选线	项目与地区发展规划的符合性、与土地性质和用低规划的符合性、周边敏感目标（住宅、医院、学校、幼儿园等）与项目的位置关系和距离等	无
	4	规划设计参数（设计规范）	容积率、绿地率、建筑限高、建筑退界、与相邻建筑形态及功能上的协调性等	无
	5	立项过程中公众参与	规划、可行性研究、环评审批过程中的公示及诉求、负面反馈意见等	无
征地拆迁及补偿	6	土地房屋征收征用范围	项目建设用地是否符合因地制宜、节约利用土地资源的总体要求，土地房屋征收征用范围与工程用地需求之间、与当地土地利用规划的关系等	无
	7	土地房屋征收征用补偿资金	资金来源、数量、落实情况	低风险
	8	被征地农民就业及生活	农民社会、医疗保障方案和落实情况，技能培训和就业计划等	低风险
	9	安置房源数量及质量	总房源比率、本区域房源比率、期房/现房比率、房源现状及规划配套水平（交通和周边生活配套设施等），安置居民与当地居民的融洽度等	低风险
	10	土地房屋征收征用补偿标准	实物或货币补偿与市场价格之间的关系、与近期类似地块补偿标准之间的关系（过多或过少均为欠合理）	低风险
	11	土地房屋征收补偿程序和方案	是否按照国家和当地法规规定的程序开展土地房屋征收补偿工作；补偿方案是否征求公众意见等	低风险
	12	拆除过程	文明拆除方案的制定和拆除过程的监管，拆房单位既往表现和产生的影响等	低风险
	13	特殊土地和建筑物的征收征用	涉及基本农田、军事用地、宗教用地等征收征用是否与相关政策的衔接等	无
	14	管线迁移及绿化迁移方案	管线搬迁方案和绿化迁移方案的合理性等	低风险
	15	对当地的其他补偿	对施工损坏建（构）筑物的补偿方案，对因项目实施受到各类生活环境影响	无

续表

类型	序号	风险因素	参考评价指标	风险等级
技术经济	16	工程方案	此风险因素一般将伴随工程、安全、环境影响方面的风险因素同时发生,可依具体项目展开分析(如,易燃易爆项目应考虑安全距离内外可能造成破坏影响;在技术方案中执行的安全、环保标准低,与群众的接受能力不一致;等等)	无
	17	隧道及地下建筑工程的施工可能引起地面沉降的影响	隧道及地下建筑工程基本情况,地质条件,类似案例调查,实施单位资质和经验,明挖、暗挖及明暗结合开挖和维护方案是否充分及专项评审意见,第三方检测方案。隧道及地下建筑工程引起地面沉降,导致对周边建筑物、构筑物、道路及地下管线损失等	无
	18	资金筹措和保障	资金筹措方案的可行性,资金保障措施是否充分	
生态环境影响	19	大气污染物排放	厂界内、沿线、物料运输过程中各污染物排放与环保排放保障限值之间的关系,与人体生理指标的关系,与人群感受之间的关系,包括施工期、运行期两个阶段	低风险
	20	水体污染物排放		低风险
	21	噪声和震动影响		低风险
	22	电磁辐射、放射线影响		低风险
	23	土壤污染	重金属及有毒有害有机化合物的富集和迁移等	低风险
	24	固体废弃物及其二次污染(垃圾臭气、渗沥液等)	固体废弃物能否纳入环卫收运体系、保证日产日清;建筑垃圾、大件垃圾、工程渣土、有毒有害固体废弃物(如医疗废弃物)能否做到有资质收运单位规范处置等	低风险
	25	日照、采光影响	与规划限值之间的关系,日照减少率,日照减少绝对量,受影响范围、性质(住宅、学校、养老院、医院病房或其他)和数量(面积、户数)等	低风险
	26	通风、热辐射影响	热源及能量与人体生理指标的关系,与人群感受之间的关系,通风量、热辐射变化量、变化率等	低风险
	27	光污染	包括玻璃幕墙光反射污染和夜间市政、景观灯光污染影响的物理范围和时间范围,灯光设置合理规范等	无

续表

类型	序号	风险因素	参考评价指标	风险等级
生态环境影响	28	公共开放活动空间、绿地、水系、生态环境和景观	公共活动空间质和量的变化、公共绿地质和量的变化，水系的变化，生态环境的变化，社区景观的变化等	低风险
	29	水土流失	地形、植被、土壤结构可能发生的变化，弃土弃渣可能造成的影响，是否有水土保持方案等	低风险
	30	其他影响	如文物、古木、墓地以及生物多样性破坏	无
项目管理	31	项目"五制"建设	法人负责制、资本金制、招投标制、监理制和合同管理制等	无
	32	项目单位六项管理制度	审批或核准管理、设计管理、概预算管理、施工管理、合同管理、劳务管理等	无
	33	施工方案	施工措施与相邻项目建设时序的衔接，实施过程与敏感时点（如"两会"、高考等）的关系，施工周期安排是否干扰周边居民生产活动等	无
	34	文明施工和质量管理	违反文明施工和质量管理的相关规定，造成环境污染，停水、停电、停气，影响交通等突发情况等	无
	35	社会稳定风险管理体系	项目单位和当地政府是否就项目进行充分沟通，是否对社会稳定风险有充分认识并做到各司其职，是否建立社会稳定风险管理责任制和联动机制，是否制定相应的应急处置预案等	无
经济社会影响	36	文化、生活习惯	地方传统文化、邻里关系、生活习惯、社区品质等方面的改变，可能引起群众的不适	无
	37	宗教、习俗	可能与项目所在地群众的宗教信仰和风俗习惯有冲突	无
	38	对周边土地、房屋价值的影响	土地价值变化量和变化率、房屋价值变化量和变化率等	无
	39	就业影响	项目建设、运行对周边居民总体就业率影响和特定人群就业率影响等	无

续表

类型	序号	风险因素	参考评价指标	风险等级
经济社会影响	40	群众收入影响	项目建设、运营引起当地群众收入水平变化量和变化率，以及收入不均匀程度变化等	无
	41	相关生活成本	项目建设、运营引起当地基本生活成本（水、电、燃气、公交、粮食、蔬菜、肉类等）的提高等	无
	42	对公共配套设施的影响	对教育、医疗、体育、文化、便民服务、公厕等配套设施建设、运行的影响等	无
	43	流动人口管理	施工期流动人口变化、运行期流动人口变化管理的影响等	无
	44	商业经营影响	施工期、运行期对当地商业经营状况的影响	无
	45	对周边交通的影响	施工方案对周边人群交通出行的考虑（临时便道的设置，临时停车场地安排，临时公交站点的布置等），运行期项目周边公共交通情况变化，项目所增加的交通流量与周边路网的匹配度，项目出入口设置对周边人群的影响等	无
安全卫生	46	施工安全、卫生与职业健康	土方车和其他运输车辆的管理，施工和运行存在的危险、有害因素及安全管理制度，卫生与职业健康管理，应急处置机制等	低风险
	47	火灾、洪涝灾害	项目实施导致火灾、洪涝等灾害发生的概率，是否有防火预案、防洪防涝预案等	无
	48	社会治安和公共安全	施工队伍规模、管理模式，运行期项目使用人分析（使用人来源、数量、流动性、文化素质、年龄分布等）	无
媒体舆情	49	媒体舆论导向及其影响	是否获得媒体支持，是否协调安全有权威、有公信力的媒体公示项目建设信息、进行正面引导，是否受到媒体的关注及舆论导向性的信息	无

落实风险措施后风险级别再评估表明：建设单位在项目核准申报、项目建设和项目运营期间，采取各项积极措施，项目社会稳定风险可降到可控范围，综合评估本项目的影响社会稳定的风险等级为"低风险"。

九 评估结论

本项目社会稳定风险评估工作组对项目开展了规定的各环节分析评估工作，客观全面地进行社会稳定风险调查工作，对项目社会稳定风险因素细致识别，运用层次分析法和专家打分法对项目社会稳定风险级别进行了风险确定，得出该项目社会稳定风险等级为低风险。具体评估结果如下。

（一）拟建项目存在的主要风险因素

拟建项目可能对社会稳定引起影响的风险因素有：建设前期的项目选线所涉及到的征地、拆迁、安置及补偿等，建设期的工程风险、环境影响等，运营期的安全风险、阻隔因素等，项目所在区域外部相关因素等。对本项目可能带来的影响社会稳定的风险要给予特别关注。

1. 对项目本身的合理性，合法性的质疑可能带来的影响稳定的风险。
2. 项目建设征地及补偿可能带来的影响稳定的风险。
3. 项目建设涉及的部分村庄房屋的拆迁和安置补偿可能带来的风险。
4. 项目在建设、运营过程中对周边群众居住、生活、生产影响可能带来的风险。
5. 项目建设期间外来务工人员增加流动人口管理的难度。

（二）拟建项目的合法性、合理性、可行性和可控性

拟建项目具有符合相关法律法规要求的合法性、合理性、可行性。所分析的本项目风险因素，在建立建设项目风险管理机制，有效执行风险防范与化解措施后，该公路项目的社会稳定风险是可控的。

（三）拟建项目主要风险防范化解措施

本项目主要风险防范、化解措施按照上述"风险防范和风险化解措施"拟定的措施认真执行，需特别重视：

1. 落实国家、省、市的相关补偿政策，严格执行国家土地政策，保护耕地；
2. 落实以人为本的精神，妥善安置被征地和拆迁居民的生产生活，保证受影响居民的切身利益得到保障；
3. 落实拆迁等补偿资金，保证居民补偿及时到位；
4. 尽可能采取集中安置、就近安置和先安置后拆迁的方案，使居民的生产生活受到的干扰较小；

5. 对生活存在重大问题的弱势群体要尽可能给予照顾和优待；

6. 在项目建设期和运营期，执行和完善项目环境影响评价中提出的各项措施，减少项目对所在的民众的环境影响。

(四) 拟建项目风险等级

根据同类项目建设经验以及拟建项目各方的分析论证，该建设项目可行。根据专家咨询打分，按照模糊综合评价最大隶属度原则，该公路建设项目社会稳定风险程度为：风险中等。项目建设方根据此初步评估结论拟进一步采取措施，降低整体风险等级风险。

针对该项目风险较高的基层风险指标，经分析需要采取措施，并将措施落实在项目实施计划中，并进行风险再评估。分析可知，在采取积极的风险防范和化解措施后，该公路建设项目社会稳定风险程度为：低风险，为可控风险。

(五) 应急措施

针对本项目产生重大社会稳定问题的苗头，或发生重大社会不稳定事件时，应及时启动应急预案，重点开展以下工作：

1. 对已发生的群体性事件及其他不稳定事件，要高度重视，认真对待，及时通知有关人员赶赴现场，根据起因做好耐心细致的疏导工作，防止矛盾激化，稳定群众情绪；

2. 第一时间召开相关各方参加的维护社会稳定工作会议，通报群体性事件和不稳定情况，以及目前处理情况，分析研究可能继续出现的重大问题并提出具体的对策措施。并将不稳定情况向所在地政府等有关部门报告；

3. 对问题复杂、规模较大的群体性事件，有关领导要迅速抵达现场，组织指挥维稳工作，落实维稳第一责任人职责；

4. 对有危害社会倾向及轻生的特殊人员要耐心开导，稳定他们的情绪，并联系有关方面及时解决问题。必要时报请有关机关采取措施；

5. 把上访群众稳定在当地，做好疏导工作。

(六) 几点建议

1. 严格按照国家各项相关政策规定，开展项目核准申报、项目实施和运营工作；

2. 严格执行国家各项土地政策，珍惜每一寸土地，努力保护耕地，落实各项土地征地补偿政策，保护沿线人民群众的权益；

3. 认真执行国家地方有关房屋拆迁补偿政策，本着以人为本的精神，在符合国家政策的前提下满足人民群众的要求；

4. 在项目建设期和运营期认真落实关于环境保护和安全生产方面的各项要求，保障沿线人民群众的生活受到的影响最小。

第八章 建设项目风险管理系统分析

建设项目风险管理系统分析是项目风险评估与管理的重要内容，科学评估建设项目全过程风险是建设项目优化决策的基础。有效防止事故发生，维护社会稳定的前提是对风险作出正确分析和评估。加强建设项目的风险管理，需要对建设项目风险管理系统做进一步深入分析。建设项目风险管理系统分析需要借助科学可行的方法，在第六章提出的一些常用分析方法的基础上，针对建设项目风险因素的不确定性和风险管理复杂性、系统性特点，本章再运用几种分析方法对建设项目风险管理系统进行检查、分析、测度、评估，促进建设项目风险管理的科学化。

第一节 建设项目风险管理系统 SCL 检查与 FTA 分析

SCL 安全检查表法对建设项目风险管理是一种有效的检查评估、简便实用的方法。由 SCL 安全检查表法与 FTA 事故树法构建的项目风险 FTA－SCL 模型，适用于对建设项目风险管理系统进行 FTA－SCL 的联合分析。在 FTA－SCL 分析的基础上，建立模糊 FTA 风险分析法，对建设项目风险管理系统进行分析评价，为建设项目风险管理系统相关工作提供一种科学、简便的分析方法。

一、建设项目风险管理的 SCL 分析

（一）SCL 用于建设项目风险管理的有效性分析

1. SCL 分析法

安全检查表法 SCL（Safety Check List）是依据相关的标准、规范、制

度及其他系统分析方法分析的结果，对工程系统中已知的危险类别、设计缺陷以及潜在的风险性和有害性进行判别检查，并以提问的方式把找出的不安全因素、风险因素制定为检查项目，将检查项目按系统或子系统编制成表格，形成分析的一种基本工具的方法。检查结果可以用"是"或"否"来回答检查要点的提问，也可用其他简单的参数来进行回答，还可以用打分的形式表示检查结果。

2. SCL 有效性分析

由于安全检查表可以事先编制并组织实施，自 20 世纪 30 年代开始应用以来，已发展成为预测和预防事故的重要手段。其特点如下。

（1）能够事先编制，所以有充分的时间组织有相关方面经验的人员进行事先编制，尽可能不漏掉可能导致危险的风险因素，做到预测、防范的全面性和系统化；

（2）可以根据规定的标准、规范和法规，检查遵守的情况，提出客观准确的评价；

（3）对可能出现的风险因素，检查表中提出了相应的改进措施，并根据要求在不同的时间点和工作环节检查改进落实情况；

（4）SCL 简明易懂，容易掌握，不但能有效起到防范作用，也起到了安全教育的作用。

（5）SCL 不易给出完全定量的评价结果，同时对处于规划或设计阶段的对象进行稳定安全评价时，必须找到相似或类似的已建对象进行对比分析。

由于一个建设项目常常有多种风险，风险因素也有多种，这些风险因素是相互联系的。有些风险并不容易立刻就能发现，为了较完备地、尽量没有遗漏地列举出建设项目的各种风险因素，使用 SCL 可以很好地帮助分析人员更全面地列出建设项目中的风险，确保项目所有的重要风险都能被预先分析。因此 SCL 的使用可以提高项目确定风险的完备性。

（二）基于 SCL 的项目建设期社会稳定风险分析

1. SCL 的编制依据及方法

SCL 编制的依据主要有以下几个方面：

（1）有关法律、法规、标准、规程、规范及规定。为了保证建设项目稳定安全实施，国家及有关部门发布了各类安全稳定标准及相关的文件，这些都是编制安全检查表的主要依据；

（2）项目参与单位的经验。由参与单位工程技术人员、管理人员、操作人员和安全技术人员共同总结经验，分析导致事故的各种潜在危险源和外界环境条件。

（3）国内外风险事故案例。搜集国内建设项目风险事故的教训以及有关经验、案例和相关资料，从中发掘风险因素，作为安全检查的内容。

（4）系统安全稳定分析的结果。根据其他系统安全稳定分析方法对系统进行分析，得出可能导致风险事故的各个基本事件的结果，作为防止风险事故的控制点列入检查表。

（5）相关研究成果。编制安全检查表应注意运用最新的知识和研究成果，包括新的方法、技术、法规和标准。

根据检查对象，安全检查表编制人员可由熟悉系统安全分析的本行业专家、技术人员、管理人员以及生产一线有经验的人员组成。编制主要步骤如下：

（1）确定检查对象和目的。

（2）根据检查对象与目的，把系统剖切分成子系统、部件或元件。

（3）对各"剖切块"进行分析，找出被分析系统存在的风险因素或危险源，评定其危险程度和可能造成的后果。

（4）确定检查项目，根据检查目的和要求设计或选择检查表的格式，按系统或子系统编制安全检查表，并在使用过程中加以完善。

2. 建设项目建设期社会稳定风险因素的 SCL 设计①

根据建设项目建设期的基本特点和具体状况，安全检查表应列举出需查明的所有可能导致风险事故发生的因素，明确符合与尚未符合要求并存在不稳定风险的隐患，以及有待于进一步解决的问题。根据国家、地方和行业相关法规和要求，及对一些建设项目发生社会稳定风险事件分析，有针对性地编制建设项目建设期社会稳定风险的安全检查表，见表 8-1 所示。由于风险的不确定性及相互联系性，因此检查结果为"是"的项目

---

① 赵丽娟、宋赪、赵佳红、董小林：《基于 SCL 的建设项目建设期社会稳定风险分析》，《2016 中国环境科学学会学术年会论文集》，第 623—628 页。

只是说明风险状态可以接受,但并不是该检查项目不需要采取预防性措施。

根据建设项目的不同类别,以及项目所在地域不同的自然条件、社会条件和特殊条件状况,应适当调整所需检查的项目和内容,及时发现可能导致社会稳定风险事件的新因素,在安全检查表的检查内容上予以增减。对检查涉及的各项内容,应规定出安全稳定的临界值,超过该指标的规定值应及时处理。

表 8-1　　　　　建设项目建设期社会稳定风险安全检查表

序号	检查项目	检查内容	检查结果			相关情况备注
			是	否	评分	
1	经济方面	项目资金筹措渠道是否合法可靠				
		项目所需资金是否能按计划、按时足额到位				
		项目资金能否做到专储、专账、专管、专用				
		项目造成居民收入变化是否在公众可接受范围内				
		项目造成的相关服务价格变化率公众是否接受				
2	环境方面	《项目环境影响评价报告》是否按规定通过审批				
		项目易燃易爆工艺确定的安全距离与应急预案是否切实可行				
		项目当地生态状况与项目对生态环境影响与公众接受力是否一致				
		对扬尘、噪声、固废和生产废水是否得到处理,达到相应标准				
		项目周边民众对项目施工期的环境管理是否满意				

续表

序号	检查项目	检查内容	检查结果 是	检查结果 否	评分	相关情况备注
3	社会环境方面	项目当地的社会状况是否稳定				
		项目建设与使用对当地的社会经济状况是否有促进作用				
		项目建设期可能出现的社会稳定问题是否提出解决方案				
		项目施工占用道路、形成阻隔造成的各种不便是否采取措施解决				
		工程移民与安置区居民是否能融合在一起				
4	征地拆迁与安置	失地农民的基本社会保险是否落实到位				
		征地拆迁补偿安置费用标准是否符合规定，是否到位				
		征地拆迁安置规划是否已制定报批，安置方案是否可行				
		征地拆迁造成公众损失的各项补偿措施是否到位				
		在处理征地拆迁事务中能否严格按法规程序办理				
5	生产技术和事故	施工技术和工艺是否成熟				
		施工质量是否满足规定的质量标准				
		施工过程中可能发生各种事故是否有应急预案				
		施工过程中发生的各种事故是否得到妥善处理				
		项目管理制度、组织结构等是否完善，运行是否协调				

二　建设项目风险管理的 FTA – SCL 分析

（一）FTA – SCL 模型的构建与分析

1. FTA 与 SCL

事故树分析 FTA（Fault Tree Analysis）是 20 世纪 60 年代美国贝尔电话实验室的 T. J. Watson 等在图论基础上发展起来的逻辑分析法，是一种从结果到原因描述风险事故的有向逻辑树图。它是从一个可能的风险事故（顶上事件）开始，一级一级往下分析各自的直接原因事件，根据彼此间的逻辑关系，用逻辑门连接上下层事件，直到找出风险事故的基本原因。FTA 可以分析风险事故深层原因，可用于风险安全的评价。结合 FTA 与 SCL 的方法综合分析风险管理系统的稳定性，可以减少 FTA 与 SCL 各自的局限性，降低分析误差。

2. FTA – SCL 联合分析模型

FTA – SCL 联合分析模型以 FTA 模型为基础，结合各风险系统实际情况建立不同类型的风险树，通过 FTA 深入地分析系统存在的各类风险因素[①]。经 FTA 分析计算可得风险树最小割集和结构重要度。计算最小割集分析系统风险发生的途径，每个最小割集代表风险发生的一种子因素组合，事故树顶上风险事件的发生，必然是某个最小割集中子因素同时发生的结果。计算子因素结构重要度分析系统最薄弱的环节，子因素结构重要度越大，它对顶上风险事件的影响程度就越大；反之亦然。根据风险树分析计算的结果构建含有权重值的风险检查分析表，为避免检查表的评分受主观因素影响而造成偏离客观实际的情况，邀请相关领域专家打分，根据所得的权重值与专家评分，得出风险系统稳定的评分，根据评分确定风险系统的稳定性。FTA – SCL 联合分析模型如图 8 – 1 所示。在图 8 – 1 的联合分析模型中，FTA 分析是以一种不希望发生的风险为顶上风险事件，并作为 SCL 分析的基础；FTA 分析出的各直接原因风险（风险因素），作为 SCL 的各项风险因素检查项目；FTA 分析出的各间接原因风险（子风险因素），作为 SCL 的各项检查内容；经过 SCL 以及 FTA 分析，联合评价系统的风险稳定性。

（二）项目风险评估 FTA – SCL 分析模型

1. 项目风险综合评价指标体系的建立

根据第五章对建设项目风险因素的识别分析，建设项目主要有六种风险因素，即：工程风险（R_1）、环境风险（R_2）、生态风险（R_3）、经济风险（R_4）、安全风险（R_5）和社会风险（R_6）。这六个风险因素，每个

---

① 赵丽娟、董小林、赵佳红、吴阳：《基于 FTA – SCL 模型的建设项目风险系统评价》，《项目管理技术》2017 年第 4 期，第 25—30 页。

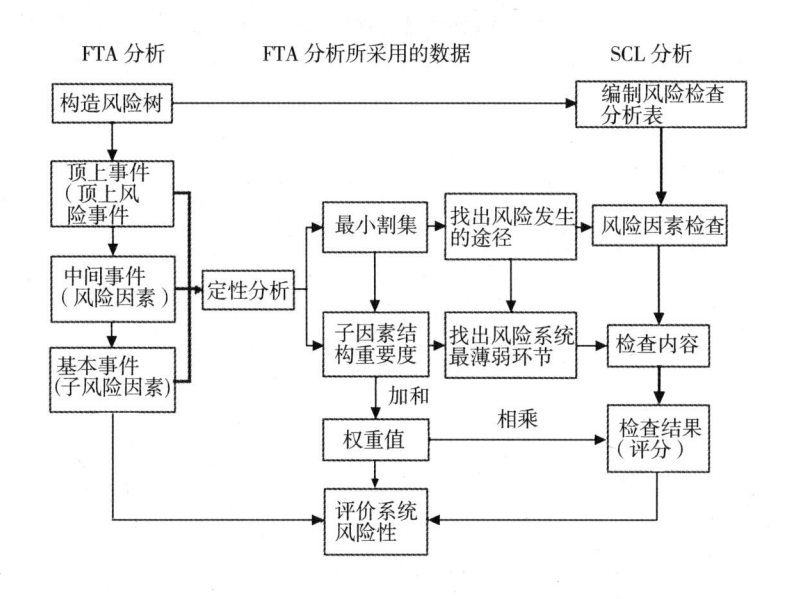

图 8 – 1　FTA – SCL 联合分析模型

因素都需要得到细致识别，要注意每种风险因素的产生由若干子风险因素（r_{ij}, i = 1, 2, …, 6, j = 1, 2, 3, 4）为根源。同时，在项目管理方面，存在两个风险管理因素，即项目管理（M_1）与项目风险管理（M_2），再进一步分析确定对应的子风险管理因素（m_{ij}, i = 1, 2, j = 1, 2, 3, 4）。风险因素识别是风险分析与评估的基础，FTA – SCL 分析模型有助于建设项目风险因素的识别分析。

这 8 个风险因素和风险管理因素是引发建设项目风险发生的直接原因，通过对这 8 个因素的进一步分解，建设项目风险综合评估指标体系，如表 8 – 2 所示。

2. 项目风险综合评价指标体系权重的确定

确定项目风险指标权重时应充分考虑建设项目的具体情况。这里采用 FTA 分析计算法确定项目风险指标体系的权重。首先分析计算最小割集，以最小割集为基础数据计算子因素的结构重要度，子因素包括子风险因素和子管理因素，将各子因素结构重要度进行归一，确定相应评价指标体系及其权重值。

计算分析建设项目风险树最小割集及结构重要度的作用在于：①建设

表 8-2   建设项目风险综合评估指标体系

类别	风险（管理）因素	子风险（管理）因素
风险因素	工程风险 R_1	项目施工赶进度或拖延工期 r_{11}
		项目建设成本不在预算费用控制范围内 r_{12}
		工程质量不能达到规定的质量标准 r_{13}
		施工技术工艺不成熟 r_{14}
	环境风险 R_2	项目环境影响评价报告编制不合理或没有按规定通过审批 r_{21}
		项目对水资源、大气及土壤等的影响不在可控范围内 r_{22}
		项目对环境系统及人文景观的影响不在公众的接受范围内 r_{23}
		项目对其周边公众的身体健康影响不在公众的接受范围内 r_{24}
	生态风险 R_3	项目对其周边生态资源的影响不在可控范围内 r_{31}
		项目对易燃易爆及有毒有害工艺确定的安全距离不合理 r_{32}
		项目施工期对生态环境的影响不在公众的接受范围内 r_{33}
		项目运营期对生态环境的影响不在公众的接受范围内 r_{34}
	经济风险 R_4	项目资金筹措渠道不合法 r_{41}
		项目所需资金总额与投资时间不能按计划到位 r_{42}
		项目征地拆迁等损失补偿政策与具体补偿事宜公众不能接受 r_{43}
		项目造成的相关服务价格变化公众无法接受 r_{44}
	安全风险 R_5	项目安全规章制度和措施不完善 r_{51}
		项目管理、监理、施工人员缺乏安全意识 r_{52}
		项目存在的各种事故隐患没有得到及时妥善处理 r_{53}
		项目所在地居民对工程的社会安全不满意 r_{54}
	社会风险 R_6	项目周边公众对项目的选址不能接受 r_{61}
		项目建设与投入使用对当地的社会经济发展没有促进作用 r_{62}
		项目出现的导致社会不稳定的问题没有得到及时妥善处理 r_{63}
		工程征地拆迁居民安置率与安置区居民融合率不符合规定 r_{64}

续表

类别	风险（管理）因素	子风险（管理）因素
管理因素	工程项目管理 M_1	项目管理机构、人员及管理水平不到位 m_{11}
		项目工程管理规章欠缺及执行不到位 m_{12}
		项目组织不合理、管理人员指挥协调有误 m_{13}
		项目基础资料虚假不翔实 m_{14}
	项目风险管理 M_2	项目各种风险管理的应急预案缺失或不健全 m_{21}
		项目应急指挥系统及应急救援保障体系不健全 m_{22}
		项目风险应急处置制度建设与培训欠缺 m_{23}
		项目风险应急处置演练不到位及风险应急救援行动迟缓 m_{24}

项目风险树最小割集越多，表明风险发生的可能性越大，反之亦然；②利用最小割集可以判定建设项目风险树中子因素的结构重要度；③依据子因素的结构重要度系数，找出建设项目风险系统中的最薄弱环节；④利用结构重要度系数对各子因素进行加权归一，从而评价建设项目风险系统的安全稳定性。

(1) 最小割集的计算与分析

风险树的最小割集是导致顶上风险事件发生的最低限度的风险事件组合，表示系统的危险性。求最小割集的方法有：布尔代数化简法、行列式法、结构法、质数代入法和矩阵法等。本研究主要采用布尔代数化简法。

利用布尔代数化简法求解建设项目风险树的最小割集：

$$T = A_1 \cdot A_2 = (R_1 + R_2 + R_3 + R_4 + R_5 + R_6)(M_1 + M_2) \quad (8-1)$$

由式 (8-1) 计算得建设项目风险树最小割集为：

$$\phi = \{\{r_{11}m_{11}\}, \{r_{12}m_{12}\}, \cdots, \{r_{64}m_{11}\}, \cdots \{r_{64}m_{24}\}\} \quad (8-2)$$

根据表 8-2 分析，共 192 个最小割集，每个最小割集代表建设项目风险发生的一种子因素组合，即建设项目风险存在 192 种风险路径或风险模式，防控风险数量多。

(2) 结构重要度的计算与分析

结构重要度分析是从风险树结构上分析各子因素的重要程度。结构重要度的计算公式为：

$$I_\phi(i) = \frac{1}{N} \sum_{x_i \in K_j} \frac{1}{n_j} \quad (8-3)$$

式（8-3）中：$I_\phi(i)$ 为子因素的结构重要度；N 为最小割集总数；K_j 为含有子因素 i 的最小割集；n_j 为 K_j 中的子因素数。

由式（8-3）计算可得建设项目风险树中各子因素的结构重要度为：

$$I_{r(11)} = I_{r(12)} = \cdots = I_{r(64)}$$

$$I_{m(11)} = I_{m(12)} = \cdots = I_{m(24)}$$

由结构重要度计算结果可知：一般情况下，项目的 24 个子风险因素的重要度视为相等，项目的 8 个子管理因素的重要度视为相等。另外，风险因素和管理因素是相互联系、相互影响，又独立存在的，因此，对于这两类因素在实际的项目风险管理工作中，须根据项目与项目所在区域的特点，结合项目管理与项目风险系统的具体情况等，客观合理的确定风险因素和管理因素的权重，以及这两类子因素的权重。

3. 项目风险 FTA-SCL 联合分析

通过对建设项目风险系统 FTA 分析，以及 SCL 各检查项目的专家评分，评价建设项目风险程度。FTA-SCL 联合分析模型以选用风险树子因素的结构重要度为基本数据，对每一因素内的子因素的结构重要度加和，结果可以作为评价系统风险稳定的权重值。风险检查分析表中各因素相应的评分标准由相关领域的专家制定，并对每一项风险因素和管理因素进行专家评分，风险因素检查每项得分为百分制，其中检查内容中各子因素用"是"、"否"和"评分"进行评价。根据所得的权重值与专家评分，得出项目风险系统稳定的评分，根据评分确定风险系统的稳定性。项目风险系统的等级可参考表 8-3 所示的等级划分。

表 8-3　　　　建设项目风险 FTA-SCL 联合分析等级划分

得分	>80	80—60	60—40	40—20	<20
稳定风险等级	相对稳定	低度风险	中度风险	高度风险	危险

（三）应用分析

运用 FTA-SCL 联合分析模型对某电力建设项目风险进行评估。根据项目风险树分析以及该项目的基本特点和具体状况，本研究设计了该项目风险检查分析表，检查分析是否符合相关要求，是否存在风险的隐患，是否存在有待于进一步解决的问题。该项目邀请相关专家根据项目具体情况并制定了评分标准与权重,根据项目风险树分析得出的子因素的重要度之和,以及各专家评定结果确定权重。由于管理因素是风险因素的基础,而风险因素的确定是进行项目风险分析的重点,在该项目风险分析中,风险因素和管理因素视为同等重要。在该分析中,风险因素各权重之和取1,管理因素各权重之和取1。各风险因素检查为百分制,检查结果有一项为"否"的,减25分,见表8-4所示。

表8-4　　　　　　　某电力建设项目风险检查分析表

类别	风险因素检查	权重	检查内容	检查结果		评分
				是	否	
风险因素	工程风险 R_1	0.209	r_{11}	是		75
			r_{12}	是		
			r_{13}	是		
			r_{14}		否	
	环境风险 R_2	0.128	r_{21}	是		50
			r_{22}		否	
			r_{23}		否	
			r_{24}	是		
	生态风险 R_3	0.159	r_{31}	是		75
			r_{32}		否	
			r_{33}	是		
			r_{34}	是		
	经济风险 R_4	0.149	r_{41}	是		75
			r_{42}	是		
			r_{43}	是		
			r_{44}		否	
	安全风险 R_5	0.205	r_{51}	是		75
			r_{52}		否	
			r_{53}	是		
			r_{54}	是		

续表

类别	风险因素检查	权重	检查内容	检查结果 是	检查结果 否	评分
	社会风险 R_6	0.150	r_{61}	是		75
			r_{62}		否	
			r_{63}	是		
			r_{64}	是		
管理因素	工程项目管理 M_1	0.5	m_{11}	是		75
			m_{12}	是		
			m_{13}		否	
			m_{14}	是		
	项目风险管理 M_2	0.5	m_{21}	是		75
			m_{22}	是		
			m_{23}		否	
			m_{24}	是		

根据对该项目风险 FTA – SCL 分析，结合表 8 – 4 给出的建设项目风险等级评分，得到该项目风险等级。

该项目风险总得分为：

$0.5 \times (0.209 \times 75 + 0.128 \times 50 + 0.159 \times 75 + 0.149 \times 75 + 0.205 \times 75 + 0.150 \times 75) + 0.5 \times (75 \times 0.5 + 75 \times 0.5) = 73.4$

根据以上分析，评估该项目的风险等级为中低风险，要针对未达标的检查内容进行整改。

三 建设项目风险管理的模糊 FTA 评价

（一）项目风险因素 FTA 分析

由于风险管理不当等多种因素的影响，容易导致建设项目风险的发生，分析建设项目风险发生的直接原因与间接原因，需要分析各风险因素及其子因素的逻辑关系。结合建设项目建设和运行过程中的实际情况，综合考虑引起建设项目风险的主要影响因素，编制建设项目风险树图，如图 8 – 2 所示。

第八章 建设项目风险管理系统分析

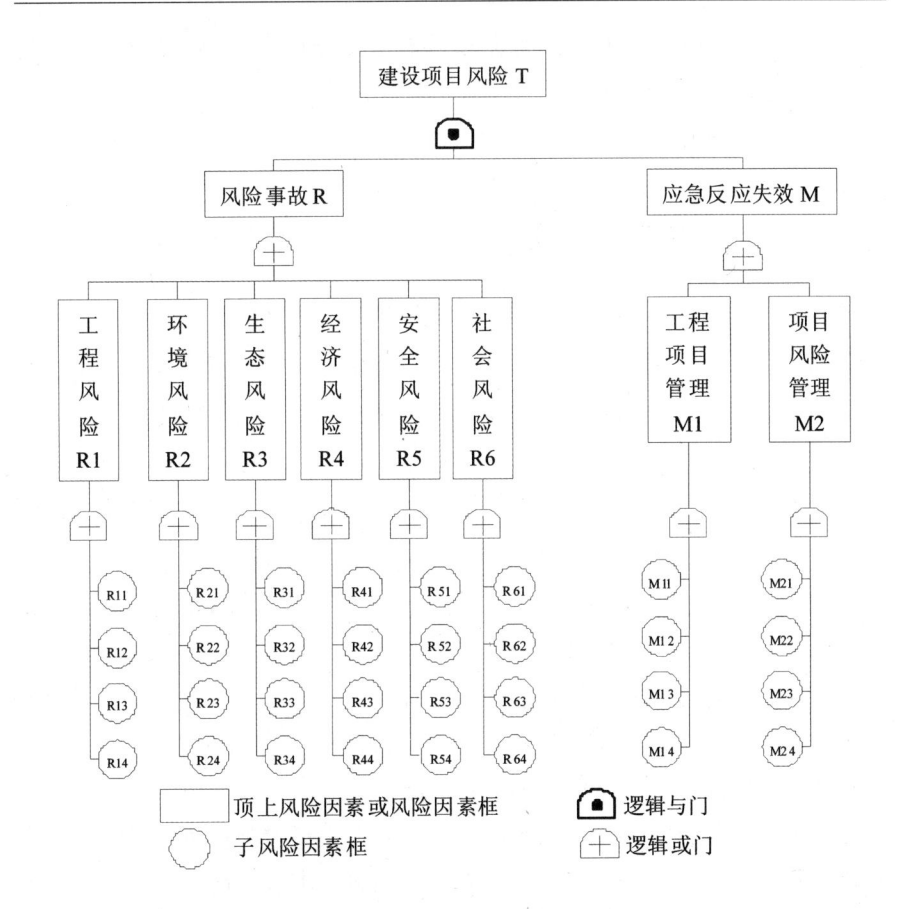

图 8-2 建设项目风险树

通过图 8-2 风险树中所列出的因素，可以找出影响上层各风险事件发生的原因，进而针对这些原因制定出相应的防范措施，为建设项目风险管理提供依据。各风险事件的名称见表 8-2，根据表 8-2 分析的建设项目风险树有 192 个最小割集，反映出建设项目风险发生的可能性大，需要控制的风险因素多。

（二）项目风险模糊 FTA 分析

建设项目风险树系统中存在着大量信息模糊的风险因素，由于各风险因素的发生是随机的、不确定的，因此计算顶上风险事件的发生概率以及风险因素对顶上风险事件的影响程度比较困难，需要分析各风险因素的信息模糊问题。引入改进的模糊风险树分析法①，通过隶属度函数将模糊信息定量化，分析带有模糊性和不确定性的风险因素的发生概率量化问题。模糊风险树分析法主要分为三角型模糊风险树、梯型模糊风险树、抛物型模糊风险树等。考虑到项目风险的随机性、复杂性等特点，和三角型模糊数的数学意义明确、灵活使用性强等特性，选用三角型模糊风险树进行项目风险管理的分析。

1. 顶上风险事件的模糊概率分析

顶上风险事件的发生概率反映了项目的风险程度。要求解顶上风险事件的模糊概率，须得到各风险因素的发生概率，但是由于风险因素的产生是随机的、复杂的，因此概率不能或较难通过精确的数据统计得出，可采用专家评分法结合法对风险因素发生的模糊概率进行表征。表征法是将各个风险因素的发生概率值模糊表征为 $(m-3\delta, m, m+3\delta)$，$m$ 表示各专家评估概率的加权平均数，δ 为方差。通过 4 位以上专家根据经验评定、估算以及专家评分，确定各风险因素的概率估计值。②

将风险因素用三角模糊数表征为 $(m-3\delta, m, m+3\delta)$，$m-3\delta$ 表示风险因素发生概率的下限估计值，m 表示风险因素最可能的概率估算值，$m+3\delta$ 表示风险因素发生概率的上限估计值。

顶上风险事件模糊概率求解公式较多，因为建设项目风险树的特点为最小径集数少且每个最小径集中没有重复的风险因素，所以采用最小径集法，求顶上风险事件模糊概率③，见公式 (8-4)：

$$Q(T) = \prod_{j=1}^{k} \left[\left(1 - \prod_{x_i \epsilon P_j}(1 - m_{li})\right), \left(1 - \prod_{x_i \epsilon P_j}(1 - m_i)\right), \left(1 - \prod_{x_i \epsilon P_j}(1 - m_{ui})\right) \right] \quad (8-4)$$

式 (8-4) 中，k 为最小径集的个数；j 为最小径集的序数；i 为最小径集中风险因素的序数；x_i 为最小径集中第 i 个风险因素；$x_i \epsilon P_j$ 为第 i 个风险因素属于第 j 个最小径集 P_j；m_i 为第 i 个风险因素发生概率的核值；

---

① 李新春、刘全龙、裴丽莎：《基于模糊事故树的煤矿瓦斯爆炸事故危险源分析》，《煤炭工程》2014 年第 5 期，第 93—96 页。

② 张宇栋、卿黎、蒲伟、张胜跃、牛犇：《基于 FMECA 与模糊 FTA 的余热锅炉安全分析》，《中国安全生产科学技术》2015 年第 8 期，第 164—170 页。

③ 刘亚莲、周翠英：《基于模糊事故树理论的堤防失事风险分析》，《水电能源科学》2010 年第 6 期，第 86—88 页。

m_{li}、m_{ui} 分别为风险因素发生概率的下限值与上限值。

2. 风险因素的模糊重要度分析

在传统的风险树分析中，风险因素的概率重要度是指顶上风险事件发生概率对该风险因素发生概率的变化率。重要度分析的目的是通过计算风险因素发生概率的变化对顶上风险事件发生概率的影响程度，从而找出对顶上风险事件影响较大的风险因素，采取有效的控制措施降低重要度较大的风险因素的发生概率，即可减小顶上风险事件的发生概率[1]，其公式为：

$$I_g(i) = \frac{\partial P(T)}{\partial q_i} \qquad (8-5)$$

式（8-5）中 $I_g(i)$ 为风险因素的概率重要度系数；$P(T)$ 为顶上风险事件发生概率；q_i 为风险因素发生概率。

由于建设项目风险因素的发生概率难以精确获取，概率重要度计算困难，所以借助上述方法所给出重要度的概念，定义一个类似的用于度量风险因素对顶上风险事件"贡献"大小的指标，即模糊重要度。在建设项目风险的研究中，因为风险树的结构函数用最小径集表示，所以采用中值法对建设项目风险因素的模糊重要度进行分析评价。[2]

模糊数 $\tilde{A}$ 是论域 U 中元素 x 隶属于模糊集 A 的程度，其隶属函数为 $\mu_{\tilde{A}}(x): U \to [0,1]$ $x \in U$。如果一个模糊数的隶属函数由线性函数组成，表示为：

$$\mu_{\tilde{A}}(x) = \begin{cases} (x-m+l)/l & l \leq x \leq m \\ (m+u-x)/u & m \leq x \leq u, \\ 0 & x < l \text{ 或 } x > u \end{cases} \qquad (8-6)$$

m 称为 $\tilde{A}$ 的核，$u + l$ 称为 $\tilde{A}$ 的盲度。

令 $A_1 = \int_{m-l}^{m} \mu_{\tilde{A}}(x) dx$，$A_2 = \int_{m}^{m+u} \mu_{\tilde{A}}(x) dx$，$A = A_1 + A_2$。存在点 m_z，使得经过该点的线为分界线，模糊数曲线下的左、右两部分面积相等，则 m_z 称为该模糊数的中位数。

令建设项目风险树的结构函数为 $f(x_1, x_2, \cdots, x_n)$，x_i 为风险因素，其发生的概率可能性分布为有界闭模糊数，可记作 q_i。顶上风险事件

---

[1] 谢振华：《安全系统工程》，冶金工业出版社 2010 年版，第 55 页。

[2] 侯福均、肖贵平、杨世平：《模糊事故树分析及其应用研究》，《河北师范大学学报》2001 年第 4 期，第 464—467 页。

发生概率可能性分布为 $Q(T) = f(q_1, q_2, \cdots, q_n) = (m_l, m, m_u)$，其中位数记作 m_z；当风险因素 x_i 的发生概率为 0 时，则顶上风险事件发生概率可能性分布为：

$Q(T)_i = f(q_1, q_2, \cdots, q_{i-1}, 0, q_{i+1}, \cdots, q_n) = (m_{li}, m_i, m_{ui})$，此时其中位数记作 m_{iz}。令 $S_i = m_z - m_{iz}$，则称 S_i 为风险因素的模糊重要度。

（三）应用分析

以某大桥改建项目为例，应用上述方法对项目风险因素及管理因素的不可靠性进行打分。专家打分具有主观性和模糊性，因此用三角模糊数来进行转化，对风险因素及管理因素发生概率进行估计，通过计算各风险因素及管理因素概率估值的均值 m 和，可得到风险因素及管理因素三角模糊数，见表 8-5。

表 8-5　　某大桥改建项目风险因素及管理因素发生概率

风险因素	发生概率	风险因素	发生概率
R_{11}	(0.011, 0.019, 0.063)	R_{51}	(0.082, 0.085, 0.088)
R_{12}	(0.019, 0.023, 0.021)	R_{52}	(0, 0.0089, 0.0178)
R_{13}	(0.006, 0.012, 0.018)	R_{53}	(0.028, 0.05, 0.071)
R_{14}	(0.011, 0.020, 0.029)	R_{54}	(0.017, 0.042, 0.067)
R_{21}	(0.013, 0.017, 0.014)	R_{61}	(0.053, 0.097, 0.141)
R_{22}	(0.023, 0.029, 0.032)	R_{62}	(0.009, 0.012, 0.015)
R_{23}	(0.014, 0.027, 0.040)	R_{63}	(0.019, 0.045, 0.071)
R_{24}	(0.021, 0.025, 0.029)	R_{64}	(0.005, 0.011, 0.017)
R_{31}	(0.018, 0.028, 0.018)	M_{11}	(0.066, 0.090, 0.113)
R_{32}	(0.015, 0.013, 0.015)	M_{12}	(0.015, 0.025, 0.035)
R_{33}	(0.015, 0.023, 0.015)	M_{13}	(0.004, 0.006, 0.008)
R_{34}	(0.019, 0.025, 0.052)	M_{14}	(0.002, 0.006, 0.010)
R_{41}	(0.017, 0.025, 0.034)	M_{21}	(0.005, 0.025, 0.045)
R_{42}	(0.0081, 0.0092, 0.016)	M_{22}	(0.002, 0.008, 0.014)
R_{43}	(0.005, 0.008, 0.011)	M_{23}	(0.006, 0.012, 0.018)
R_{44}	(0.0089, 0.0092, 0.0095)	M_{24}	(0.015, 0.015, 0.015)

第八章 建设项目风险管理系统分析

由式（8-4）顶上风险事件的模糊概率计算公式，可得该大桥改建项目风险发生的三角模糊概率分布为（0.059，0.0861，0.142）。其结果显示顶事件发生概率在5.9%—14.2%之间，顶事件发生概率值最有可能为8.61%，即系统的可靠度大约为91.39%。因此，该大桥改建项目风险系统属于较稳定系统，风险等级较低。

利用式（8-5）、式（8-6）计算得顶上风险事件的中位数为，利用模糊重要度中值法对该大桥风险系统中各风险因素及管理因素的模糊重要度进行计算，结果见表8-6。

表8-6　某大桥改建项目风险因素及管理因素模糊重要度

风险（管理）因素	顶上风险事件概率	中位数	模糊重要度
R_{11}	(0.058, 0.085, 0.136)	0.188	0.007
R_{12}	(0.057, 0.084, 0.140)	0.192	0.003
R_{13}	(0.058, 0.085, 0.140)	0.192	0.0029
R_{14}	(0.058, 0.084, 0.139)	0.190	0.005
R_{21}	(0.058, 0.0847, 0.141)	0.1929	0.0021
R_{22}	(0.057, 0.026, 0.1385)	0.133	0.062
R_{23}	(0.0576, 0.086, 0.138)	0.1913	0.0037
R_{24}	(0.058, 0.084, 0.139)	0.1913	0.0037
R_{31}	(0.057, 0.0837, 0.1296)	0.1807	0.0143
R_{32}	(0.0575, 0.085, 0.141)	0.1935	0.0015
R_{33}	(0.0544, 0.0842, 0.1406)	0.1943	0.0007
R_{34}	(0.0477, 0.084, 0.0634)	0.1184	0.076
R_{41}	(0.0573, 0.0839, 0.1389)	0.1904	0.0046
R_{42}	(0.0583, 0.854, 0.1404)	0.1928	0.0022
R_{43}	(0.0576, 0.0855, 0.1401)	0.193	0.002
R_{44}	(0.0582, 0.0854, 0.1412)	0.1937	0.0013
R_{51}	(0.0496, 0.078, 0.1332)	0.1835	0.0115
R_{52}	(0.0591, 0.0854, 0.1404)	0.1992	0.0028
R_{53}	(0.056, 0.0798, 0.1351)	0.1832	0.0118

续表

风险（管理）因素	顶上风险事件概率	中位数	模糊重要度
R_{54}	(0.0487, 0.0823, 0.1354)	0.1906	0.0044
R_{61}	(0.0532, 0.0824, 0.1297)	0.182	0.013
R_{62}	(0.0532, 0.0852, 0.1443)	0.1998	0.005
R_{63}	(0.0571, 0.0821, 0.1238)	0.173	0.022
R_{64}	(0.0586, 0.0853, 0.1406)	0.1732	0.0218
M_{11}	(0.0376, 0.046, 0.0828)	0.1072	0.0878
M_{12}	(0.0391, 0.0757, 0.1253)	0.1796	0.0154
M_{13}	(0.0576, 0.0837, 0.1384)	0.1894	0.0056
M_{14}	(0.0582, 0.0837, 0.1375)	0.1881	0.0069
M_{21}	(0.0383, 0.0712, 0.1201)	0.1703	0.0247
M_{22}	(0.0392, 0.0826, 0.1355)	0.1968	0.0018
M_{23}	(0.0379, 0.0809, 0.1335)	0.1939	0.0011
M_{24}	(0.035, 0.0797, 0.135)	0.1959	0.0009

对该大桥改建项目风险因素的模糊重要度进行筛选，忽略重要度的风险因素和管理因素，得到重要度较大的10个风险因素和管理因素从大到小的顺序为：

$M_{11} > R_{34} > R_{22} > M_{21} > R_{63} > R_{64} > M_{12} > R_{31} > R_{61} > R_{53} > R_{51}$

由模糊重要度顺序可知：

（1）模糊重要度最大的10个风险因素和管理因素分别为：项目管理机构、人员及管理水平不到位（M_{11}）、项目运营期对生态环境的影响不在公众的接受范围内（R_{34}）、项目对水资源、大气及土壤等的影响不在可控范围内（R_{22}）、项目各种风险管理的应急预案缺失或不健全（M_{21}）、项目出现导致社会不稳定的问题没有得到及时妥善处理（R_{63}）、工程征地拆迁居民安置率与安置区居民融合率不符合规定（R_{64}）、项目工程管理规章欠缺及执行不到位（M_{12}）、项目对其周边生态资源的影响不在可控范围内（R_{31}）、项目周边公众对项目的选址不能接受（R_{61}）、项目存在的各种事故隐患没有得到及时妥善处理（R_{53}）、项目安全规章制度和措施不完善（R_{51}）。这 10 个风险因素和管理因素是导致顶上风险事件发生的关键因素，该项目需要根据这些关键因素制定相应的措施与对策。

（2）由以上 10 个关键因素可知：管理因素比风险因素引发项目风险的可能性大。

（3）风险因素中生态环境风险对项目风险的影响最大，社会风险较大，其他风险因素次之。

综上所述，该大桥改建项目需要加强制定项目管理的有关措施及方案，同时，要及时检查和处理项目的各风险因素。

第二节 建设项目风险管理系统水平测度

明晰建设方、设计方、监理方和施工方对建设项目风险管理水平的影响，有利于更加科学合理地评价建设项目风险管理水平。分析四方建设项目风险管理水平的逻辑关系，构建建设项目风险管理水平多方测度逻辑模型和计算模型，可以更加科学地分析评估建设方、设计方、监理方和施工方四方对建设项目风险管理水平的综合影响，便于建设方寻找风险管理中最薄弱的部分，为建设方更合理地进行工程综合风险管理提供决策参考。

一 建设项目风险管理参与方的逻辑关系

建设项目在从规划到顺利竣工会面临工程、环境、生态、经济、安全和社会等各方面的风险，需要建设方、设计方、监理方和施工方对各个环节严格把关，共同对风险进行控制管理，建设项目的风险管理水平与四者的风险管理水平息息相关。建设方是建设项目的总负责；设计方是建设项目施工的标准方；监理方是建设项目落实的监督者；施工方是建设项目施工的践行者，四者在建设项目建设中责任分工不同，对建设项目风险管理的具体内容不同，对风险管理水平的影响不同。建设项目时，应综合考虑建设方、设计方、监理方和施工方四方逻辑关系，分析建设项目风险管理水平。

建设方是建设项目的开发者，把控和协调设计方、监理方和施工方，对建设项目风险起着总控的作用；设计方是建设项目的设计者，是在源头管理建设项目风险的关键；监理方是建设项目实施的监督者，是规避各项风险产生的保障；施工方是建设项目实施的践行者，是建设项目风险管理的重要参与者。目前，建设项目风险管理已经发展为工程、环境、生态、经济、安全和社会六大风险管理目标①。

建设项目四方的关系密切关联，建设方同设计方、监理方和施工方的建设目标一致，在建设项目风险管理方面都是把关方；设计方受建设方委托，与施工方直接相关，是建设项目风险管理的源头；监理方受建设方委托，直接管理施工方，是建设项目风险管理水平的保障；施工方受建设方委托和监理方监管，按照设计方的设计图直接落实建设项目，是建设项目风险管理的关键。建设方、设计方、监理方和施工方在建设项目风险管理中的逻辑关系见图8-3。

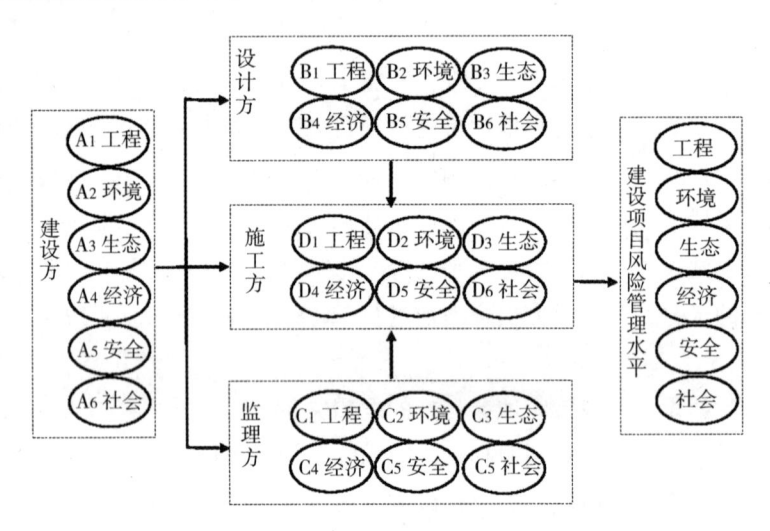

图8-3 工程建设四方在建设项目风险管理中的逻辑关系

二 建设项目风险管理水平测度模型

（一）风险管理系统单方测度模型

对建设项目风险管理而言，风险管理目标达成度决定了建设项目的风险管理水平。风险管理的水平体现了多个因素相互作用的结果，对建设项

---

① 董小林、赵佳红、赵丽娟、吴阳：《基于多木桶模型的建设项目风险管理目标体系构建及应用》，《建筑科学与工程学报》2017年第1期，第121—126页。

目单方风险管理水平，可采用式（8-7）模型进行评测。

$$\beta_T = [\min(\xi_i) \times \Pi\xi_i]^{1/n} \times \Sigma(W_i \times \xi_i)/(\Sigma W_i) \quad (8-7)$$

其中：β_T 表示建设项目单方风险管理水平；ξ_i 表示单个风险管理目标达成度的评测值；$\Pi\xi_i$ 表示个风险管理目标达成度评测值相乘；W_i 表示单个风险目标的权重值；n 表示 $[\min(\xi_i) \times \Pi\xi_i]^{1/n}$ 中参与乘法的评测值的目标个数。

式（8-7）的 $[\min(\xi_i) \times \Pi\xi_i]^{1/n}$ 纳入了 $\min(\xi_i)$，并采用了几何平均值，考虑了风险管理目标达成度最小值 $\min(\xi_i)$ 的影响，故式（8-7）能够反映风险管理极小值对风险管理水平的影响，同时也采用加权运算，兼顾了不同风险的权重，可以对建设项目单方风险管理水平进行评测。

（二）风险管理系统多方测度模型

建设项目风险管理水平取决于每个单方的管理水平，根据风险管理参与单方管理水平、各方对建设项目风险管理水平的影响程度及其逻辑关系，对于多方参与的建设项目风险管理水平可采用式（8-8）模型进行评测。

$$\begin{aligned}S_T = \Sigma S_j &= \Sigma(W_j \times \beta_j \times \Pi\beta_m) \\&= \Sigma\{W_j \times [\min(\xi_{ji})\Pi\xi_{ji}]^{1/n} \times \Sigma[(W_{ji} \times \xi_{ji})/(\Sigma W_{ji})] \\&\quad \times \Pi\{[\min(\xi_{mi})\Pi\xi_{mi}]^{1/n} \times \Sigma[(W_{mi} \times \xi_{mi})/(\Sigma W_{mi})]\}\} \end{aligned} \quad (8-8)$$

其中：S_T 为建设项目风险管理水平；S_j 为 j 方的风险管理水平（受其他参与方管理水平影响下）；W_j 为 j 方在建设项目风险管理中的权重；β_j 为单方风险管理水平，ξ_j 为 j 方本身风险达成度的评测值；m 为影响 j 方风险管理水平的其他参与方的个数。

式（8-8）引入 $\Pi\beta_m$ 以体现风险管理参与方之间的逻辑关系，若 m 方对 j 方的风险管理水平有影响，则在 $Wj \times \beta_j$ 的基础上再乘以 β_m，否则不乘。同时，ξ 本身体现了目标达成度极小值对风险管理水平的影响。因此式（8-8）可以同时体现风险管理目标达成度极小值和风险管理参与方逻辑关系对建设项目风险管理水平的影响。

（三）多木桶测度逻辑模型构建

根据建设方、设计方、监理方和施工方各自的风险管理目标，及四者在建设项目风险管理中的逻辑关系，构建建设项目风险管理水平多方测度逻辑模型①，见图8－4。

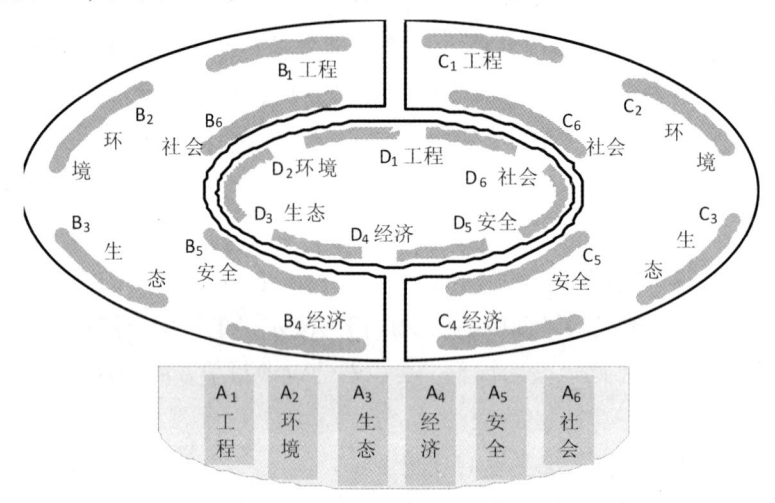

图8－4 建设项目风险管理水平多木桶测度逻辑模型

注：A_i、B_i、C_i、D_i分别代表建设方、设计方、监理方和施工方风险管理目标，$i=1, 2, 3, 4, 5, 6$。

1. 建设方风险管理A，是建设项目的开发者和总负责人，是B、C、D的直接影响者。A的六个风险管理目标构成建设方的风险管理，A支撑着B、C和D，为保障建设项目风险管理水平奠定基础。A是建设项目风险管理模型最外围的一层。

2. 设计方风险管理B，是建设项目的设计者，是D的直接影响者。B的六个风险管理目标构成设计方的风险管理，B是D的保障，所以B在D外围，为保障建设项目风险管理水平多一层屏障。B属于建设项目风险管理模型的中间层。

3. 监理方风险管理C，是工程建设的监督者，是D的直接影响者。C的六个风险管理目标构成监理方的风险管理，C是D的保障，所以C在D外围，为保障建设项目风险管理水平多一层屏障。C属于建设项目风险管理模型的中间层。

---

① 陈美玲、董小林、赵丽娟、李放：《工程建设水平多木桶测度模型的构建及应用》，《项目管理技术》2017年第10期，第53—58页。

4. 施工方风险管理 D，是建设项目施工的践行者。D 的六个风险管理目标构成施工方的风险管理。D 属于建设项目风险管理模型的最内层。

（四）多木桶测度计算模型构建

1. 计算模型构建

（1）建设方工程、环境、生态、经济、安全和风险管理目标评测值分别为 ξ_{A1}、ξ_{A2}、ξ_{A3}、ξ_{A4}、ξ_{A5}、ξ_{A6}，则权重值为 W_{A1}、W_{A2}、W_{A3}、W_{A4}、W_{A5}、W_{A6}。

（2）设计方工程、环境、生态、经济、安全和风险管理目标评测值分别为 ξ_{B1}、ξ_{B2}、ξ_{B3}、ξ_{B4}、ξ_{B5}、ξ_{B6}，则权重值为 W_{B1}、W_{B2}、W_{B3}、W_{B4}、W_{B5}、W_{B6}。

（3）监理方工程、环境、生态、经济、安全和风险管理目标评测值分别为 ξ_{C1}、ξ_{C2}、ξ_{C3}、ξ_{C4}、ξ_{C5}、ξ_{C6}，权重值为 W_{C1}、W_{C2}、W_{C3}、W_{C4}、W_{C5}、W_{C6}。

（4）施工方工程、环境、生态、经济、安全和风险管理目标评测值分别为 ξ_{D1}、ξ_{D2}、ξ_{D3}、ξ_{D4}、ξ_{D5}、ξ_{D6}，则权重值为 W_{D1}、W_{D2}、W_{D3}、W_{D4}、W_{D5}、W_{D6}。

（5）设计方和监理方位于多木桶模型的第二层次，设第二层次的风险管理水平测度值为 ξ_{BC}。

根据式（8-7），建设项目风险管理三个层次各自的管理水平测度值 ξ_A、ξ_B、ξ_C、ξ_D、ξ_{BC} 为：

$$\beta_A = (\min(\xi_{Ai}) \times \prod \xi_{Ai})^{1/n} \times \sum (W_{Ai} \times \xi_{Ai}) / \sum W_{Ai} \quad (8-9)$$
$$\beta_B = (\min(\xi_{Bi}) \times \prod \xi_{Bi})^{1/n} \times \sum (W_{Bi} \times \xi_{Bi}) / \sum W_{Bi}$$
$$\beta_C = (\min(\xi_{Ci}) \times \prod \xi_{Ci})^{1/n} \times \sum (W_{Ci} \times \xi_{Ci}) / \sum W_{Ci}$$
$$\beta_D = (\min(\xi_{Di}) \times \prod \xi_{Di})^{1/n} \times \sum (W_{Di} \times \xi_{Di}) / \sum W_{Di}$$

$$\beta_{BC} = \sqrt[3]{\min\beta_i \times \beta_B \times \beta_C} \times \frac{W_B \beta_B + W_C \beta_C}{W_B + W_C} \quad (8-10)$$

根据式（8-8），则工程建设水平测度值为：

$$\begin{aligned} S_T &= S_A + S_B + S_C \\ &= W_A \times \beta_A + [(W_B + W_C) \times \beta_{BC} \times \beta_A] + W_D \times \beta_D \times \beta_{BC} \times \beta_A \end{aligned}$$
$$(8-11)$$

其中：

W_A、W_B、W_C、W_D 分别为建设方、设计方、监理方和施工方风险管理作用的权重,满足 $\sum W_i = 1$。

W_{Ai}、W_{Bi}、W_{Ci}、W_{Di} 分别为建设方、设计方、监理方和施工方风险管理子目标的权重,满足 $\sum W_{Ai} = W_A$、$\sum W_{Bi} = W_B$、$\sum W_{Ci} = W_C$、$\sum W_{Di} = W_D$。

2. 计算模型说明

式(8-11)反映了建设方、设计方、监理方和施工方四方三个层次在建设项目风险管理水平中的作用和影响。反映在式(8-11)中为每个加法部分都乘以因子。设计方和监理方直接受建设方影响,且两方共同位于多木桶模型第二层次,反映在式(8-11)中为乘以 β_A 因子和 β_{BC} 因子。施工方直接受设计方、监理方和建设方的影响,反映在式(8-11)中乘以 $\beta_{BC} \times \beta_A$ 因子。

3. 计算权重分析

对于一个工程而言,建设方、设计方、监理方和施工方四方的风险管理缺一不可,四者地位相同,四方的管理同等重要,即

$$W_A = W_B = W_C = W_D = 1/4$$

在建设方、设计方、监理方和施工方四方进行风险管理时,其管理子目标同等重要,所以子目标的权重值相等,即

$$W_{A1} = W_{A2} = W_{A3} = W_{A4} = W_{A5} = W_{A6} = 1/6 W_A = 1/24$$

$$W_{B1} = W_{B2} = W_{B3} = W_{B4} = W_{B5} = W_{B6} = 1/6 W_B = 1/24$$

$$W_{C1} = W_{C2} = W_{C3} = W_{C4} = W_{C5} = W_{C6} = 1/6 W_C = 1/24$$

$$W_{D1} = W_{D2} = W_{D3} = W_{D4} = W_{D5} = W_{D6} = 1/6 W_D = 1/24$$

三 应用分析

(一)神岢高速公路工程概况

神池至岢岚高速公路工程(以下简称神岢高速公路)是国家规划神池至岢岚高速公路的重要路段。神岢高速起点位于神池县东湖乡西北,利用东湖枢纽连接西纵高速公路朔州段、大英至神池、神池至河曲高速公路;终点位于忻州市岢岚县高家会乡西会村接入岢岚枢纽,连接西纵高速公路岢岚至临县段、忻保高速公路,全长63.907km,工期646天。全线两座特大桥长城梁特大桥、闫家坪特大桥,17座大桥,7座中桥,10座

小桥。

(二) 神岢高速公路工程风险管理概况

神岢高速公路工程的建设方为山西省忻州高速公路有限责任公司,设计方为山西交科勘察设计院,监理方为山西省公路工程监理技术咨询公司,施工方为中交路桥建设有限公司。山西省忻州高速公路有限责任公司设立技术质检部、计划财务部、投资拓展部和安全合同部分别负责工程、经济、社会、环境、生态、安全管理。山西交科勘察设计院成立项目设计管理审核小组,避免可能导致包括风险在内的各种问题产生的设计。山西省公路工程监理技术咨询公司设立的工程技术部、财务部、监察部,中交路桥建设有限公司在每个标段设立工程部、成本部和安保部,分别负责对工程、经济、环境、生态、安全、社会等方面的风险管理。

(三) 神岢高速公路工程风险管理水平测度

1. 风险管理目标评价

根据神岢高速公路工程建设的实际情况,对山西省忻州高速公路有限责任公司、山西交科勘察设计院、山西省公路工程监理技术咨询公司和中交路桥建设有限公司工程管理目标的评价指标进行具体设计,采用专家打分法对各项指标进行评估。表8-7是神岢高速公路工程各参与方风险管理水平各目标获得的评估值(由于评估指标太多,限于篇幅,这里不具体列出)。

表8-7 神岢高速公路工程风险管理水平测度模型管理目标评估值

管理方	风险目标	权重	评估值	管理方	风险目标	权重	评估值
A 山西省忻州高速公路有限责任公司	A_1 工程	1/24	0.986	C 山西省公路工程监理技术咨询公司	C_1 工程	1/24	0.980
	A_2 环境	1/24	0.885		C_2 环境	1/24	0.853
	A_3 生态	1/24	0.878		C_3 生态	1/24	0.842
	A_4 经济	1/24	0.981		C_4 经济	1/24	0.958
	A_5 安全	1/24	0.958		C_5 安全	1/24	0.963
	A_6 社会	1/24	0.863		C_6 社会	1/24	0.843

续表

管理方	风险目标	权重	评估值	管理方	风险目标	权重	评估值
B 山西交科勘察设计院	B_1 工程	1/24	0.979	D 中交路桥建设有限公司	D_1 工程	1/24	0.983
	B_2 环境	1/24	0.857		D_2 环境	1/24	0.852
	B_3 生态	1/24	0.852		D_3 生态	1/24	0.834
	B_4 经济	1/24	0.962		D_4 经济	1/24	0.956
	B_5 安全	1/24	0.944		D_5 安全	1/24	0.942
	B_6 社会	1/24	0.819		D_6 社会	1/24	0.826

注：以上管理目标的评估值是按照满分为100分，按照得分占比，换算为0—1之间的小数得出。

2. 风险管理水平测度

根据式（8-9）、式（8-10）和式（8-11）分别计算4个单位3个层次的风险管理水平测度值，结果如表8-8所示。

表8-8　神岢高速公路工程各参与方风险管理水平测度值

参与方	A	B	C	D
几何平均值	0.91	0.89	0.90	0.89
加权平均值	0.93	0.90	0.91	0.90
管理水平测度值	0.85	0.80	0.81	0.80

根据式（8-11），可计算出截至测度前，神岢高速公路工程的风险管理水平测度值为：

$$S_r = 0.60 \qquad (8-12)$$

通过运用式（8-11）得出神岢高速公路工程的风险管理水平测度值为0.60。同时，可以得出以下几点：

（1）风险管理目标达成度最差的部分对神岢高速公路工程风险管理水平有明显影响。从表8-7可以看出，四方风险管理水平测度值都小于风险管理单目标评测最小值，证明风险管理目标达成度极小值影响了最终评测结果。

(2) 工程建设参与方在工程建设中存在逻辑关系。从表 8-8 可以看出，建设方对环境、生态和安全风险管理的水平相对较低，相应地设计方、监理方和施工方对环境、生态和安全风险管理的水平也较低。验证了建设方的风险管理水平与设计方、监理方和施工方的风险管理水平密切相关，且对建设项目风险管理水平有明显影响。

(3) 工程建设参与方逻辑关系对建设项目风险管理水平有明显影响。从表 8-8 可以看出，神岢高速公路工程的参与四方的风险管理水平测度值均大于 0.80，而建设项目风险管理水平仅为 0.60。说明建设方、设计方、监理方和施工方之间的逻辑关系，对建设项目风险管理水平有明显的影响。

第三节 建设项目风险管理系统的熵权物元评价

熵权法是在指标繁杂且不便人为赋权情况下，明确各个指标权重的一种客观赋权方法，已在安全和风险评价中得到了广泛应用。在第七章构建公路建设项目社会稳定风险管理体系的基础上，结合 LJJ 项目全过程的 18 个风险管理指标，运用熵权物元模型对公路建设项目社会稳定风险体系进行评估。运用熵权明确指标权重，结合可拓物元模型对风险管理评价指标进行管理水平等级划分，计算拟评价建设项目风险管理指标与各个物元经典域的关联度，分析出建设项目综合风险管理等级，并可针对熵权可拓物元模型计算结果发现不足，提出针对性的改进建议。应用熵权可拓物元模型，为建设项目的风险管理、评价以及改进提供了一种具有易操作、针对性强的定量定性相结合的评价方法。[①]

一 建设项目风险管理指标熵权计算

风险管理指标的选取见第七章表 7-1，项目建设单位在对项目风险管理各个指标进行赋权时，按照 0—10 指标从"极不重要"到"非常重要"对建设项目风险管理指标进行打分。

---

① 董治、王欢、董小林、刘珊：《基于熵权物元模型的公路项目社会稳定风险评估方法》，《中国公路学报》2018 年第 9 期，第 191—198 页。

（一）标准化处理建设项目风险管理指标。按照式（8-13），标准化建设项目风险管理指标，得到项目风险管理标准化矩阵 A。

$$a_{ij} = \frac{x_{ij} - x_{min}}{x_{max} - x_{min}} \quad (8-13)$$

其中，x_{max} 和 x_{min} 为建设单位管理层和各部门负责人对建设项目风险管理指标评价的最高分和最低分，且各个指标为正向性指标。

（二）确定建设项目风险管理指标的熵：

$$H_i = -\frac{1}{\ln m}\left(\sum_{j=1}^{m} f_{ij} \ln f_{ij}\right) \quad (8-14)$$

其中，$i = 1, 2, \cdots, n$；$j = 1, 2, \cdots, m$，i 是项目风险管理指标个数，m 是负责人打分总人数。f_{ij} 取修正后的值，即 $f_{ij} = \dfrac{1 + a_{ij}}{\sum\limits_{j=1}^{m}(1 + a_{ij})}$。

（三）计算建设项目风险管理指标熵权 W：

$$W = (w_i)_{1 \times n}$$
$$w_i = \frac{1 - H_i}{n - \sum\limits_{i=1}^{n} H_i} \quad (8-15)$$

其中，$\sum\limits_{i=1}^{n} w = 1$。

二 建设项目风险管理可拓物元综合评价

建设项目社会稳定风险评估管理的可拓物元综合评价是预先对指标风险等级进行划分，形成经典域，再将拟评价项目各个风险管理指标代入，求解项目风险管理单个指标关联函数和综合关联函数，指标与某个等级关联越大，其与该等级的关联度就越大。具体步骤叙述如下。

（一）划分建设项目社会稳定风险管理指标评价等级

本研究中，采用"风险高""风险较高""风险中等""风险较低""风险低"五等级评价制度，对项目风险管理定量指标由建设单位、参与单位的负责人及参与人集体研究后对指标等级划分区段，定性项目风险管理指标风险等级按照 0—100 五等分区段划分法进行划分。形成的建设项目风险管理指标打分表如表 8-9 所示：

表8-9　　建设项目社会稳定风险评估管理指标等级划分表

指标名称	风险高	风险较高	风险一般	风险较低	风险低
I_1					
I_2					
…					
I_n					

(二) 确定建设项目社会稳定风险管理指标经典域

项目风险管理各指标的经典域可以表示为：

$$R_{0j} = (N_{0j}, c_i, v_{0ji}) = \begin{bmatrix} & c_1 & v_{0j1} \\ N_{0j} & c_2 & v_{0j2} \\ & \vdots & \vdots \\ & c_m & v_{0jm} \end{bmatrix} = \begin{bmatrix} & c_1 & (a_{0j1}, b_{0j1}) \\ N_{0j} & c_2 & (a_{0j2}, b_{0j2}) \\ & \vdots & \vdots \\ & c_m & (a_{0jm}, b_{0jm}) \end{bmatrix} \quad (8-16)$$

其中，R_{0j}是经典域物元；N_{0j}为所划分的建设项目社会稳定风险评估管理的第j个评价等级（j=1，2，…，n）；c_i是第i个建设项目风险管理指标，区间（a_{0ji}, b_{0ji}）是c_i所对应评价等级j的经典域。

(三) 确定建设项目社会稳定风险管理指标节域

项目社会稳定风险评估管理节域如式（8-17）所示：

$$R_p = (N_p, c_i, v_{pi}) = \begin{bmatrix} & c_1 & (a_{p1}, b_{p1}) \\ N_p & c_2 & (a_{p2}, b_{p2}) \\ & \vdots & \vdots \\ & c_m & (a_{pm}, b_{pm}) \end{bmatrix} \quad (8-17)$$

其中，R_p是项目风险管理节域物元，区间（a_{pi}, b_{pi}）是项目风险管理指标c_i的量值区间，N_p是项目社会稳定风险评估管理等级全体，显然量值区间（a_{0ji}, b_{0ji}）（a_{pi}, b_{pi}）。

(四) 确定建设项目社会稳定风险管理待评价物元

建设单位和各参与单位的负责人、参与人员通过打分、评判对项目风险管理指标的隶属区间进行确认，形成待评价物元如式（8-18）所示：

$$R_x = (N_x, c_i, v_{0ji}) = \begin{bmatrix} & c_1 & v_1 \\ N_x & c_2 & v_2 \\ & \vdots & \vdots \\ & c_m & v_m \end{bmatrix} \quad (8-18)$$

(五) 确定建设项目社会稳定风险管理指标关联度

定义某一项目社会稳定风险管理指标 x 到某一评价等级经典域 x_0 = [a, b] 的距离为：

$$\rho(x, x_0) = \left| x - \frac{1}{2}(a+b) \right| - \frac{1}{2}(b-a) \quad (8-19)$$

则项目社会稳定风险管理某一指标的关联度函数如式 (8-20) 所示：

$$K(x_i) = \begin{cases} \dfrac{-\rho(x, x_0)}{|x_0|} & x \in x_0 \\ \dfrac{\rho(x, x_0)}{\rho(x, x_p) - \rho(x, x_0)} & x \notin x_0 \end{cases} \quad (8-20)$$

其中：是项目某个风险管理指标 x 到经典物元区间 x_0 = [a, b] 的距离，为点 x 与节域物元区间 x_p = [a_p, b_p] 的距离。同理，可用此关联函数求得其他所有项目风险管理指标的关联度。

(六) 计算建设项目社会稳定风险管理综合评估值

$$K_j(N_x) = \sum_{i=1}^{n} w_i k_j(x_i) \quad (8-21)$$

三 应用分析

(一) 项目概况

本研究选取国高青兰线东阿界—聊城（鲁冀界，下称 LJJ）段公路项目作为风险分析对象。该项是国家高速公路网青岛至兰州线山东境内的组成部分，为国家"十二五"计划重点项目之一，项目的实施对于贯通山东境内青兰高速，疏导过境和区域交通，完善全省乃至全国的骨架路网结构布局，发挥路网的整体效益，以及加快山东中西部的发展，拓展山东沿海港口经济腹地等具有重要意义。

该项目主线全长 86.361 公里，设特大桥 2 座，大桥 6 座，中桥 10

座,互通立交 6 处,服务区 2 处等。为做好相关公路衔接,更好地发挥拟建项目效益,与主线同步修建聊城连接线,长 9.516 公里。项目主线采用双向六车道高速公路标准,设计时速 120 公里/小时,路基宽度 34.5 米。工程估算总投资 74.54 亿元,总工期 42 个月。

该项目主线占地 643.1082 公顷,连接线占地 35.9600 公顷,合计总用地总面积 679.0682 公顷,其中农用地 617.6092 公顷(耕地 544.2478 公顷)。项目建设用地符合《公路建设项目用地指标》,补充耕地资金已列入工程投资。

该项目按照经营性公路建设。项目前期的有关工作开展情况为项目选址意见已取得沿线地市同意,建设用地预审申请已上报国家有关部门审批,项目环境影响报告书已由国家有关部门审查完毕,水土保持方案经国家有关部门审查完毕,项目工可报告已具备上报国家有关部门基本条件。

(二)评估依据

评估依据包括相关法律法规文件、公路项目涉及区域的社会经济发展规划、有关部门批准的相关规划、该项目的有关审批文件以及社会稳定风险所需的必要资料,主要资料如下所示:

1. 《关于建立健全重大决策社会风险评估机制的指导意见》;
2. 《国家发改委重大固定资产投资项目社会稳定风险评估暂行办法》;
3. 《产业结构调整指导目录》;
4. 《国家高速公路网规划》;
5. 《山东省高速公路网中长期规划》;
6. 《山东省土地利用总体规划(2006—2020 年)》。

(三)LJJ 段公路项目风险管理体系评价

1. LJJ 段公路项目社会稳定风险管理指标识别及权重确定

根据对本项目的公众调查,咨询相关专家和政府有关部门对本项目的意见建议,并参考其他类似公路项目社会稳定风险分析评估的结果,识别出本项目的社会稳定风险因素包括 18 个子因素,分别为:项目选线;占用耕地;拆迁安置补偿;路基土石方工程;大气污染;固体废弃物;噪声和振动;植被破坏;水土流失;居民收入和就业影响;安全事故;交通阻隔;临时占用土地;人口密度;人口结构;人均收入;生态状况;政策规定变化程度。

LJJ段公路项目建设单位负责人和各参建单位的主要参与人员，结合LJJ的实际情况，选取相应风险管理指标，按照从"极不重要"到"非常重要"对已建立起的风险管理指标进行0—10分评分，限于篇幅，此处省略原始打分表。基于原始表及式（8-14）至式（8-16），最终求得的权重如表8-10所示。

表8-10　　　　LJJ公路项目风险管理指标权重

指标代号	指标名称	熵值	指标代号	指标名称	熵值
D1	项目选线	0.0337	D10	居民收入和就业影响	0.0297
D2	占用耕地	0.0301	D11	安全事故	0.0556
D3	拆迁安置补偿	0.1624	D12	交通阻隔	0.0353
D4	路基土石方工程	0.0510	D13	临时占用土地	0.0367
D5	大气污染	0.0534	D14	人口密度	0.0639
D6	固体废弃物	0.0494	D15	人口结构	0.0534
D7	噪声和振动	0.0510	D16	人均收入	0.0573
D8	植被破坏	0.0318	D17	生态状况	0.0523
D9	水土流失	0.0593	D18	政策规定变化	0.0934

注：为了更精确地表示各个指标的权重，方便后期计算，本表保留了四位小数。

2. LJJ公路项目社会稳定风险管理指标等级划分

LJJ公路项目建设单位和参与单位采用"风险高""风险较高""风险中等""风险较低""风险低"五等级评价制度，对定性指标采用0—100打分评价方法，定量指标由建设单位和参建单位商议后进行区间划分，本研究LJJ公路项目风险管理各个指标的区间划分如表8-11所示：

表8-11　　　　LJJ公路项目风险管理指标等级划分区间值

指标代号	风险高	风险高	风险一般	风险较低	风险低
D1	[80, 100)	[60, 80)	[40, 60)	[20, 40)	[0, 20)
D2	[4%, 1)	[3%, 4%)	[2%, 3%)	[1%, 2%)	[0, 1%)
D3	[80, 100)	[60, 80)	[40, 60)	[20, 40)	[0, 20)

续表

指标代号	风险高	风险高	风险一般	风险较低	风险低
D4	[80, 100)	[60, 80)	[40, 60)	[20, 40)	[0, 20)
D5	[80, 100)	[60, 80)	[40, 60)	[20, 40)	[0, 20)
D6	[80, 100)	[60, 80)	[40, 60)	[20, 40)	[0, 20)
D7	[80, 100)	[60, 80)	[40, 60)	[20, 40)	[0, 20)
D8	[80, 100)	[60, 80)	[40, 60)	[20, 40)	[0, 20)
D9	[80, 100)	[60, 80)	[40, 60)	[20, 40)	[0, 20)
D10	[80, 100)	[60, 80)	[40, 60)	[20, 40)	[0, 20)
D11	[80, 100)	[60, 80)	[40, 60)	[20, 40)	[0, 20)
D12	[80, 100)	[60, 80)	[40, 60)	[20, 40)	[0, 20)
D13	[80, 100)	[60, 80)	[40, 60)	[20, 40)	[0, 20)
D14	[80%, 2)	[60%, 80%)	[40%, 60%)	[20%, 40%)	[0, 20%)
D15	[80, 100)	[60, 80)	[40, 60)	[20, 40)	[0, 20)
D16	[0, 20%)	[20%, 40%)	[40%, 60%)	[60%, 80%)	[80%, 2)
D17	[80, 100)	[60, 80)	[40, 60)	[20, 40)	[0, 20)
D18	[80, 100)	[60, 80)	[40, 60)	[20, 40)	[0, 20)

注：D14 和 D16 指标值大于 2 时，为了便于风险评估计算，其指标值取 2。

3. LJJ 公路项目社会稳定风险管理指标经典域及节域的确定

LJJ 公路项目风险管理指标共包含 R_{01}、R_{02}、R_{03}、R_{04}、R_{05} 五个风险管理管理经典域，如式（8-22）至式（8-27）所示，节域 R_P 如式（8-28）所示。

4. 公路项目社会稳定风险管理待评价物元的确定

LJJ 公路项目指标 D2、D14、D16 由计算得出或由统计数据给出，其他数据评价值均由建设单位及参建单位的负责人、主要参与人打分，剔除异常值后取均值得出，分值越高，风险越大。得到的待评价物元如式（8-28）所示。

$$R_{01} = R_{01}\begin{bmatrix} D1[80,100) \\ D2[4\%,1) \\ D3[80,100) \\ D4[80,100) \\ D5[80,100) \\ D6[80,100) \\ D7[80,100) \\ D8[80,100) \\ D9[80,100) \\ D10[80,100) \\ D11[80,100) \\ D12[80,100) \\ D13[80,100) \\ D14[80\%,2) \\ D15[80,100) \\ D16[0,20\%) \\ D17[80,100) \\ D18[80,100) \end{bmatrix} \quad (8-22) \quad R_{02} = R_{02}\begin{bmatrix} D1[60,80) \\ D2[3\%,4\%) \\ D3[60,80) \\ D4[60,80) \\ D5[60,80) \\ D6[60,80) \\ D7[60,80) \\ D8[60,80) \\ D9[60,80) \\ D10[60,80) \\ D11[60,80) \\ D12[60,80) \\ D13[60,80) \\ D14[60\%,80\%) \\ D15[60,80) \\ D16[20\%,40\%) \\ D17[60,80) \\ D18[60,80) \end{bmatrix} \quad (8-23)$$

$$R_{03} = R_{03}\begin{bmatrix} D1[40,60) \\ D2[2\%,3\%) \\ D3[40,60) \\ D4[40,60) \\ D5[40,60) \\ D6[40,60) \\ D7[40,60) \\ D8[40,60) \\ D9[40,60) \\ D10[40,60) \\ D11[40,60) \\ D12[40,60) \\ D13[40,60) \\ D14[40\%,60\%) \\ D15[40,60) \\ D16[40\%,60\%) \\ D17[40,60) \\ D18[40,60) \end{bmatrix} \quad (8-24) \quad R_{04} = R_{04}\begin{bmatrix} D1[20,40) \\ D2[1\%,2\%) \\ D3[20,40) \\ D4[20,40) \\ D5[20,40) \\ D6[20,40) \\ D7[20,40) \\ D8[20,40) \\ D9[20,40) \\ D10[20,40) \\ D11[20,40) \\ D12[20,40) \\ D13[20,40) \\ D14[20\%,40\%) \\ D15[20,40) \\ D16[60\%,80\%) \\ D17[20,40) \\ D18[20,40) \end{bmatrix} \quad (8-25)$$

$$R_{05} = \begin{bmatrix} R_{05} & D1[0,20) \\ & D2[0,1\%) \\ & D3[0,20) \\ & D4[0,20) \\ & D5[0,20) \\ & D6[0,20) \\ & D7[0,20) \\ & D8[0,20) \\ & D9[0,20) \\ & D10[0,20) \\ & D11[0,20) \\ & D12[0,20) \\ & D13[0,20) \\ & D14[0,20\%) \\ & D15[0,20) \\ & D16[80\%,2) \\ & D17[0,20) \\ & D18[0,20) \end{bmatrix} \quad (8-26) \qquad R_p = \begin{bmatrix} R_p & D1[0,100) \\ & D2[0,1) \\ & D3[0,100) \\ & D4[0,100) \\ & D5[0,100) \\ & D6[0,100) \\ & D7[0,100) \\ & D8[0,100) \\ & D9[0,100) \\ & D10[0,100) \\ & D11[0,100) \\ & D12[0,100) \\ & D13[0,100) \\ & D14[0,2) \\ & D15[0,100) \\ & D16[0,2) \\ & D17[0,100) \\ & D18[0,100) \end{bmatrix} \quad (8-27)$$

$$R_x = \begin{bmatrix} R_x \begin{bmatrix} D1 & 16.60 \\ D2 & 0.12\% \\ D3 & 53.00 \\ D4 & 51.60 \\ D5 & 56.60 \\ D6 & 52.30 \\ D7 & 72.30 \\ D8 & 72.80 \\ D9 & 53.50 \\ D10 & 53.40 \\ D11 & 32.50 \\ D12 & 16.00 \\ D13 & 16.50 \\ D14 & 105.00\% \\ D15 & 16.60 \\ D16 & 81.89\% \\ D17 & 51.60 \\ D18 & 12.40 \end{bmatrix} \end{bmatrix} \quad (8-28)$$

5. 公路项目社会稳定风险管理指标关联度的确定

计算得出 LJJ 公路项目风险管理指标与经典域关联度如表 8-12 所示，加粗的数字为公路项目对应风险管理指标与经典域关联度最大值，代表公路项目对应指标所处风险水平。

表 8-12　LJJ 公路项目风险管理指标与经典域关联度汇总表

指标代号	风险高	风险较高	风险中等	风险较低	风险低
D1	-0.79	-0.72	-0.59	-0.17	0.17
D2	-0.97	-0.96	-0.94	-0.88	0.12
D3	-0.36	-0.13	0.35	-0.22	-0.41
D4	-0.37	-0.15	0.42	-0.19	-0.39
D5	-0.35	-0.07	0.17	-0.28	-0.46
D6	-0.37	-0.14	0.39	-0.21	-0.40

续表

指标代号	风险高	风险较高	风险中等	风险较低	风险低
D7	−0.22	0.39	−0.31	−1.00	−1.00
D8	−1.00	0.36	−1.00	−1.00	−1.00
D9	−0.36	−0.12	0.33	−0.23	−0.42
D10	−0.36	−1.00	0.35	−1.00	−1.00
D11	−1.00	−0.46	−1.00	0.38	−1.00
D12	−0.80	−1.00	−1.00	−0.20	0.20
D13	−0.79	−1.00	−1.00	−1.00	0.18
D14	0.00	−1.00	−1.00	−1.00	−1.00
D15	−1.00	−0.72	−1.00	−1.00	0.17
D16	−0.77	−0.70	−0.55	−0.09	0.09
D17	−0.37	−0.15	0.42	−0.19	−0.40
D18	−0.85	−1.00	−1.00	−1.00	0.38

6. 公路项目社会稳定风险管理综合评估值的计算

将表 8-9 计算得出的熵权和表 8-10 计算得出的关联度进行加权计算，最终计算结果如表 8-13 所示。

表 8-13　　　　　LJJ 公路项目综合风险等级汇总

风险划分	风险高	风险高	风险中等	风险较低	风险低
风险评估值	−0.55	−0.44	−0.31	−0.48	−0.34

由表 8-13 可知，"风险中等"等级的评估值最大，因此，LJJ 公路项目风险等级为"风险中等"。

由表 8-13 可知，LJJ 公路项目个别风险指标关联度处于风险中等偏上，因此，为了有针对性地降低 LJJ 公路项目建设风险，建设单位和参与单位结合计算结果，提出的改进措施如表 8-14 所示。

表 8-14　LJJ 公路项目风险防范和化解措施汇总表

风险因素	风险发生阶段	主要防范、化解措施	实施时间	责任主体	协助单位
土地房屋征收征用补偿标准	建设前期	根据《土地征用意向书》，拆迁具体要求为：若采用现金补偿，其补偿标准不低于当地农户现有补偿标准，若采用重建方式补偿，其重建标准等同项目不低于被拆迁户现有设施标准	建设前期	建设单位	乡镇政府、村委会、村民、设计单位代表
土地房屋征收补偿程序和方案	建设前期	基于《土地征拆迁意向书》，根据项目建设需要和被征拆户要求，甲方可以现金方式直接补偿，或以重建方式略高于乙方现有住房和其他设施标准为乙方在其承包地内指定位置重建置换，占用土地按国家政策规定执行	建设前期	建设单位	乡镇政府、村委会、村民
植被破坏	建设期	项目所在地政府和居民较为重视项目沿线的生态保护。通过合理设计、安全施工减少植被破坏等生态不稳定的影响	建设期	环评单位、设计单位、建设单位	运营单位、当地环保局
水土流失	建设期	部分路段公路途经生态脆弱区，易引起严重水土流失，无法避让，但通过加强施工过程中临时防护与治理措施，提高水土流失防治标准，可以减少因工程建设对当地生态环境造成的水土流失灾害与隐患	建设期	环评单位、设计单位、水土保持方案评估单位、建设单位	运营单位、当地环保局、当地水行政主管部门

续表

风险因素	风险发生阶段	主要防范、化解措施	实施时间	责任主体	协助单位
当地居民收入影响	建设期	1. 相关单位政策上扶持被征地居民自主创业；2. 项目建设期和运营期为当地居民提供就业机会；3. 鼓励农民进城务工		建设单位	相关政府部门
拖欠农民工工资	建设期	建设单位在招投标文件中将明确在计量支付时，计提工程款的10%作为农民工工资的保证金，并设立专款账户。通过人事劳动局的监管，保证农民工及时拿到自己的务工费	建设期	建设单位	人事劳动局
建设期事故的发生	建设期	施工单位应做好安全生产的监督管理工作，建立健全应急预案，避免人为事故的发生		建设单位	应急管理部门
政府、施工单位与区域居民沟通情况	建设期	定期告知居民工程进度情况，加强有效沟通		建设单位	相关政府部门
运营期事故的发生	运营期	定期做好公路养护和管理工作，做好施工期交通疏导工作，尽量快实现交通顺畅	运营期	运营单位	相关政府部门
交通阻隔	建设运营	明确交通阻隔的时间，完善环保设计，增加文明施工合同条款，对于在居民住宅附近要进行打桩、爆破施工的，应严格遵守有关规定	建设期运营期	设计单位、建设单位、运营单位	相关政府部门
噪声和振动影响	建设运营	依据环境影响评价、完善环保设计，增加文明施工合同条款，对于在居民住宅附近要进行打桩、爆破施工的，应严格遵守有关规定		设计单位、建设单位	环评单位、设计单位、运营单位

续表

风险因素	风险发生阶段	主要防范、化解措施	实施时间	责任主体	协助单位
大气污染	建设运营	1.施工场地经常洒水降尘；2.渣土运输车、建筑材料运输车加盖遮盖物，出场前清洗轮胎泥土；3.沙石材料、路基填料等堆场经常洒水，加盖遮盖物等，避免扬尘；4.运营期采用密闭方式运输，或运输过程加盖遮盖物；5.沥青拌合站采取脱烟除尘措施	建设期运营期	建设单位和运营单位	当地环保局
固体废弃物排放		对施工产生的建筑垃圾进行分区域临时堆放，并在固定时间对固体废弃物进行定时清运至弃渣场，并在清运过程中对垃圾进行遮盖，避免对项目所在地环境造成不良影响	建设期运营期	设计单位、建设单位和固废管理单位	运营单位和沿线环保局、水利局

在采取风险防范措施后,再由建设单位和参建单位对风险打分计算,最终得到的风险等级如表8-15所示。

表8-15　　　　采取风险防范措施后的综合风险等级汇总

风险划分	风险高	风险高	风险中等	风险较低	风险低
风险评估值	-0.61	-0.54	-0.39	-0.42	-0.30

由表8-15可知,采取风险防范措施后,LJJ公路项目风险等级为"风险低"。

综上所述,采用熵权可拓物元模型可以有效发现建设项目风险管理的不足,并对不足提出具有针对性的改进措施,从而降低建设项目风险等级。

第九章 建设项目风险管理机制研究

建立并不断完善建设项目风险管理机制体系,是贯彻落实国家关于加强重大建设项目风险评估工作的要求,是提升和强化项目风险管理水平的重要基础。构建风险管理要素相容性与互补性兼有的建设项目风险管理机制体系,是研究建设项目风险管理机制系统集成的要求。项目风险集成管理是项目系统管理要素的融合过程,是项目管理系统整体寻优的过程。针对建设项目全过程的风险管理和项目管理的要求,依据建设项目风险管理动态性、全面性和层次性特点,构建项目风险管理机制体系,分析风险管理机制体系的机制组成,是对项目进行系统性风险管理的基础。

第一节 建设项目风险管理机制概述

建设项目风险管理机制是进行项目风险管理重要组成内容,是开展项目社会稳定风险分析评估的基础。明确建设项目风险管理机制的相关概念,是项目风险管理研究的前提,也是建设项目社会稳定风险评估与管理工作规范有效开展的重要工作内容。在建设项目风险管理全过程中适时地选择科学、有效的风险管理机制作用于建设项目风险管理工作,可以加强项目风险的有效防范与管控。

一 机制与管理机制

机制是指事物的内在工作方式,包括事物有关组成部分的相互关系以及各种运行变化的相互联系。机制反映的是事物本质的内在机能,及各组成部分之间的相互动态关系。机制广泛应用于自然现象和社会现象,指其内部组织和运行变化的规律。

管理机制是指事物各组成部分及事物管理系统中各个管理环节的相互关系、相互作用、相互制约。管理机制本质上是管理系统的功能体现与内在联系，及动态运行关系，是决定管理效能的核心基础。事物管理机制是以客观规律为依据，以组织的结构为基础，并由若干子管理机制有机组合而成的。管理机制的内涵与外延的作用与规律体现在其具有内在性、系统性、客观性、自动性、可调性等基本特征。

风险管理机制是管理机制的组成部分，也是风险管理的组成部分。风险管理机制是指在风险管理系统中各风险管理组成部分或风险管理环节相互联系、协同作用的内在运行规律与管理功能。风险管理机制使风险防范管控的有形要素与无形要素，按照其内部的规律，在风险管理工作中彼此相互联系、相互作用、相互制约，形成特定功能并达到既定的风险管理目标。

风险具有不确定性、客观性、可预测性以及发展变化性等基本特征，风险的基本特征与管理机制的基本特征要求风险管理机制应具有目标性、主动性、融入性，以及全过程、全方位、全员化的基本特征。

风险管理机制以风险管理内外部结构为基础和载体，由若干风险管理子机制有机组成。例如，依据事物发展规律和社会环境协调的要求，在风险管理中会形成相应的社会参与机制，社会参与机制同时由若干子机制有机组成。风险管理机制的动态运行是按照一定的客观规律的要求实施并作用于风险管理对象的，违反客观规律的风险管理行为，是不科学、不合理的，是不符合风险管理机制客观要求的。风险管理机制的功能与目标、基本构成是风险管理结构的重要内容。全面的、科学的设置风险管理机制，是有效实施风险管理的基础。当风险管理机制应用于建设项目风险管理时，就形成了一个重要的概念——建设项目风险管理机制。

二 建设项目风险管理机制

建设项目风险管理机制是指在建设项目风险管理系统中，项目风险管理的各个环节、各组成部分的相互作用、合理制约的内在联系，以及所发挥的功能，对项目风险管理系统科学地、有效地应对各种项目风险，并在运行中不断自我调节、自我完善的风险管理机制。建设项目风险管理机制建立既体现了对项目风险管理内在本质与规律的揭示，也体现了加强项目科学化集成管理的必然要求。建设项目风险管理机制具有内在性、系统性、客观性、自动性、可调性等特征,这些特征也是构建项目风险管理机制体系时必须要遵循的客观规律。建设项目风险管理机制也是企业管理的重要组成部分,是企业风险组织制度和管控制度的总和。同时,项目风险管理机制的建立与运行也是政府、项目各相关方风险管理制度建立与实施的基本职责。

建设项目风险管理机制体系是指在项目风险管理中为实现风险组织与管控目标,将若干个风险管理机制,通过一定的方式方法整合在一个架构下运行的系统。项目风险管理机制体系是企业及项目各相关方为充分发挥风险管理效能,实现风险管理目标,以项目为大系统,以系统论、控制论和集成管理思想为指导,将相互关联的风险管理对象、内容、工作机制等通过整合、优化,按照一定的方式集合形成整体系统。该系统要求覆盖项目风险管理各个方面,做到统筹总局,协调整体,以一套体系系统支持项目风险的全方位管理,既能满足项目多个子系统各自风险管控目标要求,又能促进企业等各项风险管理职能有机融合。建立完善的建设项目风险管理机制及运行体系,有利于提高企业对项目整体风险管理的效率和效果,实现项目风险管理目标,也能使政府、项目各相关方不断加强所应承担项目的风险管理职责,提高项目风险管理水平。

第二节 建设项目风险管理机制体系构建

构建建设项目风险管理机制体系是开展项目风险管理与项目社会稳定风险评估的条件与要求,也是进行建设项目风险管理机制研究的重要内容。结合建设项目风险管理的特点,项目风险管理机制体系的基本构成是由若干个具有各自的管理任务和工作要求,又相互关联协调的风险管理机制组成。项目风险管理机制体系的构建保证了项目风险管理机制体系的内部联系与整体协调,以达到项目风险集成化管理目的。

一 项目风险管理机制体系构成[①]
(一) 项目风险管理综合决策机制

项目风险管理综合决策机制是指通过解决建设项目全过程各阶段中涉

[①] 赵佳红、董小林、宋赟:《重大建设项目风险管理机制体系构建及应用》,《武汉理工大学学报》(信息与管理工程版) 2017 年第 6 期,第 689—694 页。

及的决策部门和各利益团体的各种问题，要求各部门在制定、执行项目有关决策时进行广泛的沟通、合作，重视各利益团体的作用，并采取协调一致行动的必要管理机制①。项目风险管理综合决策机制主要由协商机制、决策机制和评估机制等二级子机制构成。以交流协商为手段，以决策为目的，以评估为保障，协同发挥效力。风险管理综合决策机制的作用在于建立健全部门合作与协商制度，建立并完善项目评价制度与风险管理制度，加强对项目全过程各种风险的综合管理与协调控制，强化项目各方的风险管控主体责任与作用，统筹风险管理相关各项工作，为项目风险管理工作的科学开展奠定坚实基础。

（二）项目风险管理社会参与机制

项目风险管理社会参与机制是指为使建设项目风险相关论证更加科学合理，使项目影响区域的公众个人、社会组织、相关政府等的合法权益得到保证，项目建设方、项目管理方及与项目相关的其他各参与方就项目风险管理相关内容与公众个人、社会组织、相关政府之间进行的一种双向及多向沟通与交流的运行方式。这种沟通交流的目的是将建设项目的有关情况与信息，以及项目在规划、建设和使用活动中可能涉及的风险有关情况、信息实时完整地告知给有关社会要素，并积极征求各社会要素的意见和建议，防止和化解项目与社会及政府、项目参与方与各社会要素之间的冲突②。根据构成社会参与机制社会要素的不同，项目风险管理社会参与机制主要由公众个人参与机制、社会组织参与机制和相关政府参与机制等二级子机制构成，社会参与主体对象的不同，使社会参与机制具有针对性和全面性的特点。风险管理社会参与机制强化社会参与意识，鼓励、支持和推动社会要素全方位参与项目全过程风险管理工作，是提高项目决策、建设和运营科学化的要求，同时也是对项目决策、项目实施机制的重要补充，使其成为科学机制不可缺少的组成部分，为项目风险管理的顺利进行提供重要支撑。

---

① 丁元竹、江汛清：《全面深化改革的综合决策和执行机制研究》，《中共浙江省委党校学报》2014年第3期，第12—18页。

② 杨方：《突发环境事件的公众参与机制研究》，《唯实》2011年合刊第1期，第178—181页。

(三) 项目风险管理预警预控机制

项目风险管理预警预控机制是指通过发现风险的早期预警信号,实现风险相关信息提前反馈,运用定量和定性分析相结合的方法,识别项目潜在风险类别、程度、原因及其发展变化趋势,及时采取针对性处理措施防范、控制和化解风险,避免或减小风险事故发生的管理机制[1]。项目风险管理预警预控机制主要由预警通报机制和预控防范机制等二级子机制构成。项目风险管理预警预控机制系统以预警通报为基础,确定项目的风险源、风险种类和各类风险的具体相关信息等;项目风险管理预警预控机制系统以预控防范为关键,根据预警识别结果,提前进入风险警戒状态,制定风险预案,以各种防范措施应对各类风险的产生和风险事故的发生。风险管理预警预控机制要求项目建立严密的风险监控体制,建立定期、不定期的分析制度,制定相应的风险预控办法及处置预案,实行项目风险分级预警预控。同时,借助网络技术和分析软件提高风险预警能力,对项目各风险因素进行连续跟踪、监测和预报提示,提高风险预警信息发布的准确性和时效性[2],辅助管理人员更有效、更及时地防范风险,为项目风险管理工作的高效实施创造充分条件。

(四) 项目风险管理应急机制

项目风险管理应急机制是指应对项目突发的风险事故进行紧急应对与处理,避免事故进一步扩大或事态加重,使损失最小化的管理机制。项目风险管理应急机制主要由应急基础工作机制和应急响应处置机制等二级子机制构成。项目风险管理应急基础工作机制是条件,应急响应处置机制是关键。政府针对各种突发公共事件设立、制定了一、二、三、四级响应处置,以使事故损失减到最小。项目风险管理应急处置也需要制定分级管理处置级别,以强化项目风险有效管理。对于突然发生的风险事故,启动预先做好的预案及应对策略的应急机制是管控风险的关键。风险管理应急机制的作用在于有针对性地制定不同风险事故情况下的应急预案,规范风险事故现场应急处置工作,及时准确的采取相应应对措施,有效控制风险事

---

[1] 李慧、黎明梅:《全面风险管理视角下的企业风险预警机制研究》,《区域金融研究》2013年第12期,第63—66页。

[2] 王艳茹、王兵:《财务预警机制与信贷风险管理》,《农村金融研究》2005年第8期,第47—48页。

故的蔓延，避免或减小风险对项目造成不可挽回的损失①。风险管理应急机制是衡量风险事故发生后项目应对与解决的综合能力科学有效的标准，为项目风险管理工作的积极推进提供关键助力。

(五) 项目风险管理补偿机制

项目风险管理补偿机制是指根据项目价值、发展机会成本、项目影响程度和风险等，调整项目与项目相关各方之间利益关系的政策与经济手段的管理机制。项目风险管理补偿机制主要由政策保障机制和政策落实机制等二级子机制构成。政策的保障和落实，关系项目相关利益人的权利，关系项目风险管理过程中对人的影响因素的有效管控。风险补偿主要针对与项目相关的各利益方，是一项基于受损者补偿的具有激励作用的政策。风险管理补偿机制以法律法规为依据，以行政手段为主导，综合运用经济、技术和社会手段，推动项目风险管理补偿工作的合理有序进行，实现政府、项目、各利益群体的协调。风险管理补偿机制的作用在于因地制宜选择补偿模式，及时对利益受损方作出风险损失补偿，建立公平公正、积极有效的风险管理环境，努力实现风险补偿的法制化、规范化，为建设项目风险管理顺利开展提供必要保障。

(六) 项目风险管理后评估机制

项目风险管理后评估机制是项目后评估机制的组成部分。项目风险管理后评估机制是指在项目已经完成并运行一段时间后，对项目风险管理的预期目标、主要风险指标、风险管理各项工作实现情况进行系统地分析、总结，客观、公正地评价项目风险管理工作的成效和失误的状况、原因以及处理情况等的管理机制。项目风险管理后评估机制主要由总结与评估机制和考核与反馈机制等二级子机制构成。总结、评估与考核项目决策者、管理者和建设者等在项目风险管理工作中的工作业绩和存在的问题，以及项目决策、建设过程的整体管理水平，将信息综合反馈，为项目后续风险管理工作及其他同类项目的开展提供参考依据。风险管理后评估也可以用于项目建设期某一阶段工作完成后，对该阶段风险管理工作开展评价。风险管理后评估机制的作用在于衡量与总结项目决策者、管理者和建设者等

---

① 苏明、刘彦博：《我国加强公共突发事件应急管理的财政保障机制研究》，《经济与管理研究》2008年第4期，第5—11页。

在项目风险管理工作中的工作业绩和存在的问题,分析评价项目风险管理成败原因,为项目后续工作及以后项目的决策提出改进措施和方案,从而达到提高风险管理水平和提升业绩的目的。

(七) 项目风险管理监督保障机制

项目风险管理监督保障机制是指为使项目全过程各阶段的各项风险管理工作正常运行、有效监督,实现项目风险管理目标,而采取的各种方法、手段、措施,以及协调相互间关系的运行方式和管理机制。项目风险管理监督保障机制主要由约束与干预机制和考核与追究机制等二级子机制构成。以约束与干预为手段,考核与追究为措施,促进项目风险管理监督保障机制正常运行。风险管理监督保障机制要求建立和落实相应的项目风险管理制度,通过各项监督管理手段,切实加强项目体内、外同步监督保障。科学合理制定项目风险管理监督标准,明确风险管理工作中相关各方责任,鼓励项目有关利益群体结合项目潜在风险特点探索风险保障模式[1],为项目风险管理工作的有序进行提供有力约束。

二 项目风险管理机制体系分析

建设项目风险管理机制体系中各要素之间相互作用和联系存在多种的集成方式,不同的集成方式都反映了集成管理要素之间在时间、组成、内容等方面的物质、信息、能量等的交流关系。集成管理要素和方式的确定,要形成协同一致的项目风险管理机制整体性的功能。

建设项目风险管理机制体系要求对项目风险管理形成一套贯穿项目建设前期、建设期和运营期全过程各阶段,涵盖项目风险管理各个工作机制,运用科学管理的各种方法和管理内容的立体的、动态的管理机制体系。建设项目风险管理体系由 X、Y、Z 轴组成的三维空间表示,如图 9-1 所示,X 轴表示项目风险管理机制体系的 7 个基础管理机制;Y 轴表示建设项目的 3 个时期;Z 轴表示项目风险管理的主要内容。在建设项目风险管理机制体系中,7 个风险管理机制各具特点,在全过程风险管理中,不同管理机制在项目各期各阶段中所处的主导地位有所差异。

---

[1] 康隆:《论完善我国政府公共危机管理机制》,《兰州学刊》2010 年增刊第 1 期,第 19—20 页。

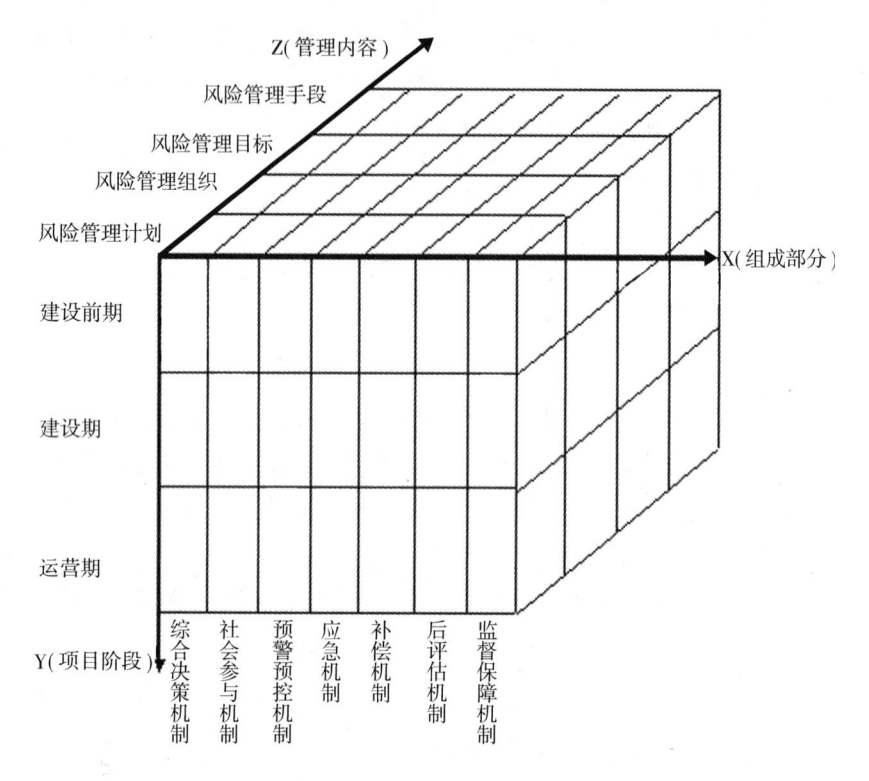

图 9-1 建设项目风险管理机制三维空间体系

建设项目风险管理机制体系中，以组成的各子机制为核心，统筹计划、科学决策、合理组织，在明确风险管理目标的前提下，采用有效的管理手段，在项目各阶段选择、启用合适的风险管理机制，使项目各风险管理机制综合协调，运行顺畅。在项目建设前期，风险管理机制体系中以综合决策机制为主导机制运行，同时运用好社会参与机制和监督保障机制。这一阶段综合决策机制的运行实施高度重视社会力量的参与，同时受到项目相关各级部门的监督和各类资源供给力度的强力约束；在项目建设期，风险管理机制体系中社会参与机制和监督保障机制应持续发挥作用，推动项目风险管理工作科学开展，同时预警预控机制、应急机制和补偿机制陆续启动运行。在项目竣工验收阶段，开展项目建设期风险管理工作阶段性后评估工作是必要的，项目风险管理后评估机制此时全面启动。建设期的 6 种风险管理机制以风险预防为主，防范、控制、处置相结合模式协同运行，加强项目风险管理工作，提高风险管理水平，保障这一阶段风险管理目标的实现，为项目使用期风险管理工作的顺利、有序开展创造有利条件和重要保障；在项目使用期，建设期启动的 6 种风险管理机制继续运行工作，各机制相辅相成，共同服务项目的安全和可持续运行，提升项目使用阶段抵御风险的综合防范能力，实现项目风险管理的集成化综合最优。①

建设项目风险管理内容中，风险管理计划是指对项目外部环境与内部条件进行分析，提出项目在未来各期各阶段内要达到的风险管理目标以及实现目标的方案途径，进一步由决策者在综合各方因素条件下选出最优项目风险管理方案。风险管理组织是指合理安排项目各项风险管理相关事宜，在保证 7 个风险管理机制各自独立运行的基础上，将各机制有机的联合，完成机制间的协调合作、统筹管理。风险管理目标是指各风险管理机制及风险管理机制体系对建设项目 6 种主要风险的管理，即实现工程风险管理目标、环境风险管理目标、生态风险管理目标、经济风险管理目标、安全风险管理目标和社会风险管理目标。② 风险管理手段是指在对各种风险、各种风险管理机制及风险管理机制体系的管理过程中所采用的主要管理手段，包括法律手段、行政手段、经济手段、技术手段、教育手段、参与手段和投资手段。

在项目风险管理机制体系中，结合项目风险管理的特点，在项目全过程各阶段对 7 个风险管理机制间的相互作用进行充分的考量，以制约为手段，连接和推动各机制的协同作用。建设项目 7 个风险管理机制相辅相成，将 7 个风险管理机制有机联合起来进行风险管理控制，可实现建设项目风险管理的集成化综合最优。③ 构建科学、规范的建设项目风险管理目标体系，以提升项目整体风险管理水平。

三 项目风险管理机制体系构建意义

（一）促进项目风险管理系统形成有机整体

建设项目风险管理系统的整体性不是项目各要素功能的简单叠加，而

---

① 赵佳红、董小林、宋赪：《重大建设项目风险管理机制体系构建及应用》，《武汉理工大学学报》（信息与管理工程版）2017 年第 6 期，第 689—694 页。

② 董小林、赵佳红、赵丽娟、吴阳：《基于多木桶模型的建设项目风险管理目标体系构建及应用》，《建筑科学与工程学报》2017 年第 1 期，第 121—126 页。

③ 尹贻林、张传栋：《大型建设项目集成风险管理的实现模式探讨》，《建筑经济》2006 年第 3 期，第 37—40 页。

是各要素之间相互制约，共同作用的系统集合。项目风险管理各要素的有机联系一旦被迫割断，系统就会成为一盘散沙，整体功能和作用将不复存在。[①] 通过项目风险管理机制的整合作用，实现风险管理系统各要素的有机联系和结合，促进项目风险管理系统形成一个内部协调和外部适应的系统集合体。

（二）发挥项目风险管理机制间的协调功能

建设项目风险管理系统要发挥正常的功能，必须使风险管理系统内部各要素处于一种正常稳定的状态。这种正常稳定的状态依赖于项目风险管理机制协同功能作用的发挥。项目各个风险管理机制间的协调功能促使项目各风险管理要素在各自的位置上良好发挥作用，使项目风险管理系统有效运行。

（三）提升项目风险管理系统的应对能力

建设项目所处的风险环境是多层次、多方位的，而且处于不断的变化中，这就要求项目风险管理系统必须具备较强的环境适应与应变能力，能够根据复杂多变的环境不断调整自身的风险应对能力，科学、有效管控项目存在的各类风险。

（四）保障项目风险管理目标的实现

项目风险管理目标是项目管理总目标的组成部分。项目风险管理的目标是通过多种方法、技术、措施，对建设项目活动涉及的风险进行风险识别、分析评估、防范管控，保证项目安全与社会稳定。建设项目风险管理机制体系的构建是风险管理的基础，也是保障项目风险管理目标的实现的基础。项目风险管理机制体系的完备程度与风险管理目标的实现水平有着必然的关联性，是做好项目风险管理各项工作的依据和条件。

第三节　建设项目风险管理机制分析

建设项目风险管理全过程涉及的风险管理因素和工作内容多，建设项目风险管理机制体系中的管理机制也需要有针对性的设计制定。建设项目

---

① 曹丽达，李飞：《国有商业银行财务管理机制体系的构建》，《辽宁经济》2008 年第 9 期，第 82—84 页。

风险管理机制体系主要由 7 个风险管理机制组成,每个机制又由若干个二级子机制构成。这些机制的功能各具特点,在项目风险管理的不同阶段,需要有针对性地、灵活地选择运用合适的风险管理机制,以及有效地联合使用若干个机制,以保证项目风险管理工作的有效开展,并取得项目风险管理的整体效应。

一 项目风险管理机制体系内部组成

(一) 项目风险管理机制系统集成

项目风险管理机制体系主要由上述 7 个风险管理机制构成,每个风险管理机制各自都可以根据需要分解为若干个子机制。风险管理机制要素间以相对稳定的联系方式、组织秩序等内在的整体性,以各风险管理集成要素间相互作用、相互制约的动态性,形成的风险管理机制集成系统结构,以实现风险管理系统的功能与性能。项目风险管理机制系统集成如图 9-2 所示(见第 297 页)。

(二) 项目风险管理机制内部工作与要求

在项目风险管理工作中,涉及风险管理的工作多,这就需要对 7 个风险管理机制及其子机制的具体工作进行规定,明确各自的管理任务、管理目标和工作要求。从而保证项目风险管理机制体系全面顺畅的运转。项目 7 个风险管理机制内部组成及工作与要求见表 9-1 所示。

表 9-1　建设项目 7 个风险管理机制内部组成及工作与要求

风险管理机制	二级子机制	工作与要求	说明
综合决策机制	交流机制	保证项目风险管理预案及相关工作科学化、民主化的交流、沟通和会商渠道的建立;保证交流协商的畅通有效进行	风险管理综合决策机制应贯穿于项目申报、可行性研究、环境影响评价以及建设与使用期主要工作的决策
	决策机制	决策机构的建立及相关人员的配备;制定风险管控预案;明确风险管理目标;提出主要管理任务及要求;提出各种保障措施	
	评估机制	风险及社会稳定风险评估工作的开展;科学的预测和分析项目风险及其影响,提出管控措施;项目风险管理预案可行性评价	

续表

风险管理机制	二级子机制	工作与要求	说明
社会参与机制	公众个人参与机制	通过多种方式广泛听取与项目有关的人民群众的意见和建议；特别注意听取持有不同意见的各种声音	社会参与各主体要素的权利、义务及参与内容应分别分析确定
	社会组织参与机制	听取相关社会组织及团体的意见和建议；咨询与项目相关的专家的意见和建议	
	相关政府参与机制	听取与项目建设和使用有关的政府单位，以及项目所在区域各级政府部门的意见和建议	
预警预控机制	预警通报机制	根据风险管理工作预案，进一步分析、识别项目各种风险因素，以及预测导致风险事故发生的各种条件因素，实现险情信息及时通报，不断修正、充实风险预警管理工作	预警预控机制是风险预警系统与风险预控系统的集合，是紧密联系的一个系统概念
	预控防范机制	根据风险管理工作预案及风险预警方案，进一步完善风险管理制度、模式、流程和重点部位，实现提前预控，超前防范	
应急机制	应急基础工作机制	根据风险预案等细化应急预案，完善工作计划；采取措施保障风险管理工作所需人力、物力和财力等资源的随时调用	判断项目突发风险事件性质、严重程度、可控性和影响范围等因素，按规定启动相关应急预案
	应急响应处置机制	按照实际情况和有关规定确定风险事故应急响应等级；按照对应的响应等级以及风险管理应急预案采取有效的方案和手段及时进行处置	
补偿机制	政策保障机制	按照国家、地方和行业关于项目建设和使用对所影响的公众、企业等的各种补偿政策，结合项目及其所在地实际情况补充、制定相关补偿办法，做好政策保障工作	政策保障是基础；政策落实是要求。二者的契合度关系到项目社会稳定的有效管控
	政策落实机制	认真贯彻落实相关补偿政策及办法，严禁以各种违法违规方式侵犯公众利益；做好政策宣传、解释工作	
后评估机制	总结与评估机制	总结和评估已完成项目工作；分析、评估风险管理工作实际状况与管理目标偏差的原因和可能的影响因素	后评估机制应体现在项目全过程各阶段风险管理工作中
	考核与反馈机制	把总结和评估的结论作为考核项目风险管理工作的主要依据之一，同时反馈给项目相关方	

续表

风险管理机制	二级子机制	工作与要求	说明
监督保障机制	约束与干预机制	运用各种监督渠道和手段加强对项目内外部的风险管理；对违反风险管理要求的行为根据其影响程度进行约束与干预	约束与干预机制和考核与追究机制协同工作，保障风险管理工作水平和风险管理目标实现
	考核与追究机制	根据风险管理目标认真考核项目内外部及全过程风险管理的各项工作；对产生风险和发生风险事故追究领导的主体责任、相关人员的具体责任，起到警示教育的作用	

二 项目风险管理机制分析

（一）风险管理综合决策机制分析

项目风险管理综合决策机制的功能主要体现在三个方面：一是交流协商，交流协商是对项目决策科学化、民主化，以及项目管理工作规范化、有效化与社会公众及项目相关方进行交流协商和沟通的职能活动；二是决策，决策是在项目内外部条件制约下，对于项目前期的立项、审批，项目建设与使用各时期各阶段内风险管理目标的确定以及达到该目标的方案设计、实施措施进行评价、优选的职能活动；三是评估，评估是对拟定项目各类实施方案可能产生的各种风险进行科学分析和预测，提出管控措施，以及项目实施中开展的风险管理后评估的职能活动。交流、决策和评估在项目风险管理综合决策中扮演着重要角色。

1. 交流机制

项目风险管理交流机制作为项目风险综合决策和项目实施过程的基础，它着力于吸纳、化解项目综合决策过程中多种相互冲突的意见。项目风险管理交流机制是指项目内部决策主体和外部参与决策主体之间，根据现有法律、规章、政策的规定以及以往相关工作经验，就项目风险管理预案及工作的决策，以交流沟通与协商合作的方式，传递和转化依法依规、保障权益、促进发展的相关信息，以达成多方所能接受的方案，以及促进项目正常进行的运行机制。交流机制中的一项重要工作内容就是组织项目各相关方进行平等沟通和协商，协调各方的责权利关系，沟通协商是项目的各项决策顺利开展的基础条件。健全的项目风险管理交流机制使风险管

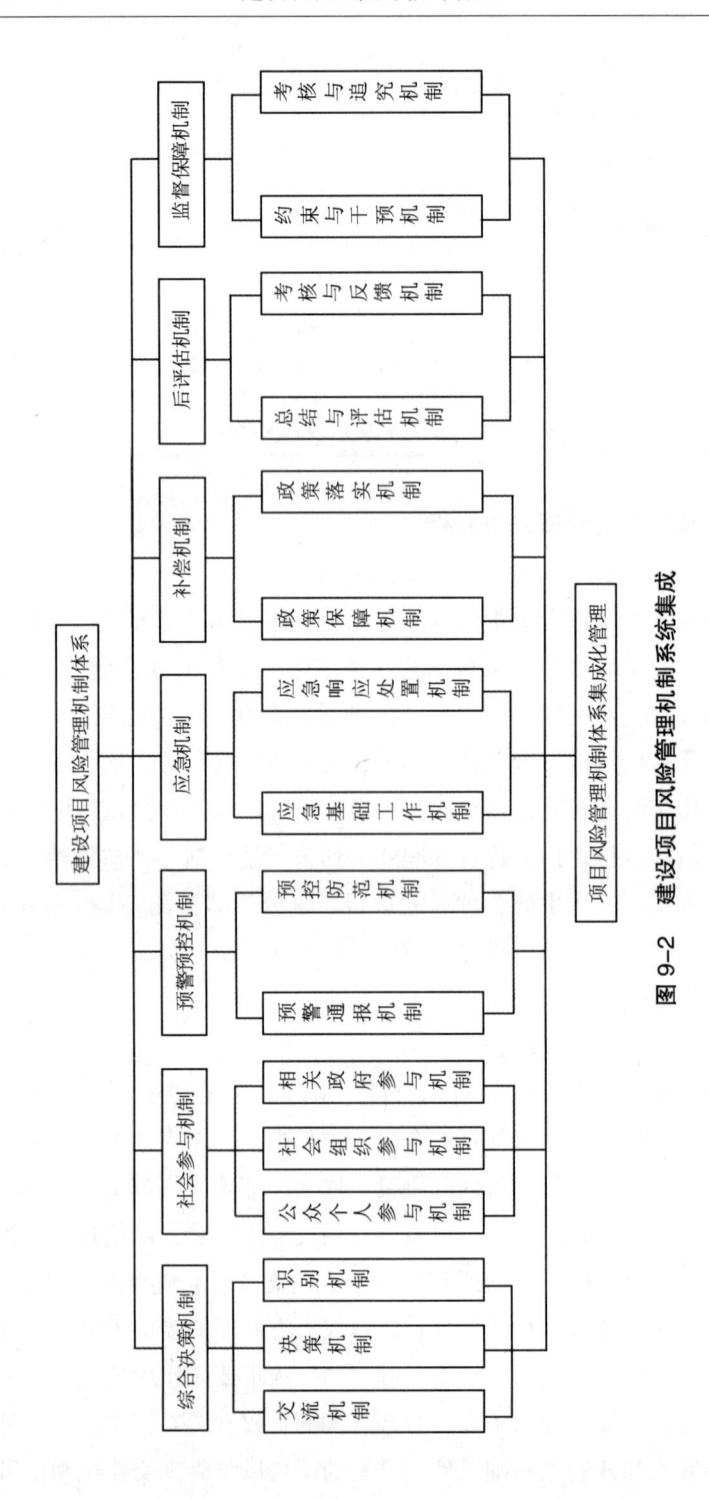

图 9-2　建设项目风险管理机制系统集成

理决策者、管理者及其他相关参与者及时有效的交换项目风险信息，积极主动地参与到项目全过程风险管理过程中，减少风险管控工作中的阻力，以提高项目风险管理的效率，为项目的正常建设和正常使用创造和谐环境。

2. 决策机制

项目风险管理决策机制是指项目风险管理内部决策主体之间、内部决策主体与外部决策主体之间，以规范项目风险管理决策相关人员权力、提高项目风险管理决策水平和实现社会公共利益为目标，通过制定科学、合理的风险管控预案，明确风险管理目标，从而形成有针对性的关于项目风险管理决策权力的分配和项目风险管理决策运作的程序、规则与方式等一系列制度性安排的总和。健全的项目风险管理决策机制是有效决策的必要条件，是科学决策、民主决策的重要保障，决定着项目综合决策行为的有效性程度，直接关系风险管理工作的后续实施情况。

3. 评估机制

项目风险管理评估机制是指在项目建设前期决策阶段，评估专业机构及人员运用科学评价手段就项目决策者及管理者制定的项目风险管理预案及各项风险决策方案作出可行性评价，评价该风险管理预案是否符合科学性、合理性、客观性原则，及是否对项目采用有针对性和适用性的方式方法。同时，在项目建设与使用的各阶段也应重视评估工作，如项目风险后评估等。评估是项目风险管理工作中重要的一项工作，形成明确的评估机构、完整的评估制度和丰富而科学的评估手段，即形成较为健全的风险评估机制，对项目风险管理水平的提高至关重要。

项目建设前期的主要工作是项目建设施工和建成投入使用的重要环节、主要工作的预测和决策，所以项目预测和决策的科学性，及项目的可持续性都要求项目预测和决策的民主性。只有做好充分的社会参与，项目风险管理综合决策才会打下坚实基础。分析一些由建设项目决策、建设和使用而引发的社会公众强烈不满情况，可知有关政府、部门、企业推进项目建设的意愿是不错的，是为了区域发展与公众的长期利益的，而公众不满情绪和言行基本都是项目相关方没有认真按照有关程序和要求开展工作，如有关方面事先不征求或不充分征求公众的意见，出现问题后的处理方式简单粗暴，导致实现项目困难，同时产生社会不稳定。

解决这些争议的根本途径是依据法规、政策加强政府及项目相关方与公众的沟通交流。加大在推进项目的重要工作之前以多种形式充分听取公众意见，如召开各类听证会，利用不同的媒体方式就一些项目的重要工作公开征求意见。在项目立项决策时不重视与公众的交流沟通协商，项目建设和使用时将发生更多更困难的事情。实际上，与公众的交流沟通协商不仅是促进项目科学民主健康的开展，也是对民众的尊重，是让项目为公众和社会服务的一项重要指标。

（二）风险管理社会参与机制分析

项目风险管理社会参与机制的要素与运行内容主要体现在三个方面：一是公众个人，即听取公众个人参与意见和建议，多渠道了解群众心声，发现问题；二是社会组织，即听取社会组织参与意见和建议，从专业角度着手，规避问题；三是相关政府部门，即听取相关政府部门参与意见和建议，发挥政府部门职能，解决问题。

在项目风险管理社会参与机制中，公众个人、社会组织、相关政府等主要社会参与要素作为风险管理社会参与机制的主体，对机制的运行起决定性作用。明确各参与要素在建设项目全过程各阶段的权利与义务是保证项目风险管理社会参与机制顺利运行的首要工作。

1. 社会参与要素的权利

社会参与权利是我国宪法所确立的公民的基本权利之一。社会参与要素的权利是指参与建设项目全过程风险管理的各社会要素所拥有的关于项目风险管理方面的权利。社会参与要素的权利主要体现在两个方面：一是各社会要素的民主权；二是各社会要素的监督权。社会权是指各社会要素要求其所处的社会资源具有基本社会功能的权利，如社会要素有知晓项目概况与进展，及项目所在区域社会经济与自然生态状况的权利，具有参与项目风险管理的权利；监督权是指各社会要素有监督项目建设方、管理方及其他相关方工作活动的权利。建设项目风险管理社会参与要素有监督项目管理者和工作人员忠实履行风险管理职责，严格遵守国家、地方、行业风险管理法律法规，及保障广大人民群众利益的权力；有提出批评和建议的权利；对有关工作人员的违法失职行为，有向有关机关提出申诉、控告或者检举的权力。社会参与要素拥有对建设项目全过程风险管理有关工程信息、风险信息等的知情权利，有参与建设项目风险管理相关工作和风险管理决策制定的权利，有对风险防范管控政策执行情况监督的权利，以及对建设和使用过程中风险管控工作监督与批评的权利等。①

2. 社会参与要素的义务

权利与义务是对应的。在法律法规赋予各参与要素在建设项目风险管理权利的同时，也规定了各参与要素应履行的义务。在建设项目全过程风险管理社会参与机制中，各参与要素应当履行的义务主要有：

（1）遵守国家相关法律法规及道德规范；

（2）遵守项目建设和使用有关规定、规范与规程等；

（3）维护建设项目周边的自然生态环境和社会人文环境；

（4）配合建设项目管理部门完成相关信息调查与收集工作；

（5）保证提供的信息、资料等的客观性、公正性；

（6）监督建设项目全过程的风险管理工作，对制造矛盾或加剧社会冲突等的违法违规行为进行制止、进行检举；

（7）不得干扰建设项目各项工作的正常进行；

（8）接受项目建设和风险防范管控知识的教育，以及相关工作的培训等。

3. 社会参与要素的参与内容

明确社会各参与要素的参与内容也是必要的。社会参与要素在参与建设项目全过程风险管理工作的过程中，应该对自己需要参与哪些工作有一定程度的了解，以便顺利的参与到具体工作中。建设项目不同时期、不同阶段风险管理的特点及要求不同，各参与要素所参与的风险管理内容也不尽相同。②

在项目建设前期，各参与要素的参与内容主要有：参与项目决策、规划的相关工作，并对项目选址、征地拆迁方案等提出自己的意见与建议；参与项目社会稳定风险评估及其评审工作，提出自己的意见与建议；参与项目风险防范管控预案编制及其审核工作，提出意见与建议等。

在项目建设期，各社会参与要素的参与内容主要有：提供真实、可靠

---

① 董小林：《公路建设项目全程环境管理》，人民交通出版社 2008 年版，第 257—258 页。
② 李娇娜：《公路建设项目全程环境管理公众参与机制与方法研究》，硕士学位论文，长安大学，2006 年，第 62—63 页。

的相关信息；监督项目风险管理工作的运行与项目各项工作的实施；监督建设单位风险防控措施的落实；举报项目建设施工过程中出现的风险因素与可能引发风险事故的各种行为；参与项目风险管控重要的末端工作等。

在项目使用期，各参与要素的参与内容主要有：及时反映由于项目使用可能引起的各种风险因素；协助处理因项目运行使用而产生的各种纠纷；参与项目风险管理后评估工作；对项目运行出现的一些问题提出自己的意见与建议等。

（三）风险管理预警预控机制分析

项目风险管理预警预控机制是一个系统概念，是风险预警系统与风险预控系统的集合。项目风险管理预警预控机制的功能主要体现在两个方面：一是风险预警，实现项目风险预测及信息的提前报告；二是风险防范控制，实现风险的提前防范。预警预控机制的完善程度，体现在预警分析与预控对策的有效沟通，降低项目风险影响，项目风险反应敏感性，管控项目风险能力等方面。

1. 预警通报机制

项目风险管理预警通报机制是指通过前期风险信息收集、总结和分析，发现项目风险的早期预警信号，运用定量和定性分析相结合的方法，尽早识别风险的类别、程度、原因及其发展变化趋势的运行机制。项目风险管理预警通报机制将风险识别信息通过专设的发布预警机构、网络等预警系统及时传达到项目管理人员及相关风险管控人员，实现信息的超前反馈，为可能产生的风险或发生的风险事故及时布防奠定基础。预警通报作为风险信息预警的前提和重要依据，是真正体现风险信息预警的预见性、警示性功能的有效方法。预警通报机制建立在确认风险（主要包括：风险识别、风险筛选、风险剔除、形成风险清单四项工作）和对收集的风险信息进行鉴别和分析认识基础之上，对未来可能发生的风险类型及其危害程度作出预估。[①]

2. 预控防范机制

项目风险管理预控防范机制是指在风险源识别和评估的基础上，高效

---

① 辛立艳：《面向政府危机决策的信息管理机制研究》，硕士学位论文，吉林大学，2014年，第70—71页。

利用预警识别信息,及时、准确的制定针对性预防和控制风险产生以及风险事故发生的有效预防与控制方案,以预先采取防范措施及时、有效的消除、减小、控制风险的产生或风险事故发生的运行机制。风险管理预警系统的整体性和完备性,是提高政府及相关部门风险信息响应能力以及风险防范与控制能力的关键。风险的防范与控制是体现项目抵御和化解风险危机的能力和水平,取决于制度与手段的双重作用。风险预控防范机制的建设需要以制度安排为依托,以方法与手段为支撑,从制度设计上来保障和推进风险管理预警预控工作的深入;从手段措施上为预警预控工作的开展提供技术支撑。

(四) 风险管理应急机制分析

建设项目突发风险事件按照其性质、严重程度、可控性和影响范围等因素,一般分为四级:Ⅰ级(特别重大)、Ⅱ级(重大)、Ⅲ级(较大)和Ⅳ级(一般)[①]。如果项目发生突发风险事件,项目建设和使用单位在初步报告突发风险事件等级及有关信息的同时,要根据职责和规定的权限启动相关应急预案,及时、有效地进行处置,控制事态。

1. 应急基础工作机制

在项目风险管理应急机制中,应急基础工作是必要条件。应急基础工作机制是指以预防突发风险事件,最大可能控制风险和风险事件的影响为目标,提前进行风险预案的细化,相关风险应急工作及各类资源的计划与部署,保证项目风险管理主体在应对突发风险事件时能及时高效开展风险防范、处理的运行机制。风险事件一旦发生,应急基础工作系统全面启动,及时有效地调动相关资源,将风险事件迅速控制在一定的范围内以最大限度的减少损失。应急基础工作机制主要工作内容有:应急宣教培训、应急管理组织建设、应急资源储备、预警信息发布系统建设、应急预案编制及演练等。

应急宣教培训以应急知识普及为重点,以定期培训为主要手段,提高公众的预防、控险、避险和救助等能力,及项目管理者和从业人员的应急处置水平;应急管理组织建设要建立相关组织机构,配备和充实工作人员,加强应急救援队伍建设,确保有组织机构和人员牵头负责开展应急管

---

① 国务院:《国家突发公共事件总体应急预案》,2006年版。

理工作；应急资源储备强调充分整合各方面的资源，包括人力、物力和财力等，整合应急救援专家资源，加强对各类应急物资储备的统筹调配和动态管理，建立应急资源数据库，着力提升应急救援资源能力；预警信息发布系统建设，对工程安全等事关群众生命财产安全的风险因素与风险事件，实行监测预警，并通过预警信息发布系统及时发布、反馈预警信息，提前预防避险、减少损失；应急预案编制及演练工作的开展重点围绕检验应急预案的科学性、实用性和可操作性，实时对预案进行修编完善，并适时组织开展专项应急预案演练，提升项目管理者与各类人员的风险防范意识，增强项目风险应急处置水平。

2. 应急响应处置机制

在项目风险管理应急机制中，应急响应处置是关键。应急响应处置机制是指在项目风险事件突发时，按照相关法规政策及项目风险管理应急预案，以实际出发，确定风险应急等级，针对性采取相应应急处置措施，以降低损失的运行机制。应急响应处置机制主要工作内容有：风险应急保障落实、风险责任落实和应急处置方案实施等。

风险应急保障落实与风险责任落实强调各有关部门要按照职责分工和相关预案做好项目突发事件的应对工作，责任到部门、到个人，同时根据预案切实做好应对项目突发事件的人力、财力、物力、医疗卫生、交通运输及通信保障等工作，保证应急工作的需要[①]；应急处置方案实施指项目应急部门按要求开展现场的应急处置工作。需要多个部门共同参与处置的突发风险事故事件，由该类突发风险事故事件的业务主管部门牵头，其他部门予以协助。注重应急处置的整体性、协调性，着力构建统一指挥、反应灵敏、协调有序、运转高效的应急处置机制。搭建项目风险事故应急联动指挥平台，统一调配应急力量，强化部门协调联动。

（五）风险管理补偿机制分析

在项目风险管理补偿机制中，政策保障是基础，政策落实是要求。政策保障机制和政策落实机制二者的契合度关系到项目风险管理过程中对人的影响以及社会稳定的有效管控。

---

① 国务院：《国家突发公共事件总体应急预案》，2006年版。

1. 政策保障机制

项目风险管理政策保障机制是指将政府、企业为达到项目风险管理目标，实现项目社会效益目标，而制定的关于项目征地拆迁、再安置、再就业、保险、福利等方面的一系列法规、条例、办法等政策集成体系与有效实施的运行机制。风险管理补偿政策作为一种社会再分配方式，可以有效缓解项目实施过程中人和物的影响因素对项目的制约，也为因项目而受影响的人提供社会安全保障支持，有效化解项目全过程、各阶段可能发生的一些社会矛盾，为项目建设和使用创造稳定的社会环境。如在项目建设前期准备阶段，国家或地方政府项目征地拆迁相关政策的完善及惠民程度，不仅关系到征地拆迁工作的顺利开展，也维护着各相关社会要素的利益。相关政策的不完善，或各社会要素利益得不到合规合理的保障，项目前期工作无法顺利开展，项目后续系列工作的开展受到影响，社会也会出现不稳定状况。

2. 政策落实机制

项目风险管理政策落实机制是指项目实施者贯彻国家及地方有关政策，将补偿政策转化为实际效果，从而保障既定政策目标实现的活动过程。补偿政策的执行是一种动态的过程，政策执行的过程主要包括政策解读、实施、协调与监控等环节。[①] 政策解读是指项目实施者在采取政策涉及的相关活动前，对政策内容进行系统化、多层面剖析了解；政策实施是指项目实施者将政策内容运用到项目管理工作中；政策协调是指针对同一项工作，同时存在多个相关政策指导，要做到统筹兼顾；政策监控是指监督和控制政策实施过程，保证其规范性、严肃性和纪律性，保证正确的政策能得到贯彻实施，实现政策目标。政策执行各部门、各环节要分工明确、各司其职、统筹兼顾、加强协调，对于违法乱纪的工作人员要严肃处理。

（六）风险管理后评估机制分析

在项目风险管理后评估机制中，以总结经验、评估项目已完结相关工作状况为主；考核与反馈机制以考核相关人员能力、项目相关指标和反馈后评估信息为主。明确风险管理后评估机制在建设项目全过程各阶段的评

---

① 陈振明：《政策科学——公共政策分析导论》，中国人民大学出版社 2003 年版。

估工作，是发挥项目风险管理后评估机制效力的有力保障。

项目风险管理后评估机制评估建设项目从立项决策、设计实施到投入使用等全过程风险管理的实际情况，分析项目实施前风险预测和风险预案的准确性和合理性，找出产生风险和发生风险事故的原因，评估风险预测结果的正确性，提出科学、必要的风险防范措施，总结、反馈评估信息，提高决策，改进建设项目风险管理。

1. 项目建设前期风险管理后评估

项目风险管理后评估工作中对项目建设前期工作的评估，主要根据项目在建设和使用阶段风险管理的实际情况，分析评估项目前期的风险相关管控决策工作，主要内容有：一是分析评估项目风险管理决策依据是否可靠，分析评估的内容、深度、范围和重点等是否符合相关规定及其科学合理性；二是分析由于项目的建设与使用对项目本身、环境、生态、经济、安全和社会等的实际影响与预测影响的偏差原因；三是分析评估项目风险防范预案和措施，评估风险防范预案和措施是否符合国家可持续发展战略和风险防范法规与政策，是否有利于项目风险的管理，以及评估风险防范措施的合理性、可行性以及与项目整体管理方案的协调性等。

2. 项目建设期风险管理后评估

项目风险管理后评估工作中对项目建设阶段的评估，主要内容有：一是分析评估根据项目的决策而进行的项目风险管理设计，包括各种风险防范措施，以及建设过程的风险防范活动等；二是分析评估在整个建设过程中，项目产生的风险和发生的风险事故对项目本身及项目外部影响区域的实际影响，包括工程、环境、生态、经济、安全和社会等方面的影响，以及所采取的减缓措施和有效性、合理性等；三是分析评估建设的实际情况和影响与预测状况和影响的差距与原因，提出改进措施。

3. 项目使用期风险管理后评估

项目风险管理后评估工作中对项目使用阶段的评估，主要内容有：一是根据项目正式投入使用后，项目外部环境的实际影响，分析评估项目风险管理的实际情况，包括风险管控的范围、程度和采取的手段方法等，得出项目风险管理的实际情况评估结论；二是分析评估项目的防范措施和手段的实施状况，包括项目使用阶段的项目风险管理体系的建立和运行保障情况，各种风险管控政策的贯彻落实，以及风险防范规章制度的建立和落实情况等;三是分析评估项目投入使用后的实际情况和影响与预测状况和影响的差距与原因,提出改进措施。

(七) 风险管理监督保障机制分析

项目风险管理监督保障机制的功能主要体现在以下五个方面:一是监督保障在建设项目全过程中开展的风险管理工作是按照法规政策与科学合理的程序进行的;二是监督保障在建设项目全过程中开展的风险管理工作是按照民主的要求,以交流协商的方式进行的;三是监督保障在建设项目全过程中开展的风险管理工作是能够以动态检查的方式实现风险管理目标的;四是监督保障在建设项目全过程中参与人员的行为,能以约束、干预、考核、追究等手段实现项目各项工作科学、合理地开展的;五是监督保障在建设项目全过程中开展的风险管理工作是按照责权分明的原则,以公开、透明的方式进行的。

为实现建设项目风险管理监督目标,保障风险管理工作水平,约束与干预机制和考核与追究机制相辅相成,协同工作。风险管理约束与干预机制和考核与追究机制是建立在法律法规、操作规范、组织管理以及责任制度的保障基础上,它从法律和规则上界定了风险管理的各个环节及有关人员的行为,确保风险管理方法、手段、措施的正确性和安全性。针对建设项目风险管理分析,约束与干预机制的作用是从策略上引导,考核与追究机制的作用是从行动上制约,实现项目内部科学、有效的风险管控。

1. 约束与干预机制

项目风险管理约束与干预机制是指为保障建设项目风险管理期望目标的顺利实现,政府和企业就项目全过程各阶段工作情况进行实时监督,对违反风险管理要求的行为进行约束与干预的运行机制。在建设项目全程风险管理工作实施过程中,需要在政府和企业的监督下,各级风险管理机构、组织及项目风险管理人员,运用国家、地方和企业授予的权限开展风险管理工作。政府监督为建设项目全程风险管理提供法规、政策等方面的保障;企业监督为建设项目全程风险管理提供组织、资源管理等方面的保障。政府和企业的监督对项目全程风险管理起到约束指引作用,并通过这种约束指引作用来实现规范项目全程风险管理的约束、规范与监督功能,对建设项目风险管理工作开展过程中的违规行为实施有效干预,使项目风险管理工作更具规范性、严肃性、完整性和系统性。

2. 考核与追究机制

项目风险管理考核与追究机制是指根据建设项目风险管理目标要求，政府和企业就项目全过程风险管理的各项工作开展与完成情况进行实时考核，就项目产生风险和发生风险事故的原因进行追究问责的运行机制。在建设项目全程风险管理工作实施过程中，应重视并发挥法律法规和组织管理保障的监督考核功能，明确项目各参与人员职责，建立责任追究制度体系，通过监督、考核项目参与人员实施的与项目相关行为活动开展与完成情况，实施责任落实制度，保障各方权益的实现，从而激励各方积极主动的参与风险管控工作。各责任方认真开展其负责的项目工作，履行工作实施职责，以保障全程风险管理决策的贯彻执行，及一系列风险管理保障工作的顺序、系统开展，顺利完成风险管理监督目标，使监督保障机制有效运行。

三 基于多木桶模型的项目风险管理机制关系分析

（一）项目风险管理机制关系分析[①]

建设项目风险管理目标与其各机制间的关系可按照木桶原理进行分析。根据多木桶模型可知，在建设项目风险管理机制体系中，多木桶模型被解释为项目风险管理机制体系的集成管理水平取决于单个运行效率最差的风险管理机制，而单个风险管理机制的运行效率取决单个风险管理机制内部构成中效率最差的部分。

建设项目风险管理机制体系必须保证各风险管理机制结构关系的均衡性和合理性。[②] 建设项目 7 个风险管理机制不是孤立存在，而是具有相关关系的结构体系，某一管理机制的变化会引起其他管理机制的变化。同时 7 个风险管理机制的运行要求各有侧重，在项目风险管理机制体系中各具特点和针对性。

建设项目 7 个风险管理机制考虑了对建设项目全过程各阶段风险防范、管控与规避的综合要求，根据构建的建设项目风险管理机制三维空间

[①] 董小林、赵佳红、赵丽娟、吴阳：《基于多木桶模型的建设项目风险管理目标体系构建及应用》，《建筑科学与工程学报》2017 年第 1 期，第 121—126 页。

[②] 曹小琳、韩冰：《工程项目管理目标系统的建立与控制》，《重庆大学学报》（自然科学版）2002 年第 7 期，第 107—110 页。

体系及各风险管理机制内部要素构成,建设项目风险管理机制体系的"桶中桶"模型如图9-3所示。

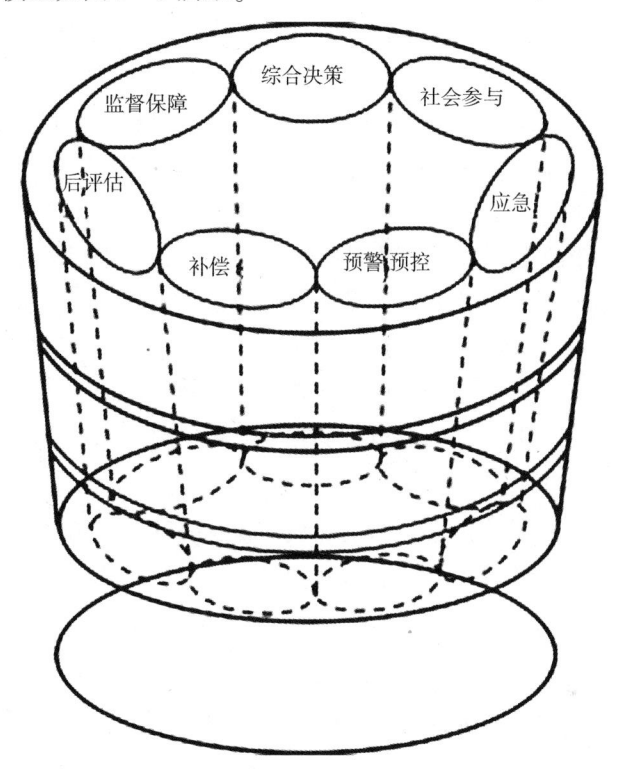

图9-3 建设项目风险管理机制体系的"桶中桶"模型

项目风险管理综合决策机制、项目风险管理社会参与机制、项目风险管理预警预控机制、项目风险管理应急机制、项目风险管理补偿机制、项目风险管理后评估机制及项目风险管理监督保障机制都有自己的内部指标,分别构成了7个风险管理机制小桶。7个风险管理机制小桶与风险管理机制体系大桶构成了建设项目风险管理机制体系的"桶中桶"多木桶模型,7个风险管理机制小桶也成为建设项目风险管理机制体系大桶的桶片。7个风险管理机制任一管理工作实施存在问题或缺失,都可能波及甚至影响到其他风险管理机制工作的顺利运行,从而使建设项目的正常建设和使用受到影响。7个风险管理机制在风险管理"桶中桶"模型中的重要性相同,强调某一个风险管理机制都是片面的。

建设项目7个风险管理机制相互联系、相互影响,在建设项目风险管理中共同发挥作用。所以在建设项目风险管理机制体系中确定各单一风险管理机制的概念和内部构成时，除落实各单一风险管理机制的要求外，还要高度重视各个风险管理机制间的重要关联性及其相互之间产生的作用。

（二）项目风险管理机制体系多木桶保障措施[①]

桶底、桶片和桶箍都是多木桶模型的重要组成部分，对保障各小木桶和大桶的整体稳定性具有非常重要的作用。多木桶模型运转是否顺利，需稳固的桶底、密合的桶间距以及紧固的桶箍作保障。

桶底的稳固保障作用体现在建设项目参与的各个方面的综合能力，体现在是否能保证项目具有足够的防范风险、抵御风险能力；桶间的密合保障作用体现在建设项目7个风险管理机制间无缝紧扣、相互作用、密切联系，体现在7个风险管理机制的协同管理和控制；桶箍的紧固保障作用体现在建设项目管理和项目风险管理的相关法规、规范标准、技术规程和工作程序等要求的遵守。

构建更具科学、合理、可行的建设项目风险管理机制体系，以相应的法规、制度、政策为保障，实施行政、技术、经济和监督保障等措施，实现建设项目风险管理机制体系的"桶中桶"多木桶模型的良好运转。

第四节 建设项目风险管理机制体系运行与保障集成管理

建设项目全过程风险管理是一个系统工程，项目风险管理机制体系的有效运行是该系统工程一个重要保障。项目风险管理机制体系的运行状况对实现项目风险管理目标具有重要影响，这就要求采用集成化管理手段保障项目风险管理机制体系实现系统动态管理与顺利运行的效果。建设项目风险管理机制体系运行保障措施作为重要的支撑与约束条件，对促进建设项目风险管理工作的有效开展，以及建设项目社会稳定风险评估工作的规范进行起到重要的作用。

一 项目风险管理机制体系集成化管理

建设项目项目风险管理机制体系集成化管理，要以系统思想和集成理

---

① 董小林、赵佳红、赵丽娟、吴阳：《基于多木桶模型的建设项目风险管理目标体系构建及应用》，《建筑科学与工程学报》2017年第1期，第121—126页。

念为指导，保证项目风险管理机制体系的内部联系和与外部的协调，提高项目风险管理系统的全面性和整体性，以达到项目风险集成化管理目标提高项目风险管理效益。

建设项目集成化风险管理的核心在于以建设项目全过程各阶段为对象，对建设项目管理进行系统优化，建立集成化的项目风险管理系统，保证建设项目各种管理在项目全过程中的风险管理组织、目标、手段、机制等的融合性、协调性、连续性、整体性。这种集成化风险管理模式还要求项目组织者对项目全过程各阶段进行综合的整体优化控制，以强化项目风险管理，保证项目管理的最优化水平。

加强整个项目风险管理机制体系的集成化管理，需要加强机制体系构成要素的分析。风险管理综合决策机制是项目全过程各种风险管理的顶层设计与协调控制，并强化项目各方的风险管控主体责任与作用，在项目风险管理工作中发挥着关键作用；风险管理社会参与机制推动和支持社会要素全方位参与项目全过程风险管理工作，社会参与是项目决策、建设和运营科学化、民主化的要求，是项目可持续实施的重要基础；风险管理预警预控机制为提高项目风险预警信息的准确性和时效性，以及相关人员更及时、更有效地管控风险反应能力，项目风险管理的顺利进行高效处理项目风险创造充分条件；风险管理应急机制规范风险事故应急处置工作，有效的应急预案可避免或减小风险造成的损失，为及时高效处理项目风险提供重要支撑；风险管理补偿机制遵循相关法规，因地制宜选择补偿模式，及时对利益受损方作出风险损失补偿，为建设项目风险管理顺利开展提供必要保障；风险管理后评估机制总结评估项目风险管理工作的绩效和存在的问题，分析评价项目风险管理成败原因，从而进一步提出改进措施，这是提高项目风险管理水平的重要要求；风险管理监督保障机制明确风险管理工作中相关各方责任，监督项目有关方履行风险管理职责，为项目风险管理工作的有序开展提供有力约束。

项目风险管理机制的全面性和整体性，风险管理机制体系内部联系的相关度及与外部联系的关联度，是项目风险管理机制体系实施集成化管理的条件，是项目达到最佳风险管理综合水平的保障。项目风险管理机制集成化系统分析如图9-4所示。在项目风险管理机制体系中，7个风险管理机制及其子机制之间存在着辩证统一的关系，它们既有自身的独立性，又有彼此间的相关性，某一机制和子机制结构功能的变化会引起其他机制和子机制结构功能的变化。机制与子机制在相互联系、相互制约的系统中协作运行。任何风险管理机制出现问题，都会直接或间接影响其他机制的正常运行，影响管理机制职能的正常发挥，进而影响风险管理机制体系的整体集成最优化运行，造成项目风险管理实际目标与预期目标的偏差。

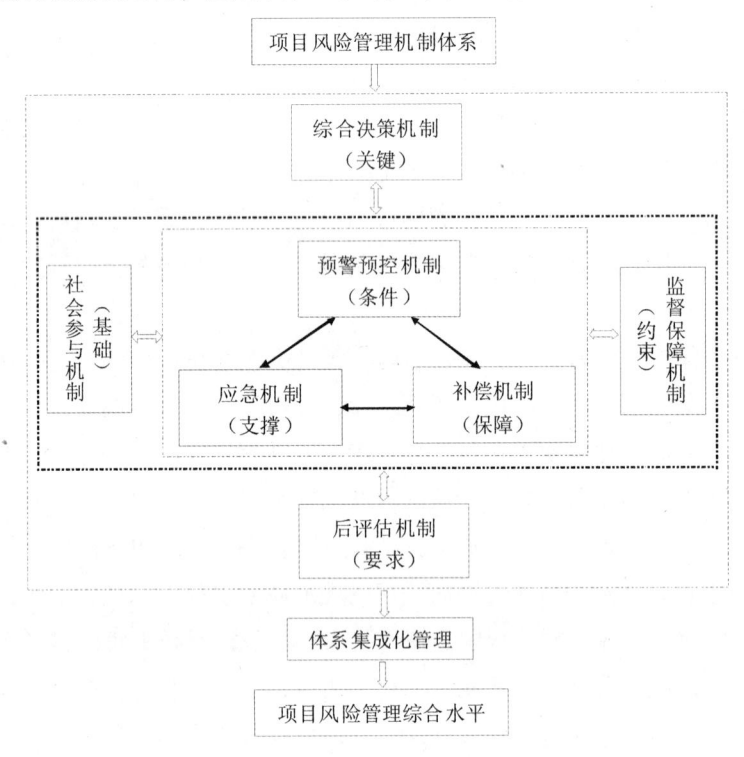

图 9-4 项目风险管理机制集成化系统

二 项目风险管理机制体系运行

（一）项目风险管理机制体系运行系统

建设项目风险管理机制体系的正常运行是保障项目风险管理职能发挥的关键，也是风险管理机制体系构建的目的。项目风险管理机制体系的结构决定了体系的运行方式和运行能力。要实现体系的有效运行，必须保证体系中每一个工作环节的到位。从风险管理计划制定的开展，到风险管理组织工作的推进，需要科学确定风险管理目标，合理选择风险管理手段，同时分别对项目 7 个风险管理机制的基础工作和实施工作进行认真分析，建立和完善各风险管理机制，科学制定、实施风险管理机制运行方案。在此基础上制定风险管理机制体系运行方案，系统地整体构建项目风险管理机制体系并有效运行，实现项目风险管理目标。7个风险管理机制在建设项目全过程各阶段中均具有特殊性和不可替代性，其自身的完善程度直接决定风险管理机制运行方案和风险管理机制体系运行方案的制定与实施，风险管理机制体系运行方案的科学、合理和正确性直接关系到建设项目风险管理机制体系运行系统能否成功运行，及风险管理目标的顺利实现。项目风险管理机制体系具体运行系统见图9-5。

建设项目风险管理机制体系运行系统的构建是以确定建设项目风险管理内容为基础，以各风险管理机制相关工作分析为条件，以各管理机制间的协调运作、统筹管理为约束，实现项目风险的集成化管理。

(二) 项目风险管理机制体系动态运行

动态管理是相对于静态管理而言的，静态管理强调保持、稳定，动态管理强调改革、创新、变化，两者在管理中都发挥着重要作用。项目风险管理要求静态管理与动态管理的有机结合、协调实施。项目风险的动态管理是科学管理的要求，是建设项目全过程管理的要求。项目风险动态管理的实现要求项目各风险管理机制及风险管理机制体系的动态运行。在项目风险管理的过程中，由于项目内外环境与条件的变化，要求与目标的调整，需要适时的对包括风险管理在内的项目管理计划进行修改、补充、完善，形成适应于新要求、新条件的管理模式。项目风险管理的动态运行也反应在风险管理机制要快速适应不断变化的各种环境和条件，及时调整风险管理机制体系的结构，明确动态运行的重点。

实施项目风险管理机制体系的动态运行，需要同时实现项目风险管理目标的动态把控、项目风险管理方法的动态优化、参与人员行为的动态监控、项目风险信息的动态获取及项目管理资源的动态调配。

1. 项目风险管理目标的动态把控

项目风险管理目标的动态控制贯穿于建设项目全过程的始终，风险管理目标要符合项目全过程各种因素的变化及各项工作的调整要求。建设项目全过程风险管理的实施过程是一个动态的过程，在这一过程中，必须随着项目各种内外部环境条件的变化，对预定的项目风险管理目标进行必要的调整更新，并按照更新后的项目风险管理目标进行动态控制。项目管理

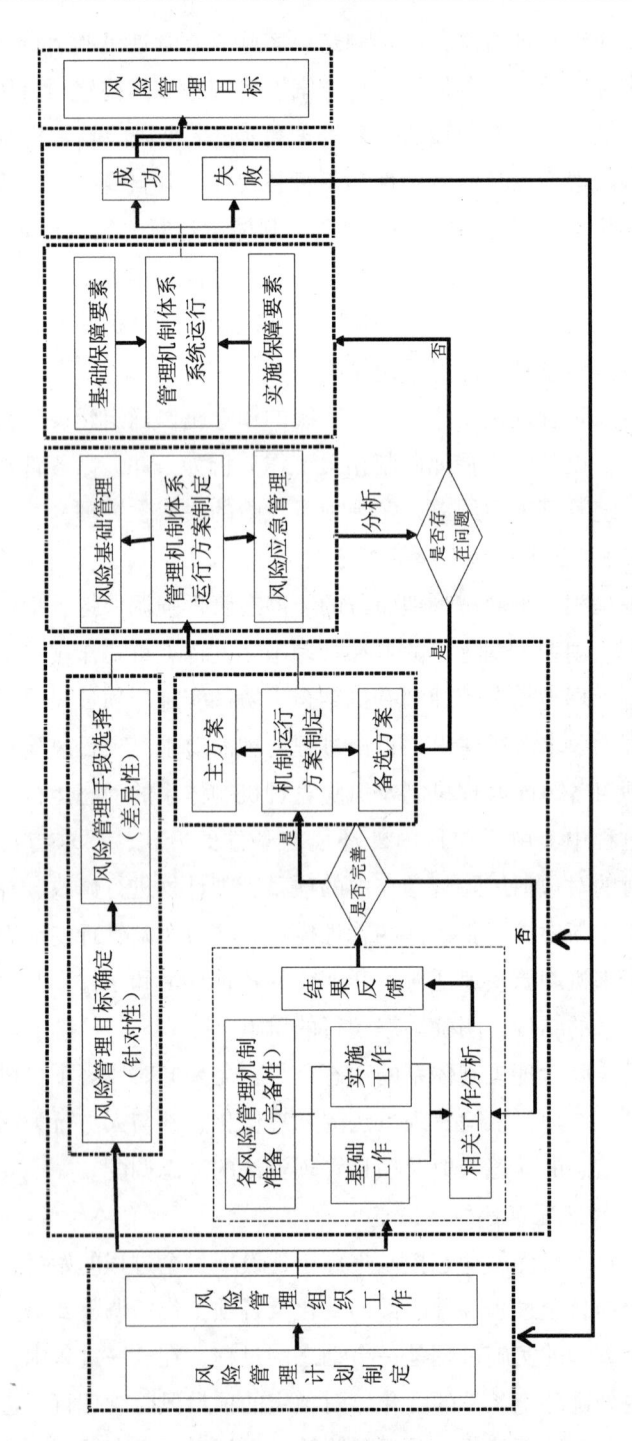

图 9-5 建设项目风险管理机制体系运行系统

的集成组织对所实施建设项目风险管理的目标科学客观地调整负有总体把控职责，使整个风险管理机制体系系统按照有效的风险管理目标开展项目的整体计划、组织和实施工作。在建设项目风险管理过程中对风险管理目标进行动态跟踪和控制，根据实际情况适时对管理目标进行调整，保证目标的顺利完成是开展项目风险管理的基本要求，也是实现项目风险管理机制体系动态运行的首要要求。

2. 项目风险管理方法的动态优化

项目风险管理方法是实现项目风险管理目标的途径、方式和手段。项目风险管理机制体系系统是以实现风险管理目标为最终任务的，这就要求运用科学、有效的项目风险管理方法保证项目风险管理机制体系系统的顺利运行。风险的不确定性说明了风险具有动态变化的特征，也说明了项目风险管理是一个持续不断变化的过程，适时调整和优化项目风险管理方法是应对项目风险管理这一动态变化过程的要求，是项目科学化管理的要求。在项目风险管理过程中，根据项目风险管理目标和风险管理工作实际需要，灵活地选择项目风险管理方法，综合地、系统地、动态地运用管理方法，不断地促进风险管理方法在风险动态管理中的优化与完善，是管理方法更加科学有效地应用的根本保证，是实现项目风险管理的基础条件，为项目风险管理机制体系系统运行提供支持和动力。

3. 项目参与人员行为的动态监控

建设项目全过程各阶段的各项工作都涉及参与项目建设与使用的各类人员工作行为质量的影响，所以人是整个建设项目全过程中最大的动态因素，整个项目风险管理机制体系系统正是通过参与人员的系列行为开展各项工作。人的因素直接影响项目风险管理质量水平及风险管理机制体系系统的运行状况。项目参与人员是保证风险管理机制体系正常有效实施的核心要素。按照项目管理和风险管理的要求，及项目风险管理总体目标和具体目标分解的各项工作、任务和要求，对项目参与人员行为的动态监控，强化对参与人员行为的管理约束，保障项目参与人员行为的严格规范及项目质量的安全可靠，发挥好人在建设项目风险管理机制体系运行系统中的核心要素作用。

4. 项目风险信息的动态获取

信息与信息工作系统应贯穿项目风险管理的全过程，并渗透风险管理机制体系运行系统的每一个环节。在项目管理全过程各阶段各项工作上所运用的管理手段、方法，及运行的管理机制都是建立在及时获取项目活动实际的、可靠的、完整的信息并及时进行信息交流与信息使用的基础之上的。及时准确的信息是项目风险管理机制体系正常运行的基础依据，信息的动态采集与使用，信息的动态联系和作用，保证了整个项目风险管理机制体系系统在环境变化中保持其动态的稳定和整体的秩序。加强风险信息搜集交流与项目全过程风险管理的动态联系，利用最新信息不断弥补项目风险管理的不确定性。及时有效充分地利用变化中的信息，是提高项目风险管理的基本要求，也是实现项目风险管理机制体系动态运行的基础保障。

5. 项目管理资源的动态调配

资源是项目风险管理机制体系运行的组织、物质与技术等的基础保障，整个项目风险管理机制体系系统正是通过资源的合理配备与使用才发挥着重要保障作用。项目风险管理的动态性特征，使风险管理资源调配活动相应呈现动态性要求。项目全过程各阶段面临不同的风险管理任务，项目管理资源调配方案和措施也应根据实际情况进行动态调整与调配。项目全过程中不确定风险因素的动态变化也要求建立风险管理资源动态调配机制。按照风险管理动态优化目标分析风险管理所需各种资源调配，调整部分风险资源的配给，以要求项目各个参与主体树立动态风险管理的思想，主动快速有效地平衡项目各参与主体的资源协调调配，平衡整个项目风险管理机制体系运行系统全局的和具体风险管理工作和任务所需的各种资源。项目管理资源的动态调配是项目风险集成管理的要求，也是实现项目风险管理机制体系动态运行的保证。

项目风险管理机制体系中，7个风险管理机制本身就要求动态运行。7个风险管理机制之间存在的关联性，也要求项目风险管理机制体系的组成部分在相互联系、相互制约的系统中动态协调运行。动态协调运行使项目风险管理机制体系的整体集成最优化运行，保证项目风险管理机制体系的有效性和达标性。

三 项目风险管理机制体系保障

（一）加强项目风险管理组织保障

加强项目风险管理的组织领导，是将项目风险管理各项工作落到实处、取得实效的关键和保证。政府和项目各相关方要根据各自在项目风险管理中的职责和工作要求建立必要的风险管理组织机构，加强项目风险管理的统一领导和工作指导，落实风险管理目标。加强项目风险管理的组织领导要加强领导力量，项目相关方的风险管理职责应指定专任领导、负责人承担。项目风险管理的组织机构和领导力量有利于项目风险管理各项工作的制度化、规范化和责任化。项目风险管理的组织保障是风险管理机制体系建立和实施的基础，也发挥着综合组织、协调开展项目风险管控工作，建立项目风险管理各责任相关方相互联系，保证风险信息的有效沟通，部署风险管控工作内容，落实项目风险管控责任的重要作用。

（二）完善项目风险管理相关法规

完善建设项目风险管理的相关法规是项目风险管理顶层设计的依据，也是开展风险管理各项工作的依据。建设项目风险管理涉及多层面多领域，相关法规的完善要与领域的相关法规、政策保持一致性，同时要体现国家关于建设项目风险管理的要求，以规范和引导建设项目风险管理工作及项目其他管理工作。加快项目风险管理相关立法的建设步伐，制定建设项目风险管理相关法规，解决现有建设项目法规体系在项目风险管理方面存在的欠缺、针对性弱等问题。全面推进建设项目管理的依法治理工作，进一步深化我国项目管理的质量提升工作。依法依规加大对建设项目负责人的风险管理责任的监督与追究，加强对项目风险管理工作实施的监督管理。建设项目风险管理依法依规正常运行，从制度上保障建设项目的安全稳定，保障项目所在区域社会稳定。

（三）强化项目风险管理队伍建设

加强项目风险管理的基础之一是项目风险管理队伍的建设，风险管理队伍建设是整个项目风险管理工作的保证。加强项目风险管理队伍建设，建立项目风险管理人才培养和使用体系，培养一支管理强、专业化的复合型风险管理人才队伍，是建设项目风险管理的要求。优化风险管理队伍，科学设置岗位，合理配备人员，岗位，做到优势互补。按照建设项目风险管理目标要求和项目风险管理工作需要，设立风险管理专业人才库、建立风险管理人员及各类人员评价考核机制与奖惩激励机制，这是加强建设项目风险管理的重要保障。

（四）加强项目风险管理机制体系集成管理

建设项目风险管理机制的建立不但应与项目风险管理目标协同，与管理职能协同，而且应突出风险管理机制和风险管理效果并重的一体化风险集成管理思想与管理模式。建立与项目风险管理配套的各种机制，并协调各机制间的相互作用，以完善风险管理机制体系，发挥风险管理机制体系的机能作用。建设项目风险管理活动的开展是否顺利，管理目标最终的实现程度，取决于由各管理机制的内在系统性及机制间的关联性、协调性，取决于各种管理机制构成的管理机制体系的集成化管理水平。

（五）优化项目风险管理资源配置

项目风险管理资源是项目风险管理所需各种资源的集合体，涉及人力、物力及财力等资源的分配与利用。其中，物力及财力等资源配置是项目风险管理各项工作的基本物质条件，是项目管理的要求，也是实现项目风险管理整体目标的重要保障。项目管理资源是有限的，项目风险管理水平的高低，其中一个重要因素就是项目管理资源配置是否优化。项目风险管理所需资源是否合适，能否在风险管控过程中发挥其现有资源地利用效率，使有限的资源得到最大化地利用。加强项目风险管理资源配置需要加强风险管理经济保障，经济保障对项目风险管理有很强的直接保障作用，可以有效地保证风险管控工作的开展。为了确保风险管理工作的顺利进行，经济保障是项目风险管理资源配置和开展项目全程风险管理工作的基础。

（六）建立项目风险管理信息系统

风险管理信息系统为风险管理决策与服务提供数据收集、处理、控制及其他辅助决策功能，是风险管理的基本应用技术与工具。建立项目全程风险管理信息系统，分析建设项目全过程的风险信息是风险因素识别、风险分析评估、风险防范管控和化解各类因项目风险所产生问题与矛盾的重要手段和工具。按照项目风险管理科学化要求，为项目风险管理布设风险信息网，建立一个依托大数据的广域网风险信息收集、应用系统，确保项目全过程各阶段涉及的风险信息纳入风险管理范畴，通过对相关风险信息的集中和共享，实现项目全过程风险管理。建立先进的风险管理信息系统，为建设项目开展全程风险管理提供了科学高效的管理技术平台，使项目全过程各个阶段的风险管理信息成为动态的、系统的信息链，为提高项目风险管理的效率和水平提供技术支持。有效运行风险管理信息系统，有利于提高项目风险管理的科学化水平，有利于提高项目风险管理信息系统职能的效率，有利于项目各期各阶段决策民主化的实现。

第十章　建设项目风险管理手段体系

建设项目风险管理手段体系是建设项目风险管理的基础之一。风险管理手段体系的建立对加强建设项目全过程各种风险的管理，不断完善风险管理机制，有效防范建设项目风险，管控风险事故的发生具有重要作用。建设项目风险管理手段体系中的多种管理手段在项目风险管理中的作用有所不同，但又相互密切关联。要做好建设项目风险管理工作，就要在项目全过程管理中有针对性地、有侧重点地综合运用各种风险管理手段，发挥好各种风险管理手段，同时要组合运用好不同的风险管理手段，实现项目风险管理的目标。

第一节　建设项目风险管理手段分析

建设项目风险管理手段是指为实现风险管理目标，风险管理主体针对客体所采取的必要的、有效的管理措施。风险管理手段有多种，共同作用于建设项目各期各阶段的风险管理中。不同的风险管理手段有不同的特点与实施方式。在具体项目的风险管理工作中，要根据项目的实际情况，分析、选择及组合运用有效、实用的风险管理手段。

一　管理手段与风险管理手段

管理手段是指管理主体在其职能、职责及管理范围内，为适应各种各样、复杂多变的管理需要，实现管理目标，基于相关的法规，借助使管理发挥各种积极作用的举措与工具，使管理工作得以顺利开展，以实现管理目标，取得良好的绩效的管理措施。管理手段是管理措施方法的具体体现形式，是在管理的全过程中运用的各种制度化、程序化、规范化措施方法。

风险管理手段是指风险管理主体针对可能存在的风险因素、可能产生的风险事故等所采取各种防范、管控的措施和方法。风险管理手段的科学设置与应用可以规避、减少或消除风险因素产生和风险事故发生的各种可能性，减轻风险事故发生造成的损失。各种风险因素存在于建设项目各个阶段，建设项目管理者需采取各种风险管理手段减小项目风险产生和发生的可能性，并将风险事故发生后产生的损失控制在最小范围内。

二 建设项目风险管理手段及其有效性分析

建设项目风险管理手段以其多样化、针对性、有效性的要求与特点作用于项目全过程各阶段的风险管理中。建设项目管理者通过采用各种风险管理手段管理控制、协调引导项目各个参与方，在自上而下的规划过程和自下而上的项目建设和使用过程中，使建设项目风险管理做到全员化管理、全过程管理、全要素管理。风险管理手段一般有7种，即风险管理法律手段、风险管理行政手段、风险管理经济手段、风险管理技术手段、风险管理激励手段、风险管理教育手段、风险管理参与手段。这7种风险管理手段共同作用于项目的风险控制与社会稳定风险的防范中。

(一) 风险管理法律手段及有效性分析

风险管理法律手段是指通过立法、执法对建设项目各阶段风险管理工作，及项目各参与方自身的行为进行的规范、约束和监督。法律手段不只是涉及关于建设项目风险管理的各项法律，还包括对建设项目各阶段风险管理的规定和办法等。法律手段的使用要求各级政府以及建设项目相关方切实遵循。

法律手段的特点在于它的权威性、强制性。法律手段可以为建设项目决策、建设与运行等各阶段工作提供法律依据，为建设项目风险管理提供指导，对建设项目相关方的行为进行法定的约束。法律手段规范建设项目全过程中的各项工作，从源头上、在过程中对建设项目风险的发生加以防范和控制，使建设项目风险管理有法可依、依法行事，从而减少导致建设项目出现不稳定的风险因素，降低风险发生的可能性。

在风险管理具体工作中，单独运用法律手段存在一定的滞后性。这种滞后性表现在：法律手段运用于风险问题的解决必须遵循一定程序，需要经历一个法定的过程，可能造成风险问题的延迟处理与解决的不及时；同时风险管理要求相关法律、法规不断地进行修改、补充，所以在对风险管理法规进行完善的过程中，在实际工作中就会存在依法管理的局限性问题。

(二) 风险管理行政手段及有效性分析

风险管理行政手段是指国家和地方政府，根据国家法规赋予的权利，以命令、指示、规定等形式直接作用于建设项目风险管理对象，对风险管理工作实施行政决策和管理的一种手段，也包括行业、企业等相关单位对风险管理工作采取的履行管理职能的一些方式方法。行政手段通常包括制定和实施建设项目管理、风险管理的规定、条例和标准等，以及颁布和施行的风险管理政策、规范、规程等。

行政手段的特点是规范性、强制性。科学的行政手段对建设项目各项工作提供了具体的指导和要求，为建设项目风险管理提供了既切实可行又严格要求的具体规范，让风险管理工作有具体的开展思路和方式，让项目参与方清楚地知道该如何开展风险管理工作，同时也明确了风险管理的职责要求与奖惩措施等，使建设项目风险管理工作更为具体细致。

行政手段中各项措施的制定与实施受主观因素影响较大，管理部门和个人有时会在风险管理工作中表现出一定程度的随意性、主观性，一些管理规定和管理标准等参差不齐，管理要求可能会随人的变动而变化，实际管理效果和预期目标可能会有所偏差。这些问题在项目风险管理中出现，本身就是一种风险因素。

(三) 风险管理经济手段及有效性分析

风险管理经济手段是指包括政府在内的项目相关单位在风险管理工作中，运用多种经济方法和经济手段对风险管理工作进行投入、调节、管控等措施。风险管理经济手段具体表现为采取一定手段保障投资，完善投资模式，拓宽融资渠道，减少融资投资过程中的风险；为风险管理直接和间接工作所需的材料、设备、人员等投入所需资金；对项目风险涉及的社会利益结构、利益冲突和利益均衡等方面投入资金以及相关经济政策等方式。用经济手段保障和推进项目风险管理，是风险管理工作的基础手段与必要条件。经济手段的对象是整个建设项目领域的相关单位和人员、项目全过程各阶段工作，以及项目分析所涉及区域的相关工作等。

经济手段的特点是直接和有效。经济手段直接作用于建设项目风险管理工作，是风险管理的物质基础，也是其他风险管理手段应用的基础，如提供必要的、急需的先进设备可以有效防范风险事故；投入工程保险使可能发生的风险进行转移，减少建设项目相关方的损失；依据相关政策对受风险影响的群众进行补偿补贴等。项目风险管理经济手段能否充分有效地发挥效果对于建设项目风险管理工作的有效开展具有重要的作用。①

但是，建设项目风险问题可能表现在方方面面，经济手段既作用于项目宏观管理方面，也作用于项目微观管理方面，所以经济手段在项目风险管理中难以周全，而且经济手段与其他风险管理手段关联密切，因此实施经济手段要考虑的变动因素很多。

（四）风险管理技术手段及有效性分析

风险管理技术手段是指项目管理者为实现风险管理目标所采取的科学技术与方法，如风险识别、风险评估、风险控制及风险事故处理等技术方法，也包括用于风险管理的设备、管理方法等。有效运用各种技术手段，不断改进、更新、加强风险管理技术手段是进行建设项目风险管理的保证。

技术手段的特点是科学性和高效性。技术手段是风险识别、分析、评估、管理的工具。科学的风险防范技术手段的运用，全面有效的风险管理方法可以提高建设项目风险管理工作的效率和水平；不断更新设备，提高劳动力水平可以减少安全隐患，降低风险事故发生频率，保证项目风险管理目标的实现。

技术手段的不足是依赖性，技术手段很大程度依赖于经济手段的支持，先进的科学技术、设备更新维护及高水平劳动力均需大量资金的投入。在风险意识不足的情况下，在资金本就紧张的条件下，项目管理工作中进行充分的资金调动用于支持风险管理技术手段，存在一定的难度。

（五）风险管理激励手段及有效性分析

风险管理激励手段是指把风险管理过程与风险管理效果、与精神激励、与经济激励等联系起来，保障风险管理工作顺利实施而采取的一系列

---

① 董小林、林霄、马瑾、吴颖超：《环境管理经济手段有效性分析》，《环境科学导刊》2012年第2期，第16—19页。

措施。激励手段主要分为奖惩两个方面，对风险管理工作优秀的单位和个人进行奖励，对风险事故频发的单位及责任人进行问责追责及处理。激励手段不只是经济物质层面的奖惩，还包括精神层面、组织层面上的奖惩。

激励手段的特点是直观性、有效性。激励手段有利于激发项目参与方及相关工作人员对风险管理工作的积极性，促使其更好地开展风险管理工作，提高风险管理工作的质量与效率，同时也有利于风险管理工作的标准化管理。

激励手段的有效实施依赖具备一些条件，如管理的透明度，管理标准划分、绩效考核的科学合理等。如管理标准划分过低会降低风险管理工作质量，过高容易引起相关单位与人员的不满情绪，不利于风险管理工作开展，所以激励手段的实施细则要科学制定。

（六）风险管理教育手段及有效性分析

风险管理教育手段是指运用各种形式开展建设项目风险知识和风险防范的宣传、教育措施。风险管理教育手段在增强建设项目有关单位和工作人员风险管理知识基础上，必然会提高其安全意识、风险意识和风险管理能力。建设项目风险管理教育的任务是实施全员风险管理教育，提高整个行业和企业单位的风险管理意识，提高项目相关方全体人员的风险防范意识，同时要培养风险管理方面的专业人才，不断提高项目风险防范和管控的技术能力、管理能力。

教育手段的特点是基础性、广泛性。教育手段传播范围广，影响深远长久。通过教育手段对建设项目参与方及工作人员进行风险教育，有利于提高整个项目参与者的风险意识，提高风险管理者的自主能动性，减少工作中的失误，提高管理水平和工作质量。一个良好的、注重教育的氛围，对建设项目取得良好的风险管理效果至关重要。

但是教育手段存在长期性和滞后性。教育手段实施的周期长，取得的教育效果需要积累。风险意识教育是一个长期的持续不断的过程，受教育人员风险知识的积累到风险意识的提高需要一定的过程，风险意识的提高到风险管理工作质量与水平的提高也需要一定的过程。

（七）风险管理参与手段及有效性分析

风险管理参与手段，也称为社会手段。建设项目风险既有项目本身的风险，也有对项目所在区域产生的社会风险。所以项目风险管理既要加强项目内部的管理，也要重视项目外部社会要素参与管理的作用。要充分利用好工程项目所在地的一切社会要素，包括政府部门、群众、传媒、团体组织等，为建设项目风险管理，以及项目社会稳定风险的防范、化解献计献策，发挥作用。

参与手段的特点是民主性、社会性，让项目所在区域的公众积极参与项目的风险管理工作，会减少项目实施过程中可能出现的一些风险问题。建设项目风险管理社会公众的参与，对提高项目风险管理效果，防范项目社会稳定风险发生具有重要的积极作用。

参与手段也有一定的限制性。运用参与手段的限制条件多，公众参与的深度和广度不易保证。如果没有良好的公众参与意识，参与项目风险管理工作的实施也就存在一定的困难。同时项目与项目所在区域群众因存在各种利益问题，沟通协调的难度大、工作量大，如果参与手段设计与实施的不好，会使风险管理的效果降低。

第二节 建设项目风险管理手段体系

建设项目风险管理是一个贯穿项目全程的动态管理过程，加强建设项目风险管理是一个系统工程，需要各方面工作的跟进。科学有效的建设项目风险管理方法手段是项目风险管理的要求，项目风险管理7个手段各有其有效性，但各自也存在一些局限性。因此，建立建设项目风险管理手段体系，综合应用多个手段对项目风险防范工作进行管理，对于建设项目风险管理工作具有重要意义。

一 建设项目风险管理手段体系框架

（一）建设项目风险管理手段体系

建设项目风险管理手段体系是指在项目风险管理中为实现风险防范与管控目标，将若干个风险管理手段，通过一定的方式整合在一个架构下运行的系统。建设项目风险管理手段体系为项目各相关方进行项目风险管理提供了指导和方法。建立和实施建设项目风险管理手段体系的目的和任务就是协调各种手段进行项目风险管理，促进建设项目与项目所在区域社会的协调发展，促进建设项目取得经济效益、环境效益和社会效益的统一。①

建设项目风险管理手段体系从完善项目管理制度体系、丰富风险管理控制方法和建立风险管理工作标准三方面进行构建。按照风险管理手段的功能和特点，协调项目风险管理工作，形成紧密结合、合理有序、综合应用的建设项目风险管理手段体系，见图10-1。

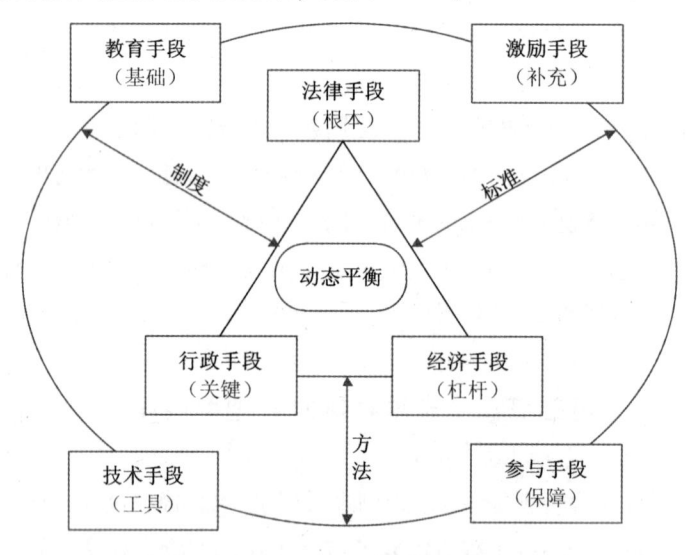

图10-1 建设项目风险管理手段体系

（二）风险管理手段体系中各种手段效用分析

建设项目风险管理手段体系中的每种风险管理手段都有其主要作用，而且各种手段是相互联系、相互补充的一个风险管理整体。

1. 法律手段是根本

法律手段本身的特点决定了其在建设项目风险管理手段体系中是最根本的管理手段。法律手段为其他手段提供依据，对其他手段进行规范，以保证风险管理的合法性和科学性。

2. 行政手段是关键

行政手段是建设项目相关单位根据自身具体管理需要及管理实施情况

---

① 董小林，孙建美，张宇：《环境管理手段体系研究》，《环境科学与管理》，2011年第3期，第1—6页。

等设立的具体规则要求，行政手段对法律手段进行了补充及细化，在风险管理具体工作实施中发挥着至关重要的作用，也为其他管理手段的实施创造了条件。

3. 经济手段是杠杆

必要的财力物力是开展项目风险管理的基础，特别是对重点风险管理对象的防范经济手段发挥着重要的杠杆作用。风险管理经济手段的任务在于合理确定和使用资金，保障项目实施的稳定性，推动项目的顺利运行，并为其他风险管理手段提供支持。

4. 技术手段是工具

技术手段为建设项目风险管理工作提供了科技支撑，通过风险管理方法、管理措施、管理设备等技术的更新换代，保障了建设项目风险管理工作的科学性和先进性，为其他风险管理手段提供了具体技术工具，使建设项目风险管理工作高效进行。

5. 激励手段是补充

激励手段是项目风险管理工作中的必要手段，通过物质和精神方面的奖惩，激励风险管理者和项目全体参与人员提高风险意识，掌握风险防控技术、保证风险管理工作的良好整体表现，同时对其他风险管理手段的有效使用起到促进作用。

6. 教育手段是基础

教育手段通过多种方式开展的综合知识教育，提高项目全体工作人员的风险管理知识，提升风险认识及防范意识，是风险管理的基础。教育手段也促进了其他手段的合理使用和管理质量的提高。

7. 参与手段是保障

建设项目风险管理需要所有项目参与人员及项目所在地周边群众的参与。参与手段是科学化、民主化管理的要求。公众参与项目风险管理能够提高社会的责任意识，提高每个人对项目风险管理的积极性，保障项目风险管理工作的落实，从而推动项目的顺利实施。

二 建设项目风险管理手段体系的层次分析

根据建设项目风险管理手段的作用不同，手段体系呈现出层次性，其中，法律手段、行政手段和经济手段从相对宏观的层面以及管理的实效性上对项目实施风险管理，这 3 个管理手段构成了项目风险管理手段体系的内层；技术手段、激励手段、教育手段、参与手段 4 个风险管理手段从相对微观的层面以及管理的要求上进行项目风险管理工作，是风险管理工作具体实施的基础，构成了建设项目风险管理手段体系的外层。体系的内层手段是实施项目风险管理的主体手段，是风险管理的核心工作；体系的外层手段是实施项目风险管理的具体手段，对体系内层作用的充分发挥起到了保障和支撑作用。体系内外层手段的共同作用，保证项目风险管理目标的实现。

（一）体系内层手段特点

1. 直接性

在项目风险管理手段体系的内层中，法律手段和行政手段是通过法律法规和行政命令直接对项目进行风险的防范与管控，经济手段是通过经济的保障与基础作用在项目风险管理中发挥直接作用。

2. 重要性

法律是维持社会稳定有序的准则，行政是社会体制运行的保证，经济是社会前进的动力，法律、行政、经济也是项目风险管理及社会稳定风险防范的主要因素。任何项目的运行都要以这三个方面为支撑，建设项目风险管理及社会稳定风险评估也体现出这 3 个管理手段对于加强建设项目风险管理工作的重要作用。

3. 高效性

项目风险管理内层手段的直接性和重要性决定了法律、行政和经济手段是项目风险管理工作的主要手段，其作用具有高效性。在项目风险管理工作中，这种高效性体现在权威、实效、及时，其具体指令的有效性在项目风险管理中也得到了充分地体现。

（二）体系外层手段特点

1. 基础性

项目风险管理体系外层手段的基础作用体现在：一是教育手段和参与手段对提高项目相关人员及项目周边群众风险意识，自主参与加强项目风险管理有基础性作用；二是技术手段和激励手段对提高项目风险管理水平和技术水平具有支撑作用。

2. 间接性

建设项目风险管理目标的实现需要通过风险管理体系的内层手段发挥主体作用,但体系外层手段对于项目风险管理内层手段作用发挥具有补充、完善的作用。对于具体的项目风险管理工作,风险管理体系外层手段的作用发挥有其间接性的特征,但外层手段对于实现项目风险管理目标的作用的重要性不可替代。

3. 渐进性

风险管理体系外层手段作用的有效发挥需要较长时间使项目风险管理相关基础要素不断积累,所以外层手段作用的体现是渐进增强的。外层手段发挥着提高社会风险整体意识、提高风险管理工作质量和支持内层手段的作用。

(三) 手段体系内外层之间的相互作用

风险管理手段体系的内层是外层的根据。内层手段直接作用于项目风险管理工作,外层手段按照内层手段的需要根据自身工作特点作用于项目风险管理工作,特别是发挥项目风险管理的基础性作用。内层手段给予外层手段具体要求;外层手段为内层手段的实施创造必要的条件。

1. 内层手段对外层手段的作用

(1) 法律支持和标准依据

项目风险管理内层手段通过相关法规的约束引导、行政指示的命令以及经济方式的应用,对建设项目风险管理工作作出宏观指导,以内层的实践经验引导外层的作用方向,是外层手段实施的法律依据和标准参考,使外层手段的使用更加具有合法性、规范性、合理性。

(2) 工作指导和目标确定

项目风险管理工作的进行需要有明确的工作指导和管理目标,内层手段从法律、行政、经济三个方面指导明确项目风险管理工作的内容和要求,给予外层手段以具体要求,外层手段按照内层的需要进行调整使用,使外层手段更有目的性。

(3) 经济基础和资源保障

内层手段根据建设项目的基本状况及项目风险管理工作的具体要求,为外层手段的应用提供相应的资金支持,保障材料设备等资源的投入,开展人员风险管理、安全教育等培训工作,为外层手段的应用提供良好的条件，保证外层手段实施质量。

2. 外层手段对内层手段的作用

（1）决策支持和外部监督

社会公众通过参与手段参与项目风险管理，有利于项目风险管理部门对项目风险因素全面识别，社会公众的意见建议是项目风险管理的决策和工作计划的依据。公众通过对风险管理的参与，更有利于内层手段在风险管理各种过程中得到质量上的提升，使建设项目风险管理工作顺利进行。

（2）群众基础和安全氛围

通过普及性风险教育，使越来越多的人了解建设项目风险管理工作的重要性，在社会中形成一个良好的群众基础，有利于促进项目风险管理内层手段的完善。另外，社会公众通过风险管理知识的学习，风险管理参与意识得到加强，有利于风险管理各项工作的有效实施，进一步提高整个建设项目风险管理工作水平。

（3）技术支撑和人员保障

风险管理工作的进行依赖于先进的科学技术、安全的设备条件。提高各种风险管理手段有效性的主要因素之一是技术水平的提升。另外，通过激励机制提高项目各相关人员对风险管理工作的积极性，为风险管理各项工作提供保障基础，促进风险管理各项工作的具体落实。

3. 连接内层手段与外层手段的三要素

建设项目风险管理手段体系体现了七种风险管理手段有机地结合，体现了建设项目风险管理制度、管理方法、管理标准的有机结合；体现了项目风险管理动态化要求；体现了项目风险管理与项目其他管理目标的一致性。

项目风险管理制度、管理方法、管理标准是建设项目风险管理手段体系构建的三个基本要素，也是项目风险管理手段体系中把内层手段与外层手段有机联系起来的三个基本要素。制度、方法、标准三个要素融入图10-1所示的项目风险管理手段体系表明：完备的风险管理制度是有效开展项目风险管理工作的具体指导，有效的风险管理应用方法是项目风险管理工作上质量、上水平的手段与工具，科学的风险管理标准是有效开展项目风险管理工作的基础与依据。制度、方法、标准是风险管理内层手段与外层手段充分发挥作用，且建设项目风险管理工作顺利进行的保障。

第三节 建设项目风险管理手段体系应用分析

建设项目风险管理工作应立足于实际工作的各方面，遵循项目风险管理的基本原则和工作程序等要求。建设项目风险管理体系中的各个手段功能不同，应用于项目风险管理具体工作所产生的效果也可能不同，所以在项目风险管理工作中，既应考虑所选用风险管理手段的针对性、重点性和全面性，又要有侧重性地选择及组合使用风险管理手段，充分发挥项目风险管理手段体系的系统性作用。

一 建设项目风险管理手段体系应用原则

建设项目风险管理手段体系的应用涉及因素多，风险管理手段的实施效果受到各种因素的影响。根据建设项目风险管理工作的特点及具体要求，项目风险管理手段体系的应用应遵循一定的原则。

（一）目的性原则

项目风险管理手段体系的应用需紧紧围绕建设项目风险管理目标，风险管理手段体系是为项目最终目标服务的。建设项目相关人员应根据具体的项目风险管理目标，组合应用风险管理手段，项目风险管理手段体系的应用应紧扣保障项目安全稳定的目的，完成好项目各项风险管理工作。

（二）综合性原则

项目风险管理要综合考虑项目的特点、项目周围影响及风险管理的要求等各方面的综合因素，科学选择风险管理手段，选择最佳的风险管理手段组合，有针对性的综合使用各建设项目风险管理手段。

（三）针对性原则

项目风险管理手段的有效运用，首先在于对建设项目及项目所在区域状况的掌握，包括项目概况、管理政策、风险意识、相关群体的权益等。根据项目与所在地的具体情况有针对性地选择风险管理手段，并且要根据风险管理手段实施情况的变化而不断进行调整，保证项目风险管理手段的有效应用。

（四）互补性原则

项目风险管理工作要根据各风险管理手段的优势和局限性的不同以及

作用等特点,选择项目风险管理手段组合应用,弥补单一风险管理手段的不足,使项目风险管理手段能够发挥其应有的作用。项目风险管理手段体系的综合运行,可以避免单一手段使用时引起的效率损失,在组合使用的过程中,实现优势互补。

(五) 成本合理化原则

项目风险管理手段的选择应当注意成本的合理化运用。成本是建设项目管理目标之一,风险管理作为项目管理的一部分工作,项目风险管理手段的应用,应努力实现以较小的风险管理成本获得较大的风险管理效益,风险管理成本要控制在合理、可接受的范围内。

(六) 三效益均衡原则

项目风险管理的目标除了控制风险、提高工程质量之外,还要考虑项目对环境与社会的影响,因此,项目风险管理手段的选择要考虑三个效益的均衡,是建设项目符合环境效益、经济效益、社会效益统一的要求。

二 建设项目风险管理手段体系应用

(一) 建设项目风险管理手段体系应用基本要求

任何项目在应用风险管理手段体系时都应符合贯穿建设项目全过程、涵盖项目各项工作及有效应用风险管理手段方法这三个基本要求,以达到全方面、全过程地进行建设项目风险工作。这三个基本要求既是项目风险管理手段体系应用的基本要求,也是项目风险管理目标实现的基本要求。

建设项目全过程、风险管理各项工作以及项目风险管理各手段三个方面基本要求融入图 10-2 所示的项目风险管理手段体系,该体系表明:在建设项目风险管理实际工作中,建设项目随着时间的进程,项目不同阶段的各种风险问题也会随之显现,要根据项目不同阶段的特点,不同风险的特征开展风险管理工作,按照建设项目风险管理手段选择原则应用风险管理手段体系。

(二) 风险管理手段应用于项目风险管理的工作全过程

建设项目风险因素是多层次、多方位的,而且处于动态变化之中。因此,要以项目全过程、全任务、全手段的角度开展项目风险管理工作。建设项目风险管理工作贯穿于建设项目全过程的不同阶段,这也要求建设项目风险管理手段体系的应用应体现在项目风险管理工作的全过程中。

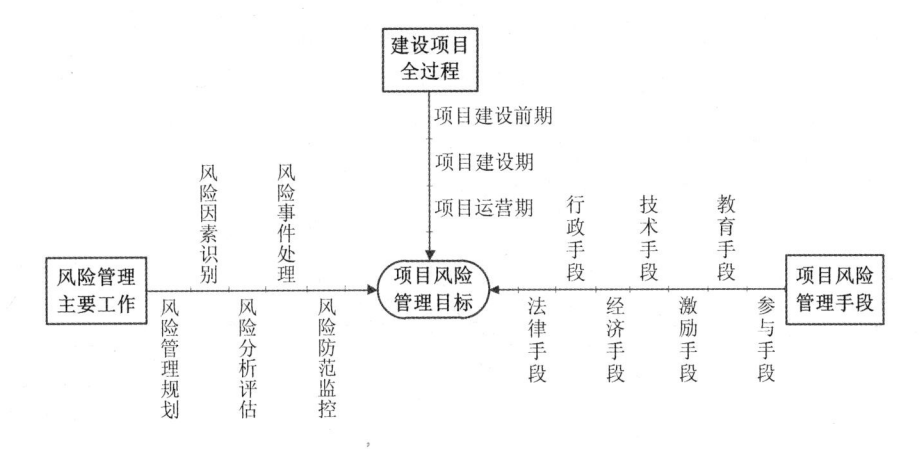

图 10-2　建设项目风险管理手段体系应用要求

（1）以风险管理手段的职能分析建设项目和区域状况

分析建设项目和区域状况是项目风险管理的基础。建设项目风险管理首先要了解风险管理对象的状况，要对建设项目所在区域及其相关单位的具体状况进行全面的了解，包括项目周围环境状况、相邻建筑及企业现状、建设项目经济状况、建设项目带来的社会影响、涉及群众利益相关问题的解决状况等。这一过程要用到参与手段、技术手段来获取所需信息，同时需要其他风险管理手段的辅助来分析项目的合法性、合理性及可行性。

（2）以风险管理手段的作用确定项目风险管理目标

明确的风险管理目标是进行风险评估与管理的前提。建设项目安全等级状况不同、所处位置不同，其风险管理目标也不同，明确有效的风险管理目标会使风险管理效果事半功倍。这一过程需要综合运用风险管理手段体系中的各风险管理手段确立管理目标，使建设项目风险管理目标达到合法性、合理性、安全性及可行性的要求。

（3）项目风险管理方案制定应突出风险管理手段的应用

制定项目风险管理方案是进行项目风险管理的指导。制定建设项目风险管理方案的过程中，要根据方案实施要求及任务的不同，有侧重、有针对地规划应用各个建设项目风险管理手段，使项目风险管理效果尽可能达到最优。

(4) 以风险管理手段的效用保障项目风险管理方案实施

实施项目风险管理方案是项目风险管理的主要工作，是动态实施过程，建设项目风险管理过程中可变因素很多，在项目风险管理方案具体实施过程中要及时、科学、合理地针对具体状况进行调整。这一过程中要在执行原方案规划中使用的建设项目风险管理手段基础上灵活辅以其他项目风险管理手段。

(5) 以风险管理信息反馈检查风险管理手段使用效果

风险管理信息及时反馈是项目风险管理工作动态运行的要求。收集反馈项目风险管理信息的目的包括分析项目风险管理实施正常化的状态与存在的问题，也包括分析项目风险管理过程中各种风险管理手段使用效果的状态，从而进一步采取措施，改善、加强项目风险管理工作。

(6) 以风险管理手段的特点优化项目风险管理方案

优化建设项目风险管理方案是指导完善项目风险管理的必要过程。通过各种风险管理手段的运用情况，分析总结项目风险管理方案实施过程中反馈的信息，对项目风险管理方案进行适当调整、优化，在不断调整优化的过程中对项目风险管理工作进行完善。这一过程要根据方案的优化变更，灵活组合与应用各种项目风险管理手段，使其产生良好效果。

(7) 以风险管理手段实施总结项目风险管理工作

项目风险管理阶段性工作完成后，要对项目风险管理工作进行分析总结，对风险管理工作效果进行评价，总结经验与不足，分析各种风险管理手段在配合使用过程中的成效与出现的问题，为项目后续的风险管理工作提出要求，进一步改进。

第十一章 建设项目风险后评价

建设项目风险评估工作包括预评估与后评价两个组成部分。预评估是指在建设项目前期对各种风险因素及其影响进行识别分析、预测评估，并以此提出风险防范与管控方案措施。建设项目后评价是建设程序的主要环节之一，后评价一般是指在建设项目竣工投入使用后，对项目建设前期与建设期各种风险因素的实际状况及项目风险管理的实际情况进行的事后评价。建设项目风险后评价是建设项目后评价的组成部分，也是项目风险评估的一项重要内容。通过开展建设项目风险后评价工作，可以分析评估项目风险决策中预测的准确性与风险管理中实施措施的有效性，所以建设项目风险后评价是对项目风险管理进行的跟踪评估和后续支持。

第一节 建设项目风险后评价概述

在项目风险管理方面，对项目建设前期的决策及相关工作、项目建设中出现的一些风险以及风险管理工作中存在的问题进行后评价具有重要的意义和作用。对存在的问题进行认真分析总结，使项目在后续使用过程中不断加强风险管理，减少或消除风险因素，使后续其他建设项目及风险管理工作的实施进一步完善，以确保建设项目的稳定发展，并持续取得更好的社会效益。

一 项目风险后评价

项目风险后评价是针对建设项目在其各阶段、全过程的风险管理的决策与实施、结果与效果等做出的全面评价。建设项目风险后评价一般是指对已竣工验收并投入使用的建设项目所涉及的风险评估与风险管理工作进行系统、客观、全面的评价,以分析评估项目风险管理的实效,及项目产生的实际社会效益和其他效益的质量与水平,并针对具体情况,提出有效改进措施的综合评价。[①] 项目风险后评价也可在项目某个阶段任务完成后,对这个阶段风险管理的实施情况与状况开展评价,总结经验教训,为下一个阶段的风险管理工作提供指导。

建设项目前期的各项工作,以及项目建设期的工作已经形成了一套比较行之有效的运行模式,但是项目建成及投入使用后,对项目的跟踪评估和后续支持应引起充分的重视。在项目风险管理方面,风险后评价对项目实施状况分析,可以评估项目实施中实际存在或发生的一些风险问题,从而反映出在项目建设前期决策及相关工作中存在忽视、低估的风险因素。同时风险后评价在对项目建设期风险管理工作实际出现问题进行风险评估的基础上,在项目使用中继续寻取措施加以弥补和改进,要对存在的问题进行认真分析总结,以使后续建设项目风险管理工作进一步完善。加强项目风险后评价会进一步加强项目的风险管理及其他方面的管理,以确保建设项目的可持续发展,并持续取得更好的社会效益。

二 项目风险后评价作用

项目风险后评价在提高项目决策科学化水平,提高设计、施工和管理水平,提高项目社会效益、经济效益和环境效益等方面发挥着重要作用,并为相关政策和技术规范的制定和完善提供科学依据。

(一)为建设项目投资政策制定提供依据

建设项目风险后评价为国家建设项目政策制定提供依据。项目风险后评价的有效执行,能够发现宏观项目投资管理中的不足,国家可以及时地调整和修正某些不适合社会经济发展的投资项目政策。同时,根据后评价所反馈的项目社会稳定风险的实际情况,合理确定项目投资规模和投资流向,协调各产业、各地区、各部门之间及其内部的各种关系。以项目风险后评价为依据,国家可以充分运用各种管理手段,促进建设项目投资政策的科学可行,促进项目投资管理的良性发展。

---

① 韩妮晏、董小林、陈美玲、薛文婕:《基于 BIM 的房地产项目供应链管理后评价研究》,《价值工程》2015 年第 9 期,第 20—23 页。

(二) 提高项目决策科学化水平

目前建设项目的建设程序可分为项目决策阶段、建设准备阶段和项目实施阶段。在项目决策阶段，有两项主要的工作，形成供决策所用的两个技术文件，即可行性研究和环境影响评价，目前的项目社会稳定风险评估是作为环境影响评价的一个内容。就建设项目风险评估来说，建设项目的风险评估工作与项目可行性研究工作和项目环境影响评价工作基本同步进行。但是在项目立项后所进行的一系列工作对前期决策所做的建设方案必然进行优化调整，如项目的初步设计、施工图设计，施工组织、建设施工等工作。这些建设程序中的规定工作使得项目前期所做的风险评估报告中预测分析的一些风险问题或与优化调整后方案有差距，或与风险管理实际工作状况出现差距，或没有评估或没有重点评估到的一些风险问题在实际中出现等等，因此开展项目风险评估应扩大到从项目立项到实施的全过程。不断完善建设程序，开展项目风险后评价，加强项目延伸管理，提高项目决策科学化水平是进行项目风险后评价的目的。[①]

项目的实施取决于项目的决策，项目的可行性决策来自于对项目的分析预测。预测是对未来的估计，实际情况与预测结果不完全一样是正常的，但是若存在较大偏差，则是存在异常因素，需要进行认真分析。通过进行项目风险后评价，检验该项目的风险管理实际效果，分析在项目决策中存在的问题，并把后评价信息反馈到以后项目的决策和管理中去，从而提高建设项目决策的科学化水平。

(三) 改进和完善项目管理制度体系

我国的建设项目管理偏重于对项目的决策分析和工程建设，但在比较科学地进行项目决策分析和工程建设的同时，对项目投入使用后的实际综合效果和实际综合效益认真分析和评价相对薄弱。特别是一些在某一方面的具体效果不良的项目，许多是在当时条件下进行了较全面的前期决策和实施建设，这就为我国的建设项目管理制度和体系提出了问题。如果项目投入使用后的实际效果与项目前期决策效果和建设效果出现较大偏差，那么除了特殊原因外，值得分析的就是现行的项目管理制度是否全面、系统

---

① 董小林、赵剑强、宋赪:《建立公路建设项目环境后评价制度的若干问题》,《中国公路学报》2001 年第 3 期，第 89—92 页。

和科学化，其中项目风险后评价制度的建设就是改进和完善现行项目管理制度的重要内容之一。建设项目风险管理应从项目立项、项目实施，扩大到项目使用的全过程。

项目管理制度体系是强化项目管理的重要措施。从项目管理制度的发展趋势看，需要协调和完善的内容颇多。建立风险后评价制度，可进一步完善项目管理制度体系及其运行机制；进一步完善项目管理现有制度之间的协调配合；同时可作为基础性的项目管理制度，与其他制度有效地体现出正向和反向的网络连接关系。强化项目管理政策，促进项目管理工作迈上一个新台阶。

在项目管理中，加强建设项目全程风险监控与管理，对建设项目管理重决策、轻建设和使用的项目管理进行纠偏、改进和完善。项目风险管理应体现在项目的全过程中，要使项目各个阶段的项目风险管理紧紧相扣，不能脱节，其中最有效、最主要的是建立项目风险后评价制度，使其与项目风险评估其他制度一起成为建设项目管理制度体系的组成部分。

（四）对建设项目风险管理的工作进行全面检查和改进

项目风险后评价是在建设项目投入使用后对项目决策与建设的评价，因而可以分析项目决策与建设阶段项目风险管理工作的实际情况。通过比较实际状况与分析预测的偏离程度，分析产生偏差、误差的原因，进一步检查、诊断、分析、总结项目风险管理方案、项目风险防范措施的实施状况、运行效果和有效性等。

项目风险后评价有利于促进风险评估方法和技术的改进，从而提高项目风险管理质量。提高项目风险管理质量的关键是更加科学的开展项目风险管理的各项工作，不断改进和优化风险评估方法和评估技术，这就需要开展项目风险后评价。

建设项目所产生或涉及的风险问题，都需要在项目投入使用后的一定时期对其进行实测、检查，即进行风险后评价。通过对项目风险评估预测结果的准确性、风险防范措施的有效性、风险评估结论的正确性，以及整个项目风险管理工作进行诊断检查，也是对项目相关单位和人员工作质量的评价。通过项目风险后评价，可督促项目相关单位和人员坚持实事求是的科学态度，掌握科学实用的评价方法，认真踏实地开展风险管理工作，从而提高项目风险评估的有效性和工作质量。同时，根据风险后评价的结果,进一步提出必要的对策和措施,从而使项目的使用状态正常化,使项目及项目所在区域的社会与自然状况稳定或进一步得到改善,从而提高项目的经济效益、环境效益和社会效益。①

三 项目风险后评价特点

建设项目风险后评价与项目决策时的项目风险评估的特点不同,风险后评价的判别标准是对风险前评估结论的评价,具有现实性、全面性、公正性和反馈性的特点。

(一) 现实性

现实性原则是指进行建设项目风险后评价所用的数据资料及风险管理依据是现行或现时的。该特点体现在三个方面:一是评价数据的现实性,即所用的资料数据都应该是反映现实的;二是评价依据的现实性,即进行项目风险后评价的依据应与项目风险管理所要求的依据和项目后评价所要求的依据一致;三是评价工作的现时性,即建设项目风险后评价开展的时间应在建设项目竣工验收时进行,或项目交付使用一段时间后进行。特别要说明的是,项目风险后评价是分析项目风险管理的实际效果,所依据的数据资料与项目决策时所依据的预测数据不同,后评价所依据的是实际产生的数据,实际数据与资料决定了后评价结论的现实性与真实性。

(二) 全面性

全面性体现在进行项目风险后评价时,既要评价其项目决策过程和建设过程的风险及风险管理工作状况,又要分析项目使用过程的风险及风险管理工作状况;不仅要分析项目的经济风险,还要分析其社会风险和环境风险等;不仅要分析项目取得风险管理的成效及其原因,还要分析项目风险产生的状况与项目风险管理不足和原因。把项目风险后评价与项目决策、实施和效果等有机联系起来。

(三) 公正性

公正性是指建设项目风险后评价的开展工作由项目专门的监督管理机构或项目后评价机构主持,相关单位参加,客观评估项目的风险情况。建

---

① 董小林,赵剑强,宋赪:《建立公路建设项目环境后评价制度的若干问题》,《中国公路学报》2001年第3期,第89—92页。

设项目风险后评价涉及面广，往往需要多个部门或组织机构合作，才能公正客观的评价项目风险管理工作的实际状况。公正性产生出项目风险后评价的可信性，可信性的一个重要标志是同时真实反映出项目风险管理的成功经验和失败教训，这有益于加强对项目后续使用的管理，以及提高同类项目建设前期风险决策的质量与水平。

（四）反馈性

反馈性原则是指在建设项目风险后评价工作完成后，应及时将评估结果和意见向项目相关单位与部门反映，以充分发挥后评价工作的作用。项目前期风险决策评价的主要目的在于为投资决策提供依据，而项目风险后评价的主要目的之一在于对项目风险防范情况实际信息进行反馈，对建设项目实际的风险管控情况进行回顾、分析、评价和总结，以提高项目决策管理和风险管理水平，为以后项目风险管理的投资决策提供依据，为今后更科学地进行项目投资决策和项目风险管理工作积累经验。同时，项目风险后评价结论的反馈，无疑对其他建设项目各个阶段的风险管理工作提出了更高的质量要求。

第二节　建设项目风险后评价工作实施

建设项目风险后评价制度的建立和实施，为建设项目风险后评价工作提供了指导。项目风险后评价工作应遵循其工作原则，执行项目风险后评价工作程序，对项目风险后评价的工作内容，运用好风险后评价方法进行分析评价。风险后评价作为一种制度设计、科学方法和技术手段，有效地实施对提高建设项目风险决策和风险管理水平，加强建设项目全过程风险管理将起到积极的促进作用。

一　项目风险后评价工作原则

建设项目风险后评价是一项重要且复杂的工作，其内容涉及项目风险管理的方方面面，具体的后评价工作和结果也容易随着评估项目、评估人员及评估方式的不同而有所差异。建立建设项目风险后评价工作的共同性原则对于保证后评价工作的顺利开展和质量效果具有重要的指导意义。进行建设项目风险后评价应遵循以下原则：

(一) 客观公正、实事求是的原则

后评价工作必须从实际出发，在尊重客观事实的基础上实事求是地进行，坚持公正、科学的态度，从客观角度、历史地、辩证地全面看待问题。项目风险后评价是对已投入使用的项目在项目决策与项目建设方面的评价，其基础是对项目与项目所在区域状况的分析。该原则包括两个方面的含义：一是客观，即项目风险后评价必须做到客观公正，要求后评价人员以科学的态度和方法，把握好主、客观的尺度，作出公正的评价；二是真实，即强调以真实的数据、公众的反映、科学的方法进行客观的分析、评价。在坚持客观公正、实事求是的前提下，项目风险后评价的结论才有说服力，以利于项目后期风险管理工作的进行，有利于其他项目风险管理的开展。

(二) 遵循规范、科学实用的原则

项目风险后评价工作要认真贯彻执行国家、行业和地方的相关法律、法规、政策、规定和标准等，在工作中避免主观随意性，强调规范化。在具体工作中，规范性原则体现在三个方面：一是后评价内容的规范性，不同建设项目情况各异，不同建设项目所在区域情况也不同，所以在建设项目风险后评价工作中形成一个总体统一的评估内容很必要；二是评价方法的规范性，按照一套有据可循的统一方法开展后评价工作，有利于不同项目或项目所在不同区域风险管理之间的比较研究，注重风险后评价方法的实用性；三是后评价报告的规范性，后评价报告是建设项目风险后评价工作的总结，反映了风险管理工作完成情况和风险评估工作质量，该报告应由专门的工作机构完成提交。

(三) 把握全局、突出重点的原则

项目风险后评价实质上是对项目的全过程各阶段风险与风险管理工作所进行的评价，所以要把握全局，遵循对项目建设前期、施工期、运营期风险管理状况进行全过程的分析与评价的基本要求，将项目风险后评价视为项目风险管理的一个系统工程。在把握全局的基础上，项目风险后评价要突出重点，要根据具体情况，使后评价工作有的放矢，分清主次，分清轻重，不能泛泛而评。突出重点主要表现在三个方面：一是根据风险后评价项目的特点以及所在地区的社会与自然环境条件，合理确定风险后评价的重点内容和评价因子；二是把项目所在区域的现状，特别是社会稳定状况作为重点评价内容；三是要把项目使用期的风险管理工作作为项目风险后评价的重点工作之一，完善和加强项目使用期的风险防范与管控的各项措施。①

二 项目风险后评价要素确定

（一）项目风险后评价时间确定

建设项目何时进行风险后评价，应根据具体情况而定。一般来说，建设项目进行风险后评价的时间点有三个概念。一是在建设项目建成，即竣工验收时，即可开展项目建设期实际风险状况与风险管理工作的后评价，同时对项目前期决策阶段的工作和其他建设准备工作的风险管理进行后评价；二是在项目投入试运行或项目投入正式使用后不长的时间内开展项目建设前期、建设期和项目投入使用初期的风险后评价，项目风险后评价的时间放在项目竣工验收后运行初期的1—3年较为合适；三是在项目建设期的不同阶段开展对上一阶段风险状况和风险管理工作的后评价，以便及时总结、纠偏、处理。在这三个时间点开展项目风险后评价的目的是一样的，其作用有所不同。对于一些重大建设项目和环境敏感性项目，可根据需要分阶段开展多次风险后评价，如在项目竣工验收后的1—5年的运行中期，5—10年的运行中期，以及10—20年的运行中远期开展风险后评价。另外，建设项目风险后评价时间的确定也应与项目其他类型后评价协调。

（二）项目风险后评价工作等级确定

建设项目风险后评价工作等级一般与相应的项目社会稳定风险评估工作等级一致。根据第四章论述的项目社会稳定风险评估工作等级的划分依据，项目风险评估工作等级划分为三级，一级需进行详细评估；二级进行要点评估；三级进行简要评估。

建设项目风险后评价工作等级对应项目风险评估工作等级，也划分为三个工作等级，一级评价最详细，为全面、深入的评价；二级次之，主要对重点问题进行深入评价；三级较简略，为一般性评价。风险后评价工作等级的三级划分主要考虑的是建设项目特点及其项目所在区域状况，具体

---

① 董小林：《公路建设项目环境后评价》，人民交通出版社2004年版，第39—41页。

体现在：建设项目的性质、作用、规模、特点等；建设项目对风险的敏感程度；建设项目所在区域社会环境特征与自然环境特点；国家、地方、行业有关建设项目的法规、条例。

在对具体建设项目进行风险后评价时，如果初步分析其风险防范与管控实际状况与风险评估的预测、预案等偏差明显，则应适当调整项目风险后评价工作等级。

（三）项目风险后评价范围确定

项目风险后评价的评价范围一般应与建设项目风险评估的范围一致，同时也要考虑项目在建设期间以及项目投入使用后出现的一些新情况和新问题，根据新的情况和问题适当调整风险后评价的范围。特别是在开展建设项目社会稳定风险评估时确定的项目所在区域评估范围，应是项目风险后评价主要的评价范围。

三 项目风险后评价工作内容

根据项目风险后评价的目的和作用，项目风险后评价的主要内容包括：对项目前期风险管理工作的后评价；对项目建设阶段风险管理工作的后评价；对项目运营阶段初期风险管理工作的后评价；对项目运营阶段防范与管控风险进行延伸管理等。

（一）项目前期风险管理工作的后评价

项目风险后评价工作中对项目前期工作的评价，主要根据项目在建设和运营阶段的实际情况，分析评价项目前期的决策工作及相关风险管理工作。

第一要分析评价项目风险评估的依据是否可靠，分析评价项目风险评估的内容、深度、范围和重点等是否符合有关规定；第二要分析由于项目的建设和运营对项目所在区域社会环境，如人的生活、生产、健康及区域社会经济等的影响，也要分析评价项目对自然环境，如水、大气、生态等环境的影响，一是分析评价项目建设和运营过程的实际影响与预测影响的偏差及其原因等；第三要分析评价项目风险防范与管控方案和措施，评价这些方案和措施是否符合国家、行业、地方的相关政策，评价这些方案和措施的实际合理性、可行性，以及与项目整体方案的协调性等，是否起到了维护项目社会稳定的作用。①

(二) 项目建设阶段风险管理工作的后评价

项目建设阶段是大量地使用人力、物力和财力，把项目的决策变成项目实体的过程，也是风险易发多发的阶段。这一阶段不但是固定资产形成时期，更主要的是它的质量、水平、效率对项目能否发挥应有的经济效益、社会效益和环境效益具有非常重要的意义，所以加强项目建设期风险管理很重要。

项目建设阶段风险后评价的主要内容有：一是分析评价根据项目的决策而进行的项目设计，项目建设的各项活动等；二是评价在整个建设过程中风险管理制度及预案的落实情况，以及所采取的风险防范管控措施和有效性、合理性等；三是分析评价在项目建设阶段，项目产生风险的实际情况，以及项目风险对项目所在区域社会环境和自然环境的影响与程度。

(三) 项目运营阶段初期风险管理工作的后评价

项目运营阶段初期是指建设项目竣工验收、交付使用到项目试生产、试运营或更长一段时间内的这段时期。这段时期是项目开始发挥经济效益、社会效益和环境效益的过程。对这段时期的风险管理工作进行后评价有三个方面的主要内容：一是项目运营后，项目对社会环境和自然环境的实际影响，分析评价项目影响的现状，包括影响的范围、种类和程度，得出现状评价结论；二是分析评价项目的风险防范与管控设施和措施的运行状态，分析其重要性和必要性，包括其发挥的作用、效率等；三是分析评价项目的风险管理状况，包括项目运营期的项目风险管理体系的建立和运行情况，相关政策、规章制度的建立和落实情况等。②

(四) 项目运营阶段的延伸项目风险管理

项目风险后评价还有一个主要内容，就是通过对项目在实际建设阶段和运营阶段初期的风险状况分析，通过评价项目风险管理工作状况，对项目运营阶段的风险管理进行规律分析、预测评价，进行延伸的项目风险管理，保障项目整个使用期的安全稳定。根据项目的实际使用情况和项目所在地区社会、经济和环境的实际情况，对项目风险评估报告书中的一些与

---

① 董小林：《公路建设项目环境后评价》，人民交通出版社 2004 年版，第 39—41 页。
② 同上。

实际情况有较大偏差的结论进行修正；提出项目未来使用阶段的风险防范与管控方案和措施；完善项目使用阶段风险管理的规章制度，健全项目管理机构，建立项目风险管理人员岗位责任制度，使整个项目风险管理体系能够有效运转。①

需要强调的是，建设项目风险后评价不是孤立的，它与项目的工程后评价、经济后评价、社会后评价与环境后评价密切关联。在对项目进行风险后评价时，需要与项目其他类型的后评价紧密结合，相互参照，全面、系统地分析项目实际决策与建设状况，加强对项目使用期的综合管理。

四 项目风险后评价工作程序

虽然建设项目的规模大小、性质特点、复杂程度不同，项目所处区域及条件也不同，因而对建设项目进行风险后评价的具体工作也存在一定差异。但有效地完成建设项目风险后评价工作要有一个合理的基本工作程序，使项目风险后评价的工作程序都得以遵循。项目风险后评价工作程序基本分为准备阶段、工作阶段和报告书阶段三个工作阶段，见图11-1。

（一）准备阶段

准备阶段主要包括两个工作环节：一是进行风险后评价项目的确定，主要内容是提出对某建设项目进行风险后评价，明确进行该项目风险后评价的目的和要求。提出对某一项目开展风险后评价的可以是国家和地方政府，也可以是社会方面，但应符合一定的要求规定和程序，综合考虑建设项目所在区域各方面的情况；二是项目风险后评价的筹备，主要内容是构建落实项目后评价的组织机构和工作机构，收集研究与项目风险后评价有关的法规、标准、政策、技术经济文件等，制定项目风险后评价工作计划，委托风险后评价单位等。由于项目后评价包括诸如工程后评价、经济后评价、环境后评价和风险后评价等单项后评价工作环节，所以将项目风险后评价与项目其他后评价结合起来，统一部署，有利于提高项目后评价的质量与效率。

（二）工作阶段

工作阶段主要包括两个工作环节：一是项目风险后评价资料的调查工

---

① 董小林：《公路建设项目环境后评价》，人民交通出版社2004年版，第39—41页。

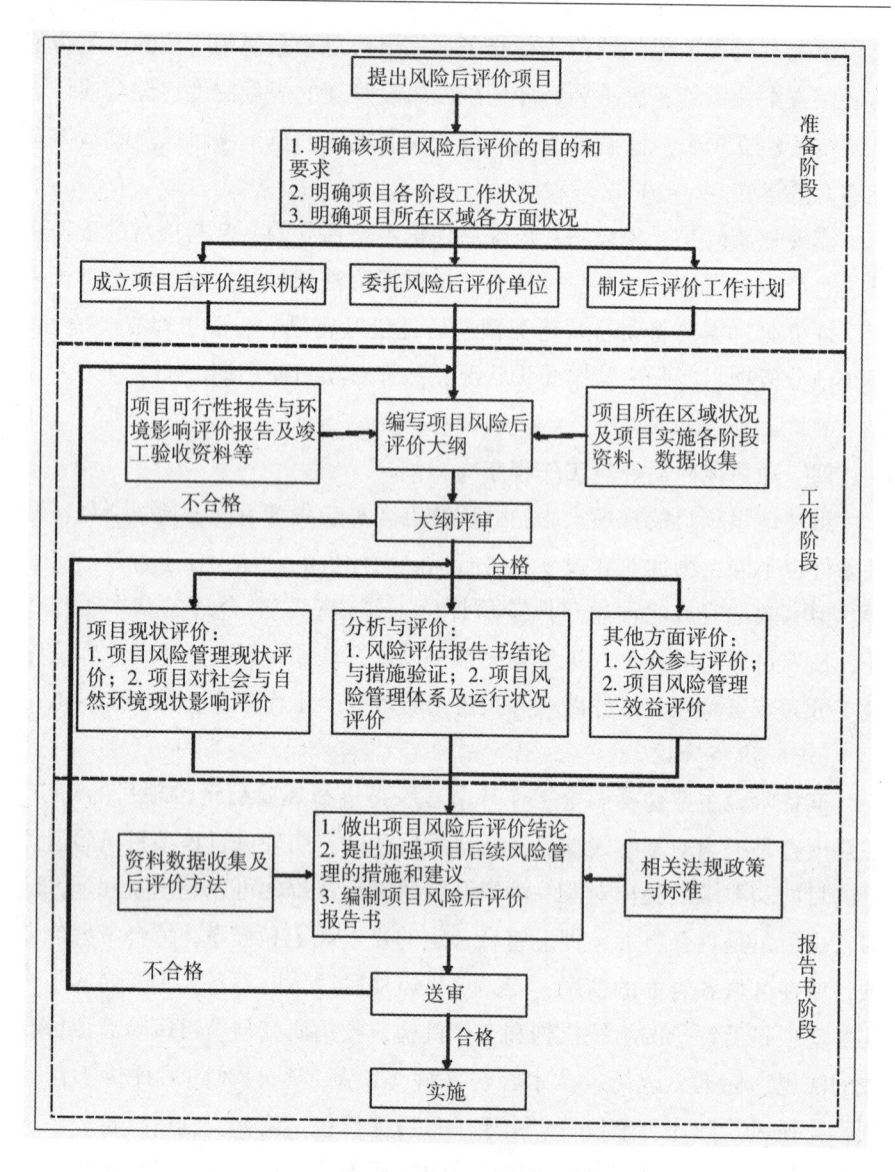

图 11-1　建设项目风险后评价工作程序

作，包括建设项目相关单位提供的资料以及第三方资料。除了收集和该项目风险后评价有关的政策法规资料，以及该项目自身的和该项目有关的技术、经济、环境、社会等资料，特别要重视对项目及项目所在区域有关数据资料等的收集，与此同时开展公众参与调查。二是项目风险后评价的分析研究工作。在资料数据收集的基础上，编制项目风险后评价大纲，风险后评价大纲要明确具体项目开展风险后评价的目的和意义，还要确定出风险后评价的内容、范围、方法和原则，提出具体的工作实施方案。在整个项目风险后评价工作中，要运用科学的评价方法和验证方法进行分析研究，同时要特别注意对项目前期决策工作的分析，对工程可行性研究报告和环境影响评价报告落实情况的分析，对公众参与工作及项目风险管理工作的社会效益、经济效益和环境效益进行分析，这是有效进行项目风险后评价的重要依据和基础。[1]

（三）报告书阶段

在风险后评价工作阶段的基础上，编制项目风险后评价报告书，明确项目风险后评价的结论，提出加强项目风险管理的措施和建议等。组织专家评审项目风险后评价报告书，评审通过后送交有关部门进行审批或备案，并组织实施。

五　项目风险后评价基本方法

建设项目风险后评价方法是科学的评价工具，要结合后评价项目的性质特点运用适合的分析评价方法。不论采用何种分析评价方法，基础是先进行相关资料的收集与相关工作的调研，为后评价做准备。在收集资料方面，主要是开展建设项目风险管理控制情况的调查，如进行风险参数的监测，对一些事先制定的风险参数进行连续或间断的反复采样、定量测定或观测；在相关工作调研方面，则是通过现场调查、实地考察，获得第一手资料，包括项目本身，也包括项目所在区域的资料等。由于建设项目风险后评价内容较多，针对风险后评价工作特点与要求，这里着重介绍分析评价方法与综合评价方法两类基本方法，其他后评价方法可参照本书论述的建设项目风险评估方法进行。

（一）分析评估法

1. 对比法。对比法包括有无对比法，前后对比法及横向对比法。有无对比法是指对相同周期内"有此项目"的实际值与"无此项目"的预测估计值比较，以度量因项目的实施产生的风险因素和风险管理实效，对建设项目风险管理进行后评价；前后对比法是指，将建设项目前期可行性

---

[1] 董小林：《公路建设项目环境后评价》，人民交通出版社 2004 年版，第 39—41 页。

研究和环境影响评价的预测结论，与项目实施中实际出现的状态评估项目实际的风险管理工作结果相比较，揭示偏差，分析原因，对建设项目风险管理进行后评价；横向对比法是指，将处于同一时间段内、同类或相似的建设项目相关风险管理因素指标进行对比，对建设项目风险管理进行后评价。

2. 因果法。因果法是指在经过对比法分析得到建设项目建成后主要风险管理因素指标与其预测结果有较大偏差的风险因素，对风险管理存在的问题进行深入剖析，层层分析其原因及其对项目的实际影响的分析方法。该方法可以从较深层次的根源入手发掘风险管理的问题本质，通常可以通过鱼刺、树状图等因果图作为辅助工具进行分析，从而直观、简洁地分析项目风险管理的偏差及关键因素。在实际后评价工作中，通常还需对导致项目出现偏差的风险因素进行定量化的分析，确定其偏差及影响程度，所以因果法常与其他分析方法联合使用。

（二）综合评价法

实用的综合评价法比较多，包括层次分析法、逻辑框架法、成功度法、模糊综合评估法、灰色关联度法等。这里主要说明在建设项目风险后评价领域较实用的逻辑框架法与成功度法。

1. 逻辑框架法。建设项目风险后评价应用的逻辑框架法，是指从项目前期决策分析的项目风险因素入手，通过确定建设项目风险管理的任务和范围，对项目完成后的各项风险管理目标及达到目标的各种指标与措施进行的逻辑分析评价。逻辑框架汇总了项目实施活动的全部要素，根据项目宏观目标和具体目标、产出效果和所需投入的层次归纳项目的风险管理目标及其因果关系。逻辑分析框架中包括垂直逻辑和水平逻辑，将影响项目风险管理的多个具有因果关系的动态因素组合起来，利用框图作为辅助工具，从关键因素入手，向上逐级展开，得到其影响及后果，向下逐层推演找出其引起的原因，然后将因果关系转换为相应的目标关系。逻辑框架法可通过目标数逻辑框架法运用规划矩阵来分析其关系，是一种通过其相互关系的分析来评估建设项目风险管理目标实现程度的合理性方法。逻辑框架法的一般结构如表 11-1 所示。

表 11-1　应用于建设项目风险后评价的逻辑框架法结构

逻辑层次	验证指标	验证方法	
		信息来源	采用方法
宏观目标	项目风险管理目标的实现与国家、地区、行业等要求的契合度	数据、资料、文件	调查研究、统计分析
直接目的	项目风险管理目标实现程度	项目及所在地资料	调查研究、统计分析
产出效果	不同阶段项目风险管理实际效果	项目记录、项目报告	调查研究、统计分析
投入效果	项目风险管理资源投入情况与效果	风险评估报告与计划等	统计分析

2. 成功度法。成功度法是指依靠评估专家的经验与公众参与的实效，综合评估建设项目风险评估管理的状况，以项目风险管理目标为核心所进行的项目风险管理系统的成功度评价。成功度评价法容易把握项目整体情况，后评价内容相对完整，评价结论明确，所以在后评价领域的应用比较广泛。运用于建设项目风险后评价领域的成功度法更看重项目实际风险管理结果与预测结果的比较分析，更看重项目实际风险管理结果与项目风险管理目标符合度。

成功度评价法的实施首先要建立建设项目风险后评价的指标体系，建设项目风险后评价指标体系的构建可参照第六章，项目风险后评价的指标应与项目风险评估指标基本对应，要体现出风险后评价指标的评价特征。采用适当的方法确定各指标权重，通过打分评级，得到项目风险管理的综合得分或综合评级。综合评级一般共分为五级，即"成功""基本成功""部分成功""基本不成功""失败"。等级标准如表 11-2 所示。

表 11-2　建设项目风险评估管理成功度等级评价

等级	项目风险管理目标完成度	标准	内容
Ⅰ	$100\% \leq X$	项目风险预测准确，各项风险管理目标全面完成	成功
Ⅱ	$80\% \leq X < 100\%$	项目风险预测较准确，实现了大部分风险管理目标	基本成功
Ⅲ	$50\% \leq X < 80\%$	项目风险预测比较准确，实现了部分风险管理目标	部分成功

续表

等级	项目风险管理目标完成度	标准	内容
Ⅳ	30% ≤ X < 50%	项目风险预测不太准确，实现的风险管理目标有限	基本不成功
Ⅴ	0% ≤ X < 30%	项目风险预测不准确，未实现风险管理目标	失败

第三节 建设项目社会稳定风险后评价与公众参与

建设项目风险评估与管理要重视公众参与，发挥公众参与在项目决策等方面的重要作用，特别是涉及建设项目社会稳定风险方面的决策与项目实施各阶段更是要做好公众参与工作，充分发挥好公众参与的独特作用。建设项目风险后评价是建设项目风险管理工作的重要组成部分，公众参与是建设项目科学化、民主化、规范化管理的重要要求，所以建设项目风险后评价与公众参与须紧密结合。在开展建设项目风险后评价工作中，风险后评价与公众参与紧密结合体现在两个方面的基本要求：一是项目社会稳定风险评估与管理工作中公众参与状况的后评价，即开展的建设项目社会稳定风险后评价要将项目决策与实施各阶段公众参与的实际情况与效果作为项目风险后评价的主要内容之一；二是公众参与项目社会稳定风险评估与管理后评价的工作，即公众参与要作为开展建设项目社会稳定风险后评价工作的必要方式与环节之一。

一 项目社会稳定风险评估中公众参与的后评价

项目社会稳定风险公众参与后评价是后评价工作人员与项目所在地区公众之间进行的一种双向沟通和交流活动。通过交流、沟通，获取项目在全过程中产生的实际影响、形成的社会问题，以及公众的意见和建议等方面的信息。在对这些信息进行整理、统计和分析的基础上，得出有关结论，用于加强项目使用期风险管理和今后拟建项目科学决策论证的参考依据。[①]

[①] 宋赪、董小林、商连：《公路建设项目环境影响后评价公众参与研究》，《长安大学学报》2004年第1期，第64—69页。

项目社会稳定风险公众参与后评价与应特别关注受项目直接影响的人群，包括预期要获得收益或受到损失的个人、相关团体、承担风险的团体；也应关注可能不受项目影响，但关心该项目及项目带来的各种影响的团体，包括非政府组织、大学、研究机构、相关领域的专家等。

项目社会稳定风险公众参与后评价要评价在建设项目前期工作中开展公众参与的状况与效果。主要评价是否使项目影响区的公众及时了解有关项目实施的多方面信息；是否对直接或间接受到项目影响的公众利益按政策规定进行了考虑和补偿；是否使向公众提供一个项目管理和监督的平台，使公众的意见建议有一个畅通的反应与沟通的渠道；是否采纳了公众合情合理合规的意见建议，增强了项目实施的合理性和社会可接受性，提高了项目社会稳定风险评估的有效性和积极作用等。

项目社会稳定风险公众参与后评价要评价项目在建设及运行工作中开展公众参与的状况与效果。主要评价是否在项目建设中重视开展项目公众参与；是否将项目建设和运营过程中产生的对公众有实际影响的信息及时告知公众，让公众了解项目实施中采取的相关措施；是否听取公众对项目相关管理措施实际效果的反应及处理意见；对项目实际实施中产生的一些社会问题是否加强与公众的交流沟通，妥善处理化解相关问题等。

项目社会稳定风险公众参与后评价的方式与建设项目公众参与相同，通过多种方式发布信息、实地调查、举行公众座谈会、开展项目咨询等。建设项目社会稳定风险公众参与后评价是为了获取项目产生的实际影响信息和公众对项目实际产生的影响的意见、诉求与建议。所以，项目社会稳定风险公众参与后评价的方式更强调多样化和实际有效性。

建设项目社会稳定风险公众参与后评价是项目社会稳定风险后评价的重要内容之一，开展建设项目社会稳定风险公众参与后评价是进一步提高项目科学性、民主性、有效性的重要手段，也是保证项目可持续运行，充分发挥项目综合效益的重要手段。

二 公众参与项目风险后评价的工作

在项目后评价实施过程中开展公众参与项目决策与实施状况与效果的后评价，可以提高项目社会稳定风险评估与项目风险管理的有效性，真实反映在项目实施中产生的实际社会问题，以及就项目可持续健康运行提出的加强措施与执行措施效果的科学性、合理性和可行性，从而评价建设项目实现项目社会效益、经济效益和环境效益的协调统一度。

对已经投入正常运营的建设项目开展社会稳定风险评估与管理后评价是非常必要的，项目风险后评价公众参与可以提高风险评估与管理的有效性，反映在项目施工期和运营期造成的实际风险影响，并就提出的项目风险防范与管控措施进行客观、合理性的分析，从而为加强项目运营期风险管理和今后拟建项目科学决策论证提供参考依据。[①]

对建设项目前期决策工作中开展项目社会稳定风险评估与管理公众参与的状况进行后评价，主要是评价项目影响区的公众是否及时了解有关项目建设方面的信息；是否向公众提供一个项目管理和监督的平台；直接或间接受到项目影响的公众的意见建议是否被接纳，公众权益利益是否按规定得到保护与补偿；项目建设的合理性和社会可接受性，项目风险管理的有效性是否增强；等等。

总之，要实现建设项目科学化、民主化、规范化管理的要求，要保证建设项目各阶段风险防范与管理的实际效果，就要发挥好项目社会稳定风险评估与管理中公众参与的作用，也要发挥好风险后评价中公众参与的作用。

---

① 宋赪、董小林、商连：《公路建设项目环境影响后评价公众参与研究》，《长安大学学报》2004年第1期，第64—69页。